Gola · Hümmerich · Kerstan
Datenschutzrecht

Teil 2: Einzelvorschriften des Bundes zum Datenschutz

EDV und Recht

Band 10

Herausgegeben von

Prof. Dr. jur. Dr. rer. nat. Herbert Fiedler, Bonn

Teil 1: Das Bundesdatenschutzgesetz · Verfassungsrechtlicher Datenschutz · Internationaler Datenschutz
Teil 3: Datenschutzrecht der Länder
Teil 4: Datenschutz in der Praxis

1978

J. Schweitzer Verlag · Berlin

Datenschutzrecht

Erläuterte Rechtsvorschriften und Materialien zum Datenschutz

Teil 2: Einzelvorschriften des Bundes zum Datenschutz

von

Peter Gola
Klaus Hümmerich
Uwe Kerstan

1978

J. Schweitzer Verlag · Berlin

Peter Gola
Datenschutzbeauftragter der Gesellschaft für Mathematik und Datenverarbeitung, Schloß Birlinghoven, 5205 St. Augustin

Dr. jur. Klaus Hümmerich
Wissenschaftlicher Mitarbeiter der Gesellschaft für Mathematik und Datenverarbeitung, Schloß Birlinghoven, 5205 St. Augustin

Uwe Kerstan
Wissenschaftlicher Angestellter der Gesellschaft für Mathematik und Datenverarbeitung, Schloß Birlinghoven, 5205 St. Augustin

Zitiervorschlag: Gola/Hümmerich/Kerstan, Datenschutzrecht II, Seite ...

CIP-Kurztitelaufnahme der Deutschen Bibliothek

Gola, Peter
Datenschutzrecht : erl. Rechtsvorschriften u. Materialien zum Datenschutz / von Peter Gola ; Klaus Hümmerich ; Uwe Kerstan. – Berlin : Schweitzer.
NE: Hümmerich, Klaus:; Kerstan, Uwe:
Teil 2. Einzelvorschriften des Bundes zum Datenschutz; Handels- und zivilrechtlicher Datenschutz; Arbeitsrechtlicher Datenschutz; Öffentlich-rechtlicher Datenschutz; Strafrechtlicher Datenschutz. – 1. Aufl. – 1978.
(EDV und Recht ; Bd. 10)
ISBN 3-8059-0494-0

Satz: Fotosatz Tutte, Salzweg-Passau · Druck: Karl Gerike, Berlin
Bindearbeiten: Dieter Mikolai, Berlin. Printed in Germany

Inhaltsverzeichnis

Abkürzungsverzeichnis

aA	anderer Ansicht
aaO	am angegebenen Ort
Abs.	Absatz
ADV	Automatische Datenverarbeitung
AFG	Arbeitsförderungsgesetz
AGBG	Gesetz zur Regelung des Rechts der allgemeinen Geschäftsbedingungen
AktenO	Aktenordnung
AktG	Aktiengesetz
Anm.	Anmerkung
AO	Reichsabgabenordnung
AP	Amtliche Praxis-Nachschlagewerk des Bundesarbeitsgerichts
ArbSch	Arbeitsschutz (Beilage zum Bundesarbeitsblatt)
Art.	Artikel
ArbuR	Arbeit und Recht
ASiG	Arbeitssicherheitsgesetz
AVG	Angestelltenversicherungsgesetz
AZ	Aktenzeichen
BAG	Bundesarbeitsgericht
BAGE	Entscheidungen des BAG
BAT	Bundesangestelltentarif
BB	Betriebsberater
BBG	Bundesbeamtengesetz
BDSG	Bundesdatenschutzgesetz
Beisp.	Beispiel
Betr.	Der Betrieb
BetrVG	Betriebsverfassungsgesetz
BGB	Bürgerliches Gesetzbuch
BGBl	Bundesgesetzblatt
BGH	Bundesgerichtshof
BGHZ	Entscheidungen des Bundesgerichtshofes in Zivilsachen
BHO	Bundeshaushaltsordnung
Bild d. W.	Bild der Wissenschaft
BKG	Bundeskindergeldgesetz
BlStSozArbR	Blätter für Steuerrecht, Sozialversicherung und Arbeitsrecht
BR	Bundesrat
BT	Bundestag
bürotechnik	Zeitschrift für bürotechnik
BVerfG	Bundesverfassungsgericht
BVerfGE	Entscheidungssammlung des Bundesverfassungsgerichts
BVerwG	Bundesverwaltungsgericht
BVerwGE	Bundesverwaltungsgerichtsentscheidungen
BZRG	Bundeszentralregistergesetz
data report	SIEMENS data report
ders.	derselbe
DEVO	Datenerfassungsverordnung

d. h.	das heißt
DÖV	Die öffentliche Verwaltung
Dr	Drucksache
DRiA	Das Recht im Amt
DSB	Datenschutzbeauftragter
DSWR	Datenverarbeitung in Steuer, Wirtschaft und Recht
Büro	Datenübermittlungsverordnung
DVBl	Deutsches Verwaltungsblatt
DVR	Datenverarbeitung im Recht
DV	Datenverarbeitung
DVD	Deutsche Vereinigung für Datenschutz
EBDSG	Entwurf eines Bundesdatenschutzgesetz
EDV	Elektronische Datenverarbeitung
EGAktG	Einführungsgesetz zum Aktiengesetz
EGAO	Einführungsgesetz zur Abgabenordnung 1977
EzA	Entscheidungssammlung zum Arbeitsrecht (Stahlhacke)
FAZ	Frankfurter Allgemeine Zeitung
FernmAnlG	Gesetz über Fernmeldeanlagen
FGG	Gesetz über die freiwillige Gerichtsbarkeit
FuR	Film und Recht
GBO	Grundbuchordnung
GDD	Gesellschaft für Datenschutz und Datensicherung
GG	Grundgesetz
ggf.	gegebenenfalls
GRuR	Gewerblicher Rechtsschutz und Urheberrecht
GWB	Gesetz gegen Wettbewerbsbeschränkungen
GVBl	Gesetz- und Verordnungsblatt
HAG	Heimarbeitsgesetz
Hess LT	Hessischer Landtag
HGB	Handelsgesetzbuch
Hrsg.	Herausgeber
IBM-Nachrichten	IBM-Nachrichten
idF	in der Fassung
i.S.v.	im Sinne von
i.V.m.	in Verbindung mit
JArbSchG	Jugendarbeitsschutzgesetz
JG	Jahrgang
JuS	Juristische Schulung
JWG	Gesetz für Jugendwohlfahrt
JZ	Juristenzeitung
Kap.	Kapitel
KEDV	Kommission für Fragen der elektronischen Datenverarbeitung
KO	Konkursordnung
KostO	Kostenordnung
KredwG	Gesetz über das Kreditwesen
KSchG	Kündigungsschutzgesetz
LFG	Lohnfortzahlungsgesetz
LG	Landgericht
LM	Lindenmaier-Möhring (Entscheidungssammlung)

MDR	Monatsschrift für Deutsches Recht
MRK	Europäische Menschenrechtskonvention
MuSchG	Mutterschutzgesetz
NJW	Neue Juristische Wochenschrift
online	Online-Zeitschrift für Datenverarbeitung
ÖVD	Öffentliche Verwaltung und Datenverarbeitung
OWiG	Ordnungswidrigkeitengesetz
OVG	Oberverwaltungsgericht
OVGE	Entscheidungssammlung der Oververwaltungsgerichte
PatG	Patentgesetz
PersonenstandsG	Personenstandsgesetz
PostG	Gesetz über das Postwesen
RGBl	Reichsgesetzblatt
RGZ	Entscheidungen des Reichsgerichts in Zivilsachen
RKG	Reichsknappschaftsgesetz
RVO	Reichsversicherungsordnung
S.	Siehe
SchwbG	Schwerbehindertengesetz
SGB	Sozialgesetzbuch
StGB	Strafgesetzbuch
StPO	Strafprozeßordnung
StVG	Straßenverkehrsgesetz
StVZO	Straßenverkehrszulassungsordnung
u. a.	unter anderem
u. ä.	und ähnliches
UrhrG	Urheberrechtsgesetz
u. U.	Unter Umständen
UWG	Gesetz gegen unlauteren Wettbewerb
v.	vom
VermBDVO	Verordnung zur Durchführung des 3. Vermögensbildungsgesetzes
VerwArch	Verwaltungsarchiv
vgl.	vergleiche
VG	Verwaltungsgericht
VO	Vergleichsordnung
VVG	Versicherungsvertragsgesetz
VwVfG	Verwaltungsverfahrensgesetz des Bundes
VwGO	Verwaltungsgerichtsordnung
z. B.	zum Beispiel
ZBR	Zeitschrift für Beamtenrecht
ZPO	Zivilprozeßordnung
ZRP	Zeitschrift für Rechtspolitik

Einleitung

1. Zum Inhalt dieses Buches

Datenschutzrecht Teil II versteht sich zum überwiegenden Teil als eine Kommentierung des § 45 BDSG. Aus der Funktion des Bundesdatenschutzgesetzes als Auffanggesetz ergibt sich, daß den diesem Gesetz vorgehenden bereichsspezifischen Regelungen zum Datenschutz besonderes Gewicht zukommt. Wenn diesen bereichsspezifischen Spezialregelungen des Datenschutzes ein eigener Teil des Datenschutzrechts gewidmet wird, so soll nicht der Anschein erweckt werden, als ließe sich eine rechtstheoretische Systematisierung der verzweigten und vielfältigen Kodifikate herbeiführen. Sonder- und Einzelvorschriften in zahlreichen Gesetzen enthalten datenschutzrelevante Regelungen, die sich mal mit Regelungsinhalten des BDSG decken, mal diese überschneiden, mal sich einander ausschließen und mal parallel nebeneinander Bestand haben. Es handelt sich hierbei – plastisch gesprochen – um ein Getriebe, das mit allen denkbaren Übersetzungen ausgestattet ist. Aus diesem Grunde wurde vor allem auf die Darstellung der bereichsspezifischen Datenschutzbestimmungen, d. h. von Vorschriften, die den Schutz des Betroffenen zum Inhalt haben, gesteigerter Wert gelegt. Es ging nicht darum, die in beträchtlichem Umfang zusammengetragenen Einzelbestimmungen, die die Verarbeitung personenbezogener Daten regeln, abschließend zu kommentieren. Zur Vertiefung und zur Beantwortung von Detailfragen wird auf die Spezialliteratur einschließlich der Standardkommentare verwiesen.
Um die Dienstleistungsfunktion auch dieses Teils des Buches „Datenschutzrecht" nicht zu gefährden, wurde ebenfalls auf eine verstärkte wissenschaftliche Bearbeitung des Stoffes verzichtet. Insbesondere wurden die Erläuterungen zum öffentlich-rechtlichen Datenschutz straff gefaßt und vornehmlich solchen Vorschriften Raum gelassen, die für jedes Unternehmen wie für jeden Bürger, der mit der Verwaltung in Kontakt kommt, von Belang sein könnten. Die wiedergegebenen Gesetze und Verordnungen bestehen vornehmlich aus Auszügen. Aus Kosten- und sonstigen Nützlichkeitserwägungen war von einem erweiterten Abdruck der jeweiligen Gesetze und Verodnungen abzusehen.

2. BDSG als Auffanggesetz

Bei der Diskussion um ein Bundesdatenschutzgesetz zeigte sich bald, daß eine Kodifikation, die eine umfassende Regelung des Datenschutzes in allen Bereichen der Datenverarbeitung erschöpfend regelt, nicht machbar ist[1]. Das Datenschutzrecht als Querschnittsmaterie betrifft eine Vielzahl von Fachgebieten mit unterschiedlichen Sachgesetzlichkeiten, denen in einem alle diese Gebiete umfassen-

---

1 *Auernhammer*, Das Bundesdatenschutzgesetz, BB 77, S. 206.

den Gesetz nicht Rechnung getragen werden kann. Andererseits war man sich aber auch einig, daß man sich nicht mit der Ergänzung bzw. dem Erlaß neuer bereichsspezifischer Gesetze begnügen wollte. Das BDSG bedeutet insofern einen Kompromiß, als ein umfassendes, den Datenschutz in allen Bereichen regelndes Gesetz geschaffen wurde, das andererseits auch Platz für fach- und bereichsspezifische Sonderregelungen läßt[2]. Somit sind gemäß § 45 BDSG die Vorschriften des Bundesdatenschutzgesetzes mit subsidiärer Geltung ausgestattet, d. h. besondere Rechtsvorschriften des Bundes, die auf die Verarbeitung von personenbezogenen Daten in Dateien Anwendung finden, gehen den entsprechenden Vorschriften des BDSG vor. In § 45 BDSG sind 8 Gruppen solcher „besonderer Rechtsvorschriften" des Bundes beispielhaft aufgezählt, ohne daß diese Aufzählung abschließende enumerative Bedeutung hat. Diese 8 Fallgruppen beziehen sich auf

- Vorschriften über die Geheimhaltung von dienstlich oder sonst in Ausübung des Berufs erworbenen Kenntnissen
- Vorschriften über das Zeugnis- oder Auskunftsverweigerungsrecht aus persönlichen oder berufsbedingten Gründen in Gerichts- und Verwaltungsverfahren
- Vorschriften über die Verpflichtung, die Beschränkung oder das Verbot der Speicherung, Übermittlung, Veröffentlichung von einzelnen Angaben über Personen
- Vorschriften über die Beschränkung der Einsicht in Unterlagen durch Dritte
- Vorschriften über die Einsicht des Beamten oder Arbeitnehmers in seine Personalunterlagen
- Vorschriften über die Auskunftspflicht von Behörden an Bürger über die zu ihrer Person gespeicherten Daten
- Vorschriften über die Übermittlung, Berichtigung und Löschung von in öffentlichen Registern aufgeführten personenbezogenen Daten
- Vorschriften über die Verpflichtung zur Verarbeitung personenbezogener Daten in der Rechnungslegung einschließlich Buchführung und sonstiger Aufzeichnungen

Bei der Aufzählung der dem Bundesdatenschutzgesetz vorgehenden Spezialvorschriften über die Verarbeitung personenbezogener Daten nennt § 45 Satz 2 Ziff. 3 BDSG auch Vorschriften über die Verpflichtung zur Speicherung und Übermittlung oder Veröffentlichung von personenbezogenen Daten. Eine solche Verpflichtung zur Datenverarbeitung enthält gleichzeitig die Berechtigung zur Verarbeitung der personenbezogenen Daten in der jeweils gesetzlich geregelten Phase der Verarbeitung, d. h. dem Speichern, Verändern, Weitergeben oder Löschen. Diese Vorschriften zur Verpflichtung zur Datenverarbeitung sind insofern nicht eigentlich lex specialis zum BDSG, sondern passen sich im Rahmen der Regelung des § 3 BDSG in das System des Bundesdatenschutzgesetzes ein. Nach § 3 BDSG ist die Verarbeitung geschützter personenbezogener Daten in jeder ihrer Phasen nur zulässig, wenn

- der Betroffene eingewilligt hat,

---

2 Hierzu siehe *Gola/Hümmerich/Kerstan,* Datenschutzrecht, I, S. 23.

- ein anderes Gesetz als das Bundesdatenschutzgesetz oder eine andere Rechtsvorschrift sie erlaubt
- das Bundesdatenschutzgesetz selbst die Datenverarbeitung erlaubt.

Rechtsvorschriften außerhalb des Bundesdatenschutzgesetzes, die die Verarbeitung der Daten erlauben, können Gesetze oder Rechtsvorschriften des Bundes, der Länder oder aber auch sonstige Rechtsvorschriften sein. Während also im Rahmen der Subsidiarität nach § 45 BDSG nur Rechtsvorschriften, d. h. Gesetze und Verordnungen des Bundes Relevanz haben, sind im Rahmen der Erlaubnistatbestände Rechtsvorschriften jeglicher Art von Bedeutung. Will man die in diesem weiteren Zusammenhang für die Anwendung des Bundesdatenschutzgesetzes relevanten Gesetzbestimmungen zusammenstellen, so wird man, wie Schätzungen vermuten lassen, auf ca. 600 Spezialvorschriften zurückgreifen können[3]. Geht man bei der Untersuchung der besonderen Vorschriften des Bundes im Sinne von § 45 BDSG jedoch davon aus, daß hier Vorschriften zu erfassen sind, die die Regelungen des BDSG verdrängen oder abändern, so können die speziellen Rechtsvorschriften, die die Verarbeitung personenbezogener Daten in den jeweiligen Phasen gestatten, außer Betracht bleiben. Nach bisherigen Expertenschätzungen kann man davon ausgehen, daß in diesem Bereich ca. 150–200 Rechtsvorschriften von Belang sind[4]. Das BDSG selbst nennt in § 45 bei seiner exemplarischen Aufzählung 26 bereichsspezifische Regelungen. Man kann jedoch davon ausgehen, daß auch diese Zahl der vorrangigen Datenschutzregelungen weiter ansteigen wird. Bei Abfassung des Bundesdatenschutzgesetzes hat der Gesetzgeber seinen Willen erklärt, eine Angleichung derjenigen Spezialvorschriften vorzunehmen, die Datenschutzvorschriften enthalten bzw. weitere bereichsspezifische Regelungen zu erlassen, die die allgemeinen Datenschutzgesetze des Bundes bzw. der Länder ergänzen müssen[5].

Eine Sammlung aller Gesetze aufzustellen, die von Relevanz sind für die Verarbeitung personenbezogener Daten und damit für die Anwendung des Bundesdatenschutzgesetzes, erscheint wenig praktikabel, da die Vollständigkeit einer solchen Sammlung immer zweifelhaft erscheinen muß und zum anderen sie von ihrem Umfang her für den einzelnen Anwender kaum von Nutzen sein würde. Die Bedürfnisse der einzelnen datenverarbeitenden Stellen sind viel zu differenziert, als daß ihren Belangen bei einer solchen Sammlung jeweils Rechnung getragen werden könnte. Bei der nachfolgenden Darstellung der bereichsspezifischen Datenschutzregelungen wurde daher auch nicht auf die 8 Fallgruppen des § 45 BDSG zurückgegriffen. Vielmehr wurden die wesentlichen datenschutzrelevanten Rechtsvorschriften im Rahmen des Rechtsgebiets, dem sie zuzuordnen sind, im Zusammenhang dargestellt.

---

3 Vgl. bei *Steinbrinck/Laufer*, Keine Panik wegen des Datenschutzes, Online 4/77, S. 270
4 Vgl. hierzu auch *Steinbrinck/Laufer*, a.a.O., S. 270; nachfolgend sind ca. 160 Rechtsvorschriften berücksichtigt.
5 Vgl. *Ruckriegel*, Das Bundesdatenschutzgesetz – erste Konsequenzen, ÖVD 76, S. 354.

3. Aufzählung von Einzelvorschriften des Bundes zum Datenschutz

Um einen Überblick über Umfang und Vielschichtigkeit der unzähligen Einzelvorschriften des Bundes mit datenschutzrechtlichem Bezug zu geben, soll eine Auswahl einschlägiger Gesetze bzw. Vorschriften entsprechend den in § 45 Ziff. 1–8 BDSG gewählten Beispielen nachstehend in alphabetischer Reihenfolge aufgeführt werden und zwar in der Form, daß der aussagekräftige Gesetzestitel für die Reihenfolge maßgebend ist.

- **Vorschriften über die Geheimhaltung von dienstlich oder sonst in Ausübung des Berufs erworbener Kenntnisse.**

In § 45 Ziff. 1 BDSG sind genannt:

§ und Langtitel	Gesetz vom:	zuletzt geändert:
§ 30 Abgabenordnung	16.3.76 BGBl. I S. 613	––
§§ 10, 11 Gesetz über Fernmeldeanlagen	14.1.28 RGBl. I S. 8	2.3.74 BGBl. I S. 69
§§ 5, 6 Gesetz über das Postwesen	28.7.69 BGBl. I S. 1006	2.3.74 BGBl. I S. 469
§ 9 Gesetz über das Kreditwesen	10.7.61 BGBl. I S. 881	14.12.76 BGBl. I S. 3341
§ 12 Statistik-Gesetz	3.9.59 BGBl. I S. 1314	2.3.74 BGBl. I S. 469

Aus der Vielzahl weiterer Vorschriften, die teilweise sogar die Geheimhaltungspflicht mit einer Strafandrohung absichern[6] sind u. a. zu nennen:

§ und Langtitel	Gesetz vom:	zuletzt geändert:
§ 400 Abgabenordnung	16.3.76 BGBl. I S. 613	21.1.77 BGBl. I S. 269
§§ 395, 404 Aktiengesetz	6.9.65 BGBl. I S. 1089	12.12.76 BGBl. I S. 3341
§ 13 Ausbildungsplatzförderungsgesetz	7.9.76 BGBl. I S. 2658	––
§ 39 Beamtenrechtsrahmengesetz	17.7.71 BGBl. I S. 1025	3.1.77 BGBl. I S. 21
§ 79, 120 Betriebsverfassungsgesetz	15.1.72 BGBl. I S. 13	14.12.76 BGBl. I S. 3341
§ 36 a Gesetz üb. d. gewerblichen Binnenschiffsverkehr		
§ 61 Bundesbeamtengesetz	17.7.71 BGBl. I S. 1181	3.1.77 BGBl. I S. 1
§ 18 Bundesnotarordnung	24.2.61 BGBl. III S. 303–1	20.8.75 BGBl. I S. 2258
§ 10 Bundespersonalvertretungsgesetz	15.3.74 BGBl. I S. 693	25.4.75 BGBl. I S. 1005
§ 49 Bundeswasserstraßengesetz	2.4.68 BGBl. II S. 173	20.12.76 BGBl. I S. 3574
§ 3, 45 Deutsches Richtergesetz	19.4.72 BGBl. I S. 713	18.2.77 BGBl. I S. 297
§ 18 Gesetz über Fernmeldeanlagen	14.1.28 RGBl. I S. 8	2.3.74 BGBl. I S. 469

6 Vgl. hierzu Kapitel 7.

§ und Langtitel	Gesetz vom:	zuletzt geändert:
§ 151 Genossenschaftsgesetz	1.5.1889 BGBl. S. 55	29.7.76 BGBl. I S. 2034
§ 174 Gerichtsverfassungsgesetz	12.9.50 BGBl. I S. 513	3.12.76 BGBl. I S. 3281
§ 139 b Gewerbeordnung	26.7.1900 RGBl. S. 871	13.9.76 BGBl. I S. 2732
§ 98 a Güterkraftverkehrsgesetz	22.12.69 BGBl. I S. 2 (70)	14.12.76 BGBl. I S. 3341
§ 18 Kündigungsschutzgesetz	25.8.69 BGBl. I S. 1317	5.7.76 BGBl. I S. 1769
§ 60 a Personenbeförderungsgesetz	21.3.61 BGBl. I S. 241	14.12.76 BGBl. I S. 3341
§ 50, 58 Schwerbehindertengesetz	29.4.74 BGBl. I S. 1006	14.6.76 BGBl. I S. 1481
§ 14 Soldatengesetz	22.4.69 BGBl. I S. 314	24.8.76 BGBl. I S. 2485
§ 88 Städtebauförderungsgesetz	27.7.71 BGBl. I S. 1125	14.12.76 BGBl. I S. 3341
§§ 93 ff., 203, 353 b ff. Strafgesetzbuch	2.1.75 BGBl. I S. 1	23.12.76 BGBl. I S. 1481
§ 17 Gesetz gegen den unlauteren Wettbewerb	7.1.09 BGBl. S. 499	10.3.75 BGBl. I S. 685
§§ 107, 108 Urhebergesetz	9.9.65 BGBl. I S. 1273	2.3.74 BGBl. I S. 469
§ 5 Gesetz üb. d. gerichtliche Verfahren in Landwirtschaftssachen	21.7.53 BGBl. I S. 662	3.12.76 BGBl. I S. 3281
§ 84 Verwaltungsverfahrensgesetz	25.5.76 BGBl. I S. 1253	2.7.76 BGBl. I S. 749
§ 10 Gesetz üb. d. Wehrbeauftragten des Bundestages	26.7.57 BGBl. III. 50–2	2.3.74 BGBl. I S. 469
§ 42 Bundeszentralregistergesetz	18.3.71 BGBl. I S. 243	22.7.76 BGBl. I S. 2005

- **Vorschriften über das Zeugnis- oder Auskunftsverweigerungsrecht aus persönlichen oder berufsbedingten Gründen in Gerichts- und Verwaltungsverfahren**

In § 45 Ziff. 2 BDSG sind genannt:

§ und Langtitel	Gesetz vom:	zuletzt geändert:
§ 102–105 Abgabenordnung	16.3.76 BGBl. I S. 613	– –
§ 52–53 Strafprozeßordnung	17.9.65 BGBl. I S. 1374	18.8.76 BGBl. I S. 2181
§§ 383–384 Zivilprozeßordnung	12.9.50 BGBl. I S. 1374	14.12.76 BGBl. I S. 3341

Als weitere derartige Vorschriften sind u. a. zu nennen:

§ und Langtitel	Gesetz vom:	zuletzt geändert:
§ 60 Bundesrechtsanwaltsordnung	1.8.59 BGBl. I S. 565	18.2.77 BGBl. I S. 297
§§ 3, 5, 6 Bundesseuchengesetz	18.7.61 BGBl. I S. 1012	9.6.75 BGBl. I S. 1321
§§ 12, 15 Datenübermittlungsverordnung	18.12.72 BGBl. I S. 2482	– –
§§ 11 a, 12, 13 Gesetz zur Bekämpfung von Geschlechtskrankheiten	32.7.53 BGBl. I S. 706	2.3.74 BGBl. I S. 469

§ und Langtitel	Gesetz vom:	zuletzt geändert:
§ 1ff. Erste Verordnung zur Durchführung des Gesetzes zur Bekämpfung von Geschlechtskrankheiten	28.12.54 BGBl. I S. 523	--
§ 139b Abs. 5 Gewerbeordnung	26.7.1900 RGBl. S. 871	13.9.76 BGBl. I S. 2732
§§ 50a, 78 Güterkraftverkehrsgesetz	22.12.69 BGBl. I S. 2(70)	14.12.76 BGBl. I S. 3341
§§ 6, 15 Heimarbeitsgesetz	14.3.51 BGBl. I S. 191	29.10.74 BGBl. I S. 2879
§ 4 Heimstättengesetz	25.4.37 RGBl. I S. 1291	10.3.75 BGBl. I S. 685
§§ 50 Jugendarbeitsschutzgesetz	12.4.76 BGBl. I S. 965	--
§ 58 Abs. 2 Gesetz zur Jugendwohlfahrt	6.8.70 BGBl. I S. 1197	2.7.76 BGBl. I S. 1762
§ 100 Konkursordnung	10.2.1877 RGBl. S. 35	23.12.76 BGBl. I S. 3845
§ 17 Kündigungsschutzgesetz	25.8.69 BGBl. I S. 1317	5.7.76 BGBl. I S. 1769
§ 22 Ladenschlußgesetz	28.11.56 BGBl. I S. 875	5.7.76 BGBl. I S. 1773
§ 3 Lohnfortzahlungsgesetz	27.7.69 BGBl. I S. 946	10.8.72 BGBl. I S. 1433
§ 19 Mieterschutzgesetz	18.4.68 BGBl. I S. 315	2.3.74 BGBl. I S. 469
§ 49 Ordnungswidrigkeitengesetz	2.1.75 BGBl. I S. 1	20.8.75 BGBl. I S. 2189
§§ 31, 317, 317a, 343, 344, 1503, 1543d, 1552 Reichsversicherungsordnung	19.7.1911 RGBl. S. 509	18.8.76 BGBl. I S. 2213
§ 13ff. Seemannsgesetz	26.7.57 BGBl. II S. 713	12.4.76 BGBl. I S. 965
§ 28 Bundesverfassungsgerichtsgesetz	23.5.49 BGBl. III 1104-1	24.8.76 BGBl. I S. 2485
§ 139b Gewerbeordnung	26.7.1900 RGBl. S. 871	13.9.76 BGBl. I S. 3341
Art. 47 Grundgesetz	23.5.49 BGBl. S. 1	23.8.76 BGBl. I S. 2383
§ 17 Abs. 3 Handwerksordnung	17.9.53 BGBl. I S. 1411	24.8.76 BGBl. I S. 2525
§ 43 Gesetz über das Kreditwesen	10.7.61 BGBl. I S. 881	14.12.76 BGBl. I S. 3341
§ 38, 39 Ordnungswidrigkeitsgesetz	2.1.75 BGBl. I S. 80	20.8.75 BGBl. I S. 2189
§ 84 Abs. 3 Verwaltungsverfahrensgesetz	25.5.76 BGBl. I S. 1253	2.7.76 BGBl. I S. 1749

- **Vorschriften über die Verpflichtung, die Beschränkung oder das Verbot der Speicherung, Übermittlung oder Veröffentlichung von Einzelangaben über Personen**

In § 45 Ziff. 3 BDSG sind genannt:

§ und Langtitel	Gesetz vom:	zuletzt geändert:
§§ 20, 22 Arbeitsförderungsgesetz	25.6.69 BGBl. I S. 582	16.3.76 BGBl. I S. 581
§ 49 Bundeszentralregistergesetz	18.3.71 BGBl. I S. 243	22.7.76 BGBl. I S. 2005
§ 161 Strafprozeßordnung	17.9.65 BGBl. I S. 1374	18.8.76 BGBl. I S. 2181

Als weitere Vorschriften sind zu nennen:

§ und Langtitel	Gesetz vom:	zuletzt geändert:
§131, 165 Aktiengesetz	6.9.65 BGBl. I S. 1089	12.12.76 BGBl. I S. 3341
§§ 7, 10, 20, 22, 178 Arbeitsförderungsgesetz	25.6.69 BGBl. I S. 582	19.12.76 BGBl. I S. 3341
§ 24 Arbeitssicherstellungsgesetz	9.7.68 BGBl. I S. 787	14.12.76 BGBl. I S. 3341
§§ 45, 75 Berufsbildungsgesetz	14.8.69 BGBl. I S. 1112	14.12.76 BGBl. I S. 3341
§§ 49, 55 Bundesausbildungsförderungsgesetz	9.4.76 BGBl. I S. 989	--
§ 19 Bundeskindergeldgesetz	14.4.64 BGBl. I S. 265	14.12.76 BGBl. I S. 3341
§ 15 Bundesleistungsgesetz	27.9.61 BGBl. I S. 1769	20.12.76 BGBl. I S. 3574
§§ 4, 5, 7 Siebte Berufskrankheitenverordnung	20.6.68 BGBl. I S. 721	8.12.76 BGBl. I S. 332
§ 3 Abs. 4 Städtebauförderungsgesetz	18.8.76 BGBl. I S. 2318	14.12.76 BGBl. I S. 3341
§§ 10, 11 Gesetz üb. die Statistik für Bundeszwecke	3.9.53 BGBl. I S. 1314	14.12.76 BGBl. I S. 3341
§ 28 Straßenverkehrsgesetz	19.12.52 BGBl. I S. 837	3.12.76 BGBl. I S. 3281
§§ 20, 21 Unterhaltssicherungsgesetz	8.3.75 BGBl. I S. 661	2.5.75 BGBl. I S. 1046
§ 69 Vergleichsordnung	26.2.35 RGBl. S. 321	29.7.76 BGBl. S. 2039
§ 8, 11, 12, 3. Vermögensbildungsgesetz	15.175 BGBl. I S. 258	14.12.76 BGBl. I S. 3341
§§ 34, 107, 158d Versicherungsvertragsgesetz	30.5.08 RGBl. S. 263	30.6.67 BGBl. I S. 609
§ 4ff. Verwaltungsverfahrensgesetz	25.5.76 BGBl. I S. 1253	2.7.76 BGBl. I S. 1749
§§ 12, 14 Wehrdisziplinarordnung	4.9.72 BGBl. I S. 1665	6.8.75 BGBl. I S. 2113
§ 25 2. Wohngeldgesetz	14.12.73 BGBl. I S. 1862	23.3.76 BGBl. I S. 737

– **Vorschriften über die Beschränkung der Einsicht in Unterlagen durch Dritte:**

In § 45 Ziff. 4 BDSG sind genannt:

§ und Langtitel	Gesetz vom:	zuletzt geändert:
§ 61 Abs. 2 u. 3 Personenstandsgesetz	8.8.57 BGBl. I S. 1125	2.7.76 BGBl. I S. 1749
§ 36 Gesetz über das Verwaltungsverfahren der Kriegsopferversorgung	6.5.57 BGBl. I S. 1169	--

Als weitere derartige Vorschriften sind zu nennen:

§ und Langtitel	Gesetz vom:	zuletzt geändert:
§ 106 Abgabenordnung	16.3.76 BGBl. I S. 613	--
§§ 28, 57 Abs. 3 Bundeszentralregistergesetz	18.3.71 BGBl. I S. 243	22.7.76 BGBl. I S. 2005
§ 14 Wehrdisziplinarordnung	4.9.72 BGBl. I S. 1665	6.8.75 BGBl. I S. 2113

- **Vorschriften über die Einsicht des Beamten oder Arbeitnehmers in seine Personalunterlagen**

In § 45 Ziff. 5 BDSG sind genannt:

§ und Langtitel	Gesetz vom:	zuletzt geändert:
§ 83 Betriebsverfassungsgesetz	15.1.72 BGBl. I S. 13	18.1.73 BGBl. I S. 85
§ 90 Bundesbeamtengesetz	3.1.77 BGBl. I S. 1	– –

Als weitere derartige Vorschriften sind u. a. zu nennen:

§ und Langtitel	Gesetz vom:	zuletzt geändert:
§ 98 Bundesrechtsanwaltsordnung	1.8.59 BGBl. I S. 565	18.2.77 BGBl. I S. 297
§ 29 Soldatengesetz	22.4.69 BGBl. I S. 314	24.8.76 BGBl. I S. 2485
§ 36 Zivildienstgesetz	9.8.73 BGBl. III S. 55–2	24.8.76 BGBl. I S. 2485

- **Vorschriften über die Auskunftspflicht von Behörden an Bürger über die zu ihrer Person gespeicherten Daten**

In § 45 Ziff. 6 BDSG werden genannt:

§ und Langtitel	Gesetz vom:	zuletzt geändert:
§ 104 Angestelltenversicherungsgesetz	28.5.24 RGBl. I S. 503	16.3.76 BGBl. I S. 581
§ 108 h Reichsknappschaftsgesetz	1.7.26 RGBl. I S. 369	28.12.76 BGBl. I S. 3871
§ 1325 Reichsversicherungsordnung	19.7.11 RGBl. I S. 509	18.8.76 BGBl. I S. 2213

Als weitere Vorschriften sind u. a. zu nennen:
(hier sind auch Vorschriften des Akteneinsichtsrechts in Gerichtsverfahren etc. genannt)

§ und Langtitel	Gesetz vom:	zuletzt geändert:
§ 61, 70 Bundesdisziplinarordnung	3.6.76 BGBl. I S. 1357	24.8.76 BGBl. I S. 2485
§§ 28, 57 Bundeszentralregistergesetz	18.3.71 BGBl. I S. 243	22.7.76 BGBl. I S. 2005
§ 17 Datenerfassungsordnung	24.11.72 BGBl. I S. 2159	– –
§ 12 Datenübermittlungsordnung	18.12.72 BGBl. I S. 2482	– –
§ 34 Gesetz über Angelegenheiten der freiwilligen Gerichtsbarkeit	20.5.1898 RGBl. S. 189	3.12.76 BGBl. I S. 3182
§ 6 Handwerksordnung	28.12.65 BGBl. I S. 1(66)	24.8.76 BGBl. I S. 2525
§ 35 Gesetz über das Verwaltungsverfahren der Kriegsopferversorgung	6.5.76 BGBl. I S. 1169	– –

§ und Langtitel	Gesetz vom:	zuletzt geändert:
§ 61 Personenstandsgesetz	8.8.57 BGBl. I S. 1125	2.7.76 BGBl. I S. 1749
§§ 80, 147, 385 Strafprozeßordnung	17.9.65 BGBl. I S. 1374	18.8.76 BGBl. I S. 2181
§ 29 Verwaltungsverfahrensgesetz	25.5.76 BGBl. I S. 1253	2.7.76 BGBl. I S. 1749
§ 83 Wehrdisziplinarordnung	4.9.72 BGBl. I S. 1665	6.8.75 BGBl. I S. 2113
§ 299, 760 Zivilprozeßordnung	12.9.50 BGBl. I S. 533	14.12.76 BGBl. I S. 3341

– **Vorschriften über die Übermittlung, Berichtigung und Löschung von in öffentlichen Registern aufgeführten personenbezogenen Daten**

In § 45 Ziff. 7 BDSG werden genannt:

§ und Langtitel	Gesetz vom:	zuletzt geändert:
§§ 19, 23, 27 Abs. 2, 31, 37 Abs. 1, 39–47, 58 Bundeszentralregistergesetz	18.3.71 BGBl. I S. 243	22.7.76 BGBl. I S. 2005
§ 13, 2. Abschnitt der Grundbuchordnung	24.3.1897 RGBl. S. 139	2.3.74 BGBl. I S. 469
§ 30 Straßenverkehrsgesetz	19.12.52 BGBl. I S. 837	3.12.76 BGBl. I S. 3281
§ 13 a Straßenverkehrszulassungsordnung	15.11.74 BGBl. I S. 3193	10.4.76 BGBl. I S. 1058

Als weitere derartige Vorschriften sind u. a. zu nennen:

§ und Langtitel	Gesetz vom:	zuletzt geändert:
§§ 55, 1563 Bürgerliches Gesetzbuch	18.8.1896 RGBl. S. 195	9.12.76 BGBl. I S. 3317
§§ 14, 16 Verordnung über das Erbbaurecht	15.1.19 RGBl. S. 72	8.1.74 BGBl. I S. 41
§ 125, 126, 132ff., Gesetz über Angelegenheiten der freiwilligen Gerichtsbarkeit	20.5.1898 RGBl. S. 189	3.12.76 BGBl. I S. 3182
§ 8ff. Gebrauchsmustergesetz	2.1.68 BGBl. I S. 24	2.3.74 BGBl. I S. 469
§ 20 Gesetz über die allgemeinen Geschäftsbedingungen	9.12.76 BGBl. I S. 3317	
§ 7, 8 Geschmacksmustergesetz	11.1.1876 RGBl. S. 11	2.3.74 BGBl. I S. 469
§ 6 Handwerksordnung	17.9.53 BGBl. I S. 144	24.8.76 BGBl. I S. 2383
§ 21 Heimstättengesetz	25.11.37 RGBl. I S. 129	10.3.75 BGBl. I S. 685
§ 146 Abs. 7 Konkursordnung	10.2.1877 RGBl. S. 35	5.7.76 BGBl. I S. 1769
§§ 79–90 Kostenordnung	26.7.57 BGBl. I S. 960	2.7.76 BGBl. I S. 1749
§ 43 Gesetz über das Kreditwesen	10.7.61 BGBl. I S. 881	14.12.76 BGBl. I S. 3341
§§ 12, 23, 306 a, 36 Patentgesetz	2.1.68 BGBl. I S. 2	3.12.76 BGBl. I S. 3281
§§ 43 e, 46 a, b, 47, 65 Personenstandsgesetz	8.8.57 BGBl. I S. 1125	2.7.76 BGBl. I S. 1749

§ und Langtitel	Gesetz vom:	zuletzt geändert:
§§ 12, 18ff., 56, 57 Gesetz über Rechte von eingetragenen Schiffen und Schiffsbauwerken	15.11.40 RGBl. I S. 1499	28.8.69 BGBl. I S. 1513
§§ 3, 6, 10, 11 Warenzeichengesetz	2.1.68 BGBl. I S. 2	3.12.76 BGBl. I S. 3281
§§ 9, 31, 32 Gesetz gegen Wettbewerbsbeschränkung nebst VO über die Anlage und Führung des Kartellregisters vom 10.8.75	10.8.75 BGBl. I S. 2294	10.3.75 BGBl. I S. 685
§ 9a. 1. Wohnbaugesetz	25.8.53 BGBl. I S. 1047	17.7.68 BGBl. I S. 821
§§ 4, 9 Wohnungseigentumsgesetz	15.3.51 BGBl. I S. 175	30.7.73 BGBl. I S. 910

- **Vorschriften über die Verpflichtung zur Verarbeitung personenbezogener Daten bei der Rechnungslegung einschließlich Buchführung und sonstiger Aufzeichnungen**

In § 45 Ziff. 8 BDSG werden genannt:

§ und Langtitel	Gesetz vom:	zuletzt geändert:
§§ 140–148 Abgabenordnung	16.3.76 BGBl. I S. 613	--
§ 71 Bundeshaushaltsordnung	19.8.69 BGBl. I S. 1284	23.12.71 BGBl. I S. 2133
§§ 38–40, 42–47 Handelsgesetzbuch	10.5.1897 RGBl. S. 219	14.12.76 BGBl. I S. 3341
§ 8 VOPR Nr. 30/53 (Bundesanzeiger Nr. 244)		

Als weitere derartige Vorschriften sind u. a. zu nennen:

§ und Langtitel	Gesetz vom:	zuletzt geändert:
146. § 91 Aktiengesetz	6.9.65 BGBl. I S. 1089	14.12.76 BGBl. I S. 3341
147. § 20 Finanzverwaltungsgesetz	30.8.71 BGBl. I S. 1926	--
148. § 53 Genossenschaftsgesetz	1.5.1889 RGBl. S. 55	29.7.76 BGBl. I S. 2034
149. § 38 Gewerbeordnung	26.7.1900 RGBl. S. 871	13.9.76 BGBl. I S. 2737
150. § 41 GmbH Gesetz	20.4.1892 RGBl. S. 477	24.3.76 BGBl. I S. 725
151. § 58 Güterkraftverkehrsgesetz	22.12.69 BGBl. I S. 2(70)	14.12.76 BGBl. I S. 3

4. Qualität vorrangiger Rechtsvorschriften

§ 45 BDSG räumt *Rechtsvorschriften* Vorrang vor dem BDSG ein. Darzustellen ist, welche rechtliche Regelungen unter den Begriff Rechtsvorschrift zu fassen sind. Dazu ist zunächst noch einmal festzuhalten, daß es sich um Rechtsvorschriften des Bundes handeln muß, wogegen im Rahmen der bereits aufgezeigten

doppelten Subsidiarität[7] des BDSG bei der Frage der Zulässigkeit der Datenverarbeitung gemäß § 3 BDSG auch Rechtsvorschriften aus dem Länder- und Kommunalbereich zu beachten sind.
Das geltende Recht hat seine Rechtsquelle im Satzungsrecht (geschriebenes Recht). Als solches Satzungsrecht können Rechtsnormen, d. h. einzelne Vorschriften der Rechtsordnung in Form von Gesetzen, Rechtsverordnungen und autonomen Satzungen unterschieden werden. Rechtsvorschriften sind also Rechtsnormen, d. h. es muß sich um Gesetze im materiellen Sinne handeln. Gesetz im materiellen Sinne ist jede staatliche Rechtssetzung, also auch die nicht in der Form eines formellen Gesetzes ergangene rechtsverbindliche Anordnung eines Rechtssatzes. Ein Gesetz im materiellen Sinne kann daher zustandekommen:

- durch die Gesetzgebung (formelles Gesetz)
- durch einen Regierungserlaß aufgrund besonderer Ermächtigung (Rechtsverordnung)
- durch einen mit Rechtssetzungsbefugnis ausgestattenen Verband (autonome Satzung)

Im Gegensatz zur Rechtsverordnung steht die „Verwaltungsverordnung", die nur eine interne Anweisung innerhalb der öffentlichen Verwaltung ist. Autonome Satzung ist eine Rechtsvorschrift, die von einem mit Rechtssetzungsbefugnis ausgestattenen Verband (z. B. Gemeinde) erlassen wird. Neben formellen Bundesgesetzen und Rechtsverordnungen der Bundesregierung kommen also Satzungen von autonomen Bundeskörperschaften[8] im Rahmen des § 45 BDSG in Betracht.
Besondere Bedeutung kommt der Frage zu, ob Tarifverträge und Betriebsvereinbarungen Rechtsvorschriften sind. Zwar handelt es sich in jedem Fall nicht um Rechtsvorschriften des *Bundes*, so daß das BDSG durch solche Vereinbarungen nicht verdrängt würde. Jedoch können Regelungen in Tarifverträgen und Betriebsvereinbarungen über § 3 BDSG für den Schutz von Arbeitnehmerdaten Bedeutung gewinnen, da sie in weitem Umfang die Zulässigkeit der Verarbeitung solcher Daten reglementieren, abgesehen davon, daß sie durch die Gestaltung des einzelnen Arbeitsvertrages auch Aussagen über die für die Zulässigkeit der Datenverarbeitung maßgebende Zweckbestimmung (§§ 23, 24, 25 BDSG) machen. Nach h. M. ist der normative Teil eines Tarifvertrages ein für Dritte rechtsverbindlicher Normenvertrag (§§ 1, 4 TVG); insofern setzt der Tarifvertrag objektives autonomes Recht, d. h. er enthält Rechtsvorschriften im Sinne des § 3 BDSG. Im übrigen sind die Tarifvertragsparteien an zwingendes Recht und an Regelungen des BDSG, die kein dispositives Recht darstellen[9], gebunden. Fraglich ist je-

7 *Kriependorf* (Grundzüge der Subsidiarität des Bundesdatenschutzgesetzes, Datenschutz und Datensicherung 1977, S. 66) spricht insoweit von Vorbehalts- und Subsidiaritätsprinzip.
8 Gleichfalls sind Entscheidungen des Bundesverfassungsgerichts mit Gesetzeskraft zu beachten; s. dazu auch *Sendler*, Rechtsprobleme personenbezogener Datenverarbeitung im öffentlichen und privaten Bereich, Datenschutz und Datensicherung 1977, S. 63f.
9 Vgl. hierzu *Gola/Hümmerich/Kerstan,* Datenschutzrecht I, S. 20f.

doch, ob sie die Rechtsvorschriften des BDSG näher ausgestalten können, so z. B. festlegen, in welcher Form ein Arbeitnehmer über die Verarbeitung seiner personenbezogenen Daten zu benachrichtigen ist[10]. Eine gleiche Problematik gilt für Betriebsvereinbarungen, die gemäß § 77 Abs. 4 BetrVG ebenfalls normativ wirken und als Rechtsvorschriften zu betrachten sind[11]. Eine Ausgestaltung des Rechts des BDSG im Rahmen der Gestaltung der betrieblichen Ordnung wird daher als zulässig anzusehen sein[12].

5. Umfang der Subsidiarität

Wie bereits dargestellt, ist das Bundesdatenschutzgesetz „als Auffanggesetz" konzipiert, d. h. gemäß § 45 Satz 1 BDSG gehen besondere Rechtsvorschriften des Bundes, die auf die Verarbeitung von personenbezogenen Daten in Dateien Anwendung finden, den Vorschriften des BDSG vor. In der Überschrift zu § 45 BDSG werden diese „vorgehenden" Vorschriften als „weitergeltende" Vorschriften bezeichnet. In § 45 S. 2 BDSG wird von „vorrangigen" Vorschriften gesprochen[13]. Auf den ersten Blick mag die hier in allen drei Bezeichnungen gemeinte subsidiäre Ausgestaltung der Vorschriften des BDSG eindeutig und unproblematisch erscheinen. Bei der Anwendung in der Praxis zeigt es sich jedoch, daß durchaus eine Reihe von Zweifelsfragen auftaucht[14].
In Fällen, in denen auf gleiche Sachverhalte mehrere Normen angewandt werden können, spricht man von Konkurrenz der Rechtsnormen oder auch von Gesetzeskonkurrenz[15]. Liegt ein solcher Fall der Gesetzeskonkurrenz vor, kommen folgende Lösungen in Betracht:
1. Die Bestimmungen finden nebeneinander (kummulativ) Anwendung. Dabei können die aus den Bestimmungen fließenden Rechtsfolgen und Ansprüche inhaltlich gleich (Anspruchskonkurrenz) oder auf verschiedene Ziele gerichtet sein.
2. Die verschiedenen Bestimmungen finden alternativ Anwendung, d. h. von den verschiedenen Folgen tritt nur die eine oder die andere nach Wahl des Berechtigten ein.
3. Von den verschiedenen Bestimmungen kommt nur eine zur Anwendung, weil sie die anderen Vorschriften ausschließt oder verdrängt. Dieser Fall der Konkurrenz wird teilweise als Gesetzeskonkurrenz im eigentlichen Sinne oder Normen-

---

10 Vgl. zu der gleichen Problematik bei Betriebsvereinbarungen *Hümmerich/Gola*, Personaldatenrecht im Arbeitsverhältnis, S. 148ff.

11 Vgl. nur *Fabricius/Kraft/Thiele/Wiese*, BetrVG § 77 Anm. 31ff.

12 Vgl. auch Muster-Betriebsvereinbarung über den Datenschutz bei Personalinformationssystemen der IG-Chemie, Papier, Keramik, in: Der Betriebsrat, Mai 1977; hier abgedruckt auf S. 116ff. – Zu den Bedenken siehe hier S. 124.

13 Diese Überschrift hieß im Regierungsentwurf (BT-Drucksache 7/1027, S. 4) ursprünglich: „Weitergehende Vorschriften".

14 Vgl. auch die Darstellung des Meinungsstands bei Sendler (Fn 8).

15 Vgl. bei *Lehmann/Hübner*, BGB, Allgemeiner Teil, S. 67, *Larenz*, Allgemeiner Teil des Bürgerlichen Rechts, S. 209.

verdrängende-Konkurrenz bezeichnet[16]. Ein solcher Fall der Normen verdrängenden Konkurrenz ist in § 45 BDSG geregelt, d. h. die bereichsspezifischen Regelungen der Verarbeitung personenbezogener Daten in Dateien verdrängen die entgegenstehenden oder entsprechenden Vorschriften des BDSG, so daß nur diese bereichsspezifischen Regeln in dem konkreten Sachverhalt zur Anwendung kommen.
Ein solcher Fall der Normen verdrängenden Konkurrenz kann auf verschiedenen Ursachen beruhen. Er ist vor allem dann gegeben, wenn die vorgehende Norm gegenüber derjenigen, die sie verdrängt, „lex specialis" ist, d. h. wenn der in ihr geregelte Fall ein Sonderfall des Tatbestandes der verdrängten Norm ist. Die spezielle Regelung geht für ihren Anwendungsbereich der allgemeineren vor. Dabei kann es durchaus sein, daß die allgemeine Norm einen Anspruch begründet, die spezielle ihn aber für ihren Bereich ausschließt, verändert oder aber an weitere Voraussetzungen knüpft. Einen solchen Fall einer lex generalis hatte der Gesetzgeber bei der Regelung der Subsidiarität der Bestimmungen des Bundesdatenschutzgesetzes in § 45 BDSG wohl primär im Sinn, wie die aufgezählten Beispiele von vorrangigen Normen zeigen. Die Vorschriften, die für einen bestimmten Fall der Datenverarbeitung eine besondere Geheimhaltungspflicht, eine besondere Form der Auskunft oder der Korrektur, ein besonderes Recht auf Verarbeitung der Daten etc. regeln, sollen vor der allgemeinen Regelung im BDSG als spezifisch geregelte Unterfälle Vorrang haben[17].
Nun gibt es eine Vielzahl von Vorschriften, die zwar bei der Verarbeitung von personenbezogenen Daten Anwendung finden können, sicherlich aber nicht einen solchen spezifischen Fall der Datenverarbeitung regeln. Teilweise sind diese Normen genereller Art und zunächst ohne jeden Bezug zur Datenverarbeitung. Ein Beispiel mag dies erläutern: Wer unwahre oder wahre ehrverletzende Angaben über jemanden speichert und weitergibt, kann nach § 823 Abs. 2 BGB in Verbindung mit §§ 185, 186, 187 StGB (Beleidigung, üble Nachrede, Verleumdung) zum Schadensersatz verpflichtet sein. Auch ein Anspruch auf Unterlassung, d. h. Löschung der gespeicherten Daten, ist aus diesen Normen ggf. in Verbindung mit § 1004 BGB herzuleiten[18]. Ferner sei auf § 824 BGB hingewiesen, der bei kreditschädigenden Äußerungen zum Schadensersatz verpflichtet. Aus dieser Vorschrift ist gleichfalls die Möglichkeit der vorbeugenden Unterlassungsklage, eine Rechtsfigur, die dem Berichtigungs- oder Sperrungsrecht des BDSG zumindest nahekommt, gegeben. Bestehen Vertragsbeziehungen zwischen den Parteien können solche Ansprüche auch aus positiver Vertragsverletzung hergeleitet werden.
Damit finden die genannten Rechtsvorschriften auch auf „die Verarbeitung von personenbezogenen Daten in Dateien" Anwendung. Gleichwohl wird man hier-

16 Siehe bei *Larenz* (Fn 15) mit weiteren Nachweisen.
17 So uneingeschränkt auch *Kriependorf* (Fn 7); s. auch *Hund*, DSWR 1977, S. 67f. mit Beispielen aus dem Bereich der Buchführung.
18 Vgl. dazu 4. Kapitel II, 2.4.2

aus nicht das Ergebnis ableiten können, daß die bei dem geschilderten Tatbestand gegebenen Ansprüche auf Löschung oder Sperrung nach dem BDSG nun ausgeschlossen seien. Die Subsidiaritätsregelung des § 45 BDSG kann nicht dahin verstanden werden, daß, wenn auf einen bestimmten Sachverhalt, den das BDSG regelt, auch nur irgendeine andere Vorschrift des Bundes mit ähnlichen Rechtsfolgen wie denen des BDSG Anwendung findet, die Vorschriften des BDSG nicht mehr zum Zuge kommen. Eine solche Auslegung würde das BDSG in seiner Anwendung völlig aushöhlen und auch zu sinnwidrigen Ergebnissen führen. So würde die unbefugte Veränderung von Daten, die u. U. nur eine Sachbeschädigung gemäß § 303 StGB darstellt, dann nicht mehr nach § 41 BDSG strafbar sein, obwohl Schutzzweck und Strafmaß bei beiden Normen völlig unterschiedlich sind.
Man muß daher davon ausgehen, daß in § 45 BDSG der Grundatz „lex specialis derogat legi generali" festgeschrieben werden sollte, mit der Besonderheit, daß ein Fall des lex specialis bereits vorliegt, wenn in einem bestimmten Bereich zumindest der Umgang mit Daten, d. h. die Zulässigkeit der Verarbeitung in ihren einzelnen Phasen und die Rechte des Betroffenen bei dieser Verarbeitung, geregelt wird, wobei es sich bei diesen Daten nicht speziell um geschützte personenbezogene Daten handeln muß (z. B. § 17 UWG, § 11 Fernmeldegesetz). Es muß sich bei den vorrangigen Normen also nicht um solche handeln, die ausschließlich oder vorrangig in einem bestimmten Bereich den Umgang mit vom BDSG geschützten personenbezogenen Daten regeln wollen, d. h. den Problemkreis „Schutz des Persönlichkeitsrechts bei der Datenverarbeitung" betreffen. Die Aussage, daß Bundesspezialgesetze nur insoweit vorgehen als sie Regelungen des Datenschutzes enthalten[19], ist zumindest in dem oben erwähnte Sinne nicht zutreffend[20].
Auf den Schutzzweck der Vorschrift kommt es daher nicht an, sondern auf ihren Gegenstand, d. h. darauf, ob die Verarbeitung personenbezogener Daten unmittelbar[21] geregelt wird. Nach *Simitis*[22] muß ferner auch bei Vorliegen einer solchen Vorschrift mit DV-Bezug noch geprüft werden, ob diese Vorschrift auch die Konfliktlage regelt, auf die sich die Bestimmungen des BDSG beziehen. Erst eine „deckungsgleiche" Regelung verdränge das BDSG, wobei deckungsgleich jedoch nicht „günstiger" oder „mit gleichstehendem Schutz versehen" bedeutet.
Die spezialrechtliche Vorschrift kann daher auch eine höhere Verkehrsfähigkeit von Daten zu Lasten des Betroffenen normieren und dessen Korrektur- und Auskunftsrechte einschränken.[23]

---

19 So *Bergmann-Möhrle*/BDSG § 45 Anm. 3;
Ebenso ungenau *Schedl,* Erl. zu § 45, die Gesetze, die sich ausführlich mit der Verarbeitung personenbezogener Daten und ihrem Schutz befassen, vorgehen läßt.

20 Der Wortlaut des § 45 wurde im Gegensatz zum entsprechenden § 37 des Reg.-Entw. gerade dahin geändert, daß auch das nicht speziell dem Datenschutz dienende besondere Bundesrecht Vorrang haben soll (s. BT-Drucksache 7/1027, S. 37, 41).

21 *Sendler* (Fn 8) meint wohl diesen unmittelbaren Bezug, wenn er fordert, daß die vorrangige Vorschrift zumindest „datenschützend" wirken müsse bzw. „quantitativ gleichartig sein müsse, qualitativ jedoch durchaus vom Schutz des BDSG abweichen könne".

22 ArbuR 1977, S. 106.

23 Ebenso *Kriependorf* (Fn 17).

Wenn man also insoweit die Auffassung vertritt, daß § 45 Satz 1 BDSG die gesetzliche Regelung des Grundsatzes „lex specialis derogat legi generali“ enthält, so sind mit dieser Aussage die in § 45 BDSG auftretenden Kollisionsprobleme noch nicht gelöst. Das liegt u. a. daran, daß die vorrangigen bereichsspezifischen Regelungen oft die Bestimmungen des BDSG nur partiell überschneiden. Bei der Lösung dieser Konkurrenzprobleme spielen zudem weitgehend Auslegungsfragen der einzelnen Normen eine bedeutende Rolle[24]. Dabei wird man bestrebt sein, die sich gegenüberstehenden Normen so auszulegen, daß Widersprüche vermieden werden und den in den Normen stehenden Absichten des Gesetzes Rechnung getragen wird.
Bei der Auslegung der speziellen Gesetzesbestimmungen stellt sich ferner die Frage, ob die Regelung eines speziellen Falles der Datenverarbeitung nicht als abschließende Regelung dieses Sachverhalts zu verstehen ist. Sicherlich ist allgemein zutreffend, wie nachstehend noch ausgeführt wird, daß datenschutzrechtliche Lücken[25] der Spezialgesetze durch das Bundesdatenschutzgesetz ergänzt werden. Jedoch wird im Einzelfall auch eine abschließende spezialrechtliche Regelung vorliegen können, die z. B. die Anwendung des BDSG ganz oder in Teilbereichen eben völlig ausschließt, weil sie beispielsweise die Korrektur- und Auskunftsrechte des Betroffenen abschließend regeln wollte.
Oft führt aber auch die Auslegung der einzelnen Vorschriften nach dem Gesetzeszweck nicht zu einer befriedigenden Lösung, so daß die Rechtsprechung eine mehr oder weniger selbständige Wertung vornehmen muß[26]. Mit Sendler[27] wird man daher im Ergebnis feststellen müssen, daß jeder Einzelfall einer Konkurrenzlage nur gesondert zu entscheiden ist. Diese Problematik bei der Lösung solcher Konkurrenzprobleme soll nun an einigen Beispielen näher aufgezeigt werden.

6. Einzelne Konkurrenzprobleme

Bei einer Reihe von Vorschriften ist die Frage der Konkurrenz zum BDSG verhältnismäßig einfach festzustellen. Beispielsweise stellen die Vorschriften des § 203 StGB über Berufsgeheimnisse eine spezielle Regelung zu § 5 BDSG (Datengeheimnis) und zur Strafnorm des § 41 BDSG dar. § 203 StGB spricht von der „unbefugten“ Weitergabe. Wann eine Weitergabe unbefugt ist, regelt § 203 StGB selbst nicht, hier gelten mangels spezialgesetzlicher Regeln z. B. die Vorschriften §§ 10 Abs. 1, S. 2, 11 S. 2 und 24 Abs. 1 S. 2 BDSG[28]. § 45 BDSG verweist zwar auf § 203 StGB, läßt aber bei dem Hinweis auf das Steuergeheimnis des § 30 AO

24 Vgl. z. B. bei *Zippelius*, Einführung in die juristische Methodenlehre, S. 51f.
25 *Schedl*, Erl. zu § 45; vgl. auch *Simitis* (Fn. 14), *Ordemann/Schomerus*, § 45 Erl. Abs. 2.
26 Vgl. hierzu näheres bei *Lehmann/Hübner*, a.a.O., S. 68ff.
27 Nachweis in Fn 8; im Ergebnis ebenso *Gliss*, Datenschutzgesetz und vorrangige Rechtsvorschriften: Schematisierung zwecklos – am besten Fallbeispiele, Computerwoche 1977, Heft 11.
28 Vgl. *Bergmann-Möhrle*, BDSG, § 45 Anm. 4.

die parallele Strafrechtsbestimmung des § 355 StGB (Verletzung des Steuergeheimnisses) außer Betracht. Dies beruht darauf, daß § 355 StGB die materiell entsprechende Norm in § 30 AO hat und insoweit für § 355 StGB keine Konkurrenzfragen – abgesehen von seinem Verhältnis zu § 41 BDSG – auftauchen. Ein anderes Beispiel mag die Problematik verdeutlichen: In § 45 Ziff. 5 BDSG werden Vorschriften über die Einsicht des Beamten oder Arbeitnehmers in seine Personalunterlagen (z. B. § 83 BetrVG) als den Bestimmungen des BDSG vorgehende Rechtsvorschriften genannt. § 83 BetrVG erkennt dem Arbeitnehmer einmal das Recht zu, die über ihn geführten Daten einzusehen. Weiterhin verpflichtet § 83 BetrVG den Arbeitgeber, Erklärungen des Arbeitnehmers zum Inhalt der Personalakte dieser beizufügen. Diese Regelung des Auskunfts- und Korrekturrechts des Arbeitnehmers bzw. Beamten (§ 90 Bundesbeamtengesetz) hat eine umfangreiche Rechtsprechung mit Leben erfüllt. Zu nennen sind hier insbesondere der von der öffentlich-rechtlichen Rechtsprechung entwickelte Grundsatz der Vollständigkeit und der materielle Personalaktenbegriff[29]. DAS BDSG räumt dem Betroffenen nunmehr generell gegenüber der datenverarbeitenden Stelle zur Kontrolle der Zulässigkeit und Richtigkeit der Datenverarbeitung Auskunfts- und Benachrichtigungsrechte ein (§§ 26, 27 BDSG). Bezüglich der Anwendung dieser Vorschriften über Benachrichtigungs- und Auskunfts-, Sperrungs- und Löschungsrechte bei der Verarbeitung von Arbeitnehmerdaten stellt sich nun die Frage, ob das Einsichtsrecht in § 83 Abs. 1 BetrVG und das Recht auf Gegendarstellung (§ 83 Abs. 2 BetrVG) die Regelungen der §§ 26, 27 BDSG ganz oder nur teilweise verdrängen, ob zum Beispiel der Anspruch auf Benachrichtigung oder auf Sperrung, der im Betriebsverfassungsgesetz nicht ausdrücklich geregelt ist, nach dem BDSG bestehen bleibt. So ist z. B. nach § 26 Abs. 1 BDSG der Betroffene bei der ersten Speicherung zu benachrichtigen, es sei denn, er hat auf andere Weise Kenntnis erlangt. Bisher war der Arbeitnehmer spätestens, wenn er von seinem Einsichtsrecht Gebrauch machen wollte, auch über Inhalt und Umfang seiner Personalakte aufzuklären, d. h. zu benachrichtigen, damit er auch Gelegenheit hatte, in die vollständige Personalakte einzusehen. Offen ist nun, ob für die vom BDSG geschützten Daten diese Benachrichtigungspflicht früher als mit dem erstmaligen Verarbeiten, d. h. in der Regel mit dem Speichern einsetzt. Eine ähnliche Problematik gilt für die Anwendung des § 27 BDSG, der ebenso wie § 83 Abs. 2 BetrVG eine Regelung der Korrekturrechte für den Fall enthält, daß die Richtigkeit oder die Zulässigkeit der Speicherung eines Personaldatums in Frage steht[30]. Selbst wenn es nicht gelingt, die Richtigkeit bzw. Unrichtigkeit eines Datums nachzuweisen, räumt § 27 Abs. 2 Satz 2 BDSG noch die Möglichkeit der Sperrung ein. Das Recht auf Gegendarstellung in § 83 Abs. 2 betrifft ebenfalls den Fall, daß über die Richtigkeit der Angaben zwischen Arbeitgeber und Arbeitnehmer Streit besteht, denn die Beseitigung unzutreffender Angaben wird im

29 Näheres hierzu siehe in Kapitel 5, II, 2.1.1.

30 *Gola*, Personalinformationssysteme nach dem Bundesdatenschutzgesetz, Online 10/77.

Regelfall kein Problem bedeuten. Der Gesetzgeber wollte offenbar, daß, soweit sich nicht ein Anspruch auf Korrektur des Personaldatums aus Spezialnormen (z. B. §§ 12, 823 Abs. 1 und 2, 1004 BGB) bzw. im Arbeitsvertrag ergibt, der Streit um Beurteilungen und sonstige Angaben entfällt, indem er beiden Parteien ein Darstellungsrecht einräumte. Insofern wird man die Bestimmungen des BetrVG für den Fall, daß ein Personaldatum streitig ist, als die vorrangige Norm ansehen müssen. Ob jedoch auch die Vorschriften des § 27 Abs. 2 Satz 2 und Abs. 3 Satz 1 BDSG (Sperren und Löschen nicht mehr benötigter Daten) durch § 83 BetrVG, der ja auch den Grundsatz der Vollständigkeit enthält und insoweit spezielle Verfahrensweisen vorschreibt[31], ausgeschlossen wird, ist fraglich. Dabei stellt sich auch die Frage, ob der Gesetzgeber abgesehen von Ansprüchen aus dem Arbeitsvertrag selbst oder speziellen Normen, wie z. B. § 12 BGB, in § 83 BetrVG eine allgemeine abschließende Regelung für die Verarbeitung von Arbeitnehmerdaten treffen wollte.

Diese Frage nach der möglicherweise im Spezialgesetz getroffenen abschließenden Regelung ist von allgemeiner Bedeutung. So wird man z. B. fragen müssen, ob der Gesetzgeber, wenn er in dem umfassenden Gesetz zur Statistik für Bundeszwecke ein Auskunftsrecht des Bürgers nicht vorsieht (da dem Bürger bekannt ist, was er angegeben hat), ein solches Recht nicht ausschließen wollte. Dies wäre aufgrund der Tatsache berechtigt, daß die erhobenen Daten gemäß § 12 Statistikgesetz nur für statistische Zwecke genutzt werden und grundsätzlich auch nicht weitergegeben werden dürfen, so daß die Richtigkeit oder Unrichtigkeit der dort gespeicherten Daten für den Einzelnen allgemein ohne Belang ist.

Ferner gehen beispielsweise nach Nr. 6 des § 45 BDSG die Vorschriften über die Rentenauskunft dem BDSG vor. Alle übrigen Vorschriften des BDSG gelten aber auch für die Versicherungsträger, es sei denn, was aber hier nicht zu bejahen ist[32], die Auskunfts- oder Korrekturrechte sind für diesen Bereich abschließend geregelt.

Die Lösung einer solchen Frage bedarf, wie dargestellt, der Auslegung, wobei, will man die Regelung des BDSG nicht zur Bedeutungslosigkeit herabmindern, in der Regel in den Gesetzen, die die Verarbeitung von Daten nur speziell regeln, aber z. B. Benachrichtigungs-, Auskunfts- und Korrekturrechte des Betroffenen nicht vorsehen, keine abschließende Regelung gesehen werden kann, zumal dem damaligen Gesetzgeber die im BDSG geregelten Datenschutzfragen noch nicht bewußt gewesen sein konnten.

Schließlich soll auch hier insoweit bereits auf die in Kapitel 7 dargestellte Vielzahl der Strafnormen mit datenschutzrechtlicher Relevanz hingewiesen werden, die vom Wortlaut her parallel auf einen Tatbestand Anwendung finden können. So erfüllt beispielsweise die unbefugte Weitergabe von Karteiblättern aus der Gesundheitsdatei des betriebsärztlichen Dienstes durch den Werksarzt den Tatbe-

---

31 *Hümmerich/Gola.* Personaldatenrecht im Arbeitsverhältnis. S. 117ff. und Kapitel 5. II.2.

32 *Bergmann-Möhrle,* § 45 Anm. 3.

stand des § 41 BDSG ebenso wie den des § 203 StGB und § 242 StGB und u. U. den des § 17 UWG. Bei der Frage, welche Straftatbestände bei dieser Konkurrenz verschiedener Normen anzuwenden sind, sind einmal die allgemeinen strafrechtlichen Grundsätze bei der Anwendung mehrerer konkurrierender Normen maßgebend. Hinsichtlich der Anwendung der Strafnorm des § 41 BDSG bzw. des § 42 BDSG ist jedoch ferner die in § 45 BDSG angesprochene Subsidiaritätsregel zu beachten[33].
Auch hier wird der Tatbestand des Diebstahls sicherlich nicht die Strafnorm des § 41 StGB verdrängen, wie oben bereits an einem anderen Beispiel dargestellt wurde. Jedoch werden die §§ 203 StGB und 17 UWG als Normen, die den Umgang mit Daten unmittelbar regeln, als vorrangig anzusehen sein und § 41 BDSG ausschließen, obwohl das hier geschützte Rechtsgut nicht das Persönlichkeitsrecht ist.

7. Zusammenfassung

Die durch die Subsidiaritätsregelung des § 45 BDSG auftretenden Konkurrenzprobleme können hier naturgemäß nicht umfassend hinsichtlich jeder Spezialvorschrift dargestellt werden. In manchen Fällen sind diese Probleme sicher auch noch gar nicht der Praxis als Rechtsfrage bewußt geworden. Die Leichtigkeit, mit der die derzeit zur Verfügung stehende Literatur über dieses Thema hinweggeht, macht dies deutlich. Festgehalten werden sollte für die Lösung der auftretenden Auslegungs- und Konkurrenzfragen, daß der Gesetzgeber in der zunehmenden Verarbeitung personenbezogener Daten eine immer stärkere Gefährdung der Persönlichkeitsrechte des Betroffenen erkennt, denen er durch entsprechende Abwehrrechte wie er sie u. a. im Bundesdatenschutzgesetz konkretisiert hat, begegnen will. Diese durch das Bundesdatenschutzgesetz getroffene Konkretisierung der Persönlichkeitsrechte des Betroffenen setzt sicherlich Maßstäbe auch für eine ggf. veränderte Auslegung und Anwendung spezieller datenschutzrelevanter Normen und Gesetze.

---

33 Vgl. ausführlich Kapitel 7. II.8.

4. Kapitel: Handels- und zivilrechtlicher Datenschutz

I. Rechtsnormen

1. Bürgerliches Gesetzbuch (BGB) v. 18. 8. 1896 (RGBl S. 195) – Auszug –

§ 242: Leistung nach Treu und Glauben
Der Schuldner ist verpflichtet, die Leistung so zu bewirken, wie Treu und Glauben mit Rücksicht auf die Verkehrssitte es erfordern.

§ 260: Pflichten bei Herausgabe oder Auskunft über Inbegriff von Gegenständen
(1) Wer verpflichtet ist, einen Inbegriff von Gegenständen herauszugeben oder über den Bestand eines solchen Inbegriffs Auskunft zu erteilen, hat dem Berechtigten ein Verzeichnis des Bestandes vorzulegen.
(2) Besteht Grund zu der Annahme, daß das Verzeichnis nicht mit der erforderlichen Sorgfalt aufgestellt worden ist, so hat der Verpflichtete auf Verlangen zu Protokoll an Eides Statt zu versichern,
daß er nach bestem Wissen den Bestand so vollständig angegeben habe, als er dazu imstande sei.
(3) Die Vorschrift des § 259 Abs. 3 findet Anwendung.

§ 371: Rückgabe des Schuldscheins
Ist über die Forderung ein Schuldschein ausgestellt worden, so kann der Schuldner neben der Quittung Rückgabe des Schuldscheins verlangen. [2] Behauptet der Gläubiger, zur Rückgabe außerstande zu sein, so kann der Schuldner das öffentlich beglaubigte Anerkenntnis verlangen, daß die Schuld erloschen sei.

§ 402: Auskunftspflicht; Urkundenauslieferung
Der bisherige Gläubiger ist verpflichtet, dem neuen Gläubiger die zur Geltendmachung der Forderung nötige Auskunft zu erteilen und ihm die zum Beweise der Forderung dienenden Urkunden, soweit sie sich in seinem Besitze befinden, auszuliefern.

§ 444: Auskunftspflicht
[1]Der Verkäufer ist verpflichtet, dem Käufer über die den verkauften Gegenstand betreffenden rechtlichen Verhältnisse, insbesondere im Falle des Verkaufs eines Grundstücks über die Grenzen, Gerechtsame und Lasten, die nötige Auskunft zu erteilen und ihm die zum Beweise des Rechtes dienenden Urkunden, soweit sie sich in seinem Besitze befinden, auszuliefern. [2]Erstreckt sich der Inhalt einer solchen Urkunde auch auf andere Angelegenheiten, so ist der Verkäufer nur zur Erteilung eines öffentlich beglaubigten Auszugs verpflichtet.

§ 666: Auskunfts- und Rechenschaftspflicht
Der Beauftragte ist verpflichtet, dem Auftraggeber die erforderlichen Nachrichten zu geben, auf Verlangen über den Stand des Geschäfts Auskunft zu erteilen und nach der Ausführung des Auftrags Rechenschaft abzulegen.

§ 681: Nebenpflichten des Geschäftsführer
[1]Der Geschäftsführer hat die Übernahme der Geschäftsführung, sobald es tunlich ist, dem Geschäftsherren anzuzeigen und, wenn nicht mit dem Aufschube Gefahr verbunden ist, dessen Entschließung abzuwarten. [2]Im übrigen finden auf die Verpflichtungen des Geschäftsführers die für einen Beauftragten geltenden Vorschriften der §§ 666 bis 668 entsprechende Anwendung.

§ 713: Rechte und Pflichten der geschäftsführenden Gesellschafter

Die Rechte und Verpflichtungen der geschäftsführenden Gesellschafter bestimmen sich nach den für den Auftrag geltenden Vorschriften der §§ 664 bis 670, soweit sich nicht aus dem Gesellschaftsverhältnis ein anderes ergibt.

§ 716: Kontrollrecht der Gesellschafter

(1) Ein Gesellschafter kann, auch wenn er von der Geschäftsführung ausgeschlossen ist, sich von den Angelegenheiten der Gesellschaft persönlich unterrichten, die Geschäftsbücher und die Papiere der Gesellschaft einsehen und sich aus ihnen eine Übersicht über den Stand des Gesellschaftsvermögens anfertigen.

(2) Eine dieses Recht ausschließende oder beschränkende Vereinbarung steht der Geltendmachung des Rechtes nicht entgegen, wenn Grund zu der Annahme unredlicher Geschäftsführung besteht.

§ 740: Beteiligung am Ergebnis schwebender Geschäfte

(1) [1]Der Ausgeschiedene nimmt an dem Gewinn und dem Verluste teil, welcher sich aus den zur Zeit seines Ausscheidens schwebenden Geschäften ergibt. [2]Die übrigen Gesellschafter sind berechtigt, diese Geschäfte so zu beendigen, wie es ihnen am vorteilhaftesten erscheint.

(2) Der Ausgeschiedene kann am Schlusse jedes Geschäftsjahrs Rechenschaft über die inzwischen beendigten Geschäfte, Auszahlung des ihm gebührenden Betrags und Auskunft über den Stand der noch schwebenden Geschäfte verlangen.

§ 810: Einsicht in Urkunden

Wer ein rechtliches Interesse daran hat, eine in fremdem Besitze befindliche Urkunde einzusehen, kann von dem Besitzer die Gestattung der Einsicht verlangen, wenn die Urkunde in seinem Interesse errichtet oder in der Urkunde ein zwischen ihm und einem anderen bestehendes Rechtsverhältnis beurkundet ist oder wenn die Urkunde Verhandlungen über ein Rechtsgeschäft enthält, die zwischen ihm und einem anderen oder zwischen einem von beiden und einem gemeinschaftlichen Vermittler gepflogen worden sind.

§ 811: Vorlegungsort; Gefahr; Kosten

(1) [1]Die Vorlegung hat in den Fällen der §§ 809, 810 an dem Orte zu erfolgen, an welchem sich die vorzulegende Sache befindet. [2]Jeder Teil kann die Vorlegung an einem anderen Orte verlangen, wenn ein wichtiger Grund vorliegt.

(2) [1]Die Gefahr und die Kosten hat derjenige zu tragen, welcher die Vorlegung verlangt. [2]Der Besitzer kann die Vorlegung verweigern, bis ihm der andere Teil die Kosten vorschießt und wegen der Gefahr Sicherheit leistet.

§ 823: Schadensersatzpflicht

(1) Wer vorsätzlich oder fahrlässig das Leben, den Körper, die Gesundheit, die Freiheit, das Eigentum oder ein sonstiges Recht eines anderen widerrechtlich verletzt, ist dem anderen zum Ersatze des daraus entstehenden Schadens verpflichtet.

(2) [1]Die gleiche Verpflichtung trifft denjenigen, welcher gegen ein den Schutz eines anderen bezweckendes Gesetz verstößt. [2]Ist nach dem Inhalte des Gesetzes ein Verstoß gegen dieses auch ohne Verschulden möglich, so tritt die Ersatzpflicht nur im Falle des Verschuldens ein.

§ 824: Kreditgefährdung

(1) Wer der Wahrheit zuwider eine Tatsache behauptet oder verbreitet, die geeignet ist, den Kredit eines anderen zu gefährden oder sonstige Nachteile für dessen Erwerb oder Fortkommen herbeizuführen, hat dem anderen den daraus entstehenden Schaden auch dann zu ersetzen, wenn er die Unwahrheit zwar nicht kennt, aber kennen muß.

(2) Durch eine Mitteilung, deren Unwahrheit dem Mitteilenden unbekannt ist, wird dieser nicht zum Schadensersatze verpflichtet, wenn er oder der Empfänger der Mitteilung an ihr ein berechtigtes Interesse hat.

§ 831: Haftung für den Verrichtungsgehilfen

(1) [1]Wer einen anderen zu einer Verrichtung bestellt, ist zum Ersatze des Schadens verpflichtet, den der andere in Ausführung der Verrichtung einem Dritten widerrechtlich zufügt. [2]Die Ersatzpflicht tritt nicht ein, wenn der Geschäftsherr bei der Auswahl der bestellten Person und, sofern er Vorrichtungen oder Gerätschaften zu beschaffen oder die Ausführung der Verrichtung zu leiten hat, bei der Beschaffung oder der Leitung die im Verkehr erforderliche Sorgfalt beobachtet oder wenn der Schaden auch bei Anwendung dieser Sorgfalt entstanden sein würde.

(2) Die gleiche Verantwortlichkeit trifft denjenigen, welcher für den Geschäftsherrn die Besorgung eines der im Absatz 1 Satz 2 bezeichneten Geschäfte durch Vertrag übernimmt.

§ 839 Haftung bei Amtspflichtverletzung

(1) [1]Verletzt ein Beamter vorsätzlich oder fahrlässig die ihm einem Dritten gegenüber obliegende Amtspflicht, so hat er dem Dritten den daraus entstehenden Schaden zu ersetzen. [2]Fällt dem Beamten nur Fahrlässigkeit zur Last, so kann er nur dann in Anspruch genommen werden, wenn der Verletzte nicht auf andere Weise Ersatz zu erlangen vermag.

(2) [1]Verletzt ein Beamter bei dem Urteil in einer Rechtssache seine Amtspflicht, so ist er für den daraus entstehenden Schaden nur dann verantwortlich, wenn die Pflichtverletzung in einer Straftat besteht. [2]Auf eine pflichtwidrige Verweigerung oder Verzögerung der Ausübung des Amtes findet diese Vorschrift keine Anwendung.

(3) Die Ersatzpflicht tritt nicht ein, wenn der Verletzte vorsätzlich oder fahrlässig unterlassen hat, den Schaden durch Gebrauch eines Rechtsmittels abzuwenden.

§ 1004: Beseitigungs- und Unterlassungsanspruch

(1) [1]Wird das Eigentum in anderer Weise als durch Entziehung oder Vorenthaltung des Besitzes beeinträchtigt, so kann der Eigentümer von dem Störer die Beseitigung der Beeinträchtigung verlangen. [2]Sind weitere Beeinträchtigungen zu besorgen, so kann der Eigentümer auf Unterlassung klagen.

(2) Der Anspruch ist ausgeschlossen, wenn der Eigentümer zur Duldung verpflichtet ist.

2. Handelsgesetzbuch (HGB) v. 10. 5. 1897 (RGBl S. 219) – Auszug –

Vierter Abschnitt. Handelsbücher

§ 38: Buchführungspflicht

(1) Jeder Kaufmann ist verpflichtet, Bücher zu führen und in diesen seine Handelsgeschäfte und die Lage seines Vermögens nach den Grundsätzen ordnungsmäßiger Buchführung ersichtlich zu machen.

(2) Er ist verpflichtet, eine mit der Urschrift übereinstimmende Wiedergabe der abgesandten Handelsbriefe (Kopie, Abdruck, Abschrift oder sonstige Wiedergabe des Wortlauts auf einem Schrift-, Bild- oder anderen Datenträger) zurückzubehalten.

§ 39: Inventar, Bilanz

(1) Jeder Kaufmann hat bei dem Beginne seines Handelsgewerbes seine Grundstücke, seine Forderungen und Schulden, den Betrag seines baren Geldes und seine sonstigen Vermögensgegenstände genau zu verzeichnen, dabei den Wert der einzelnen Vermögensgegenstände anzugeben und einen das Verhältnis des Vermögens und der Schulden darstellenden Abschluß zu machen.

(2) [1]Er hat demnächst für den Schluß eines jeden Geschäftsjahrs ein solches Inventar und eine solche Bilanz aufzustellen; die Dauer des Geschäftsjahrs darf zwölf Monate nicht überschreiten. [2]Die Aufstellung des Inventars und der Bilanz ist innerhalb der einem ordnungsmäßigen Geschäftsgang entsprechenden Zeit zu bewirken.

(2a) [1]Bei der Aufstellung des Inventars darf der Bestand der Vermögensgegenstände nach Art, Menge und Wert auch mit Hilfe anerkannter mathematisch-statistischer Methoden auf

Grund von Stichproben ermittelt werden. [2]Das Verfahren muß den Grundsätzen ordnungsmäßiger Buchführung entsprechen. [3]Der Aussagewert des auf diese Weise aufgestellten Inventars muß dem Aussagewert eines auf Grund einer körperlichen Bestandsaufnahme aufgestellten Inventars gleichkommen.

(3) Bei der Aufstellung des Inventars für den Schluß eines Geschäftsjahrs bedarf es einer körperlichen Bestandsaufnahme der Vermögensgegenstände für diesen Zeitpunkt nicht, soweit durch Anwendung eines den Grundsätzen ordnungsmäßiger Buchführung entsprechenden anderen Verfahrens gesichert ist, daß der Bestand der Vermögensgegenstände nach Art, Menge und Wert auch ohne die körperliche Bestandsaufnahme für diesen Zeitpunkt festgestellt werden kann.

(4) In dem Inventar für den Schluß eines Geschäftsjahrs brauchen Vermögensgegenstände nicht verzeichnet zu werden, wenn

1. der Kaufmann ihren Bestand auf Grund einer körperlichen Bestandsaufnahme oder auf Grund eines nach Absatz 3 zulässigen anderen Verfahrens nach Art, Menge und Wert in einem besonderen Inventar verzeichnet hat, das für einen Tag innerhalb der letzten drei Monate vor oder der beiden ersten Monate nach dem Schluß des Geschäftsjahrs aufgestellt ist, und
2. auf Grund des besonderen Inventars durch Anwendung eines den Grundsätzen ordnungsmäßiger Buchführung entsprechenden Fortschreibungs- oder Rückrechnungsverfahrens gesichert ist, daß der am Schluß des Geschäftsjahrs vorhandene Bestand der Vermögensgegenstände für diesen Zeitpunkt ordnungsgemäß bewertet werden kann.

§ 40: Währung, Bewertung

(1) Die Bilanz ist in *Reichs*währung aufzustellen.

(2) Bei der Aufstellung des Inventars und der Bilanz sind sämtliche Vermögensgegenstände und Schulden nach dem Werte anzusetzen, der ihnen in dem Zeitpunkte beizulegen ist, für welchen die Aufstellung stattfindet.

(3) Zweifelhafte Forderungen sind nach ihrem wahrscheinlichen Werte anzusetzen, uneinbringliche Forderungen abzuschreiben.

(4) [1]Soweit dies den Grundsätzen ordnungsmäßiger Buchführung entspricht, können bei der Aufstellung des Inventars und der Bilanz

1. annähernd gleichwertige oder solche gleichartigen Vermögensgegenstände, bei denen nach der Art des Bestandes oder auf Grund sonstiger Umstände ein Durchschnittswert bekannt ist, zu einer Gruppe zusammengefaßt werden,
2. Gegenstände des Anlagevermögens sowie Roh-, Hilfs- und Betriebsstoffe des Vorratsvermögens mit einer gleichbleibenden Menge und mit einem gleichbleibenden Wert angesetzt werden, wenn ihr Bestand in seiner Größe, seinem Wert und seiner Zusammensetzung nur geringen Veränderungen unterliegt. [2]Jedoch ist in der Regel alle drei Jahre eine körperliche Bestandsaufnahme durchzuführen.

§ 41: Unterzeichnung

[1]Die Bilanz ist von dem Kaufmann unter Angabe des Datums zu unterzeichnen. [2]Sind mehrere persönlich haftende Gesellschafter vorhanden, so haben sie alle zu unterzeichnen.

§ 42: Unternehmen öffentlicher Körperschaften

Unberührt bleibt bei einem Unternehmen des *Reichs,* eines *Bundesstaats* oder eines inländischen Kommunalverbandes die Befugnis der Verwaltung, die Rechnungsabschlüsse in einer von den Vorschriften der §§ 39 bis 41 abweichenden Weise vorzunehmen.

§ 43: Führung der Handelsbücher

(1) [1]Bei der Führung der Handelsbücher und bei den sonst erforderlichen Aufzeichnungen hat sich der Kaufmann einer lebenden Sprache zu bedienen. [2]Werden Abkürzungen, Ziffern, Buchstaben oder Symbole verwendet, muß im Einzelfall deren Bedeutung eindeutig festliegen.

(2) Die Eintragungen in Büchern und die sonst erforderlichen Aufzeichnungen müssen vollständig, richtig, zeitgerecht und geordnet vorgenommen werden.

(3) [1]Eine Eintragung oder eine Aufzeichnung darf nicht in einer Weise verändert werden, daß der ursprüngliche Inhalt nicht mehr feststellbar ist. [2]Auch solche Veränderungen dürfen nicht vorgenommen werden, deren Beschaffenheit es ungewiß läßt, ob sie ursprünglich oder erst später gemacht worden sind.

(4) [1]Die Handelsbücher und die sonst erforderlichen Aufzeichnungen können auch in der geordneten Ablage von Belegen bestehen oder auf Datenträgern geführt werden, soweit diese Formen der Buchführung einschließlich des dabei angewandten Verfahrens den Grundsätzen ordnungsmäßiger Buchführung entsprechen. [2]Bei der Führung der Handelsbücher und der sonst erforderlichen Aufzeichnungen auf Datenträgern muß insbesondere sichergestellt sein, daß die Daten während der Dauer der Aufbewahrungsfrist verfügbar sind und jederzeit innerhalb angemessener Frist lesbar gemacht werden können. [3]Absätze 1 bis 3 gelten sinngemäß.

§ 44: Aufbewahrung von Unterlagen; Aufbewahrungsfristen

(1) Jeder Kaufmann ist verpflichtet, die folgenden Unterlagen geordnet aufzubewahren:
1. Handelsbücher, Inventare, Bilanzen sowie die zu ihrem Verständnis erforderlichen Arbeitsanweisungen und sonstigen Organisationsunterlagen,
2. die empfangenen Handelsbriefe,
3. Wiedergaben der abgesandten Handelsbriefe,
4. Belege für Buchungen in den von ihm nach § 38 Abs. 1 zu führenden Büchern (Buchungsbelege).

(2) Handelsbriefe sind nur Schriftstücke, die ein Handelsgeschäft betreffen.

(3) [1]Mit Ausnahme der Bilanz können die in Absatz 1 aufgeführten Unterlagen auch als Wiedergabe auf einem Bildträger oder auf anderen Datenträgern aufbewahrt werden, wenn dies den Grundsätzen ordnungsmäßiger Buchführung entspricht und sichergestellt ist, daß die Wiedergaben oder die Daten
1. mit den empfangenen Handelsbriefen und den Buchungsbelegen bildlich und mit den anderen Unterlagen inhaltlich übereinstimmen, wenn sie lesbar gemacht werden,
2. während der Dauer der Aufbewahrungsfrist verfübar sind und jederzeit innerhalb angemessener Frist lesbar gemacht werden können.

[2]Sind Unterlagen auf Grund des § 43 Abs. 4 Satz 1 auf Datenträgern hergestellt worden, können statt des Datenträgers die Daten auch ausgedruckt aufbewahrt werden; die ausgedruckten Unterlagen können auch nach Satz 1 aufbewahrt werden.

(4) Die in Absatz 1 Nr. 1 aufgeführten Unterlagen sind zehn Jahre, die sonstigen in Absatz 1 aufgeführten Unterlagen sechs Jahre aufzubewahren.

(5) Die Aufbewahrungsfrist beginnt mit dem Schluß des Kalenderjahres, in dem die letzte Eintragung in das Handelsbuch gemacht, das Inventar aufgestellt, die Bilanz festgestellt, der Handelsbrief empfangen oder abgesandt oder der Buchungsbeleg entstanden ist.

§ 45: Vorlegung im Rechtsstreit

(1) Im Laufe eines Rechtsstreits kann das Gericht auf Antrag oder von Amts wegen die Vorlegung der Handelsbücher einer Partei anordnen.

(2) Die Vorschriften der Zivilprozeßordnung über die Verpflichtung des Prozeßgegners zur Vorlegung von Urkunden bleiben unberührt.

§ 46: Auszug bei Vorlegung im Rechtsstreit

[1]Werden in einem Rechtsstreite Handelsbücher vorgelegt, so ist von ihrem Inhalte, soweit er den Streitpunkt betrifft, unter Zuziehung der Parteien Einsicht zu nehmen und geeignetenfalls ein Auszug zu fertigen. [2]Der übrige Inhalt der Bücher ist dem Gericht insoweit offenzulegen, als es zur Prüfung ihrer ordnungsmäßigen Führung notwendig ist.

§ 47: Vorlegung bei Auseinandersetzungen

Bei Vermögensauseinandersetzungen, insbesondere in Erbschafts-, Gütergemeinschafts- und Gesellschaftsteilungssachen, kann das Gericht die Vorlegung der Handelsbücher zur Kenntnisnahme von ihrem ganzen Inhalt anordnen.

§ 47a: Vorlegung von Unterlagen aus Bild- oder Datenträgern

Wer aufzubewahrende Unterlagen nur in der Form einer Wiedergabe auf einem Bildträger oder auf anderen Datenträgern vorlegen kann, ist verpflichtet, auf seine Kosten diejenigen Hilfsmittel zur Verfügung zu stellen, die erforderlich sind, um die Unterlagen lesbar zu machen; soweit erforderlich, hat er die Unterlagen auf seine Kosten auszudrucken oder ohne Hilfsmittel lesbare Reproduktionen beizubringen.

§ 47b: Anwendung auf Sollkaufleute

Für Unternehmer, die nach § 2 verpflichtet sind, die Eintragung ihres Unternehmens in das Handelsregister herbeizuführen, gelten die Vorschriften dieses Abschnitts schon von dem Zeitpunkt an, in dem diese Verpflichtung entstanden ist.

3. Aktiengesetz (AktG) v. 6. 9. 1965 (BGBl I S. 1089) – Auszug –

§ 131: Auskunftsrecht des Aktionärs

(1) [1]Jedem Aktionär ist auf Verlangen in der Hauptversammlung vom Vorstand Auskunft über Angelegenheiten der Gesellschaft zu geben, soweit sie zur sachgemäßen Beurteilung des Gegenstands der Tagesordnung erforderlich ist. [2]Die Auskunftspflicht erstreckt sich auch auf die rechtlichen und geschäftlichen Beziehungen der Gesellschaft zu einem verbundenen Unternehmen.

(2) Die Auskunft hat den Grundsätzen einer gewissenhaften und getreuen Rechenschaft zu entsprechen.

(3) [1]Der Vorstand darf die Auskunft verweigern,

1. soweit die Erteilung der Auskunft nach vernünftiger kaufmännischer Beurteilung geeignet ist, der Gesellschaft oder einem verbundenen Unternehmen einen nicht unerheblichen Nachteil zuzufügen;
2. soweit sie sich auf steuerliche Wertansätze oder die Höhe einzelner Steuern bezieht;
3. über den Unterschied zwischen dem Wert, mit dem Gegenstände in der Jahresbilanz angesetzt worden sind, und einem höheren Wert dieser Gegenstände, es sei denn, daß die Hauptversammlung den Jahresabschluß feststellt;
4. über die Bewertungs- und Abschreibungsmethoden, soweit die Angabe dieser Methoden im Geschäftsbericht zur Vermittlung eines möglichst sicheren Einblicks in die Vermögens- und Ertragslage der Gesellschaft ausreicht; dies gilt nicht, wenn die Hauptversammlung den Jahresabschluß feststellt;
5. soweit sich der Vorstand durch die Erteilung der Auskunft strafbar machen würde.

[2]Aus anderen Gründen darf die Auskunft nicht verweigert werden.

(4) [1]Ist einem Aktionär wegen seiner Eigenschaft als Aktionär eine Auskunft außerhalb der Hauptversammlung gegeben worden, so ist sie jedem anderen Aktionär auf dessen Verlangen in der Hauptversammlung zu geben, auch wenn sie zur sachgemäßen Beurteilung des Gegenstands der Tagesordnung nicht erforderlich ist. [2]Der Vorstand darf die Auskunft nicht nach Absatz 3 Satz 1 Nr. 1 bis 4 verweigern.

(5) Wird einem Aktionär eine Auskunft verweigert, so kann er verlangen, daß seine Frage und der Grund, aus dem die Auskunft verweigert worden ist, in die Niederschrift über die Verhandlung aufgenommen werden.

§ 132: Gerichtliche Entscheidung über das Auskunftsrecht.

(1) [1]Ob der Vorstand die Auskunft zu geben hat, entscheidet auf Antrag ausschließlich das Landgericht, in dessen Bezirk die Gesellschaft ihren Sitz hat. [2]Ist bei dem Landgericht eine Kammer für Handelssachen gebildet, so entscheidet diese an Stelle der Zivilkammer. [3]Die Landesregierung kann die Entscheidung durch Rechtsverordnung für die Bezirke mehrerer Landgerichte einem der Landgerichte übertragen, wenn dies der Sicherung einer einheitlichen Rechtsprechung dient. [4]Die Landesregierung kann die Ermächtigung auf die Landesjustizverwaltung übertragen.

(2) [1]Antragsberechtigt ist jeder Aktionär, dem die verlangte Auskunft nicht gegeben worden ist, und, wenn über den Gegenstand der Tagesordnung, auf den sich die Auskunft bezog, Beschluß gefaßt worden ist, jeder in der Hauptversammlung erschienene Aktionär, der in der Hauptversammlung Widerspruch zur Niederschrift erklärt hat. [2]Der Antrag ist binnen zwei Wochen nach der Hauptversammlung zu stellen, in der die Auskunft abgelehnt worden ist.

(3) [1]§ 99 Abs. 1, Abs. 3 Satz 1, 2, 4 bis 9 und Abs. 5 Satz 1 und 3 gilt sinngemäß. [2]Die sofortige Beschwerde findet nur statt, wenn das Landgericht sie in der Entscheidung für zulässig erklärt. [3]Es soll sie nur zulassen, wenn dadurch die Klärung einer Rechtsfrage von grundsätzlicher Bedeutung zu erwarten ist.

(4) [1]Wird dem Antrag stattgegeben, so ist die Auskunft auch außerhalb der Hauptversammlung zu geben. [2]Aus der Entscheidung findet die Zwangsvollstreckung nach den Vorschriften der Zivilprozeßordnung statt.

(5) [1]Für die Kosten des Verfahrens gilt die Kostenordnung. [2]Für das Verfahren des ersten Rechtszugs wird das Doppelte der vollen Gebühr erhoben. [3]Für den zweiten Rechtszug wird die gleiche Gebühr erhoben; dies gilt auch dann, wenn die Beschwerde Erfolg hat. [4]Wird der Antrag oder die Beschwerde zurückgenommen, bevor es zu einer Entscheidung oder einer vom Gericht vermittelten Einigung kommt, so ermäßigt sich die Gebühr auf die Hälfte. [5]Der Geschäftswert ist von Amts wegen festzusetzen. [6]Er bestimmt sich nach § 30 Abs. 2 der Kostenordnung mit der Maßgabe, daß der Wert regelmäßig auf zehntausend Deutsche Mark anzunehmen ist. [7]Das mit dem Verfahren befaßte Gericht bestimmt nach billigem Ermessen, welchem Beteiligten die Kosten des Verfahrens aufzuerlegen sind.

§ 138: Gesonderte Versammlung. Gesonderte Abstimmung

[1]In diesem Gesetz oder in der Satzung vorgeschriebene Sonderbeschlüsse gewisser Aktionäre sind entweder in einer gesonderten Versammlung dieser Aktionäre oder in einer gesonderten Abstimmung zu fassen, soweit das Gesetz nichts anderes bestimmt. [2]Für die Einberufung der gesonderten Versammlung und die Teilnahme an ihr sowie für das Auskunftsrecht gelten die Bestimmungen über die Hauptversammlung, für die Sonderbeschlüsse die Bestimmungen über Hauptversammlungsbeschlüsse sinngemäß. [3]Verlangen Aktionäre, die an der Abstimmung über den Sonderbeschluß teilnehmen können, die Einberufung einer gesonderten Versammlung oder die Bekanntmachung eines Gegenstands zur gesonderten Abstimmung, so genügt es, wenn ihre Anteile, mit denen sie an der Abstimmung über den Sonderbeschluß teilnehmen können, zusammen den zehnten Teil der Anteile erreichen, aus denen bei der Abstimmung über den Sonderbeschluß das Stimmrecht ausgeübt werden kann.

§ 165: Auskunftsrecht

(1) Der Vorstand hat den Abschlußprüfern zu gestatten, die Bücher und Schriften der Gesellschaft sowie die Vermögensgegenstände, namentlich die Gesellschaftskasse und die Bestände an Wertpapieren und Waren, zu prüfen.

(2) Die Abschlußprüfer können vom Vorstand alle Aufklärungen und Nachweise verlangen, welche für eine sorgfältige Prüfung notwendig sind.

(3) Soweit es die Vorbereitung der Abschlußprüfung fordert, haben die Prüfer diese Rechte auch schon vor Aufstellung des Jahresabschlusses.

(4) Soweit es für eine sorgfältige Prüfung notwendig ist, haben die Abschlußprüfer die Rechte nach den Absätzen 2 und 3 auch gegenüber einem Konzernunternehmen sowie gegenüber einem abhängigen oder herrschenden Unternehmen.

§ 326: Auskunftsrecht der Aktionäre der Hauptgesellschaft

Jedem Aktionär der Hauptgesellschaft ist über Angelegenheiten der eingegliederten Gesellschaft ebenso Auskunft zu erteilen wie über Angelegenheiten der Hauptgesellschaft.

4. Einführungsgesetz zum Aktiengesetz (EGAktG) v. 6. 9. 1965 (BGBl I S. 1185) –Auszug –

§ 13: Hauptversammlung. Auskunftsrecht

(1) Die Vorschriften des Aktiengesetzes über die Einberufung der Hauptversammlung einschließlich der Vorschriften über die in die Bekanntmachung der Tagesordnung aufzunehmenden oder ihr beizufügenden Angaben und Erklärungen gelten ohne Rücksicht auf den Zeitpunkt der Einberufung für alle Hauptversammlungen, die nach dem Inkrafttreten des Aktiengesetzes stattfinden.

(2) Bei Anwendung des § 126 Abs. 2 Nr. 5 und 7 sind nur Hauptversammlungen zu berücksichtigen, die nach dem Inkrafttreten des Aktiengesetzes stattfinden.

(3) § 132 des Aktiengesetzes gilt nur, wenn die Auskunft in einer Hauptversammlung verweigert worden ist, die nach dem Inkrafttreten des Aktiengesetzes stattgefunden hat.

5. Patentgesetz (PatG) idF v. 2. 1. 1968 (BGBl I S. 2) –Auszug –

§ 55:

Wer Gegenstände oder ihre Verpackung mit einer Bezeichnung versieht, die geeignet ist, den Eindruck zu erwecken, daß die Gegenstände durch ein Patent oder eine Patentanmeldung nach diesem Gesetz geschützt seien, oder wer in öffentlichen Anzeigen, auf Aushängeschildern, auf Empfehlungskarten oder in ähnlichen Kundgebungen eine Bezeichnung solcher Art verwendet, ist verpflichtet, jedem, der ein berechtigtes Interesse an der Kenntnis der Rechtslage hat, auf Verlangen Auskunft darüber zu geben, auf welches Patent oder auf welche Patentanmeldung sich die Verwendung der Bezeichnung stützt.

6. Gesetz zur Regelung des Rechts der Allgemeinen Geschäftsbedingungen (AGBG) v. 9. 12. 1976 (BGBl. I S. 3317) – Auszug –

§ 13: Unterlassungs- und Widerrufsanspruch

(1) Wer in Allgemeinen Geschäftsbedingungen Bestimmungen, die nach §§ 9 bis 11 dieses Gesetzes unwirksam sind, verwendet oder für den rechtsgeschäftlichen Verkehr empfiehlt, kann auf Unterlassung und im Fall des Empfehlens auch auf Widerruf in Anspruch genommen werden.

(2) Die Ansprüche auf Unterlassung und auf Widerruf können nur geltend gemacht werden

1. von rechtsfähigen Verbänden, zu deren satzungsgemäßen Aufgaben es gehört, die Interessen der Verbraucher durch Aufklärung und Beratung wahrzunehmen, wenn sie in diesem Aufgabenbereich tätige Verbände oder mindestens fünfundsiebzig natürliche Personen als Mitglieder haben,
2. von rechtsfähigen Verbänden zur Förderung gewerblicher Interessen oder
3. von den Industrie- und Handelskammern oder den Handwerkskammern.

(3) Die in Absatz 2 Nr. 1 bezeichneten Verbände können Ansprüche auf Unterlassung und auf Widerruf nicht geltend machen, wenn Allgemeine Geschäftsbedingungen gegenüber einem Kaufmann verwendet werden und der Vertrag zum Betriebe seines Handelsgewerbes gehört oder wenn Allgemeine Geschäftsbedingungen zur ausschließlichen Verwendung zwischen Kaufleuten empfohlen werden.

(4) Die Ansprüche nach Absatz 1 verjähren in zwei Jahren von dem Zeitpunkt an, in welchem der Anspruchsberechtigte von der Verwendung oder Empfehlung der unwirksamen Allgemeinen Geschäftsbedingungen Kenntnis erlangt hat, ohne Rücksicht auf diese Kenntnis in vier Jahren von der jeweiligen Verwendung oder Empfehlung an.

§ 19: Einwendung bei abweichender Entscheidung

Der Verwender, dem die Verwendung einer Bestimmung untersagt worden ist, kann im Wege der Klage nach § 767 ZPO einwenden, daß nachträglich eine Entscheidung des Bundesgerichtshofs oder des Gemeinsamen Senats der Obersten Gerichtshöfe des Bundes ergangen ist, welche die Verwendung dieser Bestimmung für dieselbe Art von Rechtsgeschäften nicht untersagt, und daß die Zwangsvollstreckung aus dem Urteil gegen ihn in unzumutbarer Weise seinen Geschäftsbetrieb beeinträchtigen würde.

§ 20: Register

(1) Das Gericht teilt dem Bundeskartellamt von Amts wegen mit
1. Klagen, die nach § 13 oder nach § 19 anhängig werden,
2. Urteile, die im Verfahren nach § 13 oder nach § 19 ergehen, sobald sie rechtskräftig sind,
3. die sonstige Erledigung der Klage.

(2) Das Bundeskartellamt führt über die nach Absatz 1 eingehenden Mitteilungen ein Register.

(3) Die Eintragung ist nach zwanzig Jahren seit dem Schluß des Jahres zu löschen, in dem die Eintragung in das Register erfolgt ist. Die Löschung erfolgt durch Eintragung eines Löschungsvermerks; mit der Löschung der Eintragung einer Klage ist die Löschung der Eintragung ihrer sonstigen Erledigung (Absatz 1 Nr. 3) zu verbinden.

(4) Über eine bestehende Eintragung ist jedermann auf Antrag Auskunft zu erteilen. Die Auskunft enthält folgende Angaben:
1. für Klagen nach Absatz 1 Nr. 1
   a) die beklagte Partei,
   b) das angerufene Gericht samt Geschäftsnummer,
   c) den Klageantrag;
2. Für Urteile nach Absatz 1 Nr. 2
   a) die verurteilte Partei,
   b) das entscheidende Gericht samt Geschäftsnummer,
   c) die Urteilsformel;
3. für die sonstige Erledigung nach Absatz 1 Nr. 3 die Art der Erledigung.

§ 21: Wirkungen des Urteils

Handelt der verurteilte Verwender dem Unterlassungsgebot zuwider, so ist die Bestimmung in den Allgemeinen Geschäftsbedingungen als unwirksam anzusehen, soweit . . .

7. Gesetz über den Versicherungsvertrag (VVG) v. 30. 5. 1908 (RGBl. I S. 263) – Auszug –

§ 34: Auskunftspflicht

(1) Der Versicherer kann nach dem Eintritt des Versicherungsfalls verlangen, daß der Versicherungsnehmer jede Auskunft erteilt, die zur Feststellung des Versicherungsfalls oder des Umfanges der Leistungspflicht des Versicherers erforderlich ist.

(2) Belege kann der Versicherer insoweit fordern, als die Beschaffung dem Versicherungsnehmer billigerweise zugemutet werden kann.

§ 107: Bestätigungs- und Auskunftspflicht des Versicherers

Der Versicherer ist verpflichtet, einem Hypothekengläubiger, der seine Hypothek angemeldet hat, die Anmeldung zu bestätigen und auf Verlangen Auskunft über das Bestehen von Versicherungsschutz sowie über die Höhe der Versicherungssumme zu erteilen.

§ 158d: Anzeigepflichten des Dritten

(1) Macht der Dritte seinen Anspruch gegen den Versicherungsnehmer geltend, so hat er dies dem Versicherer innerhalb von zwei Wochen schriftlich anzuzeigen.

(2) Macht der Dritte den Anspruch gegen den Versicherungsnehmer gerichtlich geltend, so hat er dies dem Versicherer unverzüglich schriftlich anzuzeigen.
(3) [1]Der Versicherer kann von dem Dritten Auskunft verlangen, soweit sie zur Feststellung des Schadensereignisses und der Höhe des Schadens erforderlich ist. [2]Zur Vorlegung von Belegen ist der Dritte nur insoweit verpflichtet, als ihm die Beschaffung billigerweise zugemutet werden kann.

8. Zivilprozeßordnung (ZPO) idF v. 12. 9. 1950 (BGBl I S. 533) – Auszug –

§ 254: Stufenklage

Wird mit der Klage auf Rechnungslegung oder auf Vorlegung eines Vermögensverzeichnisses oder auf Abgabe einer eidesstattlichen Versicherung die Klage auf Herausgabe desjenigen verbunden, was der Beklagte aus dem zugrunde liegenden Rechtverhältnis schuldet, so kann die bestimmte Angabe der Leistungen, die der Kläger beansprucht, vorbehalten werden, bis die Rechnung mitgeteilt, das Vermögensverzeichnis vorgelegt oder die eidesstattliche Versicherung abgegeben ist.

§ 273: Vorbereitung des Verhandlungstermins

(1) Das Gericht hat erforderliche vorbereitende Maßnahmen rechtzeitig zu veranlassen. In jeder Lage des Verfahrens ist darauf hinzuwirken, daß sich die Parteien rechtzeitig und vollständig erklären.
(2) Zur Vorbereitung jedes Termins kann der Vorsitzende oder ein von ihm bestimmtes Mitglied des Prozeßgerichts insbesondere
1. den Parteien die Ergänzung oder Erläuterung ihrer vorbereitenden Schriftsätze sowie die Vorlegung von Urkunden und von anderen zur Niederlegung bei Gericht geeigneten Gegenständen aufgeben, insbesondere eine Frist zur Erklärung über bestimmte klärungsbedürftige Punkte setzen;
2. Behörden oder Träger eines öffentlichen Amtes um Mitteilung von Urkunden oder um Erteilung amtlicher Auskünfte ersuchen;
3. das persönliche Erscheinen der Parteien anordnen;
4. Zeugen, auf die sich eine Partei bezogen hat, und Sachverständige zur mündlichen Verhandlung laden.

(3) Anordnungen nach Absatz 2 Nr. 4 sollen nur ergehen, wenn der Beklagte dem Klageanspruch bereits widersprochen hat. Für sie gilt § 379 entsprechend.
(4) Die Parteien sind von jeder Anordnung zu benachrichtigen. Wird das persönliche Erscheinen der Parteien angeordnet, so gelten die Vorschriften des § 141 Abs. 2, 3.

§ 299: Akteneinsicht; Abschriften

(1) Die Parteien können die Prozeßakten einsehen und sich aus ihnen durch die Geschäftsstelle Ausfertigungen, Auszüge und Abschriften erteilen lassen.
(2) Dritten Personen kann der Vorstand des Gerichts ohne Einwilligung der Parteien die Einsicht der Akten nur gestatten, wenn ein rechtliches Interesse glaubhaft gemacht wird.
(3) Die Entwürfe zu Urteilen, Beschlüssen und Verfügungen, die zu ihrer Vorbereitung gelieferten Arbeiten sowie die Schriftstücke, die Abstimmungen betreffen, werden weder vorgelegt noch schriftlich mitgeteilt.

§ 299a Mikroverfilmung

Sind die Prozeßakten zur Ersetzung der Urschrift auf einem Bildträger nach ordnungsgemäßen Grundsätzen verkleinert wiedergegeben worden und liegt der schriftliche Nachweis darüber vor, daß die Wiedergabe mit der Urschrift übereinstimmt, so können Ausfertigungen, Auszüge und Abschriften von der Wiedergabe erteilt werden. Auf der Urschrift anzubringende Vermerke werden in diesem Fall bei dem Nachweis angebracht.

§ 377: Zeugenladung

(1) Die Ladung der Zeugen ist von der Geschäftsstelle unter Bezugnahme auf den Beweisbeschluß auszufertigen und von Amts wegen mitzuteilen. Sie wird, sofern nicht das Gericht die Zustellung anordnet, formlos übersandt.

(2) Die Ladung muß enthalten:

1. die Bezeichnung der Parteien;
2. den Gegenstand der Vernehmung;
3. die Anweisung, zur Ablegung des Zeugnisses bei Vermeidung der durch das Gesetz angedrohten Ordnungsmittel in dem nach Zeit und Ort zu bezeichnenden Termin zu erscheinen.

(3) Bildet den Gegenstand der Vernehmung eine Auskunft, die der Zeuge voraussichtlich an der Hand seiner Bücher oder anderer Aufzeichnungen zu geben hat, so kann das Gericht anordnen, daß der Zeuge zum Termin nicht zu erscheinen braucht, wenn er vorher eine schriftliche Beantwortung der Beweisfrage unter eidesstattlicher Versicherung ihrer Richtigkeit einreicht.

(4) Das gleiche kann auch in anderen Fällen geschehen, sofern das Gericht nach Lage der Sache, insbesondere mit Rücksicht auf den Inhalt der Beweisfrage, eine schriftliche Erklärung des Zeugen für ausreichend erachtet und die Parteien damit einverstanden sind.

§ 383: Zeugnisverweigerung aus persönlichen Gründen

(1) Zur Verweigerung des Zeugnisses sind berechtigt:

1. der Verlobte einer Partei;
2. der Ehegatte einer Partei, auch wenn die Ehe nicht mehr besteht;
3. diejenigen die mit einer Partei in gerader Linie verwandt, verschwägert oder durch Adoption verbunden oder in der Seitenlinie bis zum dritten Grade verwandt oder bis zum zweiten Grade verschwägert sind, auch wenn die Ehe, durch welche die Schwägerschaft begründet ist, nicht mehr besteht;
4. Geistliche in Ansehung desjenigen, was ihnen bei der Ausübung der Seelsorge anvertraut ist;
5. Personen, die bei der Vorbereitung, Herstellung oder Verbreitung von periodischen Druckwerken oder Rundfunksendungen berufsmäßig mitwirken oder mitgewirkt haben, über die Person des Verfassers, Einsenders oder Gewährsmanns von Beiträgen und Unterlagen sowie über die ihnen im Hinblick auf ihre Tätigkeit gemachten Mitteilungen, soweit es sich um Beiträge, Unterlagen und Mitteilungen für den redaktionellen Teil handelt;
6. Personen, denen kraft ihres Amtes, Standes oder Gewerbes Tatsachen anvertraut sind, deren Geheimhaltung durch ihre Natur oder durch gesetzliche Vorschrift geboten ist, in betreff der Tatsachen, auf welche die Verpflichtung zur Verschwiegenheit sich bezieht.

(2) Die unter Nr. 1 bis 3 bezeichneten Personen sind vor der Vernehmung über ihr Recht zur Verweigerung des Zeugnisses zu belehren.

(3) Die Vernehmung der unter Nr. 4 bis 6 bezeichneten Personen ist, auch wenn das Zeugnis nicht verweigert wird, auf Tatsachen nicht zu richten, in Ansehung welcher erhellt, daß ohne Verletzung der Verpflichtung zur Verschwiegenheit ein Zeugnis nicht abgelegt werden kann.

§ 384: Zeugnisverweigerung aus sachlichen Gründen

Das Zeugnis kann verweigert werden;

1. über Fragen, deren Beantwortung dem Zeugen oder einer Person, zu der er in einem der im § 383 Nr. 1 bis 3 bezeichneten Verhältnisse steht, einen unmittelbaren vermögensrechtlichen Schaden verursachen würde;
2. über Fragen, deren Beantwortung dem Zeugen oder einem seiner im § 383 Nr. 1 bis 3 bezeichneten Angehörigen zur Unehre gereichen oder die Gefahr zuziehen würde, wegen einer Straftat oder einer Ordnungswidrigkeit verfolgt zu werden;
3. über Fragen, die der Zeuge nicht würde beantworten können, ohne ein Kunst- oder Gewerbegeheimnis zu offenbaren.

§ 385: Ausnahmsweise Zeugnispflicht

(1) In den Fällen des § 383 Nr. 1 bis 3 und des § 384 Nr. 1 darf der Zeuge das Zeugnis nicht verweigern:

1. über die Errichtung und den Inhalt eines Rechtsgeschäfts, bei dessen Errichtung er als Zeuge zugezogen war;
2. über Geburten, Verheiratungen oder Sterbefälle von Familienmitgliedern,
3. über Tatsachen, welche die durch das Familienverhältnis bedingten Vermögensangelegenheiten betreffen;
4. über die auf das streitige Rechtsverhältnis sich beziehenden Handlungen, die von ihm selbst als Rechtsvorgänger oder Vertreter einer Partei vorgenommen sein sollen.

(2) Die im § 383 Nr. 4,6 bezeichneten Personen dürfen das Zeugnis nicht verweigern, wenn sie von der Verpflichtung zur Verschwiegenheit entbunden sind.

§ 386: Zeugnisverweigerung, Erklärung der Gründe

(1) Der Zeuge, der das Zeugnis verweigert, hat vor dem zu seiner Vernehmung bestimmten Termin schriftlich oder zum Protokoll der Geschäftsstelle oder in diesem Termin die Tatsachen, auf die er die Weigerung gründet, anzugeben und glaubhaft zu machen.

(2) Zur Glaubhaftmachung genügt in den Fällen des § 383 Nr. 4, 6 die mit Berufung auf einen geleisteten Diensteid abgegebene Versicherung.

(3) Hat der Zeuge seine Weigerung schriftlich oder zum Protokoll der Geschäftsstelle erklärt, so ist er nicht verpflichtet, in dem zu seiner Vernehmung bestimmten Termin zu erscheinen.

(4) Von dem Eingang einer Erklärung des Zeugen oder von der Aufnahme einer solchen zum Protokoll hat die Geschäftsstelle die Parteien zu benachrichtigen.

§ 387: Zwischenstreit über Zeugnisverweigerung

(1) Über die Rechtsmäßigkeit der Weigerung wird von dem Prozeßgericht nach Anhörung der Parteien entschieden.

(2) Der Zeuge ist nicht verpflichtet, sich durch einen Anwalt vertreten zu lassen.

(3) Gegen das Zwischenurteil findet sofortige Beschwerde statt..

§ 388: Zwischenstreit über schriftliche Zeugnisverweigerung

Hat der Zeuge seine Weigerung schriftlich oder zum Protokoll der Geschäftsstelle erklärt und ist er in dem Termin nicht erschienen, so hat auf Grund seiner Erklärungen ein Mitglied des Prozeßgerichts Bericht zu erstatten.

§ 389: Zeugnisverweigerung vor Richterkommissar

(1) Erfolgt die Weigerung vor einem beauftragten oder ersuchten Richter, so sind die Erklärungen des Zeugen, wenn sie nicht schriftlich oder zum Protokoll der Geschäftsstelle abgegeben sind, nebst den Erklärungen der Parteien in das Protokoll aufzunehmen.

(2) Zur mündlichen Verhandlung vor dem Prozeßgericht werden der Zeuge und die Parteien von Amts wegen geladen.

(3) Auf Grund der von dem Zeugen und den Parteien abgegebenen Erklärungen hat ein Mitglied des Prozeßgerichts Bericht zu erstatten. Nach dem Vortrag des Berichtserstatters können der Zeuge und die Parteien zur Begründung ihrer Anträge das Wort nehmen; neue Tatsachen oder Beweismittel dürfen nicht geltend gemacht werden.

§ 390: Zeugniszwang

(1) Wird das Zeugnis oder die Eidesleistung ohne Angabe eines Grundes oder aus einem rechtskräftig für unerheblich erklärten Grund verweigert, so werden dem Zeugen, ohne daß es eines Antrages bedarf, die durch die Weigerung verursachten Kosten auferlegt. Zugleich wird gegen ihn ein Ordnungsgeld und für den Fall, daß dieses nicht beigetrieben werden kann, Ordnungshaft festgesetzt.

(2) Im Falle wiederholter Weigerung ist auf Antrag zur Erzwingung des Zeugnisses die Haft anzuordnen, jedoch nicht über den Zeitpunkt der Beendigung des Prozesses in dem Rechts-

zuge hinaus. Die Vorschriften über die Haft im Zwangsvollstreckungsverfahren, gelten entsprechend.
(3) Gegen die Beschlüsse findet die Beschwerde statt.

§ 391: Beeidigung
Ein Zeuge ist, vorbehaltlich der sich aus § 393 ergebenden Ausnahmen, zu beeidigen, wenn das Gericht dies mit Rücksicht auf die Bedeutung der Aussage oder zur Herbeiführung einer wahrheitsgemäßen Aussage für geboten erachtet und die Parteien auf die Beeidigung nicht verzichten.

§ 436: Verzicht nach Vorlegung
Der Beweisführer kann nach der Vorlegung einer Urkunde nur mit Zustimmung des Gegners auf dieses Beweismittel verzichten.

§ 437: Echtheit inländischer öffentlicher Urkunden
Urkunden, die nach Form und Inhalt als von einer öffentlichen Behörde oder von einer mit öffentlichem Glauben versehenen Person errichtet sich darstellen, haben die Vermutung der Echtheit für sich.
Das Gericht kann, wenn es die Echtheit für zweifelhaft hält, auch von Amts wegen die Behörde oder die Person, von der die Urkunde errichtet sein soll, zu einer Erklärung über die Echtheit veranlassen.

§ 438: Echtheit ausländischer öffentlicher Urkunden
(1) Ob eine Urkunde, die als von einer ausländischen Behörde oder von einer mit öffentlichem Glauben versehenen Person des Auslandes errichtet sich darstellt, ohne näheren Nachweis als echt anzusehen sei, hat das Gericht nach den Umständen des Falles zu ermessen.
(2) Zum Beweise der Echtheit einer solchen Urkunde genügt die Legalisation durch einen Konsul oder Gesandten des Bundes.

§ 439: Erklärung über Echtheit von Privaturkunden
(1) Über die Echtheit einer Privaturkunde hat sich der Gegner des Beweisführers nach der Vorschrift des § 138 zu erklären.
(2) Befindet sich unter der Urkunde eine Namensunterschrift, so ist die Erklärung auf die Echtheit der Unterschrift zu richten.
(3) Wird die Erklärung nicht abgegeben, so ist die Urkunde als anerkannt anzusehen, wenn nicht die Absicht, die Echtheit bestreiten zu wollen, aus den übrigen Erklärungen der Partei hervorgeht.

§ 689: Zuständigkeit; maschinelle Bearbeitung
(1) Das Mahnverfahren wird von den Amtsgerichten durchgeführt. Eine maschinelle Bearbeitung ist zulässig. Bei dieser Bearbeitung sollen Eingänge spätestens an dem Arbeitstag erledigt sein, der dem Tag des Eingangs folgt.
(2) Ausschließlich zuständig ist das Amtsgericht, bei dem der Antragsteller seinen allgemeinen Gerichtsstand hat. Hat der Antragsteller im Inland keinen allgemeinen Gerichtsstand, so ist das Amtsgericht Schöneberg in Berlin ausschließlich zuständig. Sätze 1 und 2 gelten auch, soweit in anderen Vorschriften eine andere ausschließliche Zuständigkeit bestimmt ist.
(3) Die Landesregierungen werden ermächtigt, durch Rechtsverordnung Mahnverfahren einem Amtsgericht für den Bezirk eines oder mehrerer Oberlandesgerichte zuzuweisen, wenn dies ihrer schnelleren und rationelleren Erledigung dient. Die Landesregierungen können die Ermächtigung durch Rechtsverordnung auf die Landesjustizverwaltungen übertragen. Mehrere Länder können die Zuständigkeit eines Amtsgerichts über die Landesgrenzen hinaus vereinbaren.

§ 703b: Maschinelle Bearbeitung
(1) Bei maschineller Bearbeitung werden Beschlüsse, Verfügungen und Ausfertigungen mit dem Gerichtssiegel versehen; einer Unterschrift bedarf es nicht.

(2) Der Bundesminister der Justiz wird ermächtigt, durch Rechtsverordnung mit Zustimmung des Bundesrats den Verfahrensablauf zu regeln, soweit dies für eine einheitliche maschinelle Bearbeitung der Mahnverfahren erforderlich ist (Verfahrensablaufplan).

§ 836: Folgen der Forderungsüberweisung

(1) Die Überweisung ersetzt die förmlichen Erklärungen des Schuldners, von denen nach den Vorschriften des bürgerlichen Rechts die Berechtigung zur Einziehung der Forderung abhängig ist.

(2) Der Überweisungsbeschluß gilt, auch wenn er mit Unrecht erlassen ist, zugunsten des Drittschuldners dem Schuldner gegenüber so lange als rechtsbeständig, bis er aufgehoben wird und die Aufhebung zur Kenntnis des Drittschuldners gelangt.

(3) Der Schuldner ist verpflichtet, dem Gläubiger die zur Geltendmachung der Forderung vorhandenen Urkunden herauszugeben. Die Herausgabe kann von dem Gläubiger im Wege der Zwangsvollstreckung erwirkt werden.

§ 840: Auskunftspflicht des Drittschuldners

(1) Auf Verlangen des Gläubigers hat der Drittschuldner binnen zwei Wochen, von der Zustellung des Pfändungsbeschlusses an gerechnet, dem Gläubiger zu erklären:

1. ob und inwieweit er die Forderung als begründet anerkenne und Zahlung zu leisten bereit sei;
2. ob und welche Ansprüche andere Personen an die Forderung machen;
3. ob und wegen welcher Ansprüche die Forderung bereits für andere Gläubiger gepfändet sei.

(2) Die Aufforderung zur Abgabe dieser Erklärungen muß in die Zustellungsurkunde aufgenommen werden. Der Drittschuldner haftet dem Gläubiger für den aus der Nichterfüllung seiner Verpflichtung entstehenden Schaden.

(3) Die Erklärungen des Drittschuldners können bei Zustellung des Pfändungsbeschlusses oder innerhalb der im ersten Absatz bestimmten Frist an den Gerichtsvollzieher erfolgen. Im ersteren Fall sind sie in die Zustellungsurkunde aufzunehmen und von dem Drittschuldner zu unterschreiben.

§ 888: Unvertretbare Handlungen

(1) Kann eine Handlung durch einen Dritten nicht vorgenommen werden, so ist, wenn sie ausschließlich von dem Willen des Schuldners abhängt, auf Antrag von dem Prozeßgericht des ersten Rechtszuges zu erkennen, daß der Schuldner zur Vornahme der Handlung durch Zwangsgeld und für den Fall, daß dieses nicht beigetrieben werden kann, durch Zwangshaft oder durch Zwangshaft anzuhalten sei.Das einzelne Zwangsgeld darf den Betrag von fünfzigtausend Deutsche Mark nicht übersteigen. Für die Zwangshaft gelten die Vorschriften des Vierten Abschnitts über die Haft entsprechend.

(2) Diese Vorschrift kommt im Falle der Verurteilung zur Eingehung einer Ehe, im Falle der Verurteilung zur Herstellung des ehelichen Lebens und im Falle der Verurteilung zur Leistung von Diensten aus einem Dienstvertrag nicht zur Anwendung.

§ 915: Schuldnerverzeichnis

(1) Das Vollstreckungsgericht hat ein Verzeichnis der Personen zu führen, die vor ihm die in § 807 erwähnte eidesstattliche Versicherung abgegeben haben oder gegen die nach § 901 die Haft angeordnet ist; in dieses Verzeichnis sind auch die Personen aufzunehmen, die eine eidesstattliche Versicherung nach § 284 der Abgabenordnung abgegeben haben. Die Vollstreckung einer Haft ist in dem Verzeichnis zu vermerken, wenn sie sechs Monate gedauert hat.

(2) Wird die Befriedigung des Gläubigers, der gegen den Schuldner das Verfahren zur Abnahme der eidesstattlichen Versicherung betrieben hat, nachgewiesen oder sind seit dem Schlusse des Jahres, in dem die Eintragung in das Verzeichnis erfolgt ist, drei Jahre verstrichen, so hat das Vollstreckungsgericht auf Antrag des Schuldners dessen Löschung in dem Schuldnerverzeichnis anzuordnen. Die Eintragung wird dadurch gelöscht, daß der Name des Schuldners unkenntlich gemacht oder das Verzeichnis vernichtet wird.

(3) Über das Bestehen oder Nichtbestehen einer bestimmten Eintragung ist jedermann auf Antrag Auskunft zu erteilen; es kann auch die Einsicht in das Verzeichnis gewährt werden.
(4) Abschriften aus dem Verzeichnis dürfen nur erteilt und entnommen werden, sofern die Einhaltung der in Absatz 2 vorgesehenen Löschungsfrist gesichert erscheint. Die Veröffentlichung des Verzeichnisses in Druckerzeugnissen, die jedermann zugänglich sind, ist nicht gestattet. Die näheren Vorschriften erläßt der Bundesminister der Justiz mit Zustimmung des Bundesrates.

9. Gesetz über die Angelegenheiten der freiwilligen Gerichtsbarkeit (FGG) v. 17. 5. 1898 idF der Bekanntmachung v. 2. 5. 1898 (RGBl. S. 771) – Auszug –

§ 125a: Mitteilungspflichten der Behörden

(1) Die Gerichte, die Beamten der Staatsanwaltschaft, die Polizei- und Gemeindebehörden sowie die Notare haben von den zu ihrer amtlichen Kenntnis gelangenden Fällen einer unrichtigen, unvollständigen oder unterlassenen Anmeldung zum Handelsregister dem Registergericht Mitteilung zu machen.
(2) [1]Die Steuerbehörden haben den Registergerichten Auskunft über die steuerlichen Verhältnisse von Kaufleuten oder Unternehmungen, insbesondere auf dem Gebiete der Gewerbe- und Umsatzsteuer, zu erteilen, soweit diese Auskunft zur Verhütung unrichtiger Eintragungen im Handelsregister sowie zur Berichtigung und Vervollständigung des Handelsregisters benötigt wird. [2]Die Auskünfte unterliegen nicht der Akteneinsicht (§ 34).

10. Konkursordnung (KO) v. 10. 2. 1877 idF der Bekanntmachung v. 20. 5. 1898 (RGBl. S. 612) – Auszug –

§ 100: Auskunftspflicht des Gemeinschuldners

Der Gemeinschuldner ist verpflichtet, dem Verwalter, dem Gläubigerausschusse und auf Anordnung des Gerichts der Gläubigerversammlung über alle das Verfahren betreffenden Verhältnisse Auskunft zu geben.

11. Vergleichsordnung (VO) v. 26. 2. 1935 (RGBl. I S. 321) – Auszug

§ 40: Weitere Rechte und Pflichten des Vergleichsverwalters

(1) [1]Der Vergleichsverwalter ist berechtigt, die Geschäftsräume des Schuldners zu betreten und dort Nachforschungen anzustellen. [2]Der Schuldner hat dem Vergleichsverwalter Einsicht in seine Bücher und Geschäftspapiere zu gestatten; er und seine Angestellten haben ihm alle erforderlichen Auskünfte zu erteilen.
(2) [1]Der Vergleichsverwalter hat dem Gerichte sofort anzuzeigen, wenn ihm Tatsachen bekannt werden, die ein Einschreiten des Gerichts, insbesondere den Erlaß von Verfügungsbeschränkungen, die Einstellung des Vergleichsverfahrens oder die Versagung der Bestätigung des Vergleichs zu rechtfertigen vermögen. [2]Er hat dem Gericht auf Verlangen jederzeit Auskunft zu erteilen.
(3) [1]Im Vergleichstermin hat der Vergleichsverwalter über die Sachlage, insbesondere über die Ursachen des Zusammenbruchs des Schuldners, die Angemessenheit des Vergleichsvorschlags und die Aussichten auf Erfüllung des Vergleichs zu berichten. [2]Das Vergleichsgericht kann anordnen, daß der Vergleichsverwalter auf Grund des Ergebnisses seiner Ermittlungen (§ 39) über die vorbezeichneten Punkte noch vor dem Vergleichstermin schriftlichen Bericht erstatte und daß er Abschriften des Berichts den Vergleichsgläubigern mitteile.

§ 69: Verpflichtung des Schuldners zur Auskunft und eidesstattlichen Versicherung

(1) Der Schuldner ist auf Verlangen des Vergleichsverwalters oder eines Vergleichsgläubigers verpflichtet, die zur Beurteilung seiner Vermögenslage sowie der Angemessenheit und Erfüllbarkeit des Vergleichsvorschlages erforderlichen Auskünfte zu erteilen, insbesondere die nach § 4 Abs. 1 Nr. 3 abgegebene Erklärung zu erläutern und nähere Angaben über die im Vermögensverzeichnis angeführten Vermögensstücke soweit darüber zu machen, wo und in wessen Gewahrsam sie sich befinden.

(2) [1]Das Vergleichsgericht ordnet, wenn es dies zur Herbeiführung wahrheitsgemäßer Angaben für notwendig hält, von Amts wegen oder auf Antrag des Vergleichsverwalters oder eines Vergleichsgläubigers an, daß der Schuldner zu Protokoll an Eides Statt versichert, er habe nach bestem Wissen sein Vermögen und seine Verbindlichkeiten so vollständig angegeben und die verlangte Auskunft so vollständig erteilt, als er dazu imstande sei. [2]Die Vorschriften der §§ 478 bis 480, 483 der Zivilprozeßordnung gelten entsprechend. [3]Wird von dem Schuldner keine Auskunft verlangt, so hat das Gericht den Gegenstand der eidesstattlichen Versicherung entsprechend einzuschränken

§ 100: Weitere Einstellungsgründe

(1) Das Vergleichsverfahren ist ferner einzustellen,

1. wenn sich ergibt, daß die Eröffnung des Verfahrens hätte abgelehnt werden müssen; die Einstellung unterbleibt, wenn das Fehlende ergänzt werden kann oder der Vergleichsvorschlag bereits angenommen ist (§ 74);
2. wenn der Schuldner flüchtig wird, sich verborgen hält oder auf eine Ladung des Gerichts (§ 116) ohne genügende Entschuldigung ausbleibt;
3. wenn der Schuldner die Beschränkungen seiner Verpflichtungs- oder Verfügungsfähigkeit (§§ 57 bis 65) nicht einhält und sein Verhalten nicht entschuldbar ist;
4. wenn der Schuldner dem Vergleichsverwalter oder einem Mitglied des Gläubigerbeirats die Einsicht in seine Bücher und Geschäftspapiere oder ohne genügenden Grund eine Auskunft oder eine Aufklärung verweigert;
5. wenn der Schuldner seiner Pflicht zu bescheidener Lebensführung (§ 56) zuwiderhandelt;
6. wenn der Schuldner in dem Vergleichstermine nicht erscheint und sich auch nicht, soweit dies zulässig ist, vertreten läßt.
7. wenn der Schuldner die Abgabe der im § 69 Abs. 2 vorgesehenen eidesstattlichen Versicherung verweigert;
8. wenn sich im Vergleichstermine die zur Annahme des Vergleichsvorschlages erforderliche Mehrheit nicht ergibt und ein Antrag auf Vertagung des Termins nicht gestellt oder abgelehnt wird.

(2) [1]Im Falle der Nummer 6 darf der Einstellungsbeschluß erst am dritten Werktag nach dem Terminstag erlassen werden. [2]Macht der Schuldner vor dem Erlasse des Beschlusses dem Gericht glaubhaft, daß er oder, soweit Vertretung zulässig war, sein Vertreter durch ein auch bei äußerster Sorgfalt nicht zu vermeidendes Ereignis am Erscheinen im Termin verhindert war und auch keine Möglichkeit hatte, dies dem Gericht vor dem Termin anzuzeigen, so unterbleibt die Einstellung. [3]Die Einstellung kann unterbleiben, wenn drei Vierteile der in dem Termin erschienen Vergleichsgläubiger mit der Fortsetzung des Verfahrens einverstanden sind; die Vorschriften des § 75 finden entsprechende Anwendung. [4]Wird das Verfahren nicht eingestellt, so ist alsbald ein neuer Vergleichstermin zu bestimmen, der in der Regel nicht über zwei Wochen hinaus anberaumt werden soll.

(3) Die Vorschriften der Absätze 1,2 gelten nicht für ein nach § 96 fortgesetztes Verfahren.

12. Grundbuchordnung (GBO) idF der Bekanntmachung v. 8. 1935 (RGBl. I S. 1073) – Auszug –

§ 12: Grundbucheinsicht; Abschriften

(1) [1]Die Einsicht des Grundbuchs ist jedem gestattet, der ein berechtigtes Interesse darlegt. [2]Das gleiche gilt von Urkunden, auf die im Grundbuche zur Ergänzung einer Eintragung Bezug genommen ist, sowie von den noch nicht erledigten Eintragungsanträgen.

(2) Soweit die Einsicht des Grundbuchs, der im Absatz 1 bezeichneten Urkunden und der noch nicht erledigten Eintragungsanträge gestattet ist, kann eine Abschrift gefordert werden; die Abschrift ist auf Verlangen zu beglaubigen.

(3) Der *Reichsminister der Justiz* kann jedoch die Einsicht des Grundbuchs und der im Absatz 1 Satz 2 genannten Schriftstücke sowie die Erteilung von Abschriften auch darüber hinaus für zulässig erklären.

§ 13: Antragsgrundsatz

(1) [1]Eine Eintragung soll, soweit nicht das Gesetz ein anderes vorschreibt, nur auf Antrag erfolgen. [2]Der Zeitpunkt, in welchem ein Antrag bei dem Grundbuchamt eingeht, soll auf dem Antrage genau vermerkt werden. [3]Der Antrag ist bei dem Grundbuchamt eingegangen, wenn er einem zur Entgegennahme zuständigen Beamten vorgelegt ist. [4]Wird er zur Niederschrift eines solchen Beamten gestellt, so ist er mit Abschluß der Niederschrift eingegangen.

(2) Antragsberechtigt ist jeder, dessen Recht von der Eintragung betroffen wird oder zu dessen Gunsten die Eintragung erfolgen soll.

§ 14: Antragsrecht bei Berichtigung

Die Berichtigung des Grundbuchs durch Eintragung eines Berechtigten darf auch von demjenigen beantragt werden, welcher auf Grund eines gegen den Berechtigten vollstreckbaren Titels eine Eintragung in das Grundbuch verlangen kann, sofern die Zulässigkeit dieser Eintragung von der vorgängigen Berichtigung des Grundbuchs abhängt.

§ 15: Antragsrecht des Notars

Ist die zu einer Eintragung erforderliche Erklärung von einem Notar beurkundet oder beglaubigt, so gilt dieser als ermächtigt, im Namen eines Antragsberechtigten die Eintragung zu beantworten.

§ 16: Antrag unter Vorbehalt

(1) Einem Eintragungsantrage, dessen Erledigung an einem Vorbehalt geknüpft wird, soll nicht stattgegeben werden.

(2) Werden mehrere Eintragungen beantragt, so kann von dem Antragsteller bestimmt werden, daß die eine Eintragung nicht ohne die andere erfolgen soll.

§ 17: Behandlung mehrerer Anträge

Werden mehrere Eintragungen beantragt, durch die dasselbe Recht betroffen wird, so darf die später beantragte Eintragung nicht vor der Erledigung des früher gestellten Antrags erfolgen.

§ 18: Eintragungshindernis; Zurückweisung oder Zwischenverfügung

(1) [1]Steht einer beantragten Eintragung ein Hindernis entgegen, so hat das Grundbuchamt entweder den Antrag unter Angabe der Gründe zurückzuweisen oder dem Antragsteller eine angemessene Frist zur Hebung des Hindernisses zu bestimmen. [2]Im letzteren Fall ist der Antrag nach dem Ablauf der Frist zurückzuweisen, wenn nicht inzwischen die Hebung des Hindernisses nachgewiesen ist.

(2) [1]Wird vor der Erledigung des Antrags eine andere Eintragung beantragt, durch die dasselbe Recht betroffen wird, so ist zugunsten des früher gestellten Antrags von Amts wegen eine Vormerkung oder ein Widerspruch einzutragen; die Eintragung gilt im Sinne des § 17 als Erledigung dieses Antrags. [2]Die Vormerkung oder der Widerspruch wird von Amts wegen gelöscht, wenn der früher gestellte Antrag zurückgewiesen wird.

§ 19: Bewilligungsgrundsatz

Eine Eintragung erfolgt, wenn derjenige sie bewilligt, dessen Recht von ihr betroffen wird.

§ 20: Einigungsgrundsatz

Im Falle der Auflassung eines Grundstücks sowie im Falle der Bestellung, Änderung des Inhalts oder Übertragung eines Erbbaurechts darf die Eintragung nur erfolgen, wenn die erforderliche Einigung des Berechtigten und des anderen Teils erklärt ist.

§ 21: Bewilligung bei subjektiv-dinglichen Rechten

Steht ein Recht, das durch die Eintragung betroffen wird, dem jeweiligen Eigentümer eines Grundstücks zu, so bedarf es der Bewilligung der Personen, deren Zustimmung nach § 876 Satz 2 des Bürgerlichen Gesetzbuchs zur Aufhebung des Rechtes erforderlich ist, nur dann, wenn das Recht auf dem Blatte des Grundstücks vermerkt ist.

§ 22: Berichtigung des Grundbuchs

(1) [1]Zur Berichtigung des Grundbuchs bedarf es der Bewilligung nach § 19 nicht, wenn die Unrichtigkeit nachgewiesen wird. [2]Dies gilt insbesondere für die Eintragung oder Löschung einer Verfügungsbeschränkung.

(2) Die Berichtigung des Grundbuchs durch Eintragung eines Eigentümers oder eines Erbbauberechtigten darf, sofern nicht der Fall des § 14 vorliegt oder die Unrichtigkeit nachgewiesen wird, nur mit Zustimmung des Eigentümers oder des Erbbauberechtigten erfolgen.

§ 23: Löschung von Rechten auf Lebenszeit

(1) [1]Ein Recht, das auf die Lebenszeit des Berechtigten beschränkt ist, darf nach dessen Tode, falls Rückstände von Leistungen nicht ausgeschlossen sind, nur mit Bewilligung des Rechtsnachfolgers gelöscht werden, wenn die Löschung vor dem Ablauf eines Jahres nach dem Tode des Berechtigten erfolgen soll oder wenn der Rechtsnachfolger der Löschung bei dem Grundbuchamte widersprochen hat; der Widerspruch ist von Amts wegen in das Grundbuch einzutragen. [2]Ist der Berechtigte für tot erklärt, so beginnt die einjährige Frist mit dem Erlaß des die Todeserklärung aussprechenden Urteils.

(2) Der im Absatz 1 vorgesehenen Bewilligung des Rechtsnachfolgers bedarf es nicht, wenn im Grundbuch eingetragen ist, daß zur Löschung des Rechtes der Nachweis des Todes des Berechtigten genügen soll.

§ 24: Löschung zeitlich beschränkter Rechte

Die Vorschriften des § 23 sind entsprechend anzuwenden, wenn das Recht mit der Erreichung eines bestimmten Lebensalters des Berechtigten oder mit dem Eintritt eines sonstigen bestimmten Zeitpunkts oder Ereignisses erlischt.

§ 25: Löschung von Vormerkungen und Widersprüchen

[1]Ist eine Vormerkung oder ein Widerspruch auf Grund einer einstweiligen Verfügung eingetragen, so bedarf es zur Löschung nicht der Bewilligung des Berechtigten, wenn die einstweilige Verfügung durch eine vollstreckbare Entscheidung aufgehoben ist. [2]Diese Vorschrift ist entsprechend anzuwenden, wenn auf Grund eines vorläufig vollstreckbaren Urteils nach den Vorschriften der Zivilprozeßordnung eine Vormerkung oder ein Widerspruch eingetragen ist.

§ 26: Übertragung und Belastung von Briefrechten

(1) Soll die Übertragung einer Hypothek, Grundschuld oder Rentenschuld, über die ein Brief erteilt ist, eingetragen werden, so genügt es, wenn an Stelle der Eintragungsbewilligung die Abtretungserklärung des bisherigen Gläubigers vorgelegt wird.

(2) Diese Vorschrift ist entsprechend anzuwenden, wenn eine Belastung der Hypothek, Grundschuld oder Rentenschuld oder die Übertragung oder Belastung einer Forderung, für die ein eingetragenes Recht als Pfand haftet, eingetragen werden soll.

§ 27: Löschung von Grundpfandrechten

[1]Eine Hypothek, eine Grundschuld oder eine Rentenschuld darf nur mit Zustimmung des Eigentümers des Grundstücks gelöscht werden. [2]Für eine Löschung zur Berichtigung des

Grundbuchs ist die Zustimmung nicht erforderlich, wenn die Unrichtigkeit nachgewiesen wird.

§ 28: Bezeichnung des Grundstücks und der Geldbeträge

[1]In der Eintragungsbewilligung oder, wenn eine solche nicht erforderlich ist, in dem Eintragungsantrag ist das Grundstück übereinstimmend mit dem Grundbuch oder durch Hinweis auf das Grundbuchblatt zu bezeichnen. [2]Einzutragende Geldbeträge sind in *Reichswährung* anzugeben.

§ 29: Nachweis der Eintragungsunterlagen

(1) [1]Eine Eintragung soll nur vorgenommen werden, wenn die Eintragungsbewilligung oder die sonstigen zu der Eintragung erforderlichen Erklärungen durch öffentliche oder öffentlich beglaubigte Urkunden nachgewiesen werden. [2]Andere Voraussetzungen der Eintragung bedürfen, soweit sie nicht bei dem Grundbuchamt offenkundig sind, des Nachweises durch öffentliche Urkunden.
(2) (*aufgehoben*)
(3) Erklärungen oder Ersuchen einer Behörde, auf Grund deren eine Eintragung vorgenommen werden soll, sind zu unterschreiben und mit Siegel oder Stempel zu versehen.

§ 30: Form des Eintragungsantrages und der Vollmacht

Für den Eintragungsantrag sowie für die Vollmacht zur Stellung eines solchen gelten die Vorschriften des § 29 nur, wenn durch den Antrag zugleich eine zu der Eintragung erforderliche Erklärung ersetzt werden soll.

§ 31: Form der Antragsrücknahme und des Widerrufs der Vollmacht

Erklärungen, durch die ein Eintragungsantrag zurückgenommen oder eine zur Stellung des Eintragungsantrags erteilte Vollmacht widerrufen wird, bedürfen der im § 29 Satz 1 vorgeschriebenen Form.

§ 32: Nachweis der Vertretungsberechtigung bei Handelsgesellschaften

(1) Der Nachweis, daß der Vorstand einer Aktiengesellschaft aus den im Handelsregister eingetragenen Personen besteht, wird durch ein Zeugnis des Gerichts über die Eintragung geführt.
(2) Das gleiche gilt von dem Nachweis der Befugnis zur Vertretung einer offenen Handelsgesellschaft, einer Kommanditgesellschaft, einer Kommanditgesellschaft auf Aktien oder einer Gesellschaft mit beschränkter Haftung.

§ 33: Nachweis des Güterstandes

Der Nachweis, daß zwischen Ehegatten Gütertrennung oder ein vertragsmäßiges Güterrecht besteht oder daß ein Gegenstand zum Vorbehaltsgut eines Ehegatten gehört, wird durch ein Zeugnis des Gerichts über die Eintragung des güterrechtlichen Verhältnisses im Güterrechtsregister geführt.

§ 34: Bezugnahme auf Register

Ist in den Fällen der §§ 32, 33 das Grundbuchamt zugleich das Registergericht, so genügt statt des Zeugnisses die Bezugnahme auf das Register.

§ 35: Nachweis der Erbfolge u. a.

(1) [1]Der Nachweis der Erbfolge kann nur durch einen Erbschein geführt werden. [2]Beruht jedoch die Erbfolge auf einer Verfügung von Todes wegen, die in einer öffentlichen Urkunde enthalten ist, so genügt es, wenn an Stelle des Erbscheins die Verfügung und die Niederschrift über die Eröffnung der Verfügung vorgelegt werden; erachtet das Grundbuchamt die Erbfolge durch diese Urkunden nicht für nachgewiesen, so kann es die Vorlegung eines Erbscheins verlangen.
(2) Das Bestehen der fortgesetzten Gütergemeinschaft sowie die Befugnis eines Testamentvollstreckers zur Verfügung über einen Nachlaßgegenstand ist nur auf Grund der in den §§ 1507, 2368 des Bürgerlichen Gesetzbuchs vorgesehenen Zeugnisse als nachgewiesen an-

zunehmen; auf den Nachweis der Befugnis des Testamentsvollstreckers sind jedoch die Vorschriften des Absatzes 1 Satz 2 entsprechend anzuwenden.

(3) [1]Zur Eintragung des Eigentümers oder Miteigentümers eines Grundstücks kann das Grundbuchamt von den in den Absätzen 1 und 2 genannten Beweismitteln absehen und sich mit anderen Beweismitteln, für welche die Form des § 29 nicht erforderlich ist, begnügen, wenn das Grundstück oder der Anteil am Grundstück von geringem Wert ist und die Beschaffung des Erbscheins oder des Zeugnisses nach § 1507 des Bürgerlichen Gesetzbuchs nur mit unverhältnismäßigem Aufwand an Kosten oder Mühe möglich ist. [2]Der Antragsteller kann auch zur Versicherung an Eides Statt zugelassen werden.

§ 36: Auseinandersetzung eines Nachlasses oder Gesamtgutes

(1) Soll bei einem zum Nachlaß oder zu dem Gesamtgut einer ehelichen oder fortgesetzten Gütergemeinschaft gehörenden Grundstück oder Erbbaurecht einer der Beteiligten als Eigentümer oder Erbbauberechtigter eingetragen werden, so genügt zum Nachweis der Rechtsnachfolge und der zur Eintragung des Eigentumsübergangs erforderlichen Erklärungen der Beteiligten ein Zeugnis des Nachlaßgerichts oder des nach § 99 Abs. 2 des Reichsgesetzes über die Angelegenheiten der freiwilligen Gerichtsbarkeit zuständigen Amtsgerichts.

(2) Das Zeugnis darf nur ausgestellt werden, wenn:

a) die Voraussetzungen für die Erteilung eines Erbscheins vorliegen oder der Nachweis der ehelichen Gütergemeinschaft durch öffentliche Urkunden erbracht ist und
b) die Abgabe der Erklärungen der Beteiligten in einer den Vorschriften der Grundbuchordnung entsprechenden Weise dem Nachlaßgericht oder dem nach § 99 Abs. 2 des Reichgesetzes über die Angelegenheiten der dreiwilligen Gerichtsbarkeit zuständigen Amtsgericht nachgewiesen ist.

(3) Die Vorschriften über die Zuständigkeit zur Entgegennahme der Auflassung bleiben unberührt.

§ 37: Auseinandersetzung bei Grundpfandrechten

Die Vorschriften des § 36 sind entsprechend anzuwenden, wenn bei einer Hypothek, Grundschuld oder Rentenschuld, die zu einem Nachlaß oder zu dem Gesamtgut einer ehelichen oder fortgesetzten Gütergemeinschaft gehört, einer der Beteiligten als neuer Gläubiger eingetragen werden soll.

§ 38: Eintragung auf Ersuchen einer Behörde

In den Fällen, in denen nach gesetzlicher Vorschrift eine Behörde befugt ist, das Grundbuchamt um eine Eintragung zu ersuchen, erfolgt die Eintragung auf Grund des Ersuchens der Behörde.

§ 39: Voreintragung des Betroffenen

(1) Eine Eintragung soll nur erfolgen, wenn die Person, deren Recht durch sie betroffen wird, als der Berechtigte eingetragen ist.

(2) Bei einer Hypothek, Grundschuld oder Rentenschuld, über die ein Brief erteilt ist, steht es der Eintragung des Gläubigers gleich, wenn dieser sich im Besitz des Briefes befindet und sein Gläubigerrecht nach § 1155 des Bürgerlichen Gesetzbuchs nachweist.

§ 40: Ausnahmen vor der Voreintragung

(1) Ist die Person, deren Recht durch eine Eintragung betroffen wird, Erbe des eingetragenen Berechtigten, so ist die Vorschrift des § 39 Abs. 1 nicht anzuwenden, wenn die Übertragung oder die Aufhebung des Rechts eingetragen werden soll oder wenn der Eintragungsantrag durch die Bewilligung des Erblassers oder eines Nachlaßpflegers oder durch einen gegen den Erblasser oder den Nachlaßpfleger vollstreckbaren Titel begründet wird.

(2) Das gleiche gilt für eine Eintragung auf Grund der Bewilligung eines Testamentsvollstreckers oder auf Grund eines gegen diesen vollstreckbaren Titels, sofern die Bewilligung oder der Titel gegen den Erben wirksam ist.

§ 41: Vorlegung des Hypothekenbriefes

(1) [1]Bei einer Hypothek, über die ein Brief erteilt ist, soll eine Eintragung nur erfolgen,

wenn der Brief vorgelegt wird. [2]Für die Eintragung eines Widerspruchs bedarf es der Vorlegung nicht, wenn die Eintragung durch eine einstweilige Verfügung angeordnet ist und der Widerspruch sich darauf gründet, daß die Hypothek oder die Forderung, für welche sie bestellt ist, nicht bestehe oder einer Einrede unterliege oder daß die Hypothek unrichtig eingetragen sei.

(2) [1]Der Vorlegung des Hypothekenbriefs steht es gleich, wenn in den Fällen der §§ 1162, 1170, 1171, des Bürgerlichen Gesetzbuchs auf Grund des Ausschlußurteils die Erteilung eines neuen Briefes beantragt wird. [2]Soll die Erteilung des Briefes nachträglich ausgeschlossen oder die Hypothek gelöscht werden, so genügt die Vorlegung des Ausschlußurteils.

§ 42: Vorlegung des Grundschuld- oder Rentenschuldbriefes

[1]Die Vorschriften des § 41 sind auf die Grundschuld und die Rentenschuld entsprechend anzuwenden. [2]Ist jedoch das Recht für den Inhaber des Briefes eingetragen, so bedarf es der Vorlegung des Briefes nur dann nicht, wenn der Eintragungsantrag durch die Bewilligung eines nach § 1189 des Bürgerlichen Gesetzbuchs bestellten Vertreter oder durch eine gegen ihn erlassene gerichtliche Entscheidung begründet wird.

§ 43: Vorlegung von Inhaber- oder Orderpapieren

(1) Bei einer Hypothek für die Forderung aus einer Schuldverschreibung auf den Inhaber, aus einem Wechsel oder einem anderen Papier, das durch Indossament übertragen werden kann, soll eine Eintragung nur erfolgen, wenn die Urkunde vorgelegt wird; die Eintragung ist auf der Urkunde zu vermerken.

(2) Diese Vorschrift ist nicht anzuwenden, wenn eine Eintragung auf Grund der Bewilligung eines nach § 1189 des Bürgerlichen Gesetzbuchs bestellten Vertreters oder auf Grund einer gegen diesen erlassenen gerichtlichen Entscheidung bewirkt werden soll.

§ 44: Datum und Unterzeichnung der Eintragung

[1]Jede Eintragung soll den Tag, an welchem sie erfolgt ist, angeben. [2]Sie ist von den zuständigen Beamten zu unterschreiben.

§ 45: Reihenfolge der Eintragungen; Rangvermerk

(1) Sind in einer Abteilung des Grundbuchs mehrere Eintragungen zu bewirken, so erhalten sie die Reihenfolge, welche der Zeitfolge der Anträge entspricht; sind die Anträge gleichzeitig gestellt, so ist im Grundbuche zu vermerken, daß die Eintragungen gleichen Rang haben.

(2) Werden mehrere Eintragungen, die nicht gleichzeitig beantragt sind, in verschiedenen Abteilungen unter Angabe desselben Tages bewirkt, so ist im Grundbuche zu vermerken, daß die später beantragte Eintragung der früher beantragten im Range nachsteht.

(3) Diese Vorschriften sind insoweit nicht anzuwenden, als ein Rangverhältnis nicht besteht oder das Rangverhältnis von den Antragstellern abweichend bestimmt ist.

§ 46: Löschung von Rechten und Verfügungsbeschränkungen

(1) Die Löschung eines Rechtes oder einer Verfügungsbeschränkung erfolgt durch Eintragung eines Löschungsvermerks.

(2) Wird bei der Übertragung eines Grundstücks oder eines Grundstücksteils auf ein anderes Blatt ein eingetragenes Recht nicht mitübertragen, so gilt es in Ansehung des Grundstücks oder des Teils als gelöscht.

§ 47: Eintragung gemeinschaftlicher Rechte

Soll ein Recht für mehrere gemeinschaftlich eingetragen werden, so soll die Eintragung in der Weise erfolgen, daß entweder die Anteile der Berechtigten in Bruchteilen angegeben werden oder das für die Gemeinschaft maßgebende Rechtsverhältnis bezeichnet wird.

§ 48: Mitbelastung

(1) [1]Werden mehrere Grundstücke mit einem Recht belastet, so ist auf dem Blatte jedes Grundstücks die Mitbelastung der übrigen von Amts wegen erkennbar zu machen. [2]Das gleiche gilt, wenn mit einem an einem Grundstück bestehenden Recht nachträglich noch ein

anderes Grundstück belastet oder wenn im Falle der Übertragung eines Grundstücksteils auf ein anderes Grundbuchblatt ein eingetragenes Recht mitübertragen wird.
(2) Soweit eine Mitbelastung erlischt, ist dies von Amts wegen zu vermerken.

§ 49: Altenteil

Werden Dienstbarkeiten und Reallasten als Leibgedinge, Leibzucht, Altenteil oder Auszug eingetragen, so bedarf es nicht der Bezeichnung der einzelnen Rechte, wenn auf die Eintragungsbewilligung Bezug genommen wird.

§ 50: Teilschuldverschreibungen auf den Inhaber

(1) Bei der Eintragung einer Hypothek für Teilschuldverschreibungen auf den Inhaber genügt es, wenn der Gesamtbetrag der Hypothek unter Angabe der Anzahl, des Betrags und der Bezeichnung der Teile eingetragen wird.
(2) Diese Vorschrift ist entsprechend anzuwenden, wenn eine Grundschuld oder eine Rentenschuld für den Inhaber des Briefes eingetragen und das Recht in Teile zerlegt werden soll.

§ 51: Vor- und Nacherbenvermerk

Bei der Eintragung eines Vorerben ist zugleich das Recht des Nacherben und, soweit der Vorerbe von den Beschränkungen seines Verfügungsrechts befreit ist, auch die Befreiung von Amts wegen einzutragen.

§ 52: Testamentsvollstreckervermerk

Ist ein Testamentsvollstrecker ernannt, so ist dies bei der Eintragung des Erben von Amts wegen miteinzutragen, es sei denn, daß der Nachlaßgegenstand der Verwaltung des Testamentvollstreckers nicht unterliegt.

§ 53: Widerspruch und Löschung von Amts wegen

(1) [1]Ergibt sich, daß das Grundbuchamt unter Verletzung gesetzlicher Vorschriften eine Eintragung vorgenommen hat, durch die das Grundbuch unrichtig geworden ist, so ist von Amts wegen ein Widerspruch einzutragen. [2]Erweist sich eine Eintragung nach ihrem Inhalt als unzulässig, so ist sie von Amts wegen zu löschen.
(2) [1]Bei einer Hypothek, einer Grundschuld oder einer Rentenschuld bedarf es zur Eintragung eines Widerspruchs der Vorlegung des Briefes nicht, wenn der Widerspruch den im § 41 Abs. 1 Satz 2 bezeichneten Inhalt hat. [2]Diese Vorschrift ist nicht anzuwenden, wenn der Grundschuld- oder Rentenschuldbrief auf den Inhaber ausgestellt ist.

§ 54: Öffentliche Lasten

Die auf einem Grundstück ruhenden öffentlichen Lasten als solche sind von der Eintragung in das Grundbuch ausgeschlossen, es sei denn, daß ihre Eintragung gesetzlich besonders zugelassen oder angeordnet ist.

§ 55: Bekanntmachung der Eintragungen

[1]Jede Eintragung soll dem Anstragsteller und dem eingetragenen Eigentümer sowie allen aus dem Grundbuch ersichtlichen Personen bekanntgemacht werden, zu deren Gunsten die Eintragung erfolgt ist oder deren Recht durch sie betroffen wird, die Eintragung eines Eigentümers auch denen, für die eine Hypothek, Grundschuld, Rentenschuld, Reallast oder ein Recht an einem solchen Recht im Grundbuch eingetragen ist. [2]Jede Eintragung auf dem Grundbuchblatt eines Heimstättengrundstücks ist auch dem eingetragenen Heimstättenausgeber bekanntzumachen. [3]Auf die Bekanntmachung kann verzichtet werden.

II. Erläuterungen

1. Vorbemerkung

Untersucht man Datenschutz unter zivilrechtlichen Aspekten, so zeigt sich deutlich der Querschnittscharakter dieses Rechtsgebietes.[1]
Zwar ist zuzugeben, daß vom Ziel und der Systematik des BGB ein Datenschutz im heute verstandenen Sinne nicht intendiert war, da das BGB primär den Ausgleich gestörter schuldrechtlicher und dinglicher Rechtsverhältnisse regeln will. Andererseits kann jedoch nicht verkannt werden, daß einzelne Vorschriften über Auskunftsrechte, Offenbarungspflichten, Pflichten zur Rechnungslegung und Rechte zur Einsichtnahme in Urkunden einen datenschutzrechtlichen Bezug aufweisen.
Die Redaktoren der grundlegenden zivilistischen Vorschriften haben ihrer Zeit entsprechend, die Bedeutung und Notwendigkeit eines Datenschutzes nicht erkannt und somit auch nicht regeln können.
Erst durch die Konkretisierung des § 242 BGB in Rechtsprechung und Lehre – und hier ist insbesondere die Entwicklung der positiven Vertragsverletzung zu nennen – sind interessengerechte datenschutzähnliche Vorschriften geschaffen worden.[2]
Das Rechtsinstitut der positiven Vertragsverletzung kann allerdings, etwa durch Androhung von Sanktionen, einen Datenmißbrauch nicht verhindern, sondern allenfalls nach schuldhafter Verletzung datenschutzähnlicher Pflichten durch den Schädiger, dem Geschädigten einen Schadensersatz zusprechen, der auf den Ersatz des durch die Pflichtverletzung entstandenen Vertrauensschadens gerichtet ist.[3]
Insofern kann ein datenschutzrelevanter Bezug des Zivilrechts nicht geleugnet werden, der auch vom BDSG zu beachten ist.
Eine den schuldrechtlichen Vorschriften ähnliche Situation zeigt sich bei den dinglichen Rechten des BGB.
War beispielsweise der § 1004 BGB als Abwehranspruch des Eigentümers gegen eine Beeinträchtigung seines Eigentums gedacht, so hat die Rechtsprechung eine analoge Anwendung dieser Vorschrift auch gegen andere, dem Eigentum ähnliche Rechte zugelassen.[4]
So kann der in seinem Persönlichkeitsrecht Beeinträchtigte gegen den Störer über § 1004 BGB analog einen Anspruch auf Unterlassung bzw. Beseitigung geltend machen.

---

1 *Fiedler,* Vorwort, Datenschutzrecht I, S. 13
2 Handkommentar zum BGB, *Erman-Battes* § 276 Rdn. 96, 97
3 Handkommentar zum BGB, *Erman-Battes* § 276 Rdn. 89
4 *Palandt-Degenhart,* 36. Auflage § 1004 Anm. 1b

2. Bürgerlich-rechtlicher Datenschutz

2.1 Datenschutz in der Rechtsprechung zu den §§ 242, 260 BGB

Der Datenschutz in der Zivilrechtsprechung erschöpfte sich bislang im wesentlichen in der Anerkennung von Auskunftspflichten, Aufklärungspflichten sowie Pflichten zur Rechenschaftslegung. Zwischen Auskunfts- und Aufklärungspflichten unterscheidet die Rechtsprechung aus folgenden Gesichtspunkten:
Aufklärungspflichten sind Sorgfaltspflichten, die im Zusammenhang mit der Anbahnung und Durchführung eines Vertragsverhältnisses entstehen.
Auskunftspflichten werden demgegenüber unabhängig vom Bestand bzw. vom jeweiligen Stadium eines Vertragsverhältnisses begründet.

2.1.1 Auskunftspflichten

Auskunftspflichten hat die Rechtsprechung in einer Vielzahl von Fällen anerkannt. Die Kasuistik der Entscheidungen läßt es nicht zu, eine Systematisierung herbeizuführen. Es sollen deshalb hier u. a. einige markante Beispielsfälle erwähnt werden, die deutlich machen, in welcher Weise die Rechtsprechung das Gebot von Treu und Glauben zur Entwicklung von Auskunftsansprüchen heranzieht.
So hat die Rechtsprechung beispielsweise anerkannt, daß ein Handelsvertreter den Unternehmer über Bedenken hinsichtlich der Kreditwürdigkeit eines Geschäftspartners zu unterrichten hat.[5] Die Weitergabeverpflichtung im Hinblick auf derartige empfindliche personenbezogene Daten basiert auf dem allgemeinen Grundsatz der Rechtsprechung, *wonach eine Auskunftspflicht gemäß § 242 BGB immer dann besteht, wenn die zwischen den Parteien bestehenden Rechtsbeziehungen es mit sich bringen, daß der Berechtigte in entschuldbarer Weise über Bestehen oder Umfang seines Rechts im Ungewissen ist und der Verpflichtete die zur Beseitigung der Ungewißheit erforderliche Auskunft unschwer geben kann.*[6]
Die Rechtsprechung hat in mehreren Fällen Auskunftspflichten im Zusammenhang mit den jeweiligen Rechtsgeschäften angenommen. Allerdings beziehen sich die meisten der entschiedenen Fälle nicht auf personenbezogene Daten, sondern auf Informationen über Gegenstände[7] oder den Umfang von Leistungspflichten[8]. Der Gläubiger kann vom Schuldner Auskünfte über strafbarer Handlungen Dritter fordern, soweit dies zur Schadensberechnung unerläßlich ist.[9] Eine derartige

5 BGH BB 1969, S. 1196
6 Ständige Rspr.: Siehe BGH NJW 1957, S. 1062; NJW 1962, S. 731; Betr. 1971, S. 380; BGHZ 10, S. 387; RGZ 158, S. 379.
7 Beispiel: Auskunftsberechtigung des Sicherungsgebers wegen des Verbleibs des Sicherungsgutes (LG Braunschweig BB 1956, S. 903)
8 Beispiel: Auskunftsberechtigung des Käufers, der ein Haus zum Herstellerpreis gekauft hat, wegen der entstandenen Kosten (BGH Betr. 1970, S. 1533)
9 BGH NJW 1976, S. 193

Auskunftsverpflichtung besteht auch dann, wenn ein Dritter kreditschädigende Behauptungen verbreitet hat.[10] Gleiches gilt bei der Verletzung von Wettbewerbsverboten[11] oder Wettbewerbsverstößen[12].

Über den Auskunftsanspruch hinaus kann nach der Rechtsprechung des Bundesgerichtshofs[13] ein Anspruch auf Einsicht in Unterlagen aus § 242 BGB nur hergeleitet werden, wenn Auskünfte bei Abwägung der beiderseitigen Interessen zur Wahrung der berechtigten Belange der Betroffenen nicht ausreichend sind.

Es ist festzustellen, daß die bisherige Rechtsprechung die Fälle der Datenübermittlung wie die Fälle der Auskunftserteilung unter den Begriff der Auskunftsverpflichtung zusammenfaßte. Soweit es in den oben erläuterten Fällen um personenbezogene Daten in Dateien geht, die zur Übermittlung an Dritte bestimmt sind oder automatisch verarbeitet werden, kann in Zukunft eine Auskunftsberechtigung nur noch in den Grenzen der §§ 24, 26 BDSG anerkannt werden.

2.1.2 Aufklärungspflichten

Die aus Rechtsprechung und Rechtslehre bekannten Aufklärungspflichten werden verschieden bezeichnet. Mal ist von Anzeigepflichten, mal von Hinweispflichten, verschiedentlich aber auch von Offenbarungspflichten die Rede. Derartige Pflichten entstehen aus den eingangs dargelegten Gründen[14] im vorvertraglichen Bereich. Ihre Verletzung begründet eine Haftung nach den Grundsätzen der culpa in contrahendo. Anders als die Auskunftspflicht, die beispielsweise im Wege der Stufenklage selbständig einklagbar ist, handelt es sich bei den Hinweispflichten um rechtlich unselbständige Sorgfaltspflichten, die nicht isoliert einklagbar sind, sondern beispielsweise nur in Verbindung mit Schadensersatzansprüchen verfolgt werden können.

Wann im Einzelfalle Aufklärungspflichten bestehen, läßt sich nur grob umschreiben. Die Rechtsprechung[15] bedient sich hier der Formel, *Aufklärungspflichten bestünden nicht schlechthin, sondern nur dann, wenn der andere Teil nach den im Verkehr herrschenden Anschauungen redlicherweise Aufklärung erwarten dürfte.* Die Rechtsprechung zu den nichtpersonenbezogenen Daten läßt sich trotz dieses Obersatzes genausowenig auf einen gemeinsamen Nenner bringen, wie die Rechtsprechung zu den personenbezogenen Daten: Lehrinstitute, die EDV-Programmierer ausbilden, müssen Interessenten eingehend über die Anforderungen und Berufsaussichten informieren.[16] Sprachschulen haben andererseits aber gegenüber berufserfahrenen Volljährigen mit mittlerer Reife keine entsprechende Aufklärungspflicht.[17]

---

10 BGH NJW 1962, S. 731
11 BAG NJW 1967, S. 1879
12 BGH LM UWG § 1 Nr. 144
13 BGH Betr. 1971, S. 1416
14 Siehe S. 41
15 Vgl. BGH NJW 1970, S. 655; RGZ 111, S. 234
16 LG Stuttgart MDR 1971, S. 216
17 LG Nürnberg BB 1972, S. 61

Zu den bekanntesten *Aufklärungspflichten* bei einer Vertragsanbahnung zählen wohl die Mitteilungspflichten des Bewerbers gegenüber dem Arbeitgeber[18]. Umgekehrt werden neuerdings auch Aufklärungspflichten des Arbeitgebers gegenüber dem Bewerber angenommen.
So hat das Bundesarbeitsgericht[19] festgestllt, daß ein Arbeitgeber, der in wirtschaftliche Bedrängnis geraten ist, diesen Umstand den Arbeitnehmern offenbaren muß, wenn deren Lohnanspruch infolgedessen gefährdet ist. Der Gründer einer Aktiengesellschaft, der durch sein Verhalten die Gründung gefährdet, ist seinen Mitgründern gegenüber zur Aufklärung verpflichtet, andernfalls haftet er auf Schadensersatz[20]. Aus dem Aspekt des Verstoßes von Aufklärungspflichten haften ebenfalls die Gründer einer nicht eingetragenen GmbH, wenn ihr Geschäftsführer neue Gesellschafter über wesentliche Umstände täuscht[21]. Als Beispiel für eine *Auskunftspflicht* läßt sich die Auskunftspflicht des Arztes heranziehen, die durch die Rechtsprechung eine umfangreiche Konkretisierung erfahren hat.
Der Arzt besitzt durch seine Bestallung als solcher keine erweiterte Verfügungsbefugnis gegenüber der Persönlichkeitssphäre des Patienten[22]. Er ist deshalb in sachgerechtem Maße verpflichtet, den Patienten oder unter bestimmten Voraussetzungen die Angehörigen des Patienten über die Gefahren des Eingriffs aufzuklären. Diese Aufklärung muß im großen und ganzen die bestehenden wie zu erwartenden Risiken zum Gegenstand haben; ihr Umfang richtet sich nach verschiedenen Aspekten: sachliche und zeitliche Notwendigkeit des Eingriffs, Sachkundigkeit des Patienten[23], ärztliche Erfahrungen aus der Krankenvorgeschichte[24]. Hat der Arzt auf ein bestehendes erhöhtes Risiko hingewiesen, so kann er ein näheres Eingehen auf mögliche Zweifelsfälle, in denen sich das Risiko verwirklichen kann, von entsprechenden Fragen abhängig machen.[25] Seine Aufklärungspflicht ist um so weitergehender, je weniger der Eingriff aus der Sicht eines vernünftigen Patienten vordringlich und geboten erscheint.[26]

2.1.3 Pflicht zur Rechenschaftslegung

Neben den gesetzlich gesondert vorgesehenen Fällen der Verpflichtung zur Rechenschaftslegung[27] besteht der allgemeine Rechtsgrundsatz, daß jeder rechenschaftlegungspflichtig ist, der fremde Angelegenheiten besorgt oder solche Ange-

---

18 Unten Kapitel 5, II. 2.1.9
19 NJW 1975, S. 708.
20 BGH MDR 1961, S. 832.
21 BGHZ 15, S. 205.
22 *Palandt/Thomas, 36. Aufl., § 823 Anm. 7 Bf.*
23 *LG Stuttgart NJW 1973, S. 560*
24 *BGH NJW 1976, S. 363*
25 *BGH NJW 1973, S. 556*
26 *BGH NJW 1972, S. 335*
27 *Siehe nur §§ 666, 675, 681, 687 Abs. 3, 713, 1698, 2218 BGB*

legenheiten besorgt, die ihrer Natur nach fremde und eigene zugleich sind.[28] Eine allgemeine Pflicht zur Rechenschaftslegung besteht nicht.[29]
Aus datenschutzrechtlicher Sicht besitzt die Pflicht zur Rechenschaftslegung nur beschränkt Bedeutung, denn wesentlicher Inhalt dieser Pflicht ist die Mitteilung einer Rechnung, d. h. einer geordneten Zusammenstellung von Einnahmen und Ausgaben, die in Einzelfällen durch zusätzliche Auskünfte ergänzt werden muß. Bei Bestandsverzeichnissen, Rechnungen u. ä. stehen die personenbezogenen Daten regelmäßig im Hintergrund. In derartigen Fällen müssen allerdings die Auskunfts- bzw. Übermittlungsrechte der speichernden Stelle im Rahmen ihrer bisherigen Verpflichtung zur Rechenschaftslegung auf die Anforderungen des Bundesdatenschutzgesetzes überprüft werden.

2.2 Gesetzliche Einzelfälle der Pflicht zur Auskunft, Rechenschaft und Urkundenauslieferung

Die Regelung des § 371 BGB über die Verpflichtung zur Rückgabe des Schuldscheins bei Erlöschen der Schuld hat zwar auch insoweit datenschutzrechtlichen Charakter, als sie dazu beiträgt, daß Daten über das Bestehen oder den Umfang einer Forderung, die auf einem Datenträger (Blatt Papier) enthalten sind, in den Verfügungsbereich des Betroffenen rücküberführt werden müssen; diese Vorschrift behandelt hingegen keine Daten in Dateien und tritt somit nicht in Konkurrenz zu Vorschriften des BDSG. Gleiches gilt im Regelfalle für § 402 BGB, der den bisherigen Gläubiger verpflichtet, dem neuen Gläubiger die zur Geltendmachung der Forderung nötige Auskunft zu erteilen und ihm die zum Beweise der Forderung dienenden Urkunden, soweit sie sich in seinem Besitz befinden, auszuliefern.
Beispiel für eine subtile datenschutzrechtliche Vorschrift des Zivilrechts ist § 444 BGB. Gemäß § 444 BGB ist der Verkäufer verpflichtet, dem Käufer über die den verkauften Gegenstand betreffenden rechtlichen Verhältnisse, insbesondere im Falle des Verkaufs eines Grundstücks über die Grenzen u. ä., die nötigen Auskünfte zu erteilen und ihm die zum Beweise des Rechtes dienenden Urkunden, soweit sie sich in seinem Besitze befinden, auszuliefern.
Satz 2 dieser Vorschrift besagt, daß der Verkäufer nur zur Erteilung eines öffentlich beglaubigten *Auszuges* der Urkunde verpflichtet ist, wenn sich der Inhalt einer solchen Urkunde auch auf andere Angelegenheiten erstreckt. Zwar dürfte der Gesetzgeber bei dem Terminus „andere Angelegenheiten" primär weitere nichtpersonenbezogene Daten vor Augen gehabt haben; gleichwohl kann § 444 Satz 2 BGB auch so verstanden werden, daß insbesondere dann, wenn personenbezogene Daten in einer Urkunde enthalten sind, an deren Übermittlung der Käufer kein rechtlich erhebliches Interesse geltend machen kann, der Weg über die öffentlich beglaubigte, auszugsweise Datenübermittlung zu suchen ist.

28 Ständige Rspr.: BGHZ 10, S. 385; RGZ 164, S. 356; 110, S. 16
29 Siehe nur BGH NJW 1957, S. 669

Da § 444 BGB nur die Auskunft aus Urkunden behandelt, die meist nicht Bestandteil einer Datei sind, entstehen bezüglich dieser Vorschrift wohl keine Überschneidungen mit den Regelungen des BDSG.
Dies gilt nicht für die §§ 666, 681 Satz 2, 713 BGB. In den beiden letztgenannten Vorschriften nimmt der Gesetzgeber auf § 666 BGB Bezug und erklärt § 666 BGB in diesen Fällen für anwendbar. Gemäß § 666 BGB ist der Beauftragte verpflichtet, dem Auftraggeber die erforderlichen Nachrichten zu geben, auf Verlangen über den Stand des Geschäfts Auskunft zu erteilen und nach der Ausführung des Auftrags Rechenschaft abzulegen. Soweit diesem Tatbestand personenbezogene Daten unterfallen, tritt das Bundesdatenschutzgesetz gemäß § 45 Satz 2 Ziffer 8 BDSG hinter § 666 BGB zurück. Gleiches gilt im Falle des § 716 BGB. Ebenfalls ist insoweit auf § 740, Abs. 2 BGB für den Bereich des Gesellschaftsrechts zu verweisen.
In all diesen Fällen handelt es sich zudem teilweise um die Verpflichtung zur Verarbeitung personenbezogener Daten bei der Rechnungslegung einschließlich Buchführung und sonstiger Aufzeichnungen im Sinne des § 45 Satz 2 Ziffer 8 BDSG. Auch dann also, wenn der Beauftragte, der Geschäftsführer oder ein geschäftsführender Gesellschafter personenbezogene Daten in Dateien verarbeiten, sei es elektronisch, sei es mit der Zielsetzung der Weitergabe an Dritte, bemessen sich die datenschutzrechtlichen Anforderungen nach der jeweiligen spezialgesetzlichen Regelung, wobei die hierzu bestehende, einschlägige Rechtsprechung zur näheren Präzisierung herangezogen werden kann.

2.3 Das Einsichtsrecht des § 810 BGB

Für die Datenverarbeitung relevant sind ebenfalls §§ 810, 811 BGB. Bei diesen Regelungen zur Einsichtnahme in Urkunden handelt es sich um Vorschriften über die Beschränkung der Einsicht in Unterlagen durch Dritte (§ 45 Satz 2 Ziffer 4 BDSG), so daß die §§ 810, 811 BGB dem Datenübermittlungsrecht des § 24 BDSG sowie dem Auskunftsanspruch des Betroffenen gemäß § 26 BDSG vorgehen.
Sicherlich enthält § 810 BGB zum einen eine Anspruchsgrundlage für denjenigen, der in Unterlagen Einsicht nehmen möchte. Zum anderen aber grenzt § 810 BGB den Kreis der Berechtigten tatbestandlich gegenüber dem Kreis der unberechtigten Anspruchsteller ab, so daß von daher die Voraussetzungen des § 45 Satz 2 Ziffer 4 BDSG gegeben sind.
Gemäß § 810 BGB kann, wer ein rechtliches Interesse daran hat, eine in fremdem Besitz befindliche Urkunde einzusehen, von dem Besitzer die Gestattung der Einsicht verlangen, wenn die Urkunde in seinem Interesse errichtet oder in der Urkunde ein zwischen ihm und einem anderen bestehendes Rechtsverhältnis beurkundet ist oder wenn die Urkunde Verhandlungen über ein Rechtsgeschäft enthält, die zwischen ihm und einem anderen oder zwischen einem von beiden und einem gemeinschaftlichen Vermittler gepflogen worden sind.
Der Begriff der Urkunde wird für § 810 BGB dahingehend definiert, daß es sich

um eine durch bleibende Zeichen ausgedrückte, mit den Sinnen wahrnehmbare Verkörperung eines Gedankens handeln muß, die rechtsgeschäftliche Bedeutung hat, also Aussagen über Rechtsgeschäfte oder Rechtsverhältnisse trifft.[30] Eine Urkunde im Sinne des § 810 kann somit durchaus Bestandteil einer Datei sein und als Datenträger personenbezogene Daten enthalten.

Das von § 810 BGB geforderte rechtliche Interesse muß nicht notwendig vermögensrechtlicher Art sein.

Es ist jedenfalls anerkannt, daß auch ein familienrechtliches oder ein im öffentlichen Recht wurzelndes Interesse ausreichend ist, soweit es nur die Rechtsposition des Vorlegungssuchers stärkt.[30]

Die durch ein rechtliches Interesse begründete Vorlagepflicht wird durch drei beispielsweise genannte Fallkonstellationen begrenzt, die allerdings eine weite Auslegung zulassen.[31]

Die Urkunde muß dann im Interesse des Vorlegungssuchers errichtet worden sein oder es muß zwischen beiden ein Rechtsverhältnis bestehen oder die Urkunde muß Verhandlungen über ein Rechtsgeschäft zwischen den Beteiligten enthalten.

2.4 Rechte des Betroffenen bei datenschutzwidrigem Verhalten

2.4.1 Unvollkommenheit der Regelungen des BDSG

Die zentrale Datenschutzfunktion des BGB besteht nur zu einem geringen Teil in der Gewährung primärer Datenschutzrechte. Wegen der Unvollkommenheit der Regelungen des BDSG dürfte die Hauptaufgabe des Datenschutzes nach dem BGB darin liegen, bei Verstößen gegen Datenschutz-Normen dem Betroffenen Abwehr-, Haftungs- u. a. Ansprüche zur Seite zu stellen. Dabei sind als Datenschutznormen nicht nur die Regelungen des BDSG zu verstehen, sondern auch die in speziellen Gesetzen enthaltenen Datenschutz-Bestimmungen.

Die Unvollkommenheit des BDSG, gerade im Bereich der schadensersatzrechtlichen Fragen, ist gewollt. Im Verlaufe des Gesetzgebungsverfahrens wurden in allen Phasen wiederholt Forderungen nach einer eigenständigen Schadensersatzregelung im BDSG erhoben. Bundestag und Bundesrat haben von einer spezifischen Schadensersatzregelung abgesehen.[32] Im Innen- und Rechtsausschuß des Bundestages wurde jedoch vorgemerkt, spezielle Regelungen zum BDSG zu schaffen, wenn der zur Formulierung derartiger Schadensersatztatbestände erforderliche Erfahrungshintergrund aufgebaut ist.[33]

---

30 Handkommentar zum BGB, Erman-Hense, § 810 Rdn. 3

31 *Palandt-Thomas,* 36. Aufl. § 810 Anm. 1

32 Siehe BR-Drucksache 422/1/76 – Bericht über die 436. Sitzung am 25.6.1976, S.299. Siehe auch *Gola/Hümmerich/Kerstan*, Datenschutzrecht I, S. 26ff.

33 Vgl. BT-Drucksache 7/5277, S. 5

2.4.2 Rechte aus § 1004 BGB analog

§ 1004 BGB gewährt grundsätzlich nur den Schutz des Eigentums und sichert es gegen Beeinträchtigungen, die keine Besitzentziehung bedeuten. Diesen Beseitigungs- und Unterlassungsanspruch hat die Rechtsprechung[34] ausgedehnt auf weitere Rechtsgüter, die in dieser Weise nicht gesondert im Gesetz geschützt sind, wie etwa Kredit, Erwerb und Fortkommen. Der quasi-negatorische Unterlassungsanspruch (§ 1004 BGB analog) steht demnach auch zur Disposition des Datenschutzrechts. Er kann allerdings nicht auf diejenigen absolut geschützten Rechtsgüter gestützt werden, die bereits durch § 823 BGB erfaßt werden, wie beispielsweise das Recht auf persönliche Ehre, das allgemeine bzw. spezielle Persönlichkeitsrecht, das Recht am eingerichteten und ausgeübten Gewerbebetrieb oder das Recht am eigenen Bild.
Die datenschutzrechtliche Bedeutung des § 1004 BGB analog liegt auf zwei Ebenen. Soweit das Bundesdatenschutzgesetz nicht anzuwenden ist, ergeben sich Löschungs-, Sperrungs- oder Rückgewähransprüche aus dieser Vorschrift, wenn die oben angesprochenen Rechtsgüter beeinträchtigt werden. Dabei kommt regelmäßig zum Tragen, daß § 1004 BGB verschuldensunabhängig ist, so daß für das Eingreifen dieser Vorschrift nicht Voraussetzung ist, daß die Rechtsbeeinträchtigung fahrlässig bzw. vorsätzlich herbeigeführt wurde. Die darin zum Ausdruck kommende verschuldensunabhängige Anspruchsbegründung hat für den Anspruchsteller eine wesentliche Beweiserleichterung zur Folge.
Fällt die Verarbeitung eines Datums unter das BDSG, so behält der Betroffene als Abwehransprüche die im BDSG enthaltenen Rechte, d. h. in derartigen Fällen werden die Ansprüche nach dem BDSG grundsätzlich vor dem Unterlassungs-, bzw. Beseitigungsanspruch aus § 1004 BGB analog Anwendung finden. Von diesem Grundsatz dürfte es nur eine Ausnahme geben: Verlangt der Betroffene vorbeugenden Rechtsschutz, d. h., erfährt er, daß unter Verstoß gegen Vorschriften des BDSG ein ihn betreffendes personenbezogenes Datum verarbeitet werden soll, so kann er seinen Anspruch auf § 1004 BGB analog in der Form der vorbeugenden Unterlassungsklage stützen. Dieses nicht unumstrittene[35] Rechtsinstitut des vorbeugenden Rechtsschutzes findet im BDSG keine Entsprechung. Für eine wirksame prozessuale Durchsetzung des vorbeugenden Unterlassungsanspruchs bietet sich das Verfahren der einstweiligen Verfügung an.

2.4.3 Rechte aus §§ 823 Abs. 1, 831 BGB

Die Verletzung von Datenverarbeitungsverboten nach dem BDSG bewirkt zugleich eine Verletzung des Persönlichkeitsrechts des Betroffenen.[36] Diese Konsequenz folgt aus der vom Gesetzgeber in § 1 Abs. 1 BDSG dem Bundesdatenschutzgesetz zugrundegelegten Aufgabenstellung, durch den Schutz personenbe-

---

34 Siehe nur LG Köln, NJW 1972, S. 293 oder BGH LM, § 812 Nr. 6 LSd
35 *Münzberg,* JZ 1967, S. 22
36 Ebenso *Auernhammer,* BB 1977, S. 209; *Meister,* BB 1976, S. 1588

zogener Daten Mißbrauch bei ihrer Speicherung, Übermittlung, Veränderung und Löschung zu verhindern und der Beeinträchtigung schutzwürdiger Belange Betroffener entgegenzuwirken.
Auch wenn die Verarbeitung personenbezogener Daten nicht unter den Anwendungsbereich des BDSG fällt, ist in den von der Rechtsprechung anerkannten Grenzen[37] eine Verletzung des allgemeinen Persönlichkeitsrechts möglich.
Die Anspruchsbegründung des § 823 I BGB ist verschuldensabhängig. Der Betroffene wird häufig nicht in der Lage sein, ein Verschulden des Datenverarbeiters nachzuweisen. Die Problematik entspricht hier etwa dem Fragenkreis, den die Rechtsprechung zum Anlaß nahm, Beweisgrundsätze für die „Produzentenhaftung" zu entwickeln.[38]
Zutreffend dürfte deshalb mit Auernhammer[39] davon auszugehen sein, daß die Mängel des Verschuldenstatbestandes in § 823 BGB bei einer direkten Haftung der speichernden Stelle dadurch abgebaut werden können, daß die Grundsätze der Organisationshaftung[40] eingreifen sowie dem Betroffenen durch eine veränderte Beweislastverteilung[41] die Beweisführung erleichtert wird.
Soweit ein Betroffener seinen Ersatzanspruch auf § 831 BGB stützt, kommen die gleichen, vorstehend erläuterten Rechtsprechungshilfen zur Anwendung. Insbesondere der Ausweis von Organisationsmängeln bewirkt einen Effektivitätsschwund der Exculpationsmöglichkeit nach § 831 BGB.
Der Inhalt des Ersatzanspruches dürfte im Regelfalle auf die Erbringung von Geldleistungen hinauslaufen. Zwar kann der Betroffene zunächst auf Beseitigung des Schadens, d. h. also gemäß § 249 BGB Wiederherstellung des Zustandes verlangen, der bestehen würde, wenn das datenschutzwidrige Verhalten der speichernden Stelle nicht eingetreten wäre. Im Regelfalle liefe dies also auf die Löschung, Sperrung oder Berichtigung eines Datums hinaus.
Da derartige Rechte jedoch bereits durch das BDSG gewährt werden, bewirken die §§ 823, 831 BGB in der Praxis regelmäßig den Ersatz materieller Schäden, die nicht durch eine Handlung der speichernden Stelle beseitigt werden können oder nicht Vermögensschäden zum Inhalt haben. Über § 847 BGB wird bei unerlaubten Handlungen der immaterielle Schaden ersetzt.
Der Ersatz immateriellen Schadens ist deshalb möglich, weil bei einem Verstoß gegen Datenschutznormen zugleich ein Verstoß gegen das allgemeine Persönlichkeitsrecht hervorgerufen wird, wobei die Ausformung des Persönlichkeitsrechts – möglicherweise in der Form eines besonderen Persönlichkeitsrechts – dahingestellt bleiben kann.

---

37 Dazu die übersichtliche Zusammenstellung bei *Schmidt*, Die bedrohte Entscheidungsfreiheit, JZ 1974, S. 241 ff.
38 Siehe *Hümmerich*, Produzentenhaftung, ArbSch 1972, S. 434 ff.
39 *Auernhammer*, BB 1977, S. 210.
40 Vgl. BGHZ 24, 200 ff.; 11, S. 151 ff.
41 Dazu bereits *Gola/Hümmerich/Kerstan*, Datenschutzrecht I, S. 27.

2.4.4 Rechte aus § 823 Abs. 2 BGB

Immer dann, wenn gegen eine Norm des BDSG verstoßen wird, liegt zugleich ein Verstoß im Sinne des § 823 Abs. 2 BGB vor. Zumindest über diese Konstruktion kann ein Recht am eigenen Datum[42] anerkannt werden.
Während § 823 Abs. 1 BGB vorwiegend unter materiell-rechtlichen Gerechtigkeitsüberlegungen zu einer Haftung der datenverarbeitenden Stelle führen kann, ist die Funktion des § 823 Abs. 2 BGB mehr im formalen Bereich zu suchen. Verstößt ein Betriebsratsmitglied gegen § 120 BetrVG, verstößt ein Arzt gegen die Beschränkungen in § 37 Abs. 1 JArbSchG, wehrt sich ein Arbeitgeber, die Stellungnahme eines Arbeitnehmers gemäß § 83 Abs. 2 BetrVG in die Personalakte aufzunehmen oder verzögert er die Auskunft an den Betroffenen gemäß § 26 BDSG, so sind bereits die haftungsbegründenden tatbestandlichen Voraussetzungen des § 823 Abs. 2 BGB geschaffen.
Bei nur formalen Verstößen gegen datenschutzrechtliche Vorschriften dürfte eine der Schwierigkeiten für den Betroffenen darin bestehen, einen konkret eingetretenen Schaden zu beweisen.
Die vorstehenden Überlegungen zeigen die sich der Rechtsprechung in Zukunft aufdrängenden Anspruchsgrundlagen und dogmatischen Konstruktionen nur skizzenhaft auf. Auf einem anderen Blatt steht nämlich, ob die Rechtsprechung diese Wege einzuschlagen bereit sein wird. Immerhin darf nicht übersehen werden, daß Ersatzansprüche wegen Verletzung des Allgemeinen Persönlichkeitsrechts durch die Rechtsprechung nur in *Einzelfällen* gewährt wurde. Zu bedenken ist ferner, daß in diesen Fällen regelmäßig andere Ausschnitte des Persönlichkeitsrechts betroffen waren, als sie durch das BDSG unter Schutz gestellt sind. Schließlich darf auch nicht vergessen werden, daß die Rechtsprechung des Bundesgerichtshof zum Allgemeinen Persönlichkeitsrecht eine Fortschreibung des bis dahin gültigen Schadensrechts insbesondere eine inhaltliche Erweiterung des § 847 BGB zum Gegenstand hat. Die Gerichte werden sich daher darüber den Kopf zerbrechen müssen, ob auch derjenige Betroffene, dessen Daten unter Verstoß gegen das BDSG verarbeitet wurden und der selbst keine konkreten Nachteile, aber auch keine bezifferbaren Vorteile beim Benutzer nachweisen kann, über einen ersatzfähigen Schaden im Sinne der Zivilrechtsdogmatik verfügt.

2.4.5 Rechte aus § 812 BGB

Diese, allen Schadensersatzansprüchen immanente Schwierigkeit entsteht nicht, wenn der Betroffene bei einem Eingriff in sein Persönlichkeitsrecht einen Anspruch aus § 812 BGB geltend machen kann.
Wird das Persönlichkeitsrecht für kommerzielle Zwecke ausgewertet (z. B. Auswertung eines Bildes für Reklamezwecke), so kann der Anspruchsteller unter den Voraussetzungen des § 812 I Satz 1, 2. Halbsatz BGB vom Anspruchsgegner Herausgabe des durch den Eingriff erlangten Vermögensvorteils verlangen.

42 Grundlegend *Meister*, Datenschutz und Privatrechtsordnung, BB 1976, S. 1584ff.

Da dem Persönlichkeitsrecht im heutigen Wirtschaftsleben durchaus ein Vermögenswert zugesprochen werden kann, der sich auch durch den Nichtinhaber dieses Rechts verwerten läßt, ist es somit als taugliches Eingriffsobjekt im Sinne einer Eingriffskondiktion anzuerkennen.
Erfolgte der Eingriff ohne Rechtsgrund, so ist der Empfänger zur Herausgabe des Erlangten verpflichtet.
Es muß hier aber angemerkt werden, daß der Anspruch aus § 812 BGB der Begrenzung des § 818 III BGB unterliegt.
Ist der Empfänger nicht mehr bereichert, so mindert sich in diesem Maße seine Herausgabepflicht. Die Beweislast trifft aber dann den Entreicherten.[43]

2.4.6 Rechte aus § 824 BGB

Die Kreditgefährdung im Sinne des § 824 BGB behandelt die Weitergabe personenbezogener Daten über die wirtschaftlichen Verhältnisse eines Betroffenen. § 824 BGB erstreckt sich allein auf Tatsachen; Werturteile sind dem Tatbestand dieser Vorschrift entzogen.
Als Kreditgefährdung hat die Rechtsprechung[44] jede Verbreitung einer unwahren Tatsache, mag sie auch nur mittelbar geeignet sein, den Erwerb oder das Fortkommen eines anderen zu gefährden, definiert. Da es sich bei § 824 BGB um eine Haftungsregelung handelt und derartige Regelungen im BDSG nicht getroffen sind, können Tatsachen im Sinne des § 824 BGB jedwede personenbezogene Daten sein, also auch solche, die nicht in Dateien gespeichert werden.
§ 824 Abs. 2 BGB gestattet allerdings die Mitteilung einer unwahren Tatsache, sofern die Unwahrheit dem Mitteilenden unbekannt ist und er oder der Empfänger der Mitteilung an der Weitergabe ein berechtigtes Interesse haben. Diese Ausnahmeregelung, durch die ein großzügiger Verschuldensrahmen in den Tatbestand des § 824 BGB eingeführt wird, fügt sich ein in die Rechtsprechung zu § 242 BGB über die Aufklärungspflichten.[45]

2.4.7 Rechte aus § 839 BGB iVm. Art 34 GG

Eine Haftung wird ebenfalls dann begründet, wenn eine Verletzung der Vorschriften des Zweiten Abschnitts des BDSG über die Datenverarbeitung der Behörden und sonstigen öffentlichen Stellen vorliegt. In derartigen Fällen kommen die Grundsätze der Amtspflichtverletzung als Anspruchsgrundlage in Betracht.
Neben den Fällen aus dem Anwendungsbereich des BDSG begründet § 839 iVm. Art. 34 GG eine Haftung, wenn sonstige spezielle Datenschutzbestimmungen verletzt sind. Hierunter fällt beispielsweise ein Verstoß der Leistungsträger gegen § 35 SGB oder ein Verstoß der Behörde gegen § 30 VwVfG.

---

43 *Palandt-Thomas* 36. Aufl. § 818 Anm. 8.
44 BGH NJW 1965, S. 32; NJW 1963, S. 1872.
45 Dazu oben 4. Kap., II 2.1.2.

3. Handelsrechtlicher Datenschutz

3.1 Die Novellierung der Buchführungsvorschriften des HGB

Durch Artikel 56 des Einführungsgesetzes zur Abgabenordnung (EGAO 1977)[46] wurden die §§ 38, 39, 43, 44, 44a, 44b und 47a HGB geändert. Es handelt sich bei diesen Vorschriften um die grundlegenden Bestimmungen ordnungsgemäßer Buchführung, die zu dem Zweck geändert wurden, eine Rationalisierung mit Hilfe der EDV auf neuer gesetzlicher Grundlage zu ermöglichen.[47]
Die Neufassung der handelsrechtlichen Buchführungsvorschriften wurde mit der Novellierung der Abgabenordnung 1977 verbunden, um den buchführungsmäßigen Erleichterungen kongruente steuerliche Vorschriften folgen zu lassen; hinsichtlich der Buchführungsvorschriften stimmen daher die Abgabenordnung[48] und das HGB nahezu wörtlich überein.

3.2 Die Subsidiarität des BDSG

Bei den handelsrechtlichen Buchführungsbestimmungen handelt es sich um Vorschriften über die Verpflichtung zur Bearbeitung personenbezogener Daten bei der Rechnungslegung einschließlich Buchführung und sonstiger Aufzeichnungen. Die Folge ist, daß das BDSG *subsidiär* ist gegenüber den Regelungen des HGB. Diese Konsequenz hat auch der Gesetzgeber in § 45 Satz 2 Ziffer 8 BDSG gezogen, wenn er ausdrücklich die §§ 38 bis 40 und 42 bis 47 HGB nennt.[48a]
Der Umstand, daß § 41 HGB, der ebenfalls zu den handelsrechtlichen Buchführungsvorschriften zu zählen ist, nicht in § 45 Ziffer 8 BDSG erwähnt ist, hat seine Ursache darin, daß diese Vorschrift ohne datenschutzrechtliche Relevanz ist.
Der Datenschutz im Rahmen der Grundsätze ordnungsgemäßer Buchführung richtet sich somit ausschließlich nach Handelsrecht. Wegen der Neuformulierung der handelsrechtlichen Buchführungsvorschriften besteht zu verschiedenen Detail-Fragen noch keine höchstrichterliche Rechtsprechung.

3.3 Datenverarbeitung bei der Führung der Handelsbücher (§ 43 HGB)

Bei der Führung der Handelsbücher und bei den sonst erforderlichen Aufzeichnungen hat sich der Kaufmann einer lebenden Sprache zu bedienen (§ 43 Abs. 1 Satz 1 HGB). Werden Abkürzungen, Ziffern, Buchstaben oder Symbole verwendet, muß er im Einzelfall deren Bedeutung eindeutig festlegen (§ 43 Abs. 1 Satz 2 HGB). § 43 Abs. 1 Satz 2 HGB wurde insbesondere deshalb geschaffen, um den Möglichkeiten beim Einsatz der EDV Rechnung zu tragen. Hier besteht allerdings Streit, in welchem Umfange Kurzzeichen Verwendung finden dürfen.

---

46 BGBl I S. 3341.
47 Siehe die Begr. zum Art. 41 EGAO 1977 BT-Drucksache 7/261, S. 51.
48 Hier: §§ 145–147 AO.
48a Vgl. auch Weißmann, Ordnungsmäßigkeit des Datenschutzes. Bearbeitungsgrundsätze, Datenschutz und Datensicherung 1/77. S. 30ff.

Offerhaus[49] ist der Auffassung, die Bücher könnten nunmehr voll in Kurzschrift, beispielsweise unter Verwendung von EDV-Symbolen, geführt werden; eine Verschlüsselung der Buchführung sei jedenfalls zulässig, um einer eventuellen Betriebsspionage entgegenzuwirken.
Biener[50] hält dem entgegen, die Bücher voll in Kurzschrift zu führen, dürfte nicht zulässig sein, weil ein sachlicher Grund nur schwer zu finden sein dürfte und die Lesbarkeit unangemessen erschwert werde. Demgegenüber ist jedoch anzumerken, daß es für die Finanzbehörde letztlich keinen Nachteil mit sich bringt, wenn die Bücher vollständig unter Verwendung von Abkürzungen und Symbolen geführt werden, denn gemäß § 47a HGB ist der Kaufmann ohnehin verpflichtet, die Unterlagen lesbar zu machen.
§ 43 Abs. 4 HGB bestimmt nunmehr, daß die Handelsbücher und die sonst erforderlichen Aufzeichnungen auch in der geordneten Ablage von Belegen bestehen können oder auf Datenträgern geführt werden können, soweit diese Formen der Buchführung einschließlich des dabei angewandten Verfahrens den Grundsätzen ordnungsgemäßer Buchführung entsprechen. Bei der Führung der Handelsbücher und der sonst erforderlichen Aufzeichnungen auf Datenträgern muß insbesondere sichergestellt sein, daß die Daten während der Dauer der Aufbewahrungsfrist verfügbar sind und jederzeit innerhalb angemessener Frist lesbar gemacht werden können. Die weitere Bestimmung, wonach die Abs. 1 bis 3 sinngemäß gelten, hat zum Inhalt, daß auch bei einer im Sinne des § 43 Abs. 4 HGB vorgenommenen Führung der Handelsbücher die allgemeinen Grundsätze ordnungsgemäßer Buchführung, wie sie in den übrigen Vorschriften des § 43 HGB angesprochen sind, beachtet werden müssen.
§ 43 Abs. 4 HGB eröffnet die Möglichkeiten der Speicherbuchführung mit Hilfe der EDV. Zu den Grundsätzen ordnungsgemäßer Speicherbuchführung gehört nach Auffassung des AWV[51] u. a., daß die Geschäftsvorfälle nach einem Ordnungsprinzip zeitgerecht erfaßt und mit Zuordnungsmerkmalen (Knotenfunktion) und Identifizierungsmerkmalen (Belegfunktion) auf einem Datenträger verarbeitungsfähig gespeichert sind, wobei die Vollständigkeit und die formale Richtigkeit der Datenerfassung gewährleistet sein müssen. Der AWV empfiehlt ferner, dem Buchführungspflichtigen die Lesbarmachung innerhalb angemessener Frist zu gewährleisten und die dafür erforderlichen Darstellungsprogramme sowie Maschinenzeiten und sonstigen Hilfsmittel bereitzustellen. Das Verfahren für die Wiedergabe soll in einer Arbeitsanweisung des Buchführungspflichtigen schriftlich niedergelegt werden, wobei das Ordnungsprinzip zu beschreiben und die Kontrollen für die Feststellung der Vollständigkeit und der Richtigkeit der Wiedergaben zu regeln sind.
Datenschutz bei der Führung von Handelsbüchern unter Einsatz der EDV ist in größerem Umfange bestimmt durch Maßnahmen der Datensicherung als durch

49 BB 1976, S. 1624.
50 Betr. 1977, S. 527.
51 Zitiert bei *Biener*, Betr. 1977, S. 529.

Maßnahmen des Datenschutzes im eigentlichen Sinne. Hinzu tritt, daß es bei den handelsrechtlichen Vorschriften primär darum geht, die Richtigkeit der gespeicherten Daten sicherzustellen. Dabei stehen weniger personenbezogene Daten als vielmehr numerische Sachangaben im Vordergrund.
Soweit personenbezogene Daten bei der Führung der Handelsbücher verarbeitet werden, gewährleisten die Grundsätze der ordnungsgemäßen Buchführung die Richtigkeit der gespeicherten und verarbeiteten Daten – ein elementares Anliegen des Datenschutzes.

3.4 Datenschutz bei der Aufbewahrung von Buchführungsunterlagen (§ 44 HGB)

Die Neuregelung des § 44 HGB gestattet dem Kaufmann nunmehr während des Aufbewahrungszeitraums diejenige Aufbewahrungsform vorzunehmen, die seiner Meinung nach die für ihn günstigste ist. Abgesehen von der Bilanz darf er nunmehr sämtliche Unterlagen als Wiedergabe auf einem Bildträger oder anderen Datenträgern aufbewahren, sofern dies den Grundsätzen ordnungsgemäßer Buchführung entspricht und darüber hinaus sichergestellt ist, daß die Wiedergaben oder Daten während der Dauer der Aufbewahrungsfrist verfügbar sind.
Die Aufbewahrungsfrist ist jetzt in § 44 Abs. 4 und 5 HGB geregelt. Es gilt der Grundsatz, daß die in § 44 Abs. 1 Nr. 1 HGB aufgeführten Unterlagen 10 Jahre, alle übrigen Unterlagen 6 Jahre aufzubewahren sind. Mit der sechsjährigen Aufbewahrungsfrist ist die frühere Frist des § 44b HGB um ein Jahr verkürzt worden. Die 10jährige Aufbewahrungsfrist ist unverändert geblieben.
Bestimmte Unterlagen können nach dem Ausdruck oder der Übertragung auf andere Datenträger vernichtet werden. Dieses Recht steht dem Kaufmann im Hinblick auf sämtliche Urschriften der in § 44 Abs. 1 HGB aufgeführten Unterlagen zu. Die Bilanz fällt nicht hierunter.
Das Vernichtungsrecht infolge des Ausfalls öffentlich-rechtlicher Verpflichtungen ändert hingegen an den bestehenden zivilrechtlichen und zivilprozessualen Bindungen nichts. Hat jemand gegenüber dem Kaufmann einen Einsichtsanspruch gemäß § 810 BGB, so wird dieser in bestimmten Fällen, anders als *Biener*[52] meint, als befriedigt angesehen werden müssen, auch dann, wenn der Kaufmann nicht mehr im Besitze der Urschriften ist, sondern diese beispielsweise auf andere Datenträger übertragen hat.
Anzumerken bleibt, daß § 45 Abs. 1 HGB nach wie vor vorschreibt, daß im Laufe eines Rechtsstreits das Gericht auf Antrag oder von Amts wegen die Vorlegung der Handelsbücher einer Partei anordnen kann und durch die Bestimmung in Abs. 2 den Verdacht nahelegt, daß beispielsweise auf Magnetband überspielte Daten nicht den Anforderungen der ZPO über die Vorlageverpflichtung bei Urkunden genügen.

---

52 Betr. 1977, S. 531.

3.5 Herbeiführung der Lesbarkeit gemäß § 47a HGB

Angepaßt an die nunmehr zulässige Buchführung mit Hilfe der EDV bestimmt § 47a HGB, daß derjenige, der aufzubewahrende Unterlagen nur in der Form einer Wiedergabe auf einem Bildträger oder auf anderen Datenträgern vorlegen kann, verpflichtet ist, auf seine Kosten diejenigen Hilfsmittel zur Verfügung zu stellen, die erforderlich sind, um die Unterlagen lesbar zu machen. Soweit erforderlich, hat er die Unterlagen auf seine Kosten auszudrucken oder ohne Hilfsmittel lesbare Reproduktionen beizubringen.

Der Grundsatz, daß derjenige, der die Vorteile der EDV genießt, auch für die Nachteile einzustehen hat, dürfte und sollte sich über den Anwendungsbereich des § 47a HGB hinaus in Zukunft in allen Rechtsbereichen durchsetzen. Diese begrüßenswerte gesetzliche Regelung sollte deshalb beispielsweise auch auf die Vorschriften über die Führung der Personalakten ausgedehnt werden.

Der Nachteil und die Bedenken gegenüber einer solchen Regelung liegt möglicherweise in dem jederzeitigen Glauben an die Vollständigkeit eines solchen Ausdrucks.

Diese Befürchtungen können sich letztlich aber nicht gegen eine Verpflichtung zur Herbeiführung der Lesbarkeit im Sinne von § 47a HGB richten; sie müssen vielmehr ansetzen in Form von Bedenken gegenüber den Vorteilen der elektronischen Datenverarbeitung schlechthin. Wenngleich § 47a HGB nur als Bestandteil der Grundsätze ordnungsgemäßer Buchführung[53] angesehen werden kann, so bleibt zu hoffen, daß die in dieser Vorschrift enthaltenen Kostenregelung, die in gewisser Weise im Gegensatz zu den Vorschriften des BDSG (§§ 13 Abs. 4, 26 Abs. 3, 34 Abs. 3 BDSG) steht, allgemeine Leitlinie zur Regelung der Kostenfrage bei Ausdrucken wird.

4. Verfahrensrechtlicher Datenschutz

4.1 Zivilprozessualer Informationsverkehr

4.1.1 Die Stufenklage (§ 254 ZPO)

Die Ausgestaltung der Stufenklage in § 254 ZPO entspricht der bereits oben[54] dargelegten Grundvorstellung der Verfasser des BGB, wonach Daten wenig selbständigen Rechtswert besitzen, sondern vielmehr repräsentiert werden durch weitgehend akzessorische Auskunftsrechte. Unter dieser Prämisse wird die Konstruktion der Stufenklage in § 254 ZPO verständlich: Der Kläger stellt unter Abweichung von der Regel des § 253 Abs. 2 Nr. 2 ZPO zunächst einen unbestimm-

53 Zu den neuen Grundsätzen ordnungsgemäßer Buchführung unter Einbeziehung datenschutzrechtlicher Fragen siehe auch *Nagel*, Datensicherung in der Unternehmung, S. 93ff.

54 4. Kapitel, II 1.

ten Antrag auf Auskunfts-, Rechnungslegung oder Vorlage eines Verzeichnisses. In dieser sogenannten ersten Stufe muß der Kläger folglich über die bereits an früherer Stelle[55] erläuterten Rechte auf Auskunft etc. verfügen. Hierzu zählen ferner die Kontrollrechte der Gesellschafter gemäß den §§ 118, 166 HGB auf Einsicht in die Bücher.

In der 2. Stufe kann der Beklagte ggf. verpflichtet sein, eidesstattliche Versicherungen, so beispielsweise gemäß den §§ 259 Abs. 2, 260, Abs. 2 oder 2006 BGB, abzugeben. In der letzten Stufe der Klage gemäß § 254 ZPO muß der Kläger dann den Antrag auf Zahlung oder Herausgabe näher präzisieren.

4.1.2 Auskünfte bei der Vorbereitung des Verhandlungstermins (§ 273 ZPO)

Der mit der Vereinfachungsnovelle geschaffene § 273 ist aus dem früheren § 272b hervorgegangen. Die wesentliche Funktion dieser Vorschrift besteht darin, eine Beschleunigung des Zivilprozesses in jeder Phase herbeizuführen. Auf der Grundlage des § 272b ZPO a.F. wurde das sogenannte *Bender*-Modell entwikkelt.

Zur Vorbereitung des Verhandlungstermins gehört es, ausreichende Informationen, die den Streitgegenstand betreffen, einzuholen, wenn das Gericht derartige Kenntnisse für rechtlich erheblich hält. § 273 Abs. 2 ZPO bestimmt deshalb u. a., das Gericht könne zur Vorbereitung jedes Termins

- den Parteien die Ergänzung oder Erläuterung ihrer vorbereitenden Schriftsätze sowie die Vorlegung von Urkunden aufgeben, insbesondere eine Frist zur Erklärung über bestimmte klärungsbedürftige Punkte setzen;
- Behörden oder Träger eines öffentlichen Amtes um Mitteilung von Urkunden oder um Erteilung amtlicher Auskünfte ersuchen;
- das persönliche Erscheinen der Parteien anordnen;
- Zeugen, auf die sich eine Partei bezogen hat, und Sachverständige zur mündlichen Verhandlung laden.

Der zivilprozessuale Beschleunigungsgrundsatz ist folglich in § 273 ZPO durch eine auf Anordnung des Gerichts zu veranlassende, rasche Informationsbeschaffung geprägt. Eine ähnliche Regelung besteht im arbeitsgerichtlichen Verfahren aufgrund von § 56 ArbGG.

Hervorzuheben ist, daß die Amtsauskunft als ein zulässiges Beweismittel im Sinne des § 273 Abs. 2 Nr. 2 ZPO anzusehen ist.[56] Eine derartige, auf Anordnung des Gerichts eingeholte Auskunft vermag unter bestimmten Voraussetzungen umständliche Vernehmungen von Amtsträgern als Zeugen zu ersetzen.[57]

---

55 Siehe oben 4. Kapitel, II 2.1 bis 2.3.
56 BGH BB 1976, S. 480.
57 BGH MDR 1964, S. 223.

4.1.3 Das Zeugnisverweigerungsrecht (§§ 383, 384 ZPO)

Subsidiär ist das Bundesdatenschutzgesetz gegenüber den §§ 383, 384 ZPO über die Zeugnisverweigerung aus persönlichen und sachlichen Gründen. § 45 Satz 2 Ziffer 2 stellt dies ausdrücklich klar. Obwohl § 45 Satz 2 Ziffer 2 BDSG nur das Zeugnisverweigerungsrecht gemäß den §§ 383, 384 ZPO erwähnt, wird man darüber hinaus auch das Zeugnisverweigerungsrecht der Abgeordneten gemäß Art. 47 GG zu einer dem BDSG vorgehenden Vorschrift zählen müssen.

Ziel des § 383 ZPO Abs. 1 Nrn. 1 bis 3 ist es, nahen Angehörigen einer Partei wegen des bestehenden Gewissenskonflikts ein Aussageverweigerungsrecht einzuräumen. § 383 Abs. 1 Nr. 4 und Nr. 6 ZPO räumen dieses Recht Personen ein, von denen wegen ihrer Vertrauensstellung erwartet wird, daß sie die ihnen in ihrer Eigenschaft übermittelten Informationen geheimhalten. Bei § 383 Abs. 1 Nr. 5 ZPO handelt es sich um eine neue Vorschrift, die vor allem das Redaktionsgeheimnis im Interesse einer eigenständigen und funktionsfreien Presse schützt. Dieses Zeugnisverweigerungsrecht wurde durch das Gesetz über das Zeugnisverweigerungsrecht der Mitarbeiter von Presse und Rundfunk[58] eingeführt und gibt den Mitarbeitern in Presse- und Rundfunkunternehmen die Gewähr für die Anonymität ihrer Informationsquellen.

Während § 383 ZPO der Verwirklichung eines Zeugnisverweigerungsrechts aus in der Person des Zeugen liegenden Gründen dient, stellt § 384 ZPO auf sachliche Aspekte ab. So kann gemäß § 384 Ziffer 1 das Zeugnis verweigert werden über Fragen, deren Beantwortung dem Zeugen oder einer Person, zu der er in einem der im §§ 383 Nr. 1–3 bezeichneten Verhältnissen steht, einen unmittelbaren vermögensrechtlichen Schaden verursachen würde. Eine unmittelbare Ursache für einen Schaden im Sinne dieser Vorschrift ist jede Antwort, die Tatsachen offenbaren würde, die einen Anspruch gegen den Zeugen oder nahe Angehörige begründen oder seine etwaige Durchsetzung erleichtern.[59]

Gemäß § 384 Ziffer 2 kann das Zeugnis verweigert werden über Fragen, deren Beantwortung dem Zeugen oder einem seiner in §§ 383 Nr. 1 bis 3 bezeichneten Angehörigen zur Unehre gereichen oder die Gefahr zuziehen würde, wegen einer Straftat oder einer Ordnungswidrigkeit verfolgt zu werden. Unehre bringt nach allgemeiner Ansicht[60] die Antwort, wenn die preiszugebenden Tatsachen nach der Anschauung der betreffenden Kreise die sittliche Wertschätzung des Zeugen oder eines nahen Angehörigen herabmindern könnte.

Vage Tatbestandsvoraussetzungen enthält § 384 Ziffer 3 ZPO; danach kann das Zeugnis verweigert werden über Fragen, die der Zeuge nicht würde beantworten können, ohne ein Kunst- oder Gewerbegeheimnis zu offenbaren. Geheimnis im Sinne dieser Vorschrift kann sowohl ein eigenes als auch ein fremdes sein. Nach Auffassung des Kammergerichts[61] hat der Zeuge bei Verletzung des Persönlich-

58 V. 25. 7. 1975 (BGBl 1, S. 1973).
59 LG Stuttgart NJW 1971, S. 945.
60 *Thomas/Putzo*, 9. Aufl., § 384 Anm. 2.
61 NJW 1967, S. 115.

keitsrechts durch heimliche Tonbandaufnahmen über den Inhalt dieses Gesprächs kein Zeugnisverweigerungsrecht, wenn ihm die Verletzung seines Rechtsguts zur Aufklärung der Verletzung eines mindestens gleichwertigen Rechtsgut zuzumuten ist.

4.1.4 Auskünfte beim Pfändungs- und Überweisungsbeschluß (§ 840 ZPO)

Gemäß § 840 ZPO hat der Drittschuldner auf Verlangen des Gläubigers binnen zwei Wochen, von der Zustellung des Pfändungsbeschlusses an gerechnet, dem Geläubiger zu erklären

- ob und inwieweit er die Forderung als begründet anerkenne und Zahlungen zu leisten bereit sei
- ob und welche Ansprüche andere Personen an die Forderung machen
- ob und wegen welcher Ansprüche die Forderung bereits für andere Gläubiger gepfändet sei.

Der Drittschuldner ist somit nach Zustellung des Pfändungsbeschlusses verpflichtet, personenbezogene Daten über den Schuldner an dessen Gläubiger im Rahmen der durch § 840 ZPO gesetzten Grenzen zu übermitteln. Bei Lohnpfändungen kann heute davon ausgegangen werden, daß es sich bei den vom Arbeitgeber übermittelten Daten um solche handelt, die unter den Anwendungsbereich des BDSG fallen. Da die meisten Unternehmen ihre Gehaltsabrechnung mit Hilfe der EDV durchführen, ist der Arbeitgeber gemäß § 840 Abs. 1 ZPO in derartigen Fällen verpflichtet, personenbezogene Daten aus Dateien, die automatisch verarbeitet werden, zu übermitteln.

Die Zulässigkeit des Verfahrens gemäß § 840 ZPO wird durch das BDSG nicht beeinträchtigt, denn bei § 840 ZPO handelt es sich um eine Rechtsvorschrift im Sinne des § 3 Ziffer 1 BDSG, die die Übermittlung der Daten zuläßt.

4.1.5 Vollstreckung von Auskünften

Auskünfte, die nur ein bestimmter Anspruchsgegner erteilen kann, sind unvertretbare Handlungen. Ihre Vollstreckung erfolgt gemäß § 888 ZPO.[62]

Erteilt der Schuldner die erforderliche Auskunft nicht, so ist gemäß § 888 ZPO auf Antrag von dem Prozeßgericht des ersten Rechtszuges ein Zwangsgeld festzusetzen und für den Fall, daß dieses nicht beigetrieben werden kann, Zwangshaft anzuordnen. Verweigert beispielsweise eine datenverarbeitende Stelle des Privatrechts eine Auskunft, zu der sie gem. § 26 BDSG verpflichtet ist, so ist ein dahingehendes Urteil gemäß § 888 ZPO zu vollstrecken.

4.1.6 Schuldnerverzeichnisse gemäß § 915 ZPO

In das Schuldnerverzeichnis gemäß § 915 Abs. 1 ZPO ist jeder Schuldner von Amts wegen einzutragen, der die eidesstaatliche Versicherung gemäß § 807 ZPO

---

62 Siehe auch KG NJW 1972, S. 2093.

(früher Offenbarungseid) abgegeben hat oder gegen den die Haft angeordnet ist. Die Löschung ist entweder auf Antrag des Schuldners vorzunehmen, wenn die in § 915 Abs. 2 ZPO genannten Voraussetzungen erfüllt sind; sie ist nach Ablauf von 5 Jahren generell von Amts wegen vorzunehmen, wie sich aus § 17 Nr. 5 AktenO ergibt.

Über die Einsicht und Auskünfte aus dem Schuldnerverzeichnis entscheidet der Urkundsbeamte.[63] Bedenklich ist in diesem Zusammenhang, daß der Nachweis eines Interesses nicht verlangt wird.[64]

§ 915 ZPO ist eine Vorschrift über die Übermittlung, Berichtigung und Löschung von in öffentlichen Registern aufgeführten personenbezogenen Daten. Wenngleich § 915 ZPO in § 45 Satz 2 Ziffer 7 BDSG keine Erwähnung gefunden hat, so ist § 915 ZPO unter den Tatbestand dieser Vorschrift zu subsumieren. § 915 ZPO bleibt infolgedessen vom Inkrafttreten des BDSG unberührt.

4.1.7 Mahnbescheide über EDV

In den §§ 689, 703b ZPO hat der Gesetzgeber im Rahmen der Vereinfachungsnovelle die Voraussetzungen für die Einführung der automatischen Datenverarbeitung im Rahmen des Mahnverfahrens geschaffen. Von daher ist also ein gleicher Trend zu beobachten wie beim Erlaß der neuen handelsrechtlichen Buchungsvorschriften: Der Gesetzgeber paßt die gesetzlichen Bestimmungen an die neue technische Entwicklung an.

Etwa ab dem Jahre 1978 rechnet man mit einer zunehmenden Durchführung des Mahnverfahrens unter Einsatz der EDV. Nachdem die Voraussetzungen des automatisierten Mahnverfahren gutachtlich[65] geschaffen worden sind, werden sich Großversandhäuser, Büchergemeinschaften u. ä. dieser, für sie sicherlich rationelleren Mahnmethode bedienen. Ob damit allerdings zugleich dem eigentlichen Anliegen der Vereinfachungsnovelle, nämlich dem verstärkten Schutz des Schuldners im Mahnverfahren, gedient wird, steht in Zweifel.

Es ist weder damit zu rechnen, daß jedes kleine Amtsgericht an eine EDV-Anlage angeschlossen wird, noch jedem größeren Gericht die maschinellen Voraussetzungen zur automatisierten Datenverarbeitung angegliedert werden. Es dürfte wohl vielmehr beabsichtigt sein, im Wege veränderter Zuständigkeiten zentrale Mahngerichte zu bestimmen. Die gerade im Mahnverfahren häufig als hilfreich anerkannte Bürgernähe dürfte damit auf der Strecke bleiben.

Die Datenverarbeitung zum Zwecke der Erstellung von Mahnbescheiden fällt unter den II. Abschnitt des BDSG.

---

63 So § 17 Nr. 6 AktenO.

64 Siehe *Thomas/Putzo, § 915 Anm. 2a.*

65 Siehe hierzu *Justizministerium Baden-Württemberg, Arbeitspapiere Rechtsinformatik (Hrsg. Fiedler),* Soll-Konzept Automation des Mahnverfahrens, Berlin 1974; *Katholnigg.* Die Reform des Mahnverfahrens nach dem Entwurf der Vereinfachungsnovelle BB 1975, S. 114ff.

4.2 Mitteilungspflichten der Behörden gemäß § 125a FGG

§ 125a FGG bestimmt, daß die Gerichte, die Beamten der Staatsanwaltschaft, die Polizei- und Gemeindebehörden sowie die Notare von den zu ihrer amtlichen Kenntnis gelangenden Fällen einer unrichtigen, unvollständigen oder unterlassenen Anmeldung zum Handelsregister dem Registergericht Mitteilung zu machen haben. In Abs. 2 dieser Bestimmung wird für die Steuerbehörden festgelegt, daß diese den Registergerichten Auskunft über die steuerlichen Verhältnisse von Kaufleuten oder Unternehmungen, insbesondere auf dem Gebiete der Gewerbe- und Umsatzsteuer zu erteilen haben, soweit diese Auskunft zur Verhütung unrichtiger Eintragungen im Handelsregister sowie zur Berichtigung und Vervollständigung des Handelsregisters benötigt wird. Durch diese Auskünfte wird das Registergericht allerdings nicht berechtigt, in die Akten der Steuerbehörden Einsicht zu nehmen (§ 125a Abs. 2 Satz 2 FGG).
Obwohl diese Vorschrift im BDSG nicht erwähnt ist, handelt es sich um eine Vorschrift, der gegenüber das BDSG subsidiär ist. § 125a ist eine Vorschrift, die Regelungen über die Übermittlung, Berichtigung und Löschung von in öffentlichen Registern aufgeführten personenbezogenen Daten enthält und somit unter § 45 Satz 2 Ziffer 7 BDSG fällt. Das Handelsregister ist ein öffentliches Register. In § 125a FGG werden bestimmte staatliche Stellen verpflichtet, personenbezogene Daten zu übermitteln bzw. zur Berichtigung und Löschung dieser Daten, die im Handelsregister als einer Datei gespeichert sind, beizutragen.
Ziel des § 125a FFG ist es, bestimmte staatliche Stellen zu verpflichten, daran mitzuwirken, daß das Handelsregister möglichst wahre Daten enthält, damit der öffentliche Glaube an das Handelsregister geschützt wird. Behörden, in diesem Zusammenhang insbesondere die Meldebehörden der Gemeinden, bei denen jedes Gewerbe gemäß § 14 GewO anzuzeigen bzw. abzumelden ist, sind bei der Weitergabe personenbezogener Daten, sofern sie unter das Bundesdatenschutzgesetz fallen, gemäß § 125a FGG über § 3 Ziffer BDSG legitimiert.

4.3 Auskunftspflicht des Gemeinschuldners (§ 100 KO)

Die Auskunftspflicht des Gemeinschuldners gemäß § 100 KO umfaßt alle für das Konkursverfahren relevanten Verhältnisse. Infolgedessen sind auch personenbezogene Daten aus Dateien, die unter den Anwendungsbereich des BDSG fallen, vom Gemeinschuldner, dem Verwalter, dem Gläubigerausschuß oder auf Anordnung des Gerichts der Gläubigerversammlung bekanntzugeben. § 100 KO enthält somit eine Vorschrift, durch die die Weitergabe personenbezogener Daten gemäß § 3 Ziffer 1 BDSG erlaubt ist.

4.4 Auskunftspflichten des Vergleichsschuldners (§ 45, 60 VO)

Ebenfalls eine Vorschrift im Sinne des § 3 Ziffer 1 BDSG enthält § 40 VO. Gemäß § 40 Abs. 1 Satz 2 hat der Schuldner dem Vergleichsverwalter Einsicht in seine Bücher und Geschäftspapiere zu gestatten; er und seine Angestellten haben

ihm alle erforderlichen Auskünfte zu erteilen. Perpetuiert wird diese Auskunftspflicht in § 40 Abs. 2 Satz 2, wonach der Vergleichsverwalter seinerseits dem Gericht auf Verlangen jederzeit Auskunft zu erteilen hat.
Unabhängig von § 40 VO besteht gemäß § 69 VO die Verpflichtung des Schuldners, auf Verlangen des Vergleichsverwalters oder eines Vergleichsgläubigers die zur Beurteilung der Vermögenslage des Schuldners sowie der Angemessenheit sowie der Erfüllbarkeit des Vergleichsvorschlages erforderlichen Auskünfte zu erteilen. Gemäß § 69 Abs. 2 VO kann das Vergleichsgericht entweder von Amts wegen oder auf Antrag des Vergleichsverwalters oder eines Vergleichsgläubigers anordnen, daß der Schuldner zu Protokoll an Eides Statt versichert, er habe nach bestem Wissen sein Vermögen und seine Verbindlichkeiten so vollständig abgegeben und die verlangten Auskünfte so vollständig erteilt, als er dazu im Stande sei. Verweigert der Schuldner die Abgabe einer angeordneten eidesstattlichen Versicherung, so ist das Vergleichsverfahren gemäß § 100 Abs. 1 Ziffer 7 VO einzustellen. Das Vergleichsverfahren ist ebenfalls einzustellen, wenn der Schuldner dem Vergleichsverwalter oder einem Mitglied des Gläubigerbeirats die Einsicht in seine Bücher und Geschäftspapiere oder ohne genügenden Grund eine Auskunft oder eine Aufklärung verweigert (§ 100 Abs. 1 Ziffer 4 VO).

4.5 Übermittlung, Berichtigung und Löschung nach der Grundbuchordnung

Das Bundesdatenschutzgesetz ist gemäß § 45 Satz 2 Ziffer 7 subsidiär gegenüber § 12 und dem 2. Abschnitt der Grundbuchordnung. Die §§ 12–55 GBO enthalten Vorschriften über die Übermittlung, Berichtigung und Löschung von in einem öffentlichen Register aufgeführten personenbezogenen Daten.
Die Behandlung personenbezogener Daten nach der Grundbuchordnung ist, wie die Vielzahl der hierzu bestehenden Vorschriften bereits deutlich macht, komplex. Diese Vorschriften hier zu erläutern, widerspräche der Zielsetzung dieses Buches. Aus diesem Grunde wird auf die Literaturhinweise verwiesen.
Anzumerken bleibt, daß die Terminologie der Grundbuchordnung nicht immer mit der des BDSG übereinstimmt. So ist das *Löschen* gemäß § 2 Abs. 2 Ziffer 4 BDSG das Unkenntlichmachen gespeicherter Daten. Werden beispielsweise Magnetbänder gelöscht, so sind die Magnetisierungen nicht mehr existent, mit der Folge, daß die ehemals gespeicherten Daten und die durch sie verkörperten Informationen nicht mehr bestehen. Eine Löschung gemäß den §§ 23, 24, 25 oder 27 GBO wird hingegen so vollzogen, daß der „gelöschte Text" durchgestrichen und mit dem Vermerk der Löschung einschließlich der Datumsangabe versehen wird. Auch nach der „Löschung" im Sinne des Grundbuchrechts sind die „gelöschten" personenbezogenen Angaben noch nachlesbar, d. h. also nicht unkenntlich gemacht, wie es die Definition der Löschung im Sinne des § 2 Abs. 2 Ziffer 4 BDSG verlangt.

5. Sonstige datenschutzrelevante Vorschriften

Als Auskunftsrechte aus dem Bereich des Aktienrechts müssen Erwähnung finden

- das Auskunftsrecht des Aktionärs (§ 131 AktG), das durch die Herbeiführung einer gerichtlichen Entscheidung (§ 132 AktG) ergänzt wird
- das Auskunftsrecht der Aktionäre der. Hauptgesellschaft (§ 326 AktG)
- das Auskunftsrecht der Abschlußprüfer gegenüber dem Vorstand (§ 165 AktG) und
- das Auskunftsrecht der Aktionäre in sämtlichen Hauptversammlungen nach Inkrafttreten des Aktiengesetzes (§ 13 EGAktG).

Soweit in den genannten Fällen Auskünfte gegeben werden, die wegen der Art und Weise der Verarbeitung personenbezogener Daten unter das Bundesdatenschutzgesetz fallen, gilt § 3 Ziffer 1 BDSG[66].

Auskunftspflichten treffen ferner denjenigen, der Gegenstände oder ihre Verpackung mit einer Bezeichnung versieht, die geeignet ist, den Eindruck zu erwecken, daß die Gegenstände durch ein Patent oder eine Patentanmeldung geschützt seien (§ 55 PatG). Auskunftspflichten treffen ferner den Versicherer (§ 107 VVG) sowie den Versicherten (§ 34 VVG). Auch im Rahmen der Geltendmachung von Ansprüchen gegen ein Versicherungsunternehmen kennt das Versicherungsvertragsgesetz bestimmte Anzeige-, Aufklärungs- und Auskunftspflichten (§ 158d VVG).

Das neueste Gesetz, daß datenschutzrechtliche Vorschriften in sich birgt, ist das Gesetz zur Regelung des Rechts der allgemeinen Geschäftsbedingungen (AGBG). § 20 AGBG enthält eine Regelung, derzufolge beim Bundeskartellamt von Amts wegen ein Register über Klagen und Urteile, die die Wirksamkeit allgemeiner Geschäftsbedingungen zum Inhalt haben, geführt wird.

§ 20 Abs. 3 AGBG bestimmt, daß die Eintragungen nach 20 Jahren seit dem Schluß des Jahres zu löschen sind, in dem die Eintragung in das Register erfolgt ist. Es kann der Gedanke aufkommen, daß das BDSG gegenüber § 20 Abs. 3 AGBG gemäß § 45 Satz 2 Ziffer 7 BDSG subsudiär ist. Dieser Ansicht wird man jedoch nur zum Teil folgen können, da in der überwiegenden Zahl der Fälle die Eintragungen in das Register gemäß § 20 AGBG keine Eintragungen personenbezogener Daten sind, denn personenbezogene Daten sind gemäß § 2 Abs. 1 BDSG Einzelangaben über persönliche oder sachliche Verhältnisse einer bestimmten oder bestimmbaren natürlichen Person. Allgemeine Geschäftsbedingungen werden hingegen in der überwiegenden Zahl der Fälle von juristischen Personen des Privatrechts verwendet, weshalb folglich in der Mehrzahl der Fälle eine Konkurrenz mit dem BDSG undenkbar ist.

Allerdings soll nicht verkannt werden, daß durchaus Fälle denkbar sind, in denen allgemeine Geschäftsbedingungen durch natürliche Personen verwendet werden, die folglich auch unter den Anwendungsbereich des BDSG fallen, da das Register

66 Zum Informationsrecht des Aufsichtsrats siehe *Lippert,* NJW 1977, S. 2297ff.

des § 20 AGBG eine Datei ist, in der zumindest, wie § 20 Abs. 4 AGBG deutlich macht, die Daten zur Weitergabe an Dritte gespeichert werden. Noch ungelöst ist nämlich die Frage, ob Personenhandelsgesellschaften wie die Offene Handelsgesellschaft oder die Kommanditgesellschaft, die ebenfalls häufig Allgemeine Geschäftsbedingungen verwenden, unter § 2 Abs. 1 BDSG fallen. Bei diesen Gesellschaften handelt es sich nicht um juristische Personen. Derartige Unternehmen werden gemäß § 124 HGB nur im Rechtsverkehr wie juristische Personen behandelt.

Zwar wird die Ansicht vertreten[67], Personenmehrheiten seien nicht durch das BDSG geschützt. Diese Auffassung findet im § 2 Abs. 1 BDSG jedoch keine unmittelbare wörtliche Stütze.

Das Problem des § 20 AGBG besteht darin, daß zum wohl überwiegenden Teil personenbezogene Daten im Register geführt werden, die nicht unter das Bundesdatenschutzgesetz fallen. Zu einem Teil hingegen sind Konkurrenzen denkbar. Es empfiehlt sich deshalb für die Konkurrenzfälle zum BDSG die Ansicht zu vertreten, daß § 20 AGBG insoweit eine Vorschrift im Sinne des § 45 Satz 2 Ziffer 7 BDSG darstellt, um somit einheitliche und vorrangige Rechtsregeln für das Registerrecht gemäß § 20 AGBG verfügbar zu machen.

Bei dem Auskunftsrecht des § 20 Abs. 4 AGBG handelt es sich, soweit personenbezogene Daten im Sinne des § 2 Abs. 1 BDSG betroffen sind, um eine Rechtsvorschrift im Sinne des § 3 Ziffer 1 BDSG.

6. Abschließender Überblick über das Verhältnis BDSG – Zivilrecht

Zur Verdeutlichung des gesetzestechnischen Spannungsfeldes der vorstehend erläuterten zivilrechtlichen Datenschutz-Bestimmungen sei abschließend ein summarischer Überblick über das Verhältnis der Sondervorschriften zum BDSG gegeben. Dabei bieten sich zwei Kriterien an, die die hier erläuterten Vorschriften einordnen lassen:

6.1 Subsidiaritätstatbestände i.S.d. § 45 BDSG

Subsidiär ist das Bundesdatenschutzgesetz gegenüber
- §§ 666, 681, 713, 716, 740 Abs. 2 BGB (wegen § 45 Satz 2 Ziffer 8 BDSG)
- §§ 810, 811 BGB (wegen § 45 Satz 2 Ziffer 4 BDSG)
- §§ 38 bis 40, 42 bis 47 HGB (wegen § 45 Satz 2 Ziffer 8 BDSG)
- §§ 383, 384 ZPO (wegen § 45 Satz 2 Ziffer 2 BDSG)
- Art. 47 GG (wegen § 45 Satz 2 Ziffer 2 BDSG)
- § 915 ZPO (wegen § 45 Satz 2 Ziffer 7 BDSG)
- § 125a FGG (wegen § 45 Satz 2 Ziffer 7 BDSG)
- §§ 12 bis 55 GBO (wegen § 45 Satz 2 Ziffer 7 BDSG)
- § 20 Abs. 3 AGBG (wegen § 45 Satz 2 Ziffer 7 BDSG)

---

67 Vgl. Nachweise bei *Ordemann/Schomerus*, § 2 Anm. 1.2. sowie AWV-Fachinformationen, Beiträge zum Bundesdatenschutzgesetz, Teil 2, S. 21 ff.

6.2 Erlaubnistatbestände i.S.d. § 3 BDSG

Zu den wichtigsten, hier erwähnten Erlaubnistatbeständen im Sinne des § 3 Satz 1 2. Alternative BDSG, wonach die Datenverarbeitung aufgrund einer Rechtsvorschrift erlaubt ist, zählen

- § 840 ZPO
- § 125a FGG
- § 100 KO
- §§ 45, 69 VO
- §§ 131, 132, 165, 326 AktG
- § 13 EGAKtG
- § 55 PatG
- §§ 34, 107, 158d VVG
- § 20 Abs. 4 AGBG

III. Literaturhinweise

Auernhammer, Das Bundesdatenschutzgesetz, BB 1977, S. 205 ff.
Baumbach/Duden, Kurzkommentar zum HGB, 21. Aufl., 1974
Biener, Die Neufassung handelsrechtlicher Buchführungsvorschriften, Betr. 1977, S. 527 ff.
Böhle-Stammschräder, Konkursordnung, 11. Aufl., 1974
Böhle-Stammschräder, Vergleichsordnung, 8. Aufl., 1973
Bühnemann, Datenschutz im nicht-öffentlichen Bereich, BB 1974, Beilage 1
Bülow/Böckstiegel, Internationaler Rechtsverkehr in Zivil- und Handelssachen, 2. Aufl., 1971
Enneccerus/Lehmann, Lehrbuch des bürgerlichen Rechts, Band 2, 15. Aufl., 1958
Erman, Handkommentar zum BGB, 6. Aufl., 1975
Esch/Wiesche, Handbuch der Vermögensnachfolge, 1976
Geiger/Göttlinger/Kobes, Die Konzeption des Computer-Grundbuchs, Rechtspfleger 1973, S. 193 ff.
Geßler, Kommentar zum Aktiengesetz, 1973
Godin/Wilhelmi, Aktiengesetz, 4. Aufl., 1971
Gola/Hümmerich/Kerstan, Datenschutzrecht I, Reihe „EDV und Recht", Band 10, 1977
Groß/Schneider, Formularbuch für die freiwillige Gerichtsbarkeit, 2. Aufl., 1972
Haegele, Grundbuchrecht, 5. Aufl., 1975
Herbst, Rechtspflegergesetz, 1970
Horber, Kurzkommentar zur Grundbuchordnung, 13. Aufl., 1974
IBM Deutschland, Auswirkungen des Handelsrechts u. der AO auf EDV-Organisation 1976.
Jansen, Freiwillige Gerichtsbarkeit, 2. Aufl., Bd. 1–3, 1969–1971
Keidel/Winkler, Freiwillige Gerichtsbarkeit, 10. Aufl., 1972
Kersten/Bühling/Appel, Formularbuch und Praxis der Freiwilligen Gerichtsbarkeit, 16. Aufl., 1976
Kocklämer, Anonyme Akteneinsicht – anonymer Prüfungsantrag, GRUR 1974, S. 199 ff.
Lent/Jauerning, Zivilprozeßrecht, 17. Aufl., 1974; Zwangsvollstreckung und Konkurs, 13. Aufl., 1974
Lohmeyer, Einzelheiten zu den Buchführungsvorschriften der AO 1977, BIStSozArbR, 1977, S. 330 ff.
Löwe/Graf v. Westphalen/Trinkner, Kommentar zum AGBG, 1977
Medicus, Bürgerliches Recht, 7. Aufl., 1975

Medicus, Subsidiarität von Ansprüchen, JuS 1977, S. 637ff.
Meister, Datenschutz und Privatrechtsordnung, BB 1976, S. 1584ff.
Miegel, Die Aktiengesellschaft, 1973
Nagel, Datensicherung in der Unternehmung, 1977
Offerhaus, Die neuen handelsrechtlichen Buchführungsvorschriften, BB 1976, S. 1624ff.
Palandt/(Bearbeiter), Bürgerliches Gesetzbuch, 36. Aufl., 1977
Prölß/Martin, Versicherungsvertragsgesetz, 19. Aufl., 1973
Rosenberg, Lehrbuch des deutschen Zivilprozeßrechts, 9. Aufl., 1961
Rosenberg/Schwab, Zivilprozeßrecht, 11. Aufl., 1974
Schmidt, Walter, Die bedrohte Entscheidungsfreiheit, JZ 1974, S. 241ff.
Soergel/Siebert, BGB, Kommentar, 10. Aufl., Bd. 1–8, 1967–1975
Stöber, Forderungspfändung, 4. Aufl., 1975
Stürner, Die Aufklärungspflicht der Parteien des Zivilprozesses, 1977
Thomas/Putzo, Zivilprozeßordnung, 9. Aufl., 1977
Ulmer/Brandner/Hensen, AGB, Kommentar, 2. Aufl., 1977
Wiedemann/Martens, Die Aktiengesellschaft, 1976
Wundram, Leitfaden zum Bundesdatenschutzgesetz für die Wirtschaft, Betr. 1977, Beilage Nr. 3

5. Kapitel: Arbeits- und sozialrechtlicher Datenschutz

I. Rechtsnormen

1. Betriebsverfassungsgesetz (BetrVG) vom 15. 1. 1972 (BGBl I S. 13) – Auszug –

§ 75: Grundsätze für die Behandlung der Betriebsangehörigen

(1) Arbeitgeber und Betriebsrat haben darüber zu wachen, daß alle im Betrieb tätigen Personen nach den Grundsätzen von Recht und Billigkeit behandelt werden, insbesondere, daß jede unterschiedliche Behandlung von Personen wegen ihrer Abstammung, Religion, Nationalität, Herkunft, politischen oder gewerkschaftlichen Betätigung oder Einstellung oder wegen ihres Geschlechts unterbleibt. Sie haben darauf zu achten, daß Arbeitnehmer nicht wegen Überschreitung bestimmter Altersstufen benachteiligt werden.

(2) Arbeitgeber und Betriebsrat haben die freie Entfaltung der Persönlichkeit der im Betrieb beschäftigten Arbeitnehmer zu schützen und zu fördern.

§ 79: Geheimhaltungspflicht

(1) Die Mitglieder und Ersatzmitglieder des Betriebsrats sind verpflichtet, Betriebs- oder Geschäftsgeheimnisse, die ihnen wegen ihrer Zugehörigkeit zum Betriebsrat bekanntgeworden und vom Arbeitgeber ausdrücklich als geheimhaltungsbedürftig bezeichnet worden sind, nicht zu offenbaren und nicht zu verwerten. Dies gilt auch nach dem Ausscheiden aus dem Betriebsrat. Die Verpflichtung gilt nicht gegenüber Mitgliedern des Betriebsrats. Sie gilt ferner nicht gegenüber dem Gesamtbetriebsrat, dem Konzernbetriebsrat, der Bordvertretung, dem Seebetriebsrat und den Arbeitnehmervertretern im Aufsichtsrat sowie im Verfahren vor der Einigungsstelle, der tariflichen Schlichtungsstelle (§ 76 Abs. 8) oder einer betrieblichen Beschwerdestelle (§ 86).

(2) Absatz 1 gilt sinngemäß für die Mitglieder und Ersatzmitglieder des Gesamtbetriebsrats, des Konzernbetriebsrats, der Jugendvertretung, der Gesamtjugendvertretung, des Wirtschaftsausschusses, der Bordvertretung, des Seebetriebsrats, der gemäß § 3 Abs. 1 Nr. 1 und 2 gebildeten Vertretungen der Arbeitnehmer, der Einigungsstelle, der tariflichen Schlichtungsstelle (§ 76 Abs. 8) und einer betrieblichen Beschwerdestelle (§ 86) sowie für die Vertreter von Gewerkschaften oder von Arbeitgebervereinigungen.

§ 80: Allgemeine Aufgaben

(1) Der Betriebsrat hat folgende allgemeine Aufgaben:

1. darüber zu wachen, daß die zugunsten der Arbeitnehmer geltenden Gesetze, Verordnungen, Unfallverhütungsvorschriften, Tarifverträge und Betriebsvereinbarungen durchgeführt werden;
2. Maßnahmen, die dem Betrieb und der Belegschaft dienen, beim Arbeitgeber zu beantragen;
3. Anregungen von Arbeitnehmern und der Jugendvertretung entgegenzunehmen und, falls sie berechtigt erscheinen, durch Verhandlungen mit dem Arbeitgeber auf eine Erledigung hinzuwirken; er hat die betreffenden Arbeitnehmer über den Stand und das Ergebnis der Verhandlungen zu unterrichten;
4. die Eingliederung *Schwerbeschädigter* und sonstiger besonders schutzbedürftiger Personen zu fördern;
5. die Wahl einer Jugendvertretung vorzubereiten und durchzuführen und mit dieser zur Förderung der Belange der jugendlichen Arbeitnehmer eng zusammenzuarbeiten; er kann von der Jugendvertretung Vorschläge und Stellungnahmen anfordern;
6. die Beschäftigung älterer Arbeitnehmer im Betrieb zu fördern;

7. die Eingliederung ausländischer Arbeitnehmer im Betrieb und das Verständnis zwischen ihnen und den deutschen Arbeitnehmern zu fördern.

(2) Zur Durchführung seiner Aufgaben nach diesem Gesetz ist der Betriebsrat rechtzeitig und umfassend vom Arbeitgeber zu unterrichten. Ihm sind auf Verlangen jederzeit die zur Durchführung seiner Aufgaben erforderlichen Unterlagen zur Verfügung zu stellen; in diesem Rahmen ist der Betriebsausschuß oder ein nach § 28 gebildeter Ausschuß berechtigt, in die Listen über die Bruttolöhne und -gehälter Einblick zu nehmen.

(3) Der Betriebsrat kann bei der Durchführung seiner Aufgaben nach näherer Vereinbarung mit dem Arbeitgeber Sachverständige hinzuziehen, soweit dies zur ordnungsgemäßen Erfüllung seiner Aufgaben erforderlich ist. Für die Geheimhaltungspflicht der Sachverständigen gilt § 79 entsprechend.

§ 81: Unterrichtungspflicht des Arbeitgebers

(1) Der Arbeitgeber hat den Arbeitnehmer über dessen Aufgabe und Verantwortung sowie über die Art seiner Tätigkeit und ihre Einordnung in den Arbeitsablauf des Betriebs zu unterrichten. Er hat den Arbeitnehmer vor Beginn der Beschäftigung über die Unfall- und Gesundheitsgefahren, denen dieser bei der Beschäftigung ausgesetzt ist, sowie über die Maßnahmen und Einrichtungen zur Abwendung dieser Gefahren zu belehren.

(2) Über Veränderungen in seinem Arbeitsbereich ist der Arbeitnehmer rechtzeitig zu unterrichten. Absatz 1 gilt entsprechend.

§ 82: Anhörungs- und Erörterungsrecht des Arbeitnehmers

(1) Der Arbeitnehmer hat das Recht, in betrieblichen Angelegenheiten, die seine Person betreffen, von den nach Maßgabe des organisatorischen Aufbaus des Betriebs hierfür zuständigen Personen gehört zu werden. Er ist berechtigt, zu Maßnahmen des Arbeitgebers, die ihn betreffen, Stellung zu nehmen sowie Vorschläge für die Gestaltung des Arbeitsplatzes und des Arbeitsablaufs zu machen.

(2) Der Arbeitnehmer kann verlangen, daß ihm die Berechnung und Zusammensetzung seines Arbeitsentgelts erläutert und daß mit ihm die Beurteilung seiner Leistungen sowie die Möglichkeiten seiner beruflichen Entwicklung im Betrieb erörtert werden. Er kann ein Mitglied des Betriebsrats hinzuziehen. Das Mitglied des Betriebsrats hat über den Inhalt dieser Verhandlungen Stillschweigen zu bewahren, soweit es vom Arbeitnehmer im Einzelfall nicht von dieser Verpflichtung entbunden wird.

§ 83: Einsicht in die Personalakten

(1) Der Arbeitnehmer hat das Recht, in die über ihn geführten Personalakten Einsicht zu nehmen. Er kann hierzu ein Mitglied des Betriebsrats hinzuziehen. Das Mitglied des Betriebsrats hat über den Inhalt der Personalakte Stillschweigen zu bewahren, soweit es vom Arbeitnehmer im Einzelfall nicht von dieser Verpflichtung entbunden wird.

(2) Erklärungen des Arbeitnehmers zum Inhalt der Personalakte sind dieser auf sein Verlangen beizufügen.

§ 84: Beschwerderecht

(1) Jeder Arbeitnehmer hat das Recht, sich bei den zuständigen Stellen des Betriebs zu beschweren, wenn er sich vom Arbeitgeber oder von Arbeitnehmern des Betriebs benachteiligt oder ungerecht behandelt oder in sonstiger Weise beeinträchtigt fühlt. Er kann ein Mitglied des Betriebsrats zur Unterstützung oder Vermittlung hinzuziehen.

(2) Der Arbeitgeber hat den Arbeitnehmer über die Behandlung der Beschwerde zu bescheiden und, soweit er die Beschwerde für berechtigt erachtet, ihr abzuhelfen.

(3) Wegen der Erhebung einer Beschwerde dürfen dem Arbeitnehmer keine Nachteile entstehen.

§ 85: Behandlung von Beschwerden durch den Betriebsrat

(1) Der Betriebsrat hat Beschwerden von Arbeitnehmern entgegenzunehmen und, falls er sie für berechtigt erachtet, beim Arbeitgeber auf Abhilfe hinzuwirken.

(2) Bestehen zwischen Betriebsrat und Arbeitgeber Meinungsverschiedenheiten über die

Berechtigung der Beschwerde, so kann der Betriebsrat die Einigungsstelle anrufen. Der Spruch der Einigungsstelle ersetzt die Einigung zwischen Arbeitgeber und Betriebsrat. Dies gilt nicht, soweit Gegenstand der Beschwerde ein Rechtsanspruch ist.
(3) Der Arbeitgeber hat den Betriebsrat über die Behandlung der Beschwerde zu unterrichten. § 84 Abs. 2 bleibt unberührt.

§ 86: Ergänzende Vereinbarungen

Durch Tarifvertrag oder Betriebsvereinbarung können die Einzelheiten des Beschwerdeverfahrens geregelt werden. Hierbei kann bestimmt werden, daß in den Fällen des § 85 Abs. 2 an die Stelle der Einigungsstelle eine betriebliche Beschwerdestelle tritt.

§ 90: Unterrichtungs- und Beratungsrechte

Der Arbeitgeber hat den Betriebsrat über die Planung
1. von Neu-, Um- und Erweiterungsbauten von Fabrikations-, Verwaltungs- und sonstigen betrieblichen Räumen,
2. von technischen Anlagen,
3. von Arbeitsverfahren und Arbeitsabläufen oder
4. der Arbeitsplätze

rechtzeitig zu unterrichten und die vorgesehenen Maßnahmen insbesondere im Hinblick auf ihre Auswirkungen auf die Art der Arbeit und die Anforderungen an die Arbeitnehmer mit ihm zu beraten. Arbeitgeber und Betriebsrat sollen dabei die gesicherten arbeitswissenschaftlichen Erkenntnisse über die menschengerechte Gestaltung der Arbeit berücksichtigen.

§ 92: Personalplanung

(1) Der Arbeitgeber hat den Betriebsrat über die Personalplanung, insbesondere über den gegenwärtigen und künftigen Personalbedarf sowie über die sich daraus ergebenden personellen Maßnahmen und Maßnahmen der Berufsbildung an Hand von Unterlagen rechtzeitig und umfassend zu unterrichten. Er hat mit dem Betriebsrat über Art und Umfang der erforderlichen Maßnahmen und über die Vermeidung von Härten zu beraten.
(2) Der Betriebsrat kann dem Arbeitgeber Vorschläge für die Einführung einer Personalplanung und ihre Durchführung machen.

§ 94: Personalfragebogen, Beurteilungsgrundsätze

(1) Personalfragebogen bedürfen der Zustimmung des Betriebsrats. Kommt eine Einigung über ihren Inhalt nicht zustande, so entscheidet die Einigungsstelle. Der Spruch der Einigungsstelle ersetzt die Einigung zwischen Arbeitgeber und Betriebsrat.
(2) Absatz 1 gilt entsprechend für persönliche Angaben in schriftlichen Arbeitsverträgen, die allgemein für den Betrieb verwendet werden sollen, sowie für die Aufstellung allgemeiner Beurteilungsgrundsätze.

§ 95: Auswahlrichtlinien

(1) Richtlinien über die personelle Auswahl bei Einstellungen, Versetzungen, Umgruppierungen und Kündigungen bedürfen der Zustimmung des Betriebsrats. Kommt eine Einigung über die Richtlinien oder ihren Inhalt nicht zustande, so entscheidet auf Antrag des Arbeitgebers die Einigungsstelle. Der Spruch der Einigungsstelle ersetzt die Einigung zwischen Arbeitgeber und Betriebsrat.
(2) In Betrieben mit mehr als 1000 Arbeitnehmern kann der Betriebsrat die Aufstellung von Richtlinien über die bei Maßnahmen des Absatzes 1 Satz 1 zu beachtenden fachlichen und persönlichen Voraussetzungen und sozialen Gesichtspunkte verlangen. Kommt eine Einigung über die Richtlinien oder ihren Inhalt nicht zustande, so entscheidet die Einigungsstelle. Der Spruch der Einigungsstelle ersetzt die Einigung zwischen Arbeitgeber und Betriebsrat.
(3) Versetzung im Sinne dieses Gesetzes ist die Zuweisung eines anderen Arbeitsbereichs, die voraussichtlich die Dauer von einem Monat überschreitet, oder die mit einer erheblichen Änderung der Umstände verbunden ist, unter denen die Arbeit zu leisten ist. Werden Arbeitnehmer nach der Eigenart ihres Arbeitsverhältnisses üblicherweise nicht ständig an ei-

nem bestimmten Arbeitsplatz beschäftigt, so gilt die Bestimmung des jeweiligen Arbeitsplatzes nicht als Versetzung.

§ 99: Mitbestimmung bei personellen Einzelmaßnahmen

(1) In Betrieben mit in der Regel mehr als zwanzig wahlberechtigten Arbeitnehmern hat der Arbeitgeber den Betriebsrat vor jeder Einstellung, Eingruppierung, Umgruppierung und Versetzung zu unterrichten, ihm die erforderlichen Bewerbungsunterlagen vorzulegen und Auskunft über die Person der Beteiligten zu geben; er hat dem Betriebsrat unter Vorlage der erforderlichen Unterlagen Auskunft über die Auswirkungen der geplanten Maßnahme zu geben und die Zustimmung des Betriebsrats zu der geplanten Maßnahme einzuholen. Bei Einstellungen und Versetzungen hat der Arbeitgeber insbesondere den in Aussicht genommenen Arbeitsplatz und die vorgesehene Eingruppierung mitzuteilen. Die Mitglieder des Betriebsrats sind verpflichtet, über die ihnen im Rahmen der personellen Maßnahmen nach den Sätzen 1 und 2 bekanntgewordenen persönlichen Verhältnisse und Angelegenheiten der Arbeitnehmer, die ihrer Bedeutung oder ihrem Inhalt nach einer vertraulichen Behandlung bedürfen, Stillschweigen zu bewahren; § 79 Abs. 1 Satz 2 bis 4 gilt entsprechend.
(2) Der Betriebsrat kann die Zustimmung verweigern, wenn

1. die personelle Maßnahme gegen ein Gesetz, eine Verordnung, eine Unfallverhütungsvorschrift oder gegen eine Bestimmung in einem Tarifvertrag oder in einer Betriebsvereinbarung oder gegen eine gerichtliche Entscheidung oder eine behördliche Anordnung verstoßen würde,
2. die personelle Maßnahme gegen eine Richtlinie nach § 95 verstoßen würde,
3. die durch Tatsachen begründete Besorgnis besteht, daß infolge der personellen Maßnahme im Betrieb beschäftigte Arbeitnehmer gekündigt werden oder sonstige Nachteile erleiden, ohne daß dies aus betrieblichen oder persönlichen Gründen gerechtfertigt ist,
4. der betroffene Arbeitnehmer durch die personelle Maßnahme benachteiligt wird, ohne daß dies aus betrieblichen oder in der Person des Arbeitnehmers liegenden Gründen gerechtfertigt ist,
5. eine nach § 93 erforderliche Ausschreibung im Betrieb unterblieben ist oder
6. die durch Tatsachen begründete Besorgnis besteht, daß der für die personelle Maßnahme in Aussicht genommene Bewerber oder Arbeitnehmer den Betriebsfrieden durch gesetzwidriges Verhalten oder durch grobe Verletzung der in § 75 Abs. 1 enthaltenen Grundsätze stören werde.

(3) Verweigert der Betriebsrat seine Zustimmung, so hat er dies unter Angabe von Gründen innerhalb einer Woche nach Unterrichtung durch den Arbeitgeber diesem schriftlich mitzuteilen. Teilt der Betriebsrat dem Arbeitgeber die Verweigerung seiner Zustimmung nicht innerhalb der Frist schriftlich mit, so gilt die Zustimmung als erteilt.
(4) Verweigert der Betriebsrat seine Zustimmung, so kann der Arbeitgeber beim Arbeitsgericht beantragen, die Zustimmung zu ersetzen.

§ 102: Mitbestimmung bei Kündigungen

(1) Der Betriebsrat ist vor jeder Kündigung zu hören. Der Arbeitgeber hat ihm die Gründe für die Kündigung mitzuteilen. Eine ohne Anhörung des Betriebsrats ausgesprochene Kündigung ist unwirksam.
(2) Hat der Betriebsrat gegen eine ordentliche Kündigung Bedenken, so hat er diese unter Angabe der Gründe dem Arbeitgeber spätestens innerhalb einer Woche schriftlich mitzuteilen. Äußert er sich innerhalb dieser Frist nicht, gilt seine Zustimmung zur Kündigung als erteilt. Hat der Betriebsrat gegen eine außerordentliche Kündigung Bedenken, so hat er diese unter Angabe der Gründe dem Arbeitgeber unverzüglich, spätestens jedoch innerhalb von drei Tagen, schriftlich mitzuteilen. Der Betriebsrat soll, soweit dies erforderlich erscheint, vor seiner Stellungnahme den betroffenen Arbeitnehmer hören. § 99 Abs. 1 Satz 3 gilt entsprechend.
(3) Der Betriebsrat kann innerhalb der Frist des Absatzes 2 Satz 1 der ordentlichen Kündigung widersprechen, wenn

1. der Arbeitgeber bei der Auswahl des zu kündigenden Arbeitnehmers soziale Gesichtspunkte nicht oder nicht ausreichend berücksichtigt hat,
2. die Kündigung gegen eine Richtlinie nach § 95 verstößt,
3. der zu kündigende Arbeitnehmer an einem anderen Arbeitsplatz im selben Betrieb oder in einem anderen Betrieb des Unternehmens weiterbeschäftigt werden kann,
4. die Weiterbeschäftigung des Arbeitnehmers nach zumutbaren Umschulungs- oder Fortbildungsmaßnahmen möglich ist oder
5. eine Weiterbeschäftigung des Arbeitnehmers unter geänderten Vertragsbedingungen möglich ist und der Arbeitnehmer sein Einverständnis hiermit erklärt hat.

(4) Kündigt der Arbeitgeber, obwohl der Betriebsrat nach Absatz 3 der Kündigung widersprochen hat, so hat er dem Arbeitnehmer mit der Kündigung eine Abschrift der Stellungnahme des Betriebsrats zuzuleiten.

(5) Hat der Betriebsrat einer ordentlichen Kündigung frist- und ordnungsgemäß widersprochen, und hat der Arbeitnehmer nach dem Kündigungsschutzgesetz Klage auf Feststellung erhoben, daß das Arbeitsverhältnis durch die Kündigung nicht aufgelöst ist, so muß der Arbeitgeber auf Verlangen des Arbeitnehmers diesen nach Ablauf der Kündigungsfrist bis zum rechtskräftigen Abschluß des Rechtsstreits bei unveränderten Arbeitsbedingungen weiterbeschäftigen. Auf Antrag des Arbeitgebers kann das Gericht ihn durch einstweilige Verfügung von der Verpflichtung zur Weiterbeschäftigung nach Satz 1 entbinden, wenn

1. die Klage des Arbeitnehmers keine hinreichende Aussicht auf Erfolg bietet oder mutwillig erscheint oder
2. die Weiterbeschäftigung des Arbeitnehmers zu einer unzumutbaren wirtschaftlichen Belastung des Arbeitgebers führen würde oder
3. der Widerspruch des Betriebsrats offensichtlich unbegründet war.

(6) Arbeitgeber und Betriebsrat können vereinbaren, daß Kündigungen der Zustimmung des Betriebsrats bedürfen und daß bei Meinungsverschiedenheiten über die Berechtigung der Nichterteilung der Zustimmung die Einigungsstelle entscheidet.

(7) Die Vorschriften über die Beteiligung des Betriebsrats nach dem Kündigungsschutzgesetz und nach § 8 Abs. 1 des Arbeitsförderungsgesetzes bleiben unberührt.

§ 110: Unterrichtung der Arbeitnehmer

(1) In Unternehmen mit in der Regel mehr als 1000 ständig beschäftigten Arbeitnehmern hat der Unternehmer mindestens einmal in jedem Kalendervierteljahr nach vorheriger Abstimmung mit dem Wirtschaftsausschuß oder den in § 107 Abs. 3 genannten Stellen und dem Betriebsrat die Arbeitnehmer schriftlich über die wirtschaftliche Lage und Entwicklung des Unternehmens zu unterrichten.

(2) In Unternehmen, die die Voraussetzungen des Absatzes 1 nicht erfüllen, aber in der Regel mehr als zwanzig wahlberechtigte ständige Arbeitnehmer beschäftigen, gilt Absatz 1 mit der Maßgabe, daß die Unterrichtung der Arbeitnehmer mündlich erfolgen kann. Ist in diesen Unternehmen ein Wirtschaftsausschuß nicht zu errichten, so erfolgt die Unterrichtung nach vorheriger Abstimmung mit dem Betriebsrat.

§ 120 (siehe unten 7. Kap., I 5.)

§ 121: Ordnungswidrigkeiten

(1) Ordnungswidrig handelt, wer die in § 90 Satz 1, § 92 Abs. 1 Satz 1, § 99 Abs. 1, § 106 Abs. 2, § 108 Abs. 5, §§ 110 und 111 bezeichneten Aufklärungs- und Auskunftspflichten nicht, wahrheitswidrig, unvollständig oder verspätet erfüllt.

(2) Die Ordnungswidrigkeit kann mit einer Geldbuße bis zu 20 000 Deutsche Mark geahndet werden.

2. Bundespersonalvertretungsgesetz (BPersVG) vom 15. März 1974 (BGBl I, S. 693) – Auszug –

§ 10: Geheimhaltungspflicht

(1) Personen, die Aufgaben oder Befugnisse nach diesem Gesetz wahrnehmen oder wahrgenommen haben, haben über die ihnen dabei bekanntgewordenen Angelegenheiten und Tatsachen Stillschweigen zu bewahren. Abgesehen von den Fällen des § 68 Abs. 2 Satz 3 und des § 93 gilt die Schweigepflicht nicht für Mitglieder der Personalvertretung und der Jugendvertretung gegenüber den übrigen Mitgliedern der Vertretung und für die in Satz 1 bezeichneten Personen gegenüber der zuständigen Personalvertretung; sie entfällt ferner gegenüber der vorgesetzten Dienststelle, der bei ihr gebildeten Stufenvertretung und gegenüber dem Gesamtpersonalrat. Satz 2 gilt auch für die Anrufung der Einigungsstelle.
(2) Die Schweigepflicht besteht mehr für Angelegenheiten oder Tatsachen, die offenkundig sind oder ihrer Bedeutung nach keiner Geheimhaltung bedürfen.

3. Arbeitsförderungsgesetz (AFG) vom 25.6.1969 (BGBl I S. 582) – Auszug –

§ 14: Ziel und Verfahren bei der Vermittlung

(1) Die Bundesanstalt hat dahin zu wirken, daß Arbeitsuchende Arbeit und Arbeitgeber die erforderlichen Arbeitskräfte erhalten. Dabei hat sie die besonderen Verhältnisse der freien Arbeitsplätze, die Eignung der Arbeitsuchenden und deren persönliche Verhältnisse zu berücksichtigen. Die Bundesanstalt kann Arbeitsuchende, soweit dies für die Berücksichtigung ihres Gesundheitszustandes bei der Arbeitsvermittlung erforderlich ist, mit deren Einverständnis ärztlich untersuchen und begutachten; in besonderen Fällen kann sie Arbeitsuchende mit deren Einverständnis auch psychologisch untersuchen und begutachten.
(2) Sie kann sich in den Fällen des § 2 Nr. 4 und 6 nach der Vermittlung in Arbeit um die Festigung der Arbeitsverhältnisse bemühen, soweit dies erforderlich ist.

§ 20: Prinzip der unparteilichen Vermittlung und Beratung

(1) Arbeitsvermittlung und Arbeitsberatung sind unparteiisch auszuüben.
(2) Arbeitsuchende und Ratsuchende dürfen nach der Zugehörigkeit zu einer politischen, gewerkschaftlichen oder ähnlichen Vereinigung nur gefragt werden, wenn die Eigenart des Betriebes oder die Art der Beschäftigung die Befragung rechtfertigt.
(3) Arbeitsuchende und Ratsuchende dürfen, wenn die Arbeitsvermittlung im Auftrag der Bundesanstalt von einer Einrichtung betrieben wird, die von einer Gewerkschaft errichtet ist und nach ihrer Satzung nur an ihre Mitglieder Arbeit vermittelt, nach der Zugehörigkeit zu der Gewerkschaft gefragt werden.
(4) Arbeitsuchende und Ratsuchende dürfen nach der Zugehörigkeit zu einer Religionsgemeinschaft oder Weltanschauungsgemeinschaft nur gefragt werden, wenn die Eigenart des Betriebes oder die Art der Beschäftigung die Befragung rechtfertigt oder wenn der Arbeitgeber den Arbeitsuchenden in die Hausgemeinschaft aufnehmen will und eine bestimmte Zugehörigkeit ausdrücklich zum Inhalt seines Stellenangebotes gemacht hat.
(5) Der Bundesanstalt ist es untersagt, einen Arbeitnehmer zum Zwecke der Nichteinstellung ungünstig zu kennzeichnen oder an einer Maßregelung von Arbeitnehmern oder an einer entsprechenden Maßnahme gegen Arbeitgeber mitzuwirken.

§ 22: Hinweise auf Besonderheiten bzw. besondere Eigenschaften

Bei der Arbeitsvermittlung und Arbeitsberatung dürfen Hinweise auf die Besonderheiten einer offenen Stelle, die für den Arbeitsuchenden oder den Ratsuchenden von Bedeutung sein können, sowie auf besondere Eigenschaften eines Arbeitsuchenden oder Ratsuchenden, die für dessen Eignung für die Stelle wichtig sein können, gegeben werden, wenn diese

Besonderheiten oder besonderen Eigenschaften amtlich bekanntgeworden sind und wenn besondere Umstände, namentlich die Aufnahme in die Hausgemeinschaft, es rechtfertigen. Auf Verlangen müssen entsprechende Auskünfte gegeben werden. Das Ergebnis einer Untersuchung oder Begutachtung nach § 14 Abs. 1 Satz 3 darf nur mit Zustimmung des Arbeitsuchenden mitgeteilt werden.

§ 176: Entrichtung der Beiträge, Einzugsstelle

(1) Die Beiträge der Arbeitgeber und Arbeitnehmer werden an die Einzugsstellen entrichtet. Als Schuldner der Beiträge der Arbeitnehmer gilt gegenüber der Einzugsstelle der Arbeitgeber.

(2) Der Beitrag des Arbeitnehmers und der Teil des Beitrages des Arbeitgebers, der sich nach der Grundlage für die Bemessung des Beitrages des Arbeitnehmers richtet, werden zusammen, wenn auch Beiträge zur gesetzlichen Krankenversicherung oder Rentenversicherung zu entrichten sind, mit diesen, an dieselbe Einzugsstelle entrichtet.

(3) Ist der Arbeitnehmer für den Fall der Krankheit pflichtversichert, so ist Einzugsstelle die Krankenkasse, Ersatzkasse oder Knappschaft, deren Mitglied er ist.

(4) Ist der Arbeitnehmer nicht für den Fall der Krankheit pflichtversichert, so ist Einzugsstelle die Krankenkasse oder Knappschaft, deren Mitglied er bei Bestehen einer Krankenversicherungspflicht ohne Rücksicht auf eine Mitgliedschaft bei einer Ersatzkasse wäre.

§ 178: Meldungspflichten

(1) Der Arbeitgeber hat der zuständigen Einzugsstelle alle Tatsachen zu melden, deren Kenntnis diese für die Einziehung der Beiträge zur Bundesanstalt benötigt.

(2) Der Bundesminister für Arbeit und Sozialordnung bestimmt durch Rechtsverordnung[2] Inhalt, Form und Frist der Meldungen; er kann auch bestimmen,
1. daß die Meldungen maschinell lesbar sein müssen und welche Schriftarten zu verwenden sind,
2. welche Stellen bei der Ausfüllung der Vordrucke mitzuwirken haben,
3. unter welchen Voraussetzungen Vordrucke anzufordern sind,
4. unter welchen Voraussetzungen und in welcher Form die Meldungen durch maschinell verwertbare Datenträger erfolgen können.

(3) Der Arbeitgeber und der beitragspflichtige Arbeitnehmer haben der zuständigen Einzugsstelle über alle Tatsachen Auskunft zu geben, die für die Einziehung der Beiträge zur Bundesanstalt erheblich sind. § 318a Abs. 1 Satz 2 sowie die Absätze 2 und 3 der Reichsversicherungsordnung gilt entsprechend.

§ 226 (siehe unten, 7. Kap. I, 8.)

§ 230: Weitere Ordnungswidrigkeiten

(1) Ordnungswidrig handelt, wer vorsätzlich oder fahrlässig
1. entgegen § 7 Abs. 1 bis 3 als Betriebsinhaber oder Erwerbsperson eine Auskunft nicht, nicht richtig, nicht rechtzeitig, nicht vollständig oder nicht auf den vorgesehenen Erhebungsvordrucken erteilt,
2. entgegen § 72 Abs. 3 Satz 1 oder entgegen § 88 Abs. 4 in Verbindung mit § 72 Abs. 3 Satz 1 einen Nachweis nicht, nicht richtig oder nicht vollständig erbringt,
3. entgegen § 81 Abs. 4 oder entgegen § 88 Abs. 3 Aufzeichnungen über die geleisteten Arbeitsstunden nicht, nicht richtig oder nicht vollständig führt oder diese Aufzeichnungen nicht aufbewahrt,
4. entgegen § 133 eine Arbeitsbescheinigung nicht, nicht richtig oder nicht vollständig ausstellt,
5. entgegen § 143 Abs. 1 eine Bescheinigung oder entgegen § 144 Abs. 3 oder § 178 Abs. 3 Satz 1 eine Auskunft nicht, nicht richtig oder nicht vollständig erteilt,
6. die Vorlage des Vordruckes nach § 143 Abs. 2 unterläßt,
7. eine Einsichtnahme in die in § 144 Abs. 1 Satz 2 bezeichneten Unterlagen nicht duldet,

7a. entgegen § 178 Abs. 3 Satz 2 in Verbindung mit § 318a Abs. 1 Satz 2 der Reichsversicherungsordnung die dort bezeichneten Unterlagen nicht vorlegt,

8. entgegen § 179 in Verbindung mit § 400 der Reichsversicherungsordnung eine Anordnung über die Zahlung von Beiträgen den von ihm beschäftigten Versicherungspflichtigen nicht durch dauernden Aushang bekanntmacht oder diese nicht bei jeder Lohnzahlung darauf hinweist, daß sie ihren Beitrag selbst einzuzahlen haben, oder
9. entgegen § 179 in Verbindung mit § 402 der Reichsversicherungsordnung einbehaltene Beträge nicht rechtzeitig abführt.

(2) Die Ordnungswidrigkeit kann mit einer Geldbuße geahndet werden.

§ 231: Verletzung der Anzeige- und Meldepflichten

(1) Ordnungswidrig handelt, wer vorsätzlich oder fahrlässig

1. entgegen § 10 Abs. 1 eine Meldung nicht oder nicht richtig vornimmt,
2. entgegen § 17 Abs. 1 Satz 1 als Arbeitgeber bei Ausbruch oder Beendigung eines Arbeitskampfes eine Anzeige nicht oder nicht richtig erstattet,
3. *(aufgehoben)*
4. entgegen § 148 Abs. 1 eine Änderung in den Verhältnissen, die für einen Anspruch auf eine laufende Leistung erheblich ist, nicht, nicht richtig, nicht vollständig oder nicht unverzüglich anzeigt oder
5. entgegen § 178 Abs. 1 eine Meldung an die Einzugsstelle nicht oder nicht richtig erstattet.

(2) Ordnungswidrig handelt ferner, wer vorsätzlich oder fahrlässig einer auf Grund des § 9 Satz 1, des § 10 Abs. 2, des § 17 Abs. 1 Satz 2 oder des § 178 Abs. 2 erlassenen Rechtsverordnung zuwiderhandelt, soweit sie für einen bestimmten Tatbestand auf diese Bußgeldvorschrift verweist.

(3) Die Ordnungswidrigkeit kann mit einer Geldbuße geahndet werden.

4. Gesetz zur Förderung des Angebots an Ausbildungsplätzen in der Berufsausbildung (Ausbildungsplatzförderungsgesetz-AFG) vom 7. September 1976 (BGBl I S. 2658) – Auszug –

§ 13: Geheimhaltung

(1) Einzelangaben über persönliche oder sachliche Verhältnisse von natürlichen und juristischen Personen sind geheimzuhalten. Sie dürfen nur ohne Nennung von Namen und Anschriften natürlicher und juristischer Personen in ausreichend anonymisierter Form weitergegeben werdne.

(2) Einzelangaben über die nach den §§ 8 bis 10 erfaßten Tatsachen dürfen von den Erhebungsstellen für deren verwaltungsinterne Zwecke auch mit Namen und Anschrift des Auskunftspflichtigen verwendet werden.

(3) Die Verwendung von Einzelangaben für andere als statistische Zwecke ist nur zulässig, wenn dies vorher unter Angabe des beabsichtigten Zweckes bekanntgegeben worden und wenn sichergestellt ist, daß die Einzelangaben nach der vorgesehenen Verwendung vernichtet werden. Die Einzelangaben dürfen nicht zu belastenden Verwaltungsakten gegenüber dem Auskunftspflichtigen führen.

5. Kündigungsschutzgesetz (KSchG) v. 25.8.1969 (BGBl I S. 1317) – Auszug –

§ 17: Anzeigepflicht

(1) Der Arbeitgeber ist verpflichtet, dem Arbeitsamt unter Beifügung der Stellungnahme des Betriebsrates schriftlich Anzeige zu erstatten, bevor er

1. in Betrieben mit in der Regel mehr als 20 und weniger als 50 Arbeitnehmern mehr als 5 Arbeitnehmer,

2. in Betrieben mit in der Regel mindestens 50 und weniger als 500 Arbeitnehmern 10 vom Hundert der im Betrieb regelmäßig beschäftigten Arbeitnehmer oder aber mehr als 25 Arbeitnehmer,
3. in Betrieben mit in der Regel mindestens 500 Arbeitnehmern mindestens 50 Arbeitnehmer

innerhalb von vier Wochen entläßt.

(2) Das Recht zur fristlosen Entlassung bleibt unberührt. Fristlose Entlassungen werden bei Berechnung der Mindestzahl der Entlassungen nach Absatz 1 nicht mitgerechnet.

(3) Als Arbeitnehmer im Sinne dieser Vorschrift gelten nicht
1. in Betrieben einer juristischen Person die Mitglieder des Organs, das zur gesetzlichen Vertretung der juristischen Person berufen ist,
2. in Betrieben einer Personengesamtheit die durch Gesetz, Satzung oder Gesellschaftsvertrag zur Vertretung der Personengesamtheit berufenen Personen,
3. Geschäftsführer, Betriebsleiter und ähnliche leidende Personen, soweit diese zur selbständigen Einstellung oder Entlassung von Arbeitnehmern berechtigt sind.

§ 18: Entlassungssperre

(1) Entlassungen, die nach § 17 anzuzeigen sind, werden vor Ablauf eines Monats nach Eingang der Anzeige beim Arbeitsamt nur mit Zustimmung des Landesarbeitsamtes wirksam; die Zustimmung kann auch rückwirkend bis zum Tage der Antragstellung erteilt werden.

(2) Das Landesarbeitsamt kann im Einzelfall bestimmen, daß die Entlassungen nicht vor Ablauf von längstens zwei Monaten nach Eingang der Anzeige beim Arbeitsamt wirksam werden.

(3) Das Landesarbeitsamt hat vor seinen Entscheidungen nach den Absätzen 1 und 2 zu prüfen, ob der Arbeitgeber die Entlassungen rechtzeitig nach § 8 des Arbeitsförderungsgesetzes angezeigt oder aus welchen Gründen er die Anzeige unterlassen hatte. Das Landesarbeitsamt soll das Ergebnis dieser Prüfung bei seinen Entscheidungen berücksichtigen.

(4) Soweit die Entlassungen nicht innerhalb eines Monats nach dem Zeitpunkt, zu dem sie nach den Absätzen 1 und 2 zulässig sind, durchgeführt werden, bedarf es unter den Voraussetzungen des § 17 Abs. 1 einer erneuten Anzeige.

6. Gesetz zur Sicherung der Eingliederung Schwerbehinderter in Arbeit, Beruf und Gesellschaft (Schwerbehindertengesetz – SchwbG) in der Fassung vom 29. April 1974 (BGBl. I S. 1006) – **Auszug** -

§ 10: Pflichten der Arbeitgeber gegenüber der Bundesanstalt für Arbeit und den Hauptfürsorgestellen

(1) Die Arbeitgeber haben, gesondert für jeden Betrieb und jede Dienststelle, ein Verzeichnis der bei ihnen beschäftigten Schwerbehinderten, Gleichgestellten und sonstigen anrechnungsfähigen Personen laufend zu führen und den Vertretern des Arbeitsamtes und der Hauptfürsorgestelle, die für den Sitz des Betriebes oder der Dienststelle zuständig sind, auf Verlangen vorzuzeigen.

(2) Die Arbeitgeber haben dem für ihren Sitz zuständigen Arbeitsamt unter Beifügung einer Durchschrift für die Hauptfürsorgestelle einmal jährlich bis spätestens 31. März für das vorangegangene Kalenderjahr, aufgegliedert nach Monaten, anzuzeigen
1. die Zahl der Arbeitsplätze nach § 6 Abs. 1 sowie § 6 Abs. 2 und 3, gesondert für jeden Betrieb und jede Dienststelle,
2. die Zahl der in den einzelnen Betrieben und Dienststellen beschäftigten Schwerbehinderten, Gleichgestellten und sonstigen anrechnungsfähigen Personen, gesondert nach ihrer Zugehörigkeit zu einer dieser Gruppen,
3. Mehrfachanrechnungen und

4. den Gesamtbetrag der geschuldeten Ausgleichsabgabe.
Die Arbeitgeber haben den Anzeigen 2 Abschriften des nach Absatz 1 zu führenden Verzeichnisses beizufügen, sofern die Bundesanstalt für Arbeit nicht zuläßt, daß sie nur die im Berichtszeitraum eingetretenen Veränderungen anzeigen. Die Arbeitgeber haben dem Betriebs-, Personal-, Richter- und Präsidialrat, dem Vertrauensmann der Schwerbehinderten (§ 21) und dem Beauftragten des Arbeitgebers (§ 25) je eine Abschrift der Anzeige und des Verzeichnisses auszuhändigen. Die Arbeitgeber, die zur Beschäftigung Schwerbehinderter nicht verpflichtet sind, haben die Anzeige nach Satz 1 nur alle 5 Jahre zu erstatten.
(3) Die Arbeitgeber haben der Bundesanstalt für Arbeit und der Hauptfürsorgestelle die Auskünfte zu erteilen, die zur Durchführung des Gesetzes notwendig sind.
(4) Die Arbeitgeber haben den Vertretern der Bundesanstalt für Arbeit und der Hauptfürsorgestelle Einblick in ihren Betrieb oder ihre Dienststelle zu gewähren, soweit es im Interesse der Schwerbehinderten erforderlich ist und Betriebs- oder Dienstgeheimnisse nicht gefährdet werden.
(5) Die Arbeitgeber haben den Vertrauensmann der Schwerbehinderten (§§ 21 und 24) unverzüglich nach seiner Wahl und ihren Beauftragten für die Angelegenheiten der Schwerbehinderten (§ 25) unverzüglich nach seiner Bestellung dem für den Sitz des Betriebes oder der Dienststelle zuständigen Arbeitsamt und der Hauptfürsorgestelle zu benennen.
(6) In seiner Mitteilung gemäß § 8 Abs. 1 des Arbeitsförderungsgesetzes hat der Arbeitgeber anzugeben, welche Schwerbehinderten betroffen sind und in welchem Umfang sich die Zahl der Pflichtplätze verringert. Im Falle der Unterlassung gilt § 8 Abs. 3 des Arbeitsförderungsgesetzes entsprechend.

§ 14: Antragsverfahren

(1) Die Zustimmung zur Kündigung hat der Arbeitgeber bei der für den Sitz des Betriebes oder der Dienststelle zuständigen Hauptfürsorgestelle schriftlich und zwar in doppelter Ausfertigung, zu beantragen. Der Begriff des Betriebes und der Begriff der Dienststelle im Sinne dieses Gesetzes bestimmen sich nach dem Betriebsverfassungsgesetz und dem Personalvertretungsrecht.
(2) Die Hauptfürsorgestelle holt eine Stellungnahme des zuständigen Arbeitsamtes, des Betriebsrates oder Personalrates und des Vertrauensmannes der Schwerbehinderten ein. Sie hat ferner den Schwerbehinderten zu hören.
(3) Die Hauptfürsorgestelle hat in jeder Lage des Verfahrens auf eine gütliche Einigung hinzuwirken.

7. **Mutterschutzgesetz (MuSchG)** v. 24. 1. 1952 idF v. 18. 4. 1968 (BGBl I S. 313) – **Auszug** –

§ 5: Mitteilungspflicht, ärztliches Zeugnis.

(1) Werdende Mütter sollen dem Arbeitgeber ihre Schwangerschaft und den mutmaßlichen Tag der Entbindung mitteilen, sobald ihnen ihr Zustand bekannt ist. Auf Verlangen des Arbeitgebers sollen sie das Zeugnis eines Arztes oder einer Hebamme vorlegen. Der Arbeitgeber hat die Aufsichtsbehörde unverzüglich von der Mitteilung der werdenden Mutter zu benachrichtigen. Er darf die Mitteilung der werdenden Mutter Dritten nicht unbefugt bekanntgeben.
(2) Für die Berechnung der in § 3 Abs. 2 bezeichneten Zeiträume vor der Entbindung ist das Zeugnis eines Arztes oder einer Hebamme maßgebend; das Zeugnis soll den mutmaßlichen Tag der Entbindung angeben. Irrt sich der Arzt oder die Hebamme über den Zeitpunkt der Entbindung, so verkürzt oder verlängert sich diese Frist entsprechend.
(3) Die Kosten für die Zeugnisse nach den Absätzen 1 und 2 trägt der Arbeitgeber.

§ 19: Auskunft.

(1) Der Arbeitgeber ist verpflichtet, der Aufsichtsbehörde auf Verlangen

1. die zur Erfüllung der Aufgaben dieser Behörde erforderlichen Angaben wahrheitsgemäß und vollständig zu machen,
2. die Unterlagen, aus denen Namen, Beschäftigungsart und -zeiten der werdenden und stillenden Mütter sowie Lohn- und Gehaltszahlungen ersichtlich sind, und alle sonstigen Unterlagen, die sich auf die zu Nummer 1 zu machenden Angaben beziehen, zur Einsicht vorzulegen oder einzusenden.

(2) Die Unterlagen sind mindestens bis zum Ablauf von zwei Jahren nach der letzten Eintragung aufzubewahren.

§ 20: Aufsichtsbehörden.

(1) Die Aufsicht über die Ausführung der Vorschriften dieses Gesetzes und der auf Grund dieses Gesetzes erlassenen Vorschriften obliegt den nach Landesrecht zuständigen Behörden (Aufsichtsbehörden).

(2) Die Aufsichtsbehörden haben dieselben Befugnisse und Obliegenheiten wie nach § 139b der Gewerbeordnung die dort genannten besonderen Beamten. Das Grundrecht der Unverletzlichkeit der Wohnung (Artikel 13 des Grundgesetzes) wird insoweit eingeschränkt.

§ 21: Straftaten und Ordnungswidrigkeiten.

(1) Ordnungswidrig handelt der Arbeitgeber, der vorsätzlich oder fahrlässig
1. den Vorschriften der §§ 3, 4 Abs. 1 bis 3 Satz 1 oder § 6 Abs. 1 bis 3 Satz 1 über die Beschäftigungsverbote vor und nach der Entbindung,
2. den Vorschriften des § 7 Abs. 1 Satz 1 oder Abs. 2 Satz 2 über die Stillzeit,
3. den Vorschriften des § 8 Abs. 1 Satz 1 oder Abs. 3 bis 5 Satz 1 über Mehr-, Nacht- oder Sonntagsarbeit,
4. den auf Grund des § 4 Abs. 4 erlassenen Vorschriften, soweit sie für einen bestimmten Tatbestand auf diese Bußgeldvorschrift verweisen,
5. einer vollziehbaren Verfügung der Aufsichtsbehörde nach § 2 Abs. 5, § 4 Abs. 5, § 6 Abs. 3 Satz 2, & 7 Abs. 3 oder § 8 Abs. 5 Satz 2 Halbsatz 1,
6. den Vorschriften des § 5 Abs. 1 Satz 3 über die Benachrichtigung,
7. der Vorschrift des § 16 Satz 1 über die Freizeit für Untersuchungen oder
8. den Vorschriften des § 18 über die Auslage des Gesetzes oder des § 19 über die Einsicht, Aufbewahrung und Vorlage der Unterlagen und über die Auskunft

zuwiderhandelt.

(2) Die Ordnungswidrigkeit nach Absatz 1 Nr. 1 bis 5 kann mit einer Geldbuße bis zu fünftausend Deutsche Mark, die Ordnungswidrigkeit nach Absatz 1 Nr. 6 bis 8 mit einer Geldbuße bis zu tausend Deutsche Mark geahndet werden.

(3) Wer vorsätzlich eine der in Absatz 1 Nr. 1 bis 5 bezeichneten Handlungen begeht und dadurch die Frau in ihrer Arbeitskraft oder Gesundheit gefährdet, wird mit Freiheitsstrafe bis zu einem Jahr und mit Geldstrafe oder mit einer dieser Strafen bestraft.

(4) Wer in den Fällen des Absatzes 3 die Gefahr fahrlässig herbeiführt, wird mit Geldstrafe oder Freiheitsstrafe bis zu einem Jahr bestraft.

8. Lohnfortzahlungsgesetz (LFG) vom 27. 7. 1969 (BGBl I S. 946) – Auszug –

§ 3: Anzeige- und Nachweispflichten.

(1) Der Arbeiter ist verpflichtet, dem Arbeitgeber die Arbeitsunfähigkeit und deren voraussichtliche Dauer unverzüglich anzuzeigen und vor Ablauf des dritten Kalendertages nach Beginn der Arbeitsunfähigkeit eine ärztliche Bescheinigung über die Arbeitsunfähigkeit sowie deren voraussichtliche Dauer nachzureichen. Dauert die Arbeitsunfähigkeit länger als in der Bescheinigung angegeben, so ist der Arbeiter verpflichtet, eine neue ärztliche Bescheinigung vorzulegen. Die Bescheinigungen müssen einen Vermerk des behandelnden

Arztes darüber enthalten, daß dem Träger der gesetzlichen Krankenversicherung unverzüglich eine Bescheinigung über die Arbeitsunfähigkeit mit Angaben über den Befund und die voraussichtliche Dauer der Arbeitsunfähigkeit übersandt wird.

(2) Hält sich der Arbeiter bei Beginn der Arbeitsunfähigkeit außerhalb des Geltungsbereichs dieses Gesetzes auf, so ist er verpflichtet, auch dem Träger der gesetzlichen Krankenversicherung, bei dem er versichert ist, die Arbeitunfähigkeit und deren voraussichtliche Dauer unverzüglich anzuzeigen. Dauert die Arbeitsunfähigkeit länger als angezeigt, so ist der Arbeiter verpflichtet, dem Träger der gesetzlichen Krankenversicherung, die voraussichtliche Fortdauer der Arbeitsunfähigkeit mitzuteilen. Absatz 1 Satz 3 ist nicht anzuwenden. Kehrt ein arbeitsunfähig erkrankter Arbeiter in den Geltungsbereich dieses Gesetzes zurück, so ist er verpflichtet, dem Träger der gesetzlichen Krankenversicherung seine Rückkehr unverzüglich anzuzeigen.

§ 7: Kuren.

(1) Hat ein Träger der Sozialversicherung, eine Verwaltungsbehörde der Kriegsopferversorgung oder ein sonstiger Sozialleistungsträger eine Vorbeugungs-, Heil- oder Genesungskur bewilligt, so gelten die Vorschriften der §§ 1, 2 und 4 bis 6 entsprechend für den Zeitraum, für den der Träger oder die Verwaltungsbehörde die vollen Kosten einer solchen Kur übernimmt, höchstens jedoch bis zur Dauer von sechs Wochen. Eine solche Kur steht im Sinne des § 1 Abs. 1 Satz 2 einer Arbeitsunfähigkeit gleich.

(2) Der Arbeiter ist verpflichtet, dem Arbeitgeber unverzüglich eine Bescheinigung über die Bewilligung der Kur vorzulegen und den Zeitpunkt des Kurantritts mitzuteilen. Die Bescheinigung über die Bewilligung muß Angaben über die voraussichtliche Dauer der Kur sowie darüber enthalten, ob die Kosten der Kur voll übernommen werden. Dauert die Kur länger als in der Bescheinigung angegeben, so ist der Arbeiter verpflichtet, dem Arbeitgeber unverzüglich eine weitere entsprechende Bescheinigung vorzulegen.

(3) Im übrigen besteht ein Anspruch auf Fortzahlung des Arbeitsentgelts während der Dauer einer Kur nicht.

(4) Für den Zeitraum einer an eine Kur anschließenden ärztlich verordneten Schonungszeit besteht ein Anspruch auf Fortzahlung des Arbeitsentgelts nur, soweit der Arbeiter während dieses Zeitraums arbeitsunfähig ist. Der Arbeiter ist in jedem Falle verpflichtet, dem Arbeitgeber die Verordnung einer Schonungszeit und deren Dauer unverzüglich anzuzeigen; § 3 gilt sinngemäß.

9. Gesetz über die Sicherung des Unterhalts der zum Wehrdienst einberufenen Wehrpflichtigen und ihrer Angehörigen (Unterhaltssicherungsgesetz – USG) in der Fassung der Bekanntmachung vom 8. März 1975 (BGBl. III 53–3) – Auszug –

§ 20: Auskunfts- und Mitteilungspflicht.

(1) Der Wehrpflichtige und die Familienangehörigen sind auf Verlangen der zuständigen Behörden (§ 17) verpflichtet, diesen die zur Feststellung der Leistungen zur Unterhaltssicherung erforderlichen Auskünfte zu erteilen. Sie sind ferner verpflichtet, jede Änderung der Verhältnisse, die für die Bemessung dieser Leistungen von Einfluß ist, unverzüglich anzuzeigen.

(2) Die Arbeitgeber haben auf Verlangen der zuständigen Behörde Auskunft über Art und Dauer der Beschäftigung, über die Arbeitsstätte und über den Arbeitsverdienst des zum Wehrdienst einberufenen Wehrpflichtigen und der Familienangehörigen zu erteilen.

§ 21: Amtshilfe.

(1) Alle Behörden haben den nach § 17 zuständigen Behörden Amtshilfe zu leisten.

(2) Die Sozialversicherungsträger sind verpflichtet, über alle das Beschäftigungsverhältnis

des Wehrpflichtigen und der Familienangehörigen betreffenden ihnen bekannten Tatsachen Auskunft zu erteilen.

(3) Die Finanzbehörden haben den zur Gewährung der Leistungen zur Unterhaltssicherung zuständigen Behörden, soweit erforderlich, über die ihnen bekannten Einkommens- und Vermögensverhältnisse des Wehrpflichtigen und seiner Familienangehörigen Auskunft zu erteilen.

(4) Die für die Einberufung und Entlassung eines Wehrpflichtigen zuständigen Stellen haben den nach § 17 zuständigen Behörden die Tatsachen unverzüglich mitzuteilen, die für die Gewährung oder Einstellung der Leistungen zur Unterhaltssicherung erheblich sind.

10. Jugendarbeitschutzgesetz (JArbSchG) vom 12. 4. 1976 (BGBl I S. 965) – **Auszug** –

§ 32: Erstuntersuchung

(1) Ein Jugendlicher, der in das Berufsleben eintritt, darf nur beschäftigt werden, wenn
1. er innerhalb der letzten neun Monate von einem Arzt untersucht worden ist (Erstuntersuchung) und
2. dem Arbeitgeber eine von diesem Arzt ausgestellte Bescheinigung vorliegt.

(2) Absatz 1 gilt nicht für eine nur geringfügige oder eine nicht länger als zwei Monate dauernde Beschäftigung mit leichten Arbeiten, von denen keine gesundheitlichen Nachteile für den Jugendlichen zu befürchten sind.

§ 37: Inhalt und Durchführung der ärztlichen Untersuchungen.

(1) Die ärztlichen Untersuchungen haben sich auf den Gesundheits- und Entwicklungsstand und die körperliche Beschaffenheit, die Nachuntersuchungen außerdem auf die Auswirkungen der Beschäftigung auf Gesundheit und Entwicklung des Jugendlichen zu erstrekken.

(2) Der Arzt hat unter Berücksichtigung der Krankheitsvorgeschichte des Jugendlichen auf Grund der Untersuchungen zu beurteilen,
1. ob die Gesundheit oder die Entwicklung des Jugendlichen durch die Ausführung bestimmter Arbeiten oder durch die Beschäftigung während bestimmter Zeiten gefährdet wird,
2. ob besondere der Gesundheit dienende Maßnahmen erforderlich sind,
3. ob eine außerordentliche Nachuntersuchung (§ 35 Abs. 1) erforderlich ist.

(3) Der Arzt hat schriftlich festzuhalten:
1. den Untersuchungsbefund,
2. die Arbeiten, durch deren Ausführung er die Gesundheit oder die Entwicklung des Jugendlichen für gefährdet hält,
3. die besonderen der Gesundheit dienenden Maßnahmen,
4. die Anordnung einer außerordentlichen Nachuntersuchung (§ 35 Abs. 1).

§ 38: Ergänzungsuntersuchung.

Kann der Arzt den Gesundheits- und Entwicklungsstand des Jugendlichen nur beurteilen, wenn das Ergebnis einer Ergänzungsuntersuchung durch einen anderen Arzt oder einen Zahnarzt vorliegt, so hat er die Ergänzungsuntersuchung zu veranlassen und ihre Notwendigkeit schriftlich zu begründen.

§ 39: Mitteilung, Bescheinigung.

(1) Der Arzt hat dem Personensorgeberechtigten schriftlich mitzuteilen:
1. das wesentliche Ergebnis der Untersuchung,
2. die Arbeiten, durch deren Ausführung er die Gesundheit oder die Entwicklung des Jugendlichen für gefährdet hält,
3. die besonderen der Gesundheit dienenden Maßnahmen,

4. die Anordnung einer außerordentlichen Nachuntersuchung (§ 35 Abs. 1).
(2) Der Arzt hat eine für den Arbeitgeber bestimmte Bescheinigung darüber auszustellen, daß die Untersuchung stattgefunden hat und darin die Arbeiten zu vermerken, durch deren Ausführung er die Gesundheit oder die Entwicklung des Jugendlichen für gefährdet hält.

§ 40: Bescheinigung mit Gefährdungsvermerk.

(1) Enthält die Bescheinigung des Arztes (§ 39 Abs. 2) einen Vermerk über Arbeiten, durch deren Ausführung er die Gesundheit oder die Entwicklung des Jugendlichen für gefährdet hält, so darf der Jugendliche mit solchen Arbeiten nicht beschäftigt werden.
(2) Die Aufsichtsbehörde kann die Beschäftigung des Jugendlichen mit den in der Bescheinigung des Arztes (§ 39 Abs. 2) vermerkten Arbeiten im Einvernehmen mit einem Arzt zulassen und die Zulassung mit Auflagen verbinden.

§ 41: Aufbewahren der ärztlichen Bescheinigungen.

(1) Der Arbeitgeber hat die ärztlichen Bescheinigungen bis zur Beendigung der Beschäftigung, längstens jedoch bis zur Vollendung des 18. Lebensjahres des Jugendlichen aufzubewahren und der Aufsichtsbehörde sowie der Berufsgenossenschaft auf Verlangen zur Einsicht vorzulegen oder einzusenden.
(2) Scheidet der Jugendliche aus dem Beschäftigungsverhältnis aus, so hat ihm der Arbeitgeber die Bescheinigungen auszuhändigen.

§ 42: Eingreifen der Aufsichtsbehörde.

Die Aufsichtsbehörde hat, wenn die dem Jugendlichen übertragenen Arbeiten Gefahren für seine Gesundheit befürchten lassen, dies dem Personensorgeberechtigten und dem Arbeitgeber mitzuteilen und den Jugendlichen aufzufordern, sich durch einen von ihr ermächtigten Arzt untersuchen zu lassen.

§ 43: Freistellung für Untersuchungen.

Der Arbeitgeber hat den Jugendlichen für die Durchführung der ärztlichen Untersuchungen nach diesem Abschnitt freizustellen. Ein Entgeltausfall darf hierdurch nicht eintreten.

§ 44: Kosten der Untersuchungen.

Die Kosten der Untersuchungen trägt das Land.

§ 45: Gegenseitige Unterrichtung der Ärzte.

(1) Die Ärzte, die Untersuchungen nach diesem Abschnitt vorgenommen haben, müssen, wenn der Personensorgeberechtigte und der Jugendliche damit einverstanden sind,
1. dem staatlichen Gewerbearzt,
2. dem Arzt, der einen Jugendlichen nach diesem Abschnitt nachuntersucht,
auf Verlangen die Aufzeichnungen über die Untersuchungsbefunde zur Einsicht aushändigen.
(2) Unter den Voraussetzungen des Absatzes 1 kann der Amtsarzt des Gesundheitsamtes einem Arzt, der einen Jugendlichen nach diesem Abschnitt untersucht, Einsicht in andere in seiner Dienststelle vorhandene Unterlagen über Gesundheit und Entwicklung des Jugendlichen gewähren.

§ 47: Bekanntgabe des Gesetzes und der Aufsichtsbehörde.

Arbeitgeber, die regelmäßig mindestens einen Jugendlichen beschäftigen, haben einen Abdruck dieses Gesetzes und die Anschrift der zuständigen Aufsichtsbehörde an geeigneter Stelle im Betrieb zur Einsicht auszulegen oder auszuhängen.

§ 48: Aushang über Arbeitszeit und Pausen.

Arbeitgeber, die regelmäßig mindestens drei Jugendliche beschäftigen, haben einen Aushang über Beginn und Ende der regelmäßigen täglichen Arbeitszeit und der Pausen der Jugendlichen an geeigneter Stelle im Betrieb anzubringen.

§ 49: Verzeichnisse der Jugendlichen.

Arbeitgeber haben Verzeichnisse der bei ihnen beschäftigten Jugendlichen unter Angabe des Vor- und Familiennamens, des Geburtsdatums und der Wohnanschrift zu führen, in denen das Datum des Beginns der Beschäftigung bei ihnen, bei einer Beschäftigung unter Tage auch das Datum des Beginns dieser Beschäftigung, enthalten ist.

§ 50: Auskunft; Vorlage der Verzeichnisse.

(1) Der Arbeitgeber ist verpflichtet, der Aufsichtsbehörde auf Verlangen
1. die zur Erfüllung ihrer Aufgaben erforderlichen Angaben wahrheitsgemäß und vollständig zu machen,
2. die Verzeichnisse gemäß § 49, die Unterlagen, aus denen Name, Beschäftigungsart und -zeiten der Jugendlichen sowie Lohn- und Gehaltszahlungen ersichtlich sind, und alle sonstigen Unterlagen, die sich auf die nach Nummer 1 zu machenden Angaben beziehen, zur Einsicht vorzulegen oder einzusenden.

(2) Die Verzeichnisse und Unterlagen sind mindestens bis zum Ablauf von zwei Jahren nach der letzten Eintragung aufzubewahren.

§ 51: Aufsichtsbehörde; Besichtigungsrechte und Berichtspflicht.

(1) Die Aufsicht über die Ausführung dieses Gesetzes und der auf Grund dieses Gesetzes erlassenen Rechtsverordnungen obliegt der nach Landesrecht zuständigen Behörde (Aufsichtsbehörde). Die Landesregierung kann durch Rechtsverordnung die Aufsicht über die Ausführung dieser Vorschriften in Familienhaushalten auf gelegentliche Prüfungen beschränken.

(2) Die Beauftragten der Aufsichtsbehörde sind berechtigt, die Arbeitsstätten während der üblichen Betriebs- und Arbeitszeit zu betreten und zu besichtigen; außerhalb dieser Zeit oder wenn sich die Arbeitsstätten in einer Wohnung befinden, dürfen sie nur zur Verhütung von dringenden Gefahren für die öffentliche Sicherheit und Ordnung betreten und besichtigt werden. Der Arbeitgeber hat das Betreten und Besichtigen der Arbeitsstätten zu gestatten. Das Grundrecht der Unverletzlichkeit der Wohnung (Artikel 13 des Grundgesetzes) wird insoweit eingeschränkt.

(3) Die Aufsichtsbehörden haben im Rahmen der Jahresberichte nach § 139b Abs. 3 der Gewerbeordnung über ihre Aufsichtstätigkeit gemäß Absatz 1 zu berichten.

§ 52: Unterrichtung über Lohnsteuerkarten an Kinder.

Über die Ausstellung von Lohnsteuerkarten an Kinder im Sinne des § 2 Abs. 1 und 3 ist die Aufsichtsbehörde durch die ausstellende Behörde zu unterrichten.

§ 53: Mitteilung über Verstöße.

Die Aufsichtsbehörde teilt schwerwiegende Verstöße gegen die Vorschriften dieses Gesetzes oder gegen die auf Grund dieses Gesetzes erlassenen Rechtsverordnungen der nach dem Berufsbildungsgesetz oder der Handwerksordnung zuständigen Stelle mit. Das zuständige Arbeitsamt erhält eine Durchschrift dieser Mitteilung.

§ 59: Bußgeldvorschriften.

(1) Ordnungswidrig handelt, wer als Arbeitgeber vorsätzlich oder fahrlässig
1. entgegen § 6 Abs. 4 Satz 2 ein Kind vor Erhalt des Bewilligungsbescheides beschäftigt,
2. entgegen § 11 Abs. 3 Satz 1 Aufenthaltsräume nicht bereitstellt oder entgegen § 11 Abs. 4 den Aufenthalt in Arbeitsräumen gestattet,
3. entgegen § 29 einen Jugendlichen über Gefahren nicht, nicht richtig oder nicht rechtzeitig unterweist,
4. entgegen § 33 Abs. 2 Satz 1 einen Jugendlichen nicht oder nicht rechtzeitig zur Vorlage einer ärztlichen Bescheinigung auffordert,
5. entgegen § 41 die ärztliche Bescheinigung nicht aufbewahrt, vorlegt, einsendet oder aushändigt,
6. entgegen § 43 Satz 1 einen Jugendlichen für ärztliche Untersuchungen nicht freistellt,
7. entgegen § 47 einen Abdruck des Gesetzes oder die Anschrift der zuständigen Aufsichtsbehörde nicht auslegt oder aushängt,

8. entgegen § 48 Arbeitszeit und Pausen nicht oder nicht in der vorgeschriebenen Weise aushängt,
9. entgegen § 49 ein Verzeichnis nicht oder nicht in der vorgeschriebenen Weise führt,
10. entgegen § 50 Abs. 1 Angaben nicht, nicht richtig oder nicht vollständig macht oder Verzeichnisse oder Unterlagen nicht vorlegt oder einsendet oder entgegen § 50 Abs. 2 Verzeichnisse oder Unterlagen nicht oder nicht vorschriftsmäßig aufbewahrt,
11. entgegen § 51 Abs. 2 Satz 2 das Betreten oder Besichtigen der Arbeitsstätten nicht gestattet,
12. entgegen § 54 Abs. 3 einen Aushang nicht anbringt.

(2) Absatz 1 Nr. 2 bis 6 gilt auch für die Beschäftigung von Kindern (§ 2 Abs. 1 und 3) nach § 5 Abs. 2 Satz 1.

(3) Die Ordnungswidrigkeit kann mit einer Geldbuße bis zu fünftausend Deutsche Mark geahndet werden.

11. Heimarbeitsgesetz (HAG) vom 14. 3. 1951 (BGBl I S. 191) – Auszug –

§ 2: Begriffe.

(1) Heimarbeiter im Sinne dieses Gesetzes ist, wer in selbstgewählter Arbeitsstätte (eigener Wohnung oder selbstgewählter Betriebsstätte) allein oder mit seinen Familienangehörigen (Absatz 5) im Auftrag von Gewerbetreibenden oder Zwischenmeistern gewerblich arbeitet, jedoch die Verwertung der Arbeitsergebnisse dem unmittelbar oder mittelbar auftraggebenden Gewerbetreibenden überläßt. Beschafft der Heimarbeiter die Roh- und Hilfsstoffe selbst, so wird hierdurch seine Eigenschaft als Heimarbeiter nicht beeinträchtigt.

(2) Hausgewerbetreibender im Sinne dieses Gesetzes ist, wer in eigener Arbeitsstätte (eigener Wohnung oder Betriebsstätte) mit nicht mehr als zwei fremden Hilfskräften (Absatz 6) im Auftrag von Gewerbetreibenden oder Zwischenmeistern Waren herstellt, bearbeitet oder verpackt, wobei er selbst wesentlich am Stück mitarbeitet, jedoch die Verwertung der Arbeitsergebnisse dem unmittelbar oder mittelbar auftraggebenden Gewerbetreibenden überläßt. Beschafft der Hausgewerbetreibende die Roh- und Hilfsstoffe selbst, oder arbeitet er vorübergehend unmittelbar für den Absatzmarkt, so wird hierdurch seine Eigenschaft als Hausgewerbetreibender nicht beeinträchtigt.

(3) Zwischenmeister im Sinne dieses Gesetzes ist, wer, ohne Arbeitnehmer zu sein, die ihm von Gewerbetreibenden übertragene Arbeit an Heimarbeiter oder Hausgewerbetreibende weitergibt.

(4) Die Eigenschaft als Heimarbeiter, Hausgewerbetreibender und Zwischenmeister ist auch dann gegeben, wenn Personen, Personenvereinigungen oder Körperschaften des privaten oder öffentlichen Rechts, welche die Herstellung, Bearbeitung oder Verpackung von Waren nicht zum Zwecke der Gewinnerzielung betreiben, die Auftraggeber sind.

(5) Als Familienangehörige im Sinne dieses Gesetzes gelten, wenn sie Mitglieder der häuslichen Gemeinschaft sind:

a) Personen, die mit dem in Heimarbeit Beschäftigten (§ 1 Absatz 1) oder nach § 1 Absatz 2 Buchstabe a Gleichgestellten oder deren Ehegatten bis zum dritten Grade verwandt oder verschwägert oder von ihnen an Kindes Statt angenommen sind;
b) Mündel, Pflegekinder und Fürsorgezöglinge des in Heimarbeit Beschäftigten oder nach § 1 Absatz 2 Buchstabe a Gleichgestellten oder deren Ehegatten;
c) uneheliche Kinder eines in Heimarbeit Beschäftigten oder nach § 1 Absatz 2 Buchstabe a Gleichgestellten oder deren Ehegatten oder eines ihrer Abkömmlinge.

§ 6: Listenführung.

Wer Heimarbeit ausgibt oder weitergibt, hat jeden, den er mit Heimarbeit beschäftigt oder dessen er sich zur Weitergabe von Heimarbeit bedient, in Listen auszuweisen. Die Listen sind in den Ausgaberäumen an gut sichtbarer Stelle auszuhängen. Je drei Abschriften sind halbjährlich der Obersten Arbeitsbehörde des Landes oder der von ihr bestimmten Stelle einzusenden. Die Oberste Arbeitsbehörde des Landes oder die von ihr bestimmte Stelle leitet je eine Abschrift der zuständigen Gewerkschaft und der zuständigen Vereinigung der Auftraggeber zu.

§ 7: Anzeige bei erstmaliger Ausgabe von Heimarbeit.
Wer erstmalig Personen mit Heimarbeit beschäftigen will, hat dies der Obersten Arbeitsbehörde des Landes oder der von ihr bestimmten Stelle mitzuteilen. Der Mitteilung sind zwei Abschriften beizufügen; § 6 Satz 4 gilt entsprechend.

§ 8: Entgeltverzeichnisse.
(1) Wer Heimarbeit ausgibt oder abnimmt, hat in den Räumen der Ausgabe und Abnahme Entgeltverzeichnisse und Nachweise über die sonstigen Vertragsbedingungen offen auszulegen. Soweit Musterbücher Verwendung finden, sind sie den Entgeltverzeichnissen beizufügen. Wird Heimarbeit den Beschäftigten in die Wohnung oder Betriebsstätte gebracht, so hat der Auftraggeber dafür zu sorgen, daß das Entgeltverzeichnis zur Einsichtnahme vorgelegt wird.
(2) Die Entgeltverzeichnisse müssen die Entgelte für jedes einzelne Arbeitsstück enthalten. Die Preise für mitzuliefernde Roh- und Hilfsstoffe sind besonders auszuweisen. Können die Entgelte für das einzelne Arbeitsstück nicht aufgeführt werden, so ist eine zuverlässige und klare Berechnungsgrundlage einzutragen.
(3) Bei Vorliegen einer Entgeltregelung gemäß den §§ 17 bis 19 ist diese auszulegen. Hierbei ist für die Übersichtlichkeit dadurch zu sorgen, daß nur der Teil der Entgeltregelung ausgelegt wird, der für die Beschäftigten in Betracht kommt.
(4) Die Vorschriften der Absätze 1 bis 3 gelten nicht für neue Muster, die als Einzelstücke erst auszuarbeiten sind.

§ 15: Anzeigepflicht.
Wer Heimarbeit ausgibt, für die zur Durchführung des Gefahrenschutzes besondere Vorschriften gelten, hat dem Gewerbeaufsichtsamt und der Polizeibehörde Namen und Arbeitsstätte der von ihm in Heimarbeit Beschäftigten anzuzeigen.

§ 23: Entgeltprüfung.
(1) Die Oberste Arbeitsbehörde des Landes hat für eine wirksame Überwachung der Entgelte durch Entgeltprüfer Sorge zu tragen.
(2) Die Entgeltprüfer haben die Innehaltung der Vorschriften des Dritten Abschnittes dieses Gesetzes und der gemäß den §§ 17 bis 19, 21 und 22 geregelten Entgelte zu überwachen sowie auf Antrag bei der Errechnung der Stückentgelte Berechnungshilfe zu leisten.
(3) Die Oberste Arbeitsbehörde des Landes kann die Aufgaben der Entgeltprüfer anderen Stellen übertragen, insbesondere für Bezirke, in denen Heimarbeit nur in geringem Umfange geleistet wird.

§ 28: Auskunft.
Auftraggeber, Zwischenmeister, Beschäftigte und fremde Hilfskräfte haben den mit der Entgeltfestsetzung oder Entgeltprüfung beauftragten Stellen auf Verlangen Auskunft über alle die Entgelte berührenden Fragen zu erteilen und hierbei auch außer den Entgeltbelegen (§ 9) Arbeitsstücke, Stoffproben und sonstige Unterlagen für die Entgeltfestsetzung oder Entgeltprüfung vorzulegen. Die mit der Entgeltfestsetzung beauftragten Stellen können Erhebungen über Arbeitszeiten für einzelne Arbeitsstücke anstellen oder anstellen lassen.

§ 30: Übertretungen.
Mit Geldstrafe bis zu *150* Deutsche Mark wird bestraft, wer vorsätzlich oder fahrlässig
a) einer Vorschrift über Listenführung (§ 6), Offenlegung der Entgeltverzeichnisse (§ 8), Entgeltbelege (§ 9) oder Auskunftspflicht über Entgelte (§ 28) zuwiderhandelt;
b) einer Anordnung zum Schutze der Heimarbeiter vor Zeitversäumnis (§ 10) oder einer Regelung zur Verteilung der Heimarbeit (§ 11 Absatz 2) zuwiderhandelt;

c) es unterläßt, die Verrichtung von Heimarbeit anzuzeigen, die anzeigepflichtig ist (§§ 7 und 15);
d) als in Heimarbeit Beschäftigter oder Gleichgestellter duldet, daß ein mitarbeitender Familienangehöriger einer zur Durchführung des Gefahrenschutzes für bestimmte Zweige der Heimarbeit oder für bestimmte Arten von Beschäftigungen oder Arbeitsstätten erlassenen Vorschrift (§§ 13, 14, 34 Absatz 2 Satz 2) oder einer auf Grund des § 13 Absatz 2 oder des § 14 Absatz 2 getroffenen Verfügung zuwiderhandelt.

12. Bundeskindergeldgesetz (BKG) idF v. 31. 1. 1975 (BGBl I S. 413) – Auszug –

§ 17: Antrag

(1) Das Kindergeld ist schriftlich zu beantragen. Der Antrag soll bei dem nach § 24 zuständigen Arbeitsamt gestellt werden. Den Antrag kann außer dem Berechtigten auch stellen, wer ein berechtigtes Interesse an der Leistung des Kindergeldes hat.
(2) (aufgehoben)
(3) Vollendet ein Kind das 18. Lebensjahr, so wird es nur dann weiterhin berücksichtigt, wenn der Berechtigte anzeigt, daß die Voraussetzungen des § 2 Abs. 2 vorliegen. Die Absätze 1 und 2 sowie § 9 Abs. 2 gelten entsprechend.

§ 19: Ermittlungen, Amtshilfe, Auskunftspflicht

(1) Die Arbeitsämter sind berechtigt, die Ermittlungen anzustellen, die zur Durchführung dieses Gesetzes erforderlich sind; eidliche Vernehmungen sind ausgeschlossen.
(2) Behörden und Träger der Sozialversicherung haben den Arbeitsämtern Amtshilfe zu leisten.
(3) Personen, bei denen ein Kind nach § 2 Abs. 1 berücksichtigt wird, sowie ihre Arbeitgeber und Dienstherren sind verpflichtet, den Arbeitsämtern auf Verlangen die Auskünfte zu erteilen und die Beweisurkunden vorzulegen, die zur Durchführung dieses Gesetzes erforderlich sind. Satz 1 gilt nicht für den Antragsteller.

§ 29: Ordnungswidrigkeiten.

(1) Ordnungswidrig handelt, wer vorsätzlich oder fahrlässig
1. (weggefallen)
2. entgegen § 19 Abs. 3 eine Auskunft nicht, nicht richtig oder nicht vollständig erteilt oder eine Beweisurkunde nicht vorlegt oder
3. die in § 21 Abs. 1 vorgeschriebene Veränderungsanzeige nicht richtig, nicht vollständig oder nicht unverzüglich erstattet.

(2) Die Ordnungswidrigkeit kann mit einer Geldbuße geahndet werden.
(3) Geldbußen werden wie Gemeindeabgaben beigetrieben. Hat der Berechtigte in den Fällen des Absatzes 1 Nr. 3 die Ordnungswidrigkeit vorsätzlich oder grobfahrlässig begangen, so kann die Geldbuße durch Abzug von jeweils höchstens der Hälfte des Kindergeldes einbehalten werden.
(4) Verwaltungsbehörden im Sinne des § 36 Abs. 1 Nr. 1 des Gesetzes über Ordnungswidrigkeiten sind die Arbeitsämter.

13. Verordnung zur Durchführung des Dritten Vermögensbildungsgesetzes (VermBDVO 1971) v. 21. 12. 1970 (BGBl I S. 1786) – Auszug –

§ 8: Verfahren bei Rückzahlung der Arbeitnehmer-Sparzulagen nach § 13 Abs. 3 Buchstabe b des Gesetzes

(1) Die Arbeitnehmer-Sparzulagen sind für Rechnung des Arbeitnehmers bei der Rückzahlung der vermögenswirksamen Leistungen einzubehalten

1. durch das Unternehmen oder das Institut, bei dem die vermögenswirksame Leistung angelegt ist, wenn bei einer Anlage nach § 2 Abs. 1 Buchstaben a, b und f des Gesetzes Beiträge ganz oder zum Teil zurückgezahlt werden oder die Bausparsumme oder die Versicherungssumme ganz oder zum Teil ausgezahlt wird oder der Versicherungsvertrag in einen Vertrag umgewandelt wird, der die Voraussetzungen des § 2 Abs. 1 Buchstabe f des Gesetzes nicht erfüllt;
2. durch den Arbeitgeber, mit dem der Darlehensvertrag abgeschlossen worden ist, bei einer Anlage nach § 2 Abs. 1 Buchstabe e des Gesetzes.

Die innerhalb eines Kalendervierteljahrs einbehaltenen Arbeitnehmer-Sparzulagen sind jeweils spätestens bis zum 10. des dem Kalendervierteljahr folgenden Monats an das Wohnsitzfinanzamt des Arbeitnehmers (§ 73a der Reichsabgabenordnung) anzumelden und abzuführen. In den Fällen des Satzes 1 Nr. 1 hat das Unternehmen oder das Institut, in den Fällen des Satzes 1 Nr. 2 der Arbeitgeber dem Arbeitnehmer eine Bescheinigung über die Höhe der zurückgezahlten vermögenswirksamen Leistungen und der davon einbehaltenen Arbeitnehmer-Sparzulagen sowie den Tag der Rückzahlung zu erteilen; dem Wohnsitzfinanzamt des Arbeitnehmers ist eine Durchschrift dieser Bescheinigung zu übersenden.

(2) Das Wohnsitzfinanzamt des Arbeitnehmers hat die Arbeitnehmer-Sparzulagen zurückzufordern
1. bei einer Anlage nach § 2 Abs. 1 Buchstaben a, b und f des Gesetzes, wenn bei einem Sparvertrag die für die erworbenen Wertpapiere, Schuldbuchforderungen und Anteilscheine geltende Festlegungsfrist nicht eingehalten wird oder Ansprüche aus einem Sparvertrag, einem Bausparvertrag oder einem Versicherungsvertrag ganz oder zum Teil abgetreten oder beliehen werden;
2. bei einer Anlage nach § 2 Abs. 1 Buchstaben a, b, e und f des Gesetzes abweichend von Absatz 1 Nr. 1 und 2, wenn vermögenswirksame Leistungen, für die Arbeitnehmer-Sparzulagen nach § 5 nachgezahlt worden sind, vor dem Zugang der Mitteilung im Sinne des § 12 Abs. 1 ganz oder zum Teil zurückgezahlt worden sind;
3. bei einer Anlage nach § 2 Abs. 1 Buchstabe d des Gesetzes.

Für die zurückzuzahlenden Arbeitnehmer-Sparzulagen ist der Arbeitnehmer in Anspruch zu nehmen.

(3) Hat in den Fällen der Absätze 1 und 2 der Arbeitnehmer im Inland weder einen Wohnsitz noch seinen gewöhnlichen Aufenthalt, so tritt an die Stelle des Wohnsitzfinanzamts das in § 73a Abs. 5 der Reichsabgabenordnung bezeichnete Finanzamt.

§ 11: Anzeigepflichten

(1) Dem nach § 8 zuständigen Finanzamt ist – vorbehaltlich des Absatzes 2 – unverzüglich anzuzeigen
1. in den Fällen des § 2 Abs. 1 Buchstaben a, b und f des Gesetzes von dem Unternehmen oder von dem Institut, bei dem die vermögenswirksame Leistung angelegt ist, wenn ihm bekannt wird, daß bei einem Sparvertrag die für die erworbenen Wertpapiere, Schuldbuchforderungen und Anteilscheine geltende Festlegungsfrist nicht eingehalten wird oder Ansprüche aus einem Sparvertrag, einem Bausparvertrag oder einem Versicherungsvertrag ganz oder zum Teil abgetreten oder beliehen werden;
2. in den Fällen des § 2 Abs. 1 Buchstaben a, b, e und f des Gesetzes von dem Unternehmen oder dem Institut oder dem Arbeitgeber, bei dem die vermögenswirksame Leistung angelegt ist, daß vermögenswirksame Leistungen, für die Arbeitnehmer-Sparzulagen nach § 5 nachgezahlt worden sind, vor dem Zugang der Mitteilung im Sinne des § 12 Abs. 1 ganz oder zum Teil zurückgezahlt worden sind.

(2) Die Anzeigepflicht nach Absatz 1 entfällt, wenn
1. bei einer Anlage nach § 2 Abs. 1 Buchstabe a des Gesetzes seit Beginn der Festlegungsfrist mindestens 2 Jahre vergangen sind und der Prämiensparer nach dem Vertragsabschluß, aber vor Eintritt einer der in Absatz 1 genannten Tatbestände geheiratet hat oder der Prämiensparer oder sein von ihm nicht dauernd getrennt lebender Ehegatte nach dem Vertragsabschluß gestorben ist;

2. bei einer Anlage nach § 2 Abs. 1 Buchstabe b des Gesetzes der Bausparer gestorben ist oder der Prämienberechtigte die auf Grund der Beleihung von Ansprüchen aus dem Bausparvertrag empfangenen Beträge unverzüglich und unmittelbar zum Wohnungsbau verwendet oder im Fall der Abtretung der Erwerber die Bausparsumme oder die auf Grund einer Beleihung empfangenen Beträge unverzüglich und unmittelbar zum Wohnungsbau für den Abtretenden oder dessen Angehörige im Sinne des § 10 des Steueranpassungsgesetzes verwendet;
3. bei einer Anlage nach § 2 Abs. 1 Buchstabe e des Gesetzes der Arbeitnehmer gestorben ist;
4. bei einer Anlage nach § 2 Abs. 1 Buchstabe f des Gesetzes der Arbeitnehmer oder sein von ihm nicht dauernd getrennt lebender Ehegatte gestorben ist oder das im Aussteuerversicherungsvertrag bezeichnete Kind des Arbeitnehmers im Sinne des § 32 Abs. 2 Ziff. 3 des Einkommensteuergesetzes geheiratet hat.

(3) In den Fällen des § 2 Abs. 1 Buchstabe d des Gesetzes sind von dem Unternehmen oder dem Institut dem nach § 8 zuständigen Finanzamt die Fälle unverzüglich anzuzeigen, in denen eine Anzeigepflicht nach § 4 der Verordnung zur Durchführung des Gesetzes über steuerrechtliche Maßnahmen bei Erhöhung des Nennkapitals aus Gesellschaftsmitteln und bei Überlassung von eigenen Aktien an Arbeitnehmer besteht.

§ 12: Besondere Mitteilungspflichten

(1) Werden nach § 5 Arbeitnehmer-Sparzulagen nachgezahlt, so hat der Arbeitgeber oder das Finanzamt in den Fällen des § 2 Abs. 1 Buchstaben a, b und f des Gesetzes dem Unternehmen oder dem Institut, bei dem die vermögenswirksame Leistung angelegt ist, in den Fällen des § 2 Abs. 1 Buchstabe d des Gesetzes dem Unternehmen oder Institut, das die Aktien verwahrt, und in den Fällen des § 2 Abs. 1 Buchstabe e des Gesetzes dem Arbeitgeber, mit dem der Darlehensvertrag abgeschlossen worden ist, die nachträglich zulagebegünstigte vermögenswirksame Leistung, den Vomhundertsatz der nachgezahlten Arbeitnehmer-Sparzulage sowie das Kalenderjahr, für das die Arbeitnehmer-Sparzulage gewährt worden ist, unverzüglich schriftlich mitzuteilen.

(2) Werden nach den §§ 7 und 8 Arbeitnehmer-Sparzulagen rückgängig gemacht oder zurückgefordert, so gilt Absatz 1 entsprechend.

(3) Werden bei einer Anlage nach § 2 Abs. 1 Buchstabe a des Gesetzes Sparbeiträge an eine Bausparkasse zur Einzahlung auf einen von dem Arbeitnehmer oder seinem Ehegatten abgeschlossenen Bausparvertrag überwiesen (§ 1 Abs. 6 Spar-Prämiengesetz), so hat das Kreditinstitut, bei dem die vermögenswirksame Leistung angelegt worden ist, bei Überweisung der Sparbeiträge diese als vermögenswirksame Leistungen kenntnlich zu machen und dabei die nach dem Zweiten Vermögensbildungsgesetz steuerfreien vermögenswirksamen Leistungen und die nach dem Dritten Vermögensbildungsgesetz mit einer Arbeitnehmer-Sparzulage begünstigten vermögenswirksamen Leistungen besonders auszuweisen, soweit dies zur Sicherung der Rückzahlung der Arbeitnehmer-Sparzulagen erforderlich ist. Bei zulagebünstigten vermögenswirksamen Leistungen ist auch der Vomhundertsatz der Arbeitnehmer-Sparzulage anzugeben.

14. Sozialgesetzbuch (SGB) vom 13. 12. 1975 (BGBl I S. 3015) – Auszug –

§ 35: Geheimhaltung

(1) Jeder hat Anspruch darauf, daß seine Geheimnisse, insbesondere die zum persönlichen Lebensbereich gehörenden Geheimnisse sowie die Betriebs- und Geschäftsgeheimnisse, von den Leistungsträgern, ihren Verbänden, den sonstigen in diesem Gesetzbuch genannten öffentlich-rechtlichen Vereinigungen und den Aufsichtsbehörden nicht unbefugt offenbart werden. Eine Offenbarung ist dann nicht unbefugt, wenn der Betroffe zustimmt oder eine gesetzliche Mitteilungspflicht besteht.

(2) Die Amtshilfe unter den Leistungsträgern wird durch Absatz 1 nicht beschränkt, soweit die ersuchende Stelle zur Erfüllung ihrer Aufgaben die geheimzuhaltenden Tatsachen kennen muß.

15. Einkommensteuergesetz 1975 (EStG 1975) in der Fassung vom 5. September 1974 (BGBl. I S. 2165, ber. 1975 S. 422) – Auszug –

§ 39b: Durchführung des Lohnsteuerabzugs für unbeschränkt einkommensteuerpflichtige Arbeitnehmer.
(1) Für die Durchführung des Lohnsteuerabzugs hat der unbeschränkt einkommensteuerpflichtige Arbeitnehmer seinem Arbeitgeber vor Beginn des Kalenderjahrs oder beim Eintritt in das Dienstverhältnis eine Lohnsteuerkarte vorzulegen. Der Arbeitgeber hat die Lohnsteuerkarte während des Dienstverhältnisses aufzubewahren. Er hat sie dem Arbeitnehmer während des Kalenderjahrs zur Vorlage beim Finanzamt oder bei der Gemeinde vorübergehend zu überlassen sowie innerhalb angemessener Frist nach Beendigung des Dienstverhältnisses herauszugeben. Der Arbeitgeber darf die auf der Lohnsteuerkarte eingetragenen Merkmale nur für die Einbehaltung der Lohnsteuer verwerten; er darf sie ohne Zustimmung des Arbeitnehmers nur offenbaren, soweit dies gesetzlich zugelassen ist.

16. Datenerfassungsordnung (DEVO) v. 24. 11. 1972 (BGBl I S. 2159) – Auszug –

§ 1: Grundsatz
(1) Die Meldungen auf Grund der §§ 317, 317a, 1401 und 1401b der Reichsversicherungsordnung, der §§ 123 und 123b des Angestelltenversicherungsgesetzes, des § 141c des Reichsknappschaftsgesetzes, der §§ 10 und 178 des Arbeitsförderungsgesetzes und des § 61 Abs. 2 des Gesetzes über die Krankenversicherung der Landwirte sowie ihre Weiterleitung richten sich nach den Vorschriften dieser Verordnung. Die Meldungen nach Satz 1 können auch nach der Verordnung über die Datenübermittlung auf maschinell verwertbaren Datenträgern im Bereich der Sozialversicherung und der Bundesanstalt für Arbeit (Datenübermittlungs-Verordnung – DÜVO) auf anderen maschinell verwertbaren Datenträgern erstattet und weitergeleitet werden, wenn die dort bestimmten Voraussetzungen erfüllt sind. Die Meldungen für die jeweils beteiligten Träger der Sozialversicherung und für die Bundesanstalt für Arbeit sind gemeinsam zu erstatten.
(2) Die Träger der gesetzlichen Rentenversicherungen sind berechtigt, zum Zwecke der Rentenberechnung besondere Entgeltsbescheinigungen unmittelbar vom Arbeitgeber anzufordern. Inhalt und Form der Bescheinigung bestimmt der Träger der gesetzlichen Rentenversicherungen. Durch die Ausstellung einer Bescheinigung nach Satz 1 wird die Pflicht zur Abgabe von Meldungen nach dieser Verordnung nicht berührt.

§ 15: Datenspeicherung
(1) Die Träger der gesetzlichen Rentenversicherungen haben für die Versicherten, für die in maschineller Form ein Konto geführt wird, alle Daten, die nach dem jeweils geltenden Recht der gesetzlichen Rentenversicherungen erheblich sein können, mindestens soweit sie für Zeiten vom 1. Januar 1973 an anfallen, so zu speichern, daß sie jederzeit für jeden Versicherten abrufbar bereitstehen und zwischen den Trägern der gesetzlichen Rentenversicherungen auf maschinell verwertbaren Datenträgern ausgetauscht werden können. Bei der Datenspeicherung und bei einem Datenaustausch sind die Daten entsprechend dem jeweiligen Stand der Technik zu sichern und vor unberechtigtem Zugriff zu schützen. Zuständig für die Datenspeicherung ist der jeweils für die Kontoführung zuständige Träger der gesetzli-

chen Rentenversicherungen. Die Datenspeicherung kann für mehrere Träger der gesetzlichen Rentenversicherungen gemeinsam erfolgen.
(2) Die einen Versicherten betreffenden Versicherungsunterlagen für Zeiten vor dem 1. Januar 1973, deren Inhalt nach Absatz 1 gespeichert ist, können vernichtet werden, wenn
1. dem Versicherten vorher ein Ausdruck der gespeicherten Daten zugestellt worden ist und er nicht innerhalb von drei Monaten Einwendungen gegen die Richtigkeit und Vollständigkeit der gespeicherten Daten erhoben hat und
2. die Versicherungsunterlagen so so mikroverfilmt sind, daß auf sie im Bedarfsfall zurückgegriffen werden kann.

Der Versicherte ist auf die Möglichkeit der Vernichtung der Versicherungsunterlagen ausdrücklich hinzuweisen. Die Zustellung eines Ausdrucks nach Satz 1 Nr. 1 kann unterbleiben, wenn Versicherungskarten vernichtet werden sollen, in denen keine Beiträge durch Verwendung von Beitragsmarken entrichtet worden sind. § 14 Abs. 6 Satz 2 bleibt unberührt. Satz 1 gilt entsprechend für Versicherungskarten, in denen Beiträge durch Verwendung von Beitragsmarken für Zeiten vom 1. Januar 1973 an entrichtet sind. Alle übrigen Versicherungsunterlagen, die im Sinne des Absatzes 1 erhebliche Daten für Zeiten vom 1. Januar 1973 an enthalten, können nach Speicherung dieser Daten an den Versicherten zurückgesandt werden.

§ 17: Unterrichtung der Versicherten

(1) Der für die Kontoführung zuständige Träger der gesetzlichen Rentenversicherungen hat den Versicherten, für die er in maschineller Form ein Konto führt, mindestens alle drei Jahre einen Nachweis über die gespeicherten Daten (Versicherungsverlauf) zu übersenden. Versicherten, die ihren Wohnsitz oder gewöhnlichen Aufenthalt nicht im Geltungsbereich dieser Verordnung haben, ist ein Versicherungsverlauf nur auf Antrag zu übersenden. Der Versicherungsverlauf hat in zeitlicher Reihenfolge die von den Versicherten zurückgelegten Beitrags-, Ersatz- und Ausfallzeiten, die Höhe des in den einzelnen Zeiten versicherten beitragspflichtigen Bruttoarbeitsentgelts und eine Bezeichnung der zurückgelegten Zeiten zu enthalten. Auf Zeiten, für die rechtserhebliche Tatbestände nicht ermittelt worden sind, ist besonders hinzuweisen, sofern sie mindestens einen Kalendermonat umfassen. Sind Beiträge nach Beitragsklassen entrichtet, so sind die Zahl und Klasse der Beiträge und, soweit wie möglich, die Zeit, für die die Beiträge entrichtet sind, anzugeben. Ein erster Versicherungsverlauf ist spätestens bis zum 31. Dezember 1977 zu übersenden.
(2) Der Versicherte soll den Versicherungsverlauf auf Richtigkeit und Vollständigkeit hin überprüfen. Mängel sollen dem Träger der gesetzlichen Rentenversicherungen innerhalb von drei Monaten nach Übersendung mitgeteilt werden. Der Mitteilung sind die zur Beseitigung von Mängeln geeigneten Beweismittel beizufügen.
(3) Der Versicherungsverlauf ist kein die Beteiligten bindender Verwaltungsakt.

§ 21: Ordnungswidrigkeiten

Ordnungswidrig im Sinne des § 231 Abs. 2 des Arbeitsförderungsgesetzes handelt, wer als Arbeitgeber vorsätzlich oder fahrlässig
1. eine Meldung entgegen einer Vorschrift des
   a) § 1 Abs. 1 Satz 3,
   b) § 2 Abs. 2 Satz 1 oder § 8 Abs. 1 Satz 1 bis 4, Abs. 2 bis 5 Satz 1 BIS 4,
   c) § 3 Satz 1 bis 3,
   d) § 4 Abs. 1 Satz 1, 3 bis 5,
   e) § 5 Abs. 1 Satz 1 in Verbindung mit § 2 Abs. 1, § 5 Abs. 1 Satz 2 oder 3,
   f) § 6 Abs. 1 Satz 1 bis 6 oder Satz 7 in Verbindung mit § 3 Satz 3 oder § 4 Abs. 1 Satz 5 oder des § 6 Abs. 2 Satz 1 oder Satz 2 in Verbindung mit § 4 Abs. 1 Satz 5,
   g) § 10,
   h) § 11 Satz 4 oder 5 oder
   i) § 19 Satz 1, Satz 2 Halbsatz 1 oder Satz 3

   nicht vollständig, nicht in der vorgeschriebenen Form oder nicht rechtzeitig erstattet,

2. einen Versicherungsnachweis entgegen einer Vorschrift des
   a) § 3 Satz 4 und 5,
   b) § 5 Abs. 1 Satz 4 oder Satz 5 Halbsatz 1,
   c) § 6 Abs. 1 Satz 7 in Verbindung mit § 3 Satz 4 oder 5,
   d) § 7 Abs. 1 Satz 2, 3 oder 4 oder
   e) § 8 Abs. 4, 5 Satz 3 oder 4

   nicht, nicht in der vorgeschriebenen Form oder nicht rechtzeitig anfordert,
3. das Heft mit Versicherungsnachweisen entgegen § 4 Abs. 2 Satz 1 dem Arbeitnehmer nicht aushändigt oder entgegen § 4 Abs. 2 Satz 2 Halbsatz 1 nicht aufbewahrt,
4. entgegen § 9 Abs. 1 Satz 1 oder Satz 2 in Verbindung mit § 8 Abs. 2 oder entgegen § 9 Abs. 3 eine Berichtigung oder entgegen § 9 Abs. 2 die Ausstellung einer neuen Versicherungskarte nicht, nicht in der vorgeschriebenen Form oder nicht rechtzeitig vornimmt oder
5. entgegen § 10 dem Arbeitnehmer die für ihn bestimmte Durchschrift einer Meldung nicht aushändigt.

17. Datenübermittlungsverordnung (DÜVO) v. 18. 12. 1972 (BGBl I S. 2482) – Auszug –

§ 1: Grundsatz

(1) Die in der Datenerfassungs-Verordnung vom 24. November 1972 (Bundesgesetzbl. I S. 2159) vorgesehenen Meldungen können auch auf anderen als den dort bestimmten maschinell verwertbaren Datenträgern erstattet und weitergeleitet werden (Datenübermittlung). Satz 1 gilt nicht für Meldungen nach § 19 der Datenerfassungs-Verordnung und für Meldungen auf Vordrucken nach den Anlagen 9 und 10 der Datenerfassungs-Verordnung, wenn die Vergabe einer Versicherungsnummer beantragt wird.
(2) Absatz 1 Satz 1 gilt entsprechend für Meldungen nach § 141 Abs. 3 des Reichsknappschaftsgesetzes und für Mitteilungen über die Dauer des Wehrdienstes und des zivilen Ersatzdienstes.
(3) Soweit in dieser Verordnung nichts Abweichendes bestimmt ist, gelten die Vorschriften der Datenerfassungs-Verordnung.

§ 10: Datensicherung durch den Arbeitgeber

(1) Die für die Datenübermittlung bestimmten Programme sind nach jeder Änderung vor der ersten Benutzung zu prüfen; hierbei ist ein Protokoll zu erstellen, das drei Jahre aufzubewahren ist.
(2) Der Arbeitgeber hat alle zur Datenübermittlung bestimmten Daten zu doppeln. Das Doppel ist zur Datenübermittlung zu verwenden. Der Originaldatenträger ist vom Arbeitgeber bis zur Freigabe durch den Empfänger aufzubewahren.

§ 12: Unterrichtung der Arbeitnehmer

Über Meldungen, die Angaben über Beschäftigungszeiten und beitragspflichtiges Bruttoarbeitsentgelt enthalten und die auf Datenträgern im Sinne der Verordnung erstattet werden, hat der Arbeitgeber dem Arbeitnehmer eine Bescheinigung zu erteilen, aus der sich die gemeldete Beschäftigungsdauer und Höhe des Bruttoarbeitsentgelts ergeben, für das Beiträge zur Rentenversicherung entrichtet worden sind. Bei Unterbrechungen der Beschäftigung ohne Fortzahlung von Entgelt von mindestens einem Kalendermonat sind die einzelnen Zeitabschnitte und die auf sie entfallenden Entgelte getrennt auszuweisen. Die Bescheinigung kann auf den üblichen Lohn- und Gehaltsabrechnungen erteilt werden. Sie ist mindestens einmal jährlich bis zum 30. April eines jeden Jahres für alle im Vorjahr gemeldeten Daten auszustellen. Im Falle der Auflösung des Arbeitsverhältnisses ist die Bescheinigung unverzüglich nach Abgabe der letzten Meldung für den Arbeitnehmer auszustellen.

§ 16: Unterrichtung der Versicherten bei Meldung von beitragslosen Zeiten
Werden die in § 13 der Datenerfassungs-Verordnung vorgesehenen Meldungen von beitragslosen Zeiten auf Magnetband erstattet, so gilt § 14 Abs. 1 und 2 entsprechend. Über den Inhalt der Meldungen ist dem Versicherten von der meldenden Stelle mindestens einmal jährlich eine Bescheinigung zu erteilen.

18. Reichsversicherungsordnung (RVO) idF v. 11. 12. 1975 (BGBl I S. 3015) – Auszug –

§ 31: [Prüfung der Geschäfts- und Rechnungsführung durch die Aufsichtsbehörde]
(1) Die Aufsichtsbehörde kann jederzeit die Geschäfts- und Rechnungsführung des Versicherungsträgers prüfen.
(2) Die Mitglieder seiner Organe, seine Vertrauensmänner, Beamten und Angestellten haben der Aufsichtsbehörde oder ihren Beauftragten auf Verlangen alle Bücher, Rechnungen, Belege und Verhandlungen sowie die von ihnen verwahrten Urkunden, Wertpapiere und Bestände vorzulegen und alles mitzuteilen, was zur Ausübung des Aufsichtsrechts gefordert wird.
(3) Die Aufsichtsbehörde kann die in Absatz 2 Bezeichneten durch Zwangsgeld anhalten, das Gesetz und die Satzung zu befolgen.

§ 317: [Meldepflichten]
(1) Die Arbeitgeber haben jeden von ihnen Beschäftigten zu melden, der zur Mitgliedschaft bei einer Orts-, Betriebs- oder Innungskrankenkasse verpflichtet ist. Sie haben auch die zur Durchführung der Versicherung und der der Kasse übertragenen Aufgaben erforderlichen Angaben zu machen.
(2) Der Bundesminister für Arbeit und Sozialordnung bestimmt durch Rechtsverordnung mit Zustimmung des Bundesrates Inhalt, Form und Frist der An- und Abmeldung sowie das Nähere über Bearbeitung, Sicherung und Weiterleitung der Angaben. Er kann auch bestimmen,
1. daß die An- und Abmeldung maschinell lesbar sein muß und welche Schriftarten zu verwenden sind,
2. welche Stellen bei der Ausfüllung der Vordrucke mitzuwirken haben,
3. unter welchen Voraussetzungen Vordrucke anzufordern sind,
4. unter welchen Voraussetzungen und in welcher Form An- und Abmeldungen nach Absatz 1 durch maschinell verwertbare Datenträger erfolgen können.

(3) Der Kassenvorstand kann mit Inhabern von Betrieben, für welche die Beiträge nach dem wirklichen Arbeitsverdienste bemessen werden (§ 180 Abs. 2 Nr. 1 und Abs. 3), vereinbaren, daß sie Listen über den den Versicherten gezahlten Entgelt an den Zahltagen (§ 393) einreichen und ihre Bücher und Belege für den Kassenvorstand zur Nachprüfung dieser Listen offenhalten.
(4) Die in § 165 Abs. 1 Nr. 3 bezeichneten Personen, die eine Rente aus der Rentenversicherung der Arbeiter oder der Rentenversicherung der Angestellten beantragen, haben mit dem Antrag eine Meldung für die zuständige Krankenkasse einzureichen. Der zuständige Rentenversicherungsträger hat die Meldung unverzüglich an die zuständige Krankenkasse weiterzugeben.
(5) Nimmt eine der in § 165 Abs. 1 Nr. 3 bezeichneten Personen eine versicherungspflichtige Beschäftigung auf, für die eine andere als die bisherige Kasse zuständig ist, so hat die für das versicherungspflichtige Beschäftigungsverhältnis zuständige Kasse dies der bisher zuständigen Kasse und dem Rentenversicherungsträger mitzuteilen. Dies gilt entsprechend, wenn das versicherungspflichtige Beschäftigungsverhältnis endet.
(6) Das Ende, den Entzug, den Wegfall oder das Ruhen der ganzen Rente hat der Rentenversicherungsträger der Kasse unverzüglich mitzuteilen.

§ 317a: [Meldung von Leiharbeitsverhältnissen]

(1) Wird ein Arbeitnehmer von einem anderen Arbeitgeber gegen Vergütung einem anderen (Entleiher) zur Arbeitsleistung überlassen, so hat dieser den Arbeitnehmer, dessen Arbeitgeber sowie Beginn und Ende der Überlassung zu melden. § 318a gilt entsprechend.

(2) Der Bundesminister für Arbeit und Sozialordnung bestimmt durch Rechtsverordnung mit Zustimmung des Bundesrates Inhalt, Form und Frist der Meldung nach Absatz 1, die Stelle, bei der die Meldung zu erstatten ist, und das Nähere über die weitere Bearbeitung der Meldung.

§ 318: [Meldepflicht der Hochschulen]

(1) Die staatlichen und die staatlich anerkannten Hochschulen haben die in § 165 Abs. 1 Nr. 5 bezeichneten Versicherten, die Ausbildungsstätten die in § 165 Abs. 1 Nr. 6 bezeichneten Versicherten der zuständigen Krankenkasse zu melden.

(2) Der Bundesminister für Arbeit und Sozialordnung kann durch Rechtsverordnung mit Zustimmung des Bundesrates Inhalt, Form und Frist der Meldungen sowie das Nähere über das Meldeverfahren bestimmen.

§ 318a: [Auskunftspflicht des Arbeitgebers]

(1) Die Arbeitgeber haben der Krankenkasse sowie deren Beauftragten auf Verlangen Auskunft zu geben über alle Tatsachen, die zu melden sind. Sie haben die Geschäftsbücher, Listen oder andere Unterlagen, aus denen diese Tatsachen hervorgehen, während der Betriebszeit nach Wahl der Krankenkasse entweder in deren oder in ihren eigenen Geschäftsräumen vorzulegen. Sind ihre Geschäftsräume zugleich ihre privaten Wohnungen, so sind sie nur verpflichtet, die Geschäftsbücher, Listen oder anderen Unterlagen, aus denen diese Tatsachen hervorgehen, in den Geschäftsräumen der Krankenkasse vorzulegen. Die Versicherten haben die zur Meldung sowie die zur Durchführung der Versicherung und der der Kasse übertragenen Aufgaben erforderlichen Angaben zu machen.

(2) Die Krankenkasse kann die Arbeitgeber und die Versicherten durch Zwangsgeld zur Erfüllung dieser Pflichten anhalten. Entstehen durch die Überwachung Barauslagen, so können sie dem Arbeitgeber auferlegt werden, wenn er sie durch Pflichtversäumnis verursacht hat. § 147 gilt entsprechend.

§ 318c: [Folgen verspäteter Meldung]

Erstattet ein Arbeitgeber trotz Aufforderung des Kassenvorstandes die erforderliche Meldung nicht fristzeitig, so kann für seine Beschäftigten der Kassenvorstand bis zur ordnungsmäßigen Meldung den Grundlohn in der Höhe festsetzen, die für Versicherte der gleichen Art in Betrieben gleicher Art gilt und ohne Pflicht zur Rückerstattung die entsprechenden Beiträge erheben.

§ 343: [Auskunftspflicht des Vorstandes]

(1) Der Vorstand ist verpflichtet, den Gewerbeaufsichtsbeamten auf Verlangen Auskunft über Zahl und Art der Erkrankungen zu erteilen.

(2) Die oberste Verwaltungsbehörde kann hierüber Näheres bestimmen.

§ 344: [Noch: Auskunftspflicht des Vorstandes]

Der Vorstand muß den Trägern der Unfall- sowie der Invalidenversicherung gestatten, durch Beauftragte in den Kassenräumen während der Geschäftsstunden die Bücher und Listen einzusehen, um Zahl., Beschäftigungszeit und Lohnhöhe ihrer Versicherten zu ermitteln.

§ 369: [Aufklärungspflicht der Kassen]

(1) Die Kassen sind verpflichtet, im Zusammenwirken mit den Kassenärztlichen Vereinigungen die Versicherten und ihre anspruchsberechtigten Familienangehörigen mit allen geeigneten Mitteln und in bestimmten Zeitabständen über die zur Sicherung der Gesundheit notwendige und zweckmäßige Inanspruchnahme von Untersuchungen zur Früherkennung von Krankheiten aufzuklären.

(2) Die Kassen und Kassenärztlichen Vereinigungen haben die bei Durchführung von Maßnahmen zur Früherkennung von Krankheiten anfallenden Ergebnisse zu sammeln und

auszuwerten; dabei ist sicherzustellen, daß Rückschlüsse auf die Person des Untersuchten ausgeschlossen sind.

§ 369a: [Krankenkarten]

Die Kassen sind verpflichtet, für jeden Erkrankten eine Krankenkarte anzulegen, in der die Art der Krankheit und die Dauer der mit ihr verbundenen Arbeitsunfähigkeit vermerkt werden. Die Karte kann auch andere den Zwecken der Krankenversicherung dienende Angaben tatsächlicher Art enthalten.

§ 369b: [Vertrauensarzt]

(1) Die Kassen sind verpflichtet,

1. Die Verordnung von Versicherungsleistungen in den erforderlichen Fällen durch einen Arzt (Vertrauensarzt) rechtzeitig nachprüfen zu lassen,
2. eine Begutachtung der Arbeitsunfähigkeit durch einen Vertrauensarzt zu veranlassen, wenn es zur Sicherung des Heilerfolges, insbesondere zur Einleitung von Maßnahmen der Sozialleistungsträger für die Wiederherstellung der Arbeitsfähigkeit oder zur Beseitigung von begründeten Zweifeln an der Arbeitsunfähigkeit erforderlich erscheint,
3. im Benehmen mit dem behandelnden Arzt eine Begutachtung durch einen Vertrauensarzt zu veranlassen, wenn dies zur Einleitung von Maßnahmen zur Rehabilitation, insbesondere zur Aufstellung eines Gesamtplanes nach § 5 Abs. 3 des Gesetzes über die Angleichung der Leistungen zur Rehabilitation vom 7. August 1974 (Bundesgesetzbl. I S. 1881), erforderlich erscheint.

(2) Der Vertrauensarzt ist nicht berechtigt, in die Behandlung des Kassenarztes einzugreifen. Der Vertrauensarzt hat dem Versicherten das Ergebnis der Begutachtung, dem Kassenarzt und der Kasse auch die erforderlichen Angaben über den Befund mitzuteilen.

(3) Die Kasse hat, solange ein Anspruch auf Fortzahlung des Arbeitsentgelts besteht, dem Arbeitgeber das Ergebnis der Begutachtung über die Arbeitsunfähigkeit mitzuteilen, wenn das Gutachten des Vertrauensarztes mit der Bescheinigung des Kassenarztes im Ergebnis nicht übereinstimmt. Die Mitteilung an den Arbeitgeber darf keine Angaben über die Krankheit des Versicherten enthalten.

§ 1323: [Auskunftspflicht]

(1) Dem Träger der Rentenversicherung obliegt es, Versicherten Auskunft über die bisher erworbene Rentenanwartschaft nach Maßgabe der Absätze 2 bis 4 zu erteilen.

(2) Versicherten, die das 62. Lebensjahr vollendet haben, ist auf Antrag Auskunft über die Höhe der Anwartschaft auf Altersruhegeld zu erteilen. Die Berechnung der Anwartschaft kann auf die dem Versicherungsträger vorliegenden Versicherungsunterlagen beschränkt werden.

(3) Für die übrigen Versicherten haben die Versicherungsträger spätestens bis zum 31. Dezember 1979 den Inhalt der ihnen vorliegenden Versicherungsunterlagen maschinell zu speichern. Sie haben den Versicherten eine Aufstellung über den Inhalt der Versicherungsunterlagen zu übersenden und darauf hinzuwirken, daß alle für die Rentenberechnung erforderlichen Angaben gesammelt und gespeichert werden.

(4) Der Bundesminister für Arbeit und Sozialordnung kann durch Rechtsverordnung mit Zustimmung des Bundesrates

a) für bestimmte Jahrgänge der Versicherten einen früheren Zeitpunkt als den in Absatz 3 Satz 1 genannten bestimmen und für die Maßnahmen nach Absatz 3 Satz 2 Fristen setzen,
b) den Anspruch auf Erteilung von Auskünften über bisher erworbene Rentenanwartschaften auch auf nicht in Absatz 2 genannte Versicherte erstrecken,
c) Inhalt, Form und Häufigkeit der Mitteilungen über die Höhe der Rentenanwartschaft bestimmen und
d) vorschreiben, daß im Rahmen der vorhandenen Versicherungsunterlagen die Mitteilung über die Höhe der Rentenanwartschaft bindend sein soll.

(5) § 1324 bleibt unberührt.

§ 1502: [Auskunftspflicht der Krankenkassen]

(1) Der Träger der Unfallversicherung kann jederzeit von der Krankenkasse Auskunft über die Behandlung und den Zustand des Verletzten verlangen.

(2) Zu der Auskunft ist der geschäftsleitende Angestellte der Kasse verpflichtet, wenn nicht der Vorstand einen anderen damit beauftragt.

(3) Das Versicherungsamt kann gegen die zur Auskunft Verpflichteten Ordnungsstrafen in Geld verhängen, wenn sie die Auskunft nicht in angemessener Frist erteilen. Zuständig ist das Versicherungsamt, in dessen Bezirk der Verpflichtete wohnt. Auf Beschwerde gegen die Festsetzung der Strafe entscheidet das Oberversicherungsamt endgültig.

§ 1503: [Anzeigepflicht]

(1) Die Krankenkasse hat jede mit Arbeitsunfähigkeit verbundene Krankheit eines gegen Unfall Versicherten dem Träger der Unfallversicherung unverzüglich anzuzeigen, sobald anzunehmen ist, daß die Krankheit Folge eines Arbeitsunfalls ist. Bei Wiedererkrankung ist die Anzeige auch dann zu erstatten, wenn die Krankheit Arbeitsunfähigkeit nicht zur Folge hat. Die Krankenkasse hat ferner dem Träger der Unfallversicherung unverzüglich Anzeige zu erstatten, wenn sie mit Leistungen an Krankenpflege beginnt und die Voraussetzungen des Satzes 1 oder 2 vorliegen.

(2) Leistet eine Krankenkasse nach den §§ 483, 484 für Rechnung der See-Krankenkasse, so ist auch sie zur Anzeige verpflichtet.

(3) Zu der Anzeige ist der geschäftsleitende Angestellte der Kasse verpflichtet, wenn nicht der Vorstand damit einen anderen beauftragt. Die Anzeige an eine Berufsgenossenschaft, die in Sektionen eingeteilt ist, hat an den Sektionsvorstand zu ergehen, falls nicht der Genossenschaftsvorstand der Kasse eine andere Stelle bezeichnet.

(4) Das Versicherungsamt kann wegen Unterlassung der Anzeige eine Ordnungsstrafe in Geld festsetzen; auf Beschwerde entscheidet das Oberversicherungsamt endgültig.

§ 1543c: [Unterstützungspflicht des Unternehmers]

(1) Der Unternehmer ist verpflichtet, seine Genossenschaft bei der Durchführung der Unfallversicherung zu unterstützen und ihr über die Behandlung und den Zustand des Verletzten Auskunft zu erteilen. Dies gilt auch gegenüber einer anderen Genossenschaft, die den Unfall zu entschädigen hat.

(2) Ordnungswidrig handelt, wer als Unternehmer vorsätzlich oder fahrlässig der Auskunftspflicht nach Absatz 1 nicht, nicht rechtzeitig, nicht richtig oder nicht vollständig nachkommt. Die Ordnungswidrigkeit kann mit einer Geldbuße geahndet werden.

§ 1543d: [Auskunftspflicht des Arztes]

(1) Der behandelnde Arzt ist verpflichtet, dem Träger der Unfallversicherung Auskunft über die Behandlung und den Zustand des Verletzten zu erteilen.

(2) Der Arzt hat Anspruch auf eine Gebühr für die Auskunft. Für die Höhe der Gebühr gilt § 80 Abs. 2 der Reichsgewerbeordnung. Die Erteilung der Auskunft darf bei Streit über die Höhe der Gebühr nicht verzögert oder verweigert werden.

(3) Ordnungswidrig handelt, wer als Arzt vorsätzlich oder fahrlässig dem Träger der Unfallversicherung die Auskunft über die Behandlung und den Zustand des Verletzten nicht, nicht rechtzeitig, nicht richtig oder nicht vollständig erteilt. Die Ordnungswidrigkeit kann mit einer Geldbuße geahndet werden.

§ 1552: [Unfallanzeige]

(1) Der Betriebsunternehmer hat jeden Unfall in seinem Betrieb anzuzeigen, wenn durch den Unfall ein im Betriebe Beschäftigter getötet oder so verletzt ist, daß er stirbt oder für mehr als drei Tage völlig oder teilweise arbeitsunfähig wird.

(2) Der Unfall ist binnen drei Tagen anzuzeigen, nachdem der Betriebsunternehmer ihn erfahren hat.

(3) Die Unfallanzeige ist vom Betriebsrat (Personalrat) mit zu unterzeichnen.

19. Siebente Berufkrankheitenverordnung (7. BFVO) v. 20. 6. 1968 (BGBl I S. 721) – Auszug –

§ 4: [Anzeige]

(1) Die Vorschriften über die Unfallanzeige gelten bei Berufskrankheiten entsprechend.
(2) Die Anzeige durch den Unternehmer ist auf Vordrucken nach dem Muster der Anlage 2 zu erstatten.

§ 5: [Anzeigepflicht des Arztes]

(1) Hat ein Arzt oder Zahnarzt den begründeten Verdacht, daß bei einem Versicherten eine Berufskrankheit besteht, so hat er dies dem Träger der Unfallversicherung oder der für den medizinischen Arbeitsschutz zuständigen Stelle unverzüglich anzuzeigen. Für die Anzeige ist ein Vordruck (zweifach) nach dem Muster der Anlage 3 zu verwenden.
(2) Der Träger der Unfallversicherung zahlt dem Arzt oder Zahnarzt für die Anzeige ohne Rücksicht darauf, ob sie ihm oder der für den medizinischen Arbeitsschutz zuständigen Stelle zugegangen ist, eine Gebühr von acht Deutsche Mark. Die Verbände der Träger der Unfallversicherung und die Kassenärztlichen Bundesvereinigungen können Abweichendes vereinbaren.

§ 6: [Vordruckmuster]

(1) Die Muster der Anlagen 2 und 3 sind nach Inhalt, Form und Farbe bindend. Die für das Gewerbeaufsichtsamt oder das Bergamt bestimmte Ausfertigung der Anzeige nach Anlage 2 ist mit dem Aufdruck „Für das Gewerbeaufsichtsamt oder Bergamt" zu kennzeichnen.
(2) Legt ein Träger der Unfallversicherung die Vordrucke nach dem Muster der Anlage 2 selbst auf, um sie seinen Mitgliedern zur Verfügung zu stellen, so kann er die Beispiele in den Nummern 2 und 3b des Musters ändern und am Kopf sowie an den weiteren in Betracht kommenden Stellen des Musters seinen Namen anbringen lassen. Es können auch ergänzende Angaben vorgesehen werden.

§ 7: [Übersendung der Anzeige an die medizinische Arbeitsschutzstelle]

(1) Der Träger der Unfallversicherung übersendet der für den medizinischen Arbeitsschutz zuständigen Stelle unverzüglich je eine Ausfertigung der ihm von Unternehmern und Ärzten erstatteten Anzeigen. Ist die Anzeige des Arztes (§ 5 Abs. 1) der für den medizinischen Arbeitsschutz zuständigen Stelle zugegangen, übersendet diese dem Träger der Unfallversicherung unverzüglich eine Ausfertigung der Anzeige.
(2) Die für den medizinischen Arbeitsschutz zuständige Stelle hat den Versicherten, wenn sie es für erforderlich hält, unverzüglich zu untersuchen oder für Rechnung des Trägers der Unfallversicherung durch einen Arzt untersuchen zu lassen und dem Träger der Unfallversicherung ein Gutachten zu erstatten. Sie kann dem Träger der Unfallversicherung ferner vorschlagen, bestimmte Beweise zu erheben. Diesen Vorschlägen muß der Träger der Unfallversicherung stattgeben, wenn er nicht schon selbst eine entsprechende Beweiserhebung eingeleitet hat.
(3) Sobald die für den medizinischen Arbeitsschutz zuständige Stelle nach Absatz 2 Satz 1 tätig wird, teilt sie das dem Träger der Unfallversicherung mit. Der Träger der Unfallversicherung gibt der für den medizinischen Arbeitsschutz zuständigen Stelle Kenntnis von der Einleitung und dem Ergebnis von Ermittlungen, die er zur Feststellung einer Berufskrankheit anstellt.

20. Gesetz zur Neuregelung des Rechts der Rentenversicherung der Angestellten (Angestelltenversicherungs-Neuregelungsgesetz – AnVNG) vom 23. Februar 1957 (BGBl. I S. 88; BGBl. III 821–2), – Auszug –

§ 104: [Auskunftspflicht]

(1) Der Bundesversicherungsanstalt für Angestellte obliegt es, Versicherten Auskunft über die bisher erworbene Rentenanwartschaft nach Maßgabe der Absätze 2 bis 4 zu erteilen.
(2) Versicherten, die das 62. Lebensjahr vollendet haben, ist auf Antrag Auskunft über die Höhe der Anwartschaft auf Altersruhegeld zu erteilen. Die Berechnung der Anwartschaft kann auf die dem Versicherungsträger vorliegenden Versicherungsunterlagen beschränkt werden.
(3) Für die übrigen Versicherten hat die Bundesversicherungsanstalt für Angestellte spätestens bis zum 31. Dezember 1979 den Inhalt der ihr vorliegenden Versicherungsunterlagen maschinell zu speichern. Sie hat den Versicherten eine Aufstellung über den Inhalt der Versicherungsunterlagen zu übersenden und darauf hinzuwirken, daß alle für die Rentenberechnung erforderlichen Angaben gesammelt und gespeichert werden.
(4) Der Bundesminister für Arbeit und Sozialordnung kann durch Rechtsverordnung mit Zustimmung des Bundesrates
a) für bestimmte Jahrgänge der Versicherten einen früheren Zeitpunkt als den in Absatz 3 Satz 1 genannten bestimmen und für die Maßnahmen nach Absatz 3 Satz 2 Fristen setzen,
b) den Anspruch auf Erteilung von Auskünften über bisher erworbene Rentenanwartschaften auch auf nicht in Absatz 2 genannte Versicherte erstrecken,
c) Inhalt, Form und Häufigkeit der Mitteilungen über die Höhe der Rentenanwartschaft bestimmen und
d) vorschreiben, daß im Rahmen der vorhandenen Versicherungsunterlagen die Mitteilung über die Höhe der Rentenanwartschaft bindend sein soll.
(5) § 103 bleibt unberührt.

21. Gesetz zur Neuregelung der knappschaftlichen Rentenversicherung (Knappschaftsrentenversicherungs-Neuregelungsgesetz – KnVNG) vom 21. Mai 1957 (BGBl. I S. 533; BGBl. III 822–8), – Auszug –

E. Aufklärung und Auskunft

§ 108g: [Aufklärungspflicht]

Der Bundesknappschaft obliegt die allgemeine Aufklärung ihrer Versicherten und Rentner über ihre Rechte und Pflichten. Die Pflicht der Versicherungsämter zur Erteilung von Auskünften bleibt unberührt. Die Bundesknappschaft hat in geeigneter Weise auf diese Pflicht hinzuweisen.

§ 108h: [Auskunftspflicht]

(1) Der Bundesknappschaft obliegt es, Versicherten Auskunft über die bisher erworbene Rentenanwartschaft nach Maßgabe der Absätze 2 bis 4 zu erteilen.
(2) Versicherten, die das 62. Lebensjahr vollendet haben, ist auf Antrag Auskunft über die Höhe der Anwartschaft auf Knappschaftsruhegeld zu erteilen. Die Berechnung der Anwartschaft kann auf die der Bundesknappschaft vorliegenden Versicherungsunterlagen beschränkt werden.
(3) Für die übrigen Versicherten hat die Bundesknappschaft spätestens bis zum 31. Dezember 1979 den Inhalt der ihr vorliegenden Versicherungsunterlagen maschinell zu spei-

chern. Sie hat den Versicherten eine Aufstellung über den Inhalt der Versicherungsunterlagen zu übersenden und darauf hinzuwirken, daß alle für die Rentenberechnung erforderlichen Angaben gesammelt und gespeichert werden.

(4) Der Bundesminister für Arbeit und Sozialordnung kann durch Rechtsverordnung mit Zustimmung des Bundesrates

a) für bestimmte Jahrgänge der Versicherten einen früheren Zeitpunkt als den in Absatz 3 Satz 1 genannten bestimmen und für die Maßnahmen nach Absatz 3 Satz 2 Fristen setzen,
b) den Anspruch auf Erteilung von Auskünften über bisher erworbene Rentenanwartschaften auch auf nicht in Absatz 2 genannte Versicherte erstrecken,
c) Inhalt, Form und Häufigkeit der Mitteilungen über die Höhe der Rentenanwartschaft bestimmen und
d) vorschreiben, daß im Rahmen der vorhandenen Versicherungsunterlagen die Mitteilung über die Höhe der Rentenanwartschaft bindend sein soll.

(5) § 108g bleibt unberührt.

II. Erläuterungen

1. Vorbemerkungen

Die für die Datenverarbeitung im Arbeitsverhältnis relevanten arbeits- und sozialrechtlichen Normen sind unterschiedlicher Art. Man kann unterscheiden zwischen individualarbeitsrechtlichen, kollektivarbeitsrechtlichen und sozialrechtlichen Vorschriften.

Während einige hier ausführlich dargestellte datenschutzrechtliche Bestimmungen den Arbeitgeber im Umgang mit Personaldaten zugunsten des Arbeitnehmers restriktiv binden, wird der Arbeitgeber andererseits in zahlreichen anderen Vorschriften gehalten, Informationen über den Arbeitnehmer an Dritte preiszugeben[1]. Diese letzteren Vorschriften regeln den Informationsfluß, der dazu dient, staatlichen oder der Selbstverwaltung unterliegenden Organisationen Aufschlüsse über einzelne Arbeitnehmer zur Wahrung der ihnen zugewiesenen Aufgaben zu geben. Während das allgemeine Datenschutz-Bewußtsein darauf abzielt, die Privatsphäre des einzelnen zu schützen und zu stärken, bestehen gerade im Arbeits- und Sozialrecht zahlreiche Vorschriften und Verfahrensweisen, die diesem rechtspolitischen Anliegen zuwiderlaufen. Jeder Arbeitgeber, der in Zukunft personenbezogene Daten von Mitarbeitern weitergibt, wird jedoch mit großer Sorgfalt prüfen müssen, ob eine derartige Maßnahme zulässig ist[2], da das Bundesdatenschutzgesetz gemäß § 3 Satz 1 BDSG die Verarbeitung personenbezogener Daten in jeder Phase nur noch zuläßt, wenn sie dieses Gesetz (also das BDSG) oder *eine andere Rechtsvorschrift* erlaubt. Inhalt und Umfang solcher Vorschriften i. S. des § 3 Satz 1 BDSG sind daher im folgenden gleichfalls genauer zu untersuchen.

---

1 Vgl. bei *Hümmerich/Gola,* Personaldatenrecht im Arbeitsverhältnis, S. 154ff. *Hentschel/Gliss/Beyer/Dierstein*, Datenschutzfibel, S. 29f.

2 *Gola/Hümmerich/Kerstan,* Datenschutzrecht I. S. 24f.

Wie bereits erwähnt, enthält das Arbeitsrecht wie z. B. in § 83 BetrVG und § 43 HGB wichtige datenschutzrechtliche Normen[3]. Daneben sind die Regeln des Personaldatenrechts,[4] die nachstehend dargestellt werden, für die Anwendung des Bundesdatenschutzgesetzes insgesamt relevant, weil sie den Inhalt der „Zweckbestimmung" des Vertragsverhältnisses und die Interessenlage der Betroffenen konkretisieren, die für die Auslegung der allgemeinen Rechtsbegriffe des BDSG maßgebend sind, wenngleich nicht verkannt werden soll, daß die neue Rechtssituation des BDSG auch von den arbeitsrechtlichen Grundsätzen des Personaldatenrechts nachvollzogen werden muß, zumal die bisherige Rechtsprechung zum Personaldatenrecht allein auf konventionelle Verfahren der Personalaktenführung abstellte.[5]

Hingewiesen sei insoweit vorab auf den bisherigen Schutz von Arbeitnehmerdaten durch arbeitsrechtliche Regelungen bezüglich

- der Ermittlung der Daten (Fragerecht und Offenbarungspflicht, Zulässigkeit von psychologischen und graphologischen Gutachten und Tests)
- der Verarbeitung der Daten (Weitergabe an Dritte, unsachliche Verknüpfung von Daten, Auswahlrichtlinien)
- der Berichtigung und Ergänzung der Daten durch den Arbeitnehmer (§ 83 Abs. 2 BetrVG, Gegendarstellungen und Korrektur)
- der Auskunfts- und Einsichtsrechte des Arbeitnehmers (§ 83 Abs. 1 BetrVG, materieller Personalaktenbegriff)
- der Kontrolle des Arbeitgebers bei der Datenverarbeitung durch den Betriebsrat (Mitbestimmung bei Personalfragebogen, Beurteilungsgrundsätzen, Auswahlrichtlinien etc.)

Im Rahmen der Diskussion um das Bundesdatenschutzgesetz ist auch der Schutz von Arbeitnehmerdaten, insbesondere im Hinblick auf den Einsatz von Personalinformationssystemen, in die zunehmende Kritik von Wissenschaftlern[6] und insbesondere von Gewerkschaften[7] geraten. Das BDSG wird sogar als „Datenfreigabegesetz" gekennzeichnet, das eine Verschlechterung der Position der Arbeitnehmer gegenüber dem derzeitigen Zustand bringen soll.[7a]

Will man auf diese Stimmen eingehen, muß man zunächst einmal den derzeitgen Stand des Einsatzes von EDV-gestützten Personalinformationssystemen betrachten. Zeigen doch einschlägige Untersuchungen und Erfahrungsberichte, daß die in den Unternehmen implementierten oder geplanten Personaldatensysteme nur in

---

3 Vgl. auch *Hentschel,* Werden Personaldaten nur vom BDSG geschützt, Personal 77, 164ff., *Simitis,* Datenschutz und Arbeitsrecht, ArbuR 77, S. 97

4 Allgemein hierzu: *Hümmerich/Gola,* Personaldatenrecht im Arbeitsverhältnis.

5 Hierzu auch *Hümmerich/Gola,* Auswirkungen des BDSG im Personalwesen, BB 77, S. 148ff. *Simitis* a.a.O., S. 97ff.

6 *Schimmel/Steinmüller,* Rechtpolitische Problemstellung des Datenschutzes, in Damman/Karhausen/Müller/Steinmüller, Datenbanken und Datenschutz, 1974, S. 151ff.

7 *Mechelhoff,* Mitbestimmung beim Einsatz der EDV? in Computerwoche vom 23. 7. 76, *Janzen,* Kein Schutz durch Datenschutz, Metall 25–26/76, S. 15.

7a *Peters,* Ist 1984 schon Morgen?, Welt der Arbeit v. 24.6.1974.

beschränktem Maße im kritischen Bereich der dispositiven und planerischen Aufgaben des Personalwesens wirksam werden. So dienen die Personalinformationssysteme, die zur Zeit verwirklicht sind, primär administrativen Aufgaben, deren Fülle und Komplizität durch gesetzliche, tarifvertragliche und soziale Erfordernisse ständig wächst und deren Verwaltungsabläufe ohne DV-Unterstützung kaum noch zu bewältigen sind.[7b]

Zweifelsohne liefern die für administrative Aufgaben konzipierten Systeme auch Basisinformationen für Zwecke der Personalplanung, -steuerung und -führung. Hierzu zählen allgemeine Personalübersichten, Statistiken, Stellenpläne etc., aber auch gezielte Datenzusammenstellungen über bestimmte Personen oder Personengruppen. Hentschel[8] spricht insoweit von „administrativen Personaldatensystemen mit Berichtswesen", die zu begrenzten dispositiven Zwecken genutzt werden, von dispositiven „Personalinformationssystemen" aber noch weit entfernt sind. Diskussionen über Personaldatenbanken haben deshalb mehr mit Zukunftsvorstellungen als mit konkreten Erfahrungen zu tun[9]. Andererseits wird man mit den erwähnten kritischen Stimmen zu Recht in Frage stellen müssen, ob Personalinformationssysteme, wie sie von Literatur und Herstellern konzipiert sind, in der Lage sind, den Geboten der Vollständigkeit und Richtigkeit des Personaldatenrechts gerecht zu werden, zumal im sensitiven Datenbereich die Probleme der kontextbezogenen Erfassung, Verarbeitung und Ausgabe ungelöst sind und zu Lasten des Arbeitnehmers wie des Unternehmens gehende Fehlinterpretationen naheliegen[10].

Wenn das Bundesverfassungsgericht in seinem Mikrosensus-Urteil[11] für den Umfang statistischer Umfragen u. a. ausführt, daß es mit der Menschenwürde unvereinbar ist, den Menschen zwangsweise in seiner ganzen Persönlichkeit zu registrieren und zu katalogisieren und ihn damit wie eine Sache zu behandeln, die einer eingehenden Bestandsaufnahme jederzeit zugänglich ist, so gilt diese Begrenzung der Rechte des Staates für den einer allgemeinen Fürsorgepflicht unterliegenden Arbeitgeber umso mehr.

Demgemäß ist eingehend zu prüfen, welche rechtlichen Aspekte bei der Verarbeitung von Arbeitnehmerdaten im Betrieb und insbesondere beim Einsatz von Personalinformationssystemen zu beachten sind. Dabei ist dann auch auf den Geltungsbereich des BDSG im betrieblichen Personalwesen bei der Verarbeitung von Arbeitnehmerdaten einzugehen.

7b *Gola*, Personalinformationssysteme nach dem BDSG, Online 1977, S. 881ff.

8 *Hentschel*, Informationsprobleme der Personalplanung, Personal, Mensch und Arbeit im Betrieb, Heft 6/76.

9 *Simitis*, ArbuR, S. 102

10 *Heinrich*, Personalinformationssysteme; Anspruch, Realität, Konzepte, Univ. Linz, Linz 1976

11 BVerfGE 27, S. 110

2. Betriebsverfassungsrechtlicher Datenschutz

Das Betriebsverfassungsgesetz regelt grundsätzlich den Informationsfluß zwischen Arbeitgeber und Betriebsrat. Daneben enthält es in seinem IV. Teil, zweiter Abschnitt, Individualrechte des Arbeitnehmers, von denen das Einsichtsrecht in die Personalakten (§ 83 BetrVG) das datenschutzrechtlich bedeutendste ist und als materiell-rechtliche Grundlage des Personaldatenrechts bezeichnet werden kann.

2.1 Personaldatenrecht

2.1.1 Personalaktenführung[12]

Die Regeln der Personalaktenführung werden von vier Grundsätzen beherrscht und zwar den Prinzipien
- der materiellen Personalakte
- der Vollständigkeit der Personalakte
- der Richtigkeit der Personalakte
- der Vertraulichkeit der Personalakte

Der materielle Personalaktenbegriff besagt, daß zur Personalakte i. S. des § 83 BetrVG alle schriftlichen Aufzeichnungen zählen, die sich mit der Person eines bestimmten Arbeitnehmers und dem Inhalt und der Entwicklung seines Arbeitsverhältnisses befassen[13]. An den materiellen Personalaktenbegriff knüpft der Grundsatz der Vollständigkeit an, wonach der Arbeitgeber einen einmal zur Personalakte genommenen Vorgang dem Einsichtsrecht nicht ohne weiteres dadurch entziehen kann, daß er ihn vernichtet oder nachträglich abändert[14]. Durch den Grundsatz der Richtigkeit wird der Arbeitgeber verpflichtet, ausschließlich sachlich zutreffende Angaben in die Personalakte aufzunehmen[15]. Auch die Speicherung beleidigender Äußerungen wird durch den Grundsatz der Richtigkeit, der verschiedentlich von der Rechtssprechung[16] als Grundsatz der Wahrheit bezeichnet wird, untersagt.
Ambivalenten Charakter besitzt der Grundsatz der Vertraulichkeit oder der Geheimhaltung[17]. Er verpflichtet den Arbeitgeber zum verschwiegenen Umgang mit Personaldaten sowohl innerhalb des Betriebes[18] als auch gegenüber Dritten[19].

---

12 Hinsichtlich der folgenden Ausführungen vgl. auch Kapitel 3.4. Die Aussage gilt auch für die Personalakten der Beamten, für die gemäß § 7 Abs. 3 BDSG jetzt auch ansonsten die gleichen Datenschutznormen gelten wie für Arbeitnehmer.

13 BAG AP Nr. 78 zu § 611 Fürsorgepflicht = BB 1970, S. 619 = Betr. 1970, S. 886.

14 Arbeitsbericht Nr. 34, Berichte des Ausschusses für soziale Betriebsgestaltung bei der Bundesvereinigung der deutschen Arbeitgeberverbände, S. 1.

15 *Hümmerich,* BlStSozArbR 1975, S. 145.

16 BAG, BB 1972, S. 1139.

17 Vom Grundsatz der Geheimhaltung wird insoweit im öffentlich-rechtlichen Bereich gesprochen, z. B. BVerwG v. 4. 8. 75, MDR 76, S. 77.

18 Ausführlich *Hümmerich/Gola,* Personaldatenrecht im Arbeitsverhältnis, S. 48 ff.

19 OLG Hamm, NJW 1971, S. 468.

2.1.2 Der materielle Personalaktenbegriff

Eine der wesentlichen Konsequenzen des materiellen Personalaktenbegriffs ist, daß auch die in elektronischen Datenbanken gespeicherten Personaldaten unter den Anwendungsbereich des § 83 BetrVG fallen[19a]. Daß der materielle Personalaktenbegriff im Hinblick auf § 83 BetrVG gültig ist, hat der Gesetzgeber in § 45 S. 2 Ziff. 5 BDSG bestätigt, denn die Subsidiarität gegenüber § 83 BetrVG wäre überflüssig und sinnwidrig, wenn nicht auch die in automatisierten Verfahren verarbeiteten Personaldaten Bestandteil der Personalakten i. S. des § 83 BetrVG wären. Meinungen, die den materiellen Personalaktenbegriff im Arbeitsrecht eingeschränkt sehen[20], ist damit der Boden entzogen[21].

2.1.3 Das Verhältnis zwischen BDSG und § 83 BetrVG

Im Anschluß an die Befürwortung des materiellen Personalaktenbegriffs[22] muß man die Frage stellen, in welchem Verhältnis das Bundesdatenschutzgesetz zur betriebsverfassungsrechtlichen Norm des § 83 BetrVG steht. Voraussetzung für die Anwendung des BDSG ist, daß die Daten in Dateien gespeichert sind (§ 2 Abs. 3 Nr. 3 BDSG). Eine Datei[23] ist jede gleichartig aufgebaute Sammlung von Daten, die nach bestimmten Merkmalen erfaßt, geordnet, nach anderen bestimmten Merkmalen umgeordnet und ausgewertet werden kann, ungeachtet der dabei angewendeten Verfahren; nicht hierzu gehören Akten und Aktensammlungen, es sei denn, daß diese durch automatisierte Verfahren geordnet und ausgewertet werden können.

Automatisch verarbeitete Personaldaten werden daher regelmäßig unter den Anwendungsbereich des BDSG fallen, wobei für die Anwendung des BDSG nicht von Bedeutung ist, ob es sich um administrative Daten, Personalführungs- und -steuerungsdaten oder Personalplanungsdaten handelt[24]. Neben den Daten in Datenbanken fallen jedoch auch gewöhnliche Karteien, wie beispielsweise Urlaubs- und Fehlzeitenkarteien unter den Dateibegriff des § 2 Abs. 3 Nr. 3 BDSG. Keine Dateien sind andererseits regelmäßig Personalakten, wie dies der zweite Halbsatz (§ 2 Abs. 3 Nr. 3 BDSG) deutlich macht.

Personalakten können auch insoweit unter den Anwendungsbereich des Gesetzes fallen, wie in ihnen, was ja nicht selten ist, EDV-gerechte Datenträger enthalten sind. So würden beispielsweise solche Personalakten unter den Dateibegriff fallen, in denen über optische Belegleser einlesbare Schriftstücke wie Fragebogen, Be-

19a *Simitis,* ArbuR 1977, S. 108
20 *Stengel,* BB 1976, S. 1083f.
21 So jetzt auch LAG Bremen, BB 1977, S. 648ff.
22 Dazu ausführlich *Hümmerich,* Betr. 1977, S. 541.
23 Zum Dateibegriff jetzt auch ausführlich AWV-Beiträge zum Datenschutz, Teil 1, Eschborn, 1977.
24 So auch *Hentschel.* Werden Personaldaten nur vom BDSG geschützt. Personal 77, 144f., anders *Hergenhahn* Datenschutz u. Datensicherung 1/77. S. 25, der Plandaten nicht in den Schutz des BDSG einbezieht.

werbungsschreiben u. ä. enthalten sind. Zu beachten ist, daß die Auswertbarkeit und nicht die Auswertung im konkreten Fall gefordert ist. Bedenkt man, daß die EDV-Technologie inzwischen soweit fortgeschritten ist, daß in einigen Jahren jedes mit genormter Schreibmaschinenschrift auf einen Datenträger (= Blatt Papier) aufgedruckte Datum eingelesen werden kann, so wird sich in absehbarer Zeit der Anwendungsbereich des Dateibegriffs auch im Hinblick auf Personalakten erweitern[25].

Weitere Voraussetzungen für die Anwendung des BDSG ist, daß die in den Dateien enthaltenen personenbezogenen Daten entweder zur Übermittlung an Dritte bestimmt sind[26] oder in automatisierten Verfahren verarbeitet werden (§ 1 Abs. 2 Satz 2 BDSG). Ansonsten gilt allein das Gebot der Datensicherung des § 6 BDSG, wonach die zum Schutz der Daten zumutbaren technischen und organisatorischen Maßnahmen zu treffen sind[27].

Da Personaldaten grundsätzlich nur für betriebsinterne Zwecke[27a] gesammelt werden und nicht für die Weitergabe an Dritte bestimmt sind, hat der Arbeitgeber bei Personaldaten von den Vorschriften des Bundes-Datenschutzgesetzes generell nur § 6 BDSG zu beachten, es sei denn, er setzt die EDV oder andere automatisierte Verfahren bei der Verarbeitung ein. Dabei soll jedoch nicht verkannt werden, daß eben eine Vielzahl[27] der Personaldaten auf Grund gesetzlicher Vorschriften gesammelt wird, wobei gerade diese Vorschriften auch die Weitergabe an Behörden vorschreiben[28].

Aber auch dann, wenn es sich um Personaldaten in Dateien handelt, die entweder zur Weitergabe an Dritte bestimmt sind oder in automatisierten Verfahren verarbeitet werden, ist § 45 BDSG zu beachten, der, wie bereits erläutert, die Subsidiarität des BDSG gegenüber bereichsspezifischen Datenschutzregelungen festgelegt. Als eine solche vorrangige Regelung nennt § 45 Abs. 1, Ziff. 5 BDSG ausdrücklich das Einsichtsrecht des § 83 BetrVG, das hinsichtlich der Auskunft über Personaldaten die vorrangige Vorschrift gegenüber der Auskunftsregelung des

25 Sehr weitgehend *Simitis,* a.a.O., S. 108, der „mit der Formalisierung der Akten die Grenze zum BDSG" als überschritten ansieht.

26 *Simitis* geht in seiner Auslegung über den Wortlaut des § 1 Abs. 1 BDSG hinaus und stellt darauf ab, ob die Daten nach ihrer Struktur und Funktion für eine Verwendung durch Dritte geeignet sind, a.a.O., S. 108. Man muß jedoch bedenken, daß Personaldaten aufgrund des Grundsatzes der Vertraulichkeit allgemein auch objektiv nicht zur Weitergabe geeignet sind.

27 Hierzu näheres in *Gola/Hümmerich/Kerstan,* Datenschutzrecht I, S. 38f.

27 a *Hentschel* (Fn. 8) sieht aufgrund der vielfältigen gesetzlichen Regelungen zur Datenübermittlung den Übermittlungszweck im Vordergrund der Datenverarbeitung des Personalwesens.

27b *Kilian* (BB 1977, S. 1153) hat 93 solcher Vorschriften gesammelt. Vgl. auch die Dokumentation Nr. 11 der GDD „Vorrangige Rechtsvorschriften im Personalwesen".

28 Das gilt schon allein mit Rücksicht auf die beträchtliche Anzahl an Angaben, die im Hinblick auf gesetzliche Verpflichtungen übermittelt werden müssen; vgl. dazu insbesondere *Espenhorst* AWV-Schrift Nr. 126, Personal- und Arbeitsplatzsysteme (1975), S. 53ff.; *Hentschel* in Hentschel/Gliss/Bayer/Dierstein, Datenschutz 1974, S. 29f.; *Kilian* in Kilian/Lenk/Steinmüller, Datenschutz, 1973, S. 29ff.

§ 26 BDSG sein soll. Gleichwohl kristallisiert sich in der Literatur 25 nunmehr eine Meinung heraus, die mit unterschiedlicher Begründung diesen „Vorrang" de facto ablehnt und z. B. § 26 BDSG, was die Auskunftsrechte des Arbeitnehmers über in Personalinformationssystemen verarbeitete Personaldaten angeht, in vollem Umfang (wohl neben der Regelung des § 83 Abs. 1 BetrVG) anwendet. Graphisch läßt sich hierzu eine Entscheidungsanordnung wie folgt darstellen:

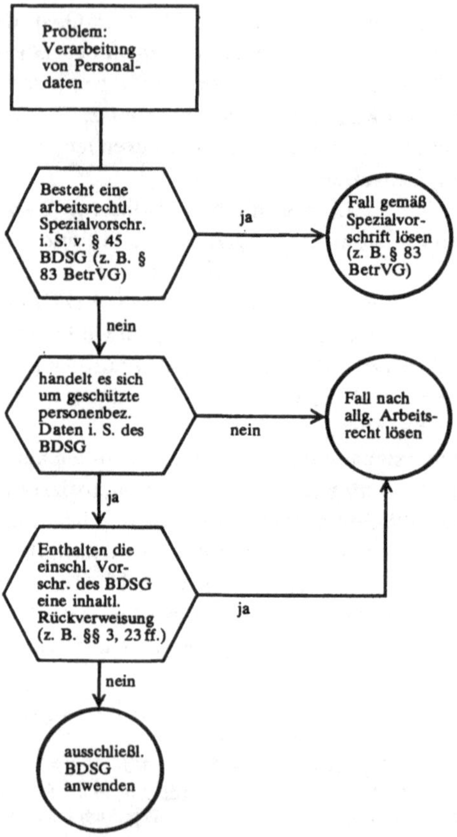

Zum Anwendungsbereich des Bundesdatenschutzgesetzes im Personalwesen läßt sich daher zusammenfassend folgendes sagen: Zunächst stellt sich für die Anwendung des BDSG die Überlegung, ob es um ein personenbezogenes Datum in einer Datei geht und ob dieses Datum zur Weitergabe an Dritte oder zur automatisierten Datenverarbeitung bestimmt ist. Trifft dies nicht zu, so findet das allgemeine Arbeitsrecht Anwendung, d. h. die von der Rechtsprechung aufgestellten und oben erläuterten Grundsätze der Vollständigkeit, Richtigkeit und Vertraulichkeit greifen ein. Trifft diese Überlegung zu, so muß man fragen, ob der Umgang mit einem Personaldatum im Betrieb in einer bereichsspezifischen Sondervorschrift behandelt wird. Kann dies bejaht werden, so ist der Rechtsfall nach § 83 BetrVG oder § 43 HGB zu lösen. Erst nach diesen beiden Schritten ist das BDSG anzuwenden, nach dem aber u. U. gleichfalls wieder aufgrund inhaltlicher Rückverweisung allgemeines Arbitsrecht Anwendung findet[29]. Solche inhaltlichen Rückweisungen finden sich z. B. in §§ 3, 23, 24, BDSG, wenn auf „besondere Rechtsvorschriften" oder „Verhältnisse" des Arbeitsrechts verwiesen wird.

2.1.4 Personalfragebogen

Gemäß den Begriffsdefinitionen des Bundesdatenschutzgesetzes wird man zweckmäßigerweise die unter dem Problemkreis „Fragerecht des Arbeitgebers" und „Offenbarungspflicht des Arbeitnehmers" behandelten Rechtsfragen um Personalfragebogen, angepaßt an die Terminologie des BDSG, als Fälle der Personaldatenerfassung zusammenfassen. Zur Zeit werden in der Rechtsprechung folgende einzelne Aussagen zur Datenerfassung in Personalfragebogen aufgestellt, wobei diese Kriterien ebenfalls für die mündliche Befragung gelten:
Seit Inkrafttreten des Bundeszentralregistergesetzes[30] gibt es, soweit ersichtlich, noch keine verbindliche Rechtsprechung zu der Frage, in welchem Umfange *Vorstrafen* eines Bewerbers erfaßt werden dürfen. Die herrschende Literaturmeinung[31] stellt nicht mehr auf die Einschlägigkeit[32] ab, sondern besagt, daß nach Vorstrafen gefragt werden dürfe, soweit sich nicht der Bewerber i. S. von § 51 Abs. 1 BZRG als unbestraft bezeichnen dürfe[33]. Für die Zulässigkeit der Frage nach dem *Gesundheitszustand* ist deren Bedeutung für das betreffende Arbeitsverhältnis maßgebend[34]. Nach dem Bestehen einer *Schwangerschaft* darf nach überwiegender Ansicht[35] jederzeit, d. h. also ohne daß es eines konkreten Anlasses bedarf, gefragt werden. Ebenfalls berechtigt ist der Arbeitgeber, nach der *Schwerbehinderteneigenschaft* eines Bewerbers zu fragen[36]. Nicht erfaßt werden dürfen im Personalfragebogen Angaben über die Zugehörigkeit zu religiösen, politischen oder koalitionspolitischen Vereinigungen, sofern sich der Bewerber nicht um die Einstellung in eine solche Organisation bemüht[37].
Soweit es um die Vermögensverhältnisse eines Bewerbers geht, argumentieren Rechtsprechung und Rechtslehre ungeordnet und teilweise widersprüchlich. Ein Teil der Rechtsprechung[38] hält die Frage nach Schulden des Bewerbers für generell zulässig. Demgegenüber wird die Auffassung vertreten, die Erfassung von

29 Vgl. hierzu auch *Hümmerich/Gola,* BB 77, S. 148f.
30 V. 13. 3. 1971, BGBl I S. 243.
31 S. nur *Degener*, a.a.O., S. 107ff.
32 So noch die frühere Rechtsprechung, s. BAG AP Nr. 2 zu § 123 BGB.
33 Siehe *Degener*, a. a. O., S. 107ff.
34 *Falkenberg*, BB 1970, S. 1015, A. A.: Maurer, ArbuR 1972, S. 9.
35 BAGE 11, S. 273.
36 LAG Frankfurt AP 51, Nr. 77.
37 S. die Nachweise in *Hümmerich/Gola,* a.a.O., S. 62ff.
38 ArbG Husum, ARST, XXVI, Nr. 293, S. 103.

Lohnpfändungen und Lohnabtretungen sei nicht berechtigt[39]. Das Bundesarbeitsgericht gestattet auf der anderen Seite sogar die Frage, ob der Bewerber einmal den Offenbarungseid (jetzt eidesstattliche Versicherung) geleistet habe[40]. Wenngleich also eine einheitliche Linie aus dieser Rechtsprechung für die Zulässigkeit der Speicherung von Personaldaten nicht ablesbar ist, wird man unter Beachtung der Intention des BDSG wohl festhalten können, daß zukünftig nur solche Daten erfaßt werden dürfen, die objektiv für die Belange des Betriebes benötigt werden[41] und deren Erfassung vorrangige, schutzwürdige Interessen des Arbeitnehmers nicht verletzt.

2.1.5 Untersuchungsaufträge

Zur Personalakte gehören Gutachten, Tests und sonstige Untersuchungsaufträge, die der Arbeitgeber zum Nachweis der Qualifikation des Bewerbers bzw. Arbeitnehmers einholt. Die Frage der rechtlichen Zulässigkeit der Erfassung eines Personaldatums ist zu trennen von der Frage, ob dieses Datum in die Personalakte aufzunehmen ist. Dies sei am Beispiel des MMP-Psychotests erläutert. Die rechtliche Unzulässigkeit dieses Tests ergibt sich daraus, daß sich der Fragebogen nicht allein auf den unmittelbaren Inhalt des Arbeitsverhältnisses beschränkt, sondern sämtliche Tendenzen des Individuums zu erfassen versucht[42]. Die Frage, ob die in einer derartigen Untersuchung erfaßten Angaben gleichwohl in der Personalakte aufzubewahren sind, läßt sich aus dem materiellen Personalaktenbegriff alleine nicht beantworten. Hinzuzuziehen ist der Grundsatz der Vollständigkeit, der besagt, daß der Arbeitgeber einen einmal geschaffenen Vorgang dem Einsichtsrecht nicht dadurch entziehen kann, daß er unzulässig erhobene Daten in geheimen Archiven verwahrt. Entscheidend ist deshalb auf die Wertung des Arbeitgebers abzustellen, der, so beispielsweise beim Psychotest, davon ausgeht, die ermittelten Daten gäben Auskünfte über die Qualifikation des Mitarbeiters. Der materielle Personalaktenbegriff wäre illusorisch, wenn der Arbeitgeber rechtswidrige Gutachten erstellen könnte und sie mit dem Hinweis auf die der Unzulässigkeit der Kontrolle durch die Rechtsordnung entziehen könnte. Eine andere Frage ist dagegen die Verpflichtung zur Löschung dieser unzulässig erfaßten Daten.
Bei ärztlichen Gutachten löst man das persönlichkeitsrechtliche Spannungsfeld heute in der Weise, daß das Gutachten in einen Bescheid- und einen Befundbogen aufgeteilt wird[43]. Der die Anfrage des Arbeitgebers beantwortende Bescheidbogen ist Bestandteil der Personalakte, denn er gibt Auskunft über die Qualifikation des Mitarbeiters. Der Befundbogen, d. h. also diejenige Datensammlung, auf-

---

39 ArbG Bremen, BB 1975, 802.
40 AP Nr. 32 zu § 63 HGB.
41 So auch *Simitis,* ArbuR 1977, S. 99.
42 *Schmidt,* Die rechtliche Zulässigkeit psychologischer Testverfahren im Personalbereich, NJW 1971, S. 1867.
43 Dazu BB AG Wetzlar, BB 77, S. 797 und *Hümmerich,* Nochmals: Einsichtnahme in Werksarztakten, BB 77, S. 996

grund derer der Arzt zum Untersuchungsergebnis gelangt, verbleibt in der Kartei des Arztes[44].
Graphologische Gutachten sind unbeschadet der zweifelhaften Legitimation bei ihrer Anfertigung in die Personalakte aufzunehmen[45]. Allerdings dürfte sich die begrüßenwerte Tendenz abzeichnen, derartigen Untersuchungsmethoden generell die rechtliche Zulässigkeit zu versagen[57]. *Intelligenz- und Eignungstests*, deren Erstellung sich nach den gleichen Kriterien beantwortet, die für die Zulässigkeit psychologischer Test maßgeblich sind, gehören in die Personalakte, da sie Auskunft geben über die Qualifikation eines Mitarbeiters. Ggf. besteht aber ein Anspruch auf Entfernung bzw. Löschung.

2.1.6 Sammelbelege

Schwierigkeiten bereitet regelmäßig die Zuordnung von Sammelbelegen. Verschiedentlich wurde darauf hingewiesen, daß auch die Daten, die nicht in der gehefteten Personalakte enthalten sind, unter Beachtung des materiellen Personalaktenbegriffs in vollem Umfange dem personalaktenrechtlichen Datenschutz unterliegen. Nun werden Personaldaten auch in Listen, Statistiken und sonstigen Sammelbelegen zusammengestellt, um nach bestimmten Kriterien eine Übersicht über eine Mehrzahl von Mitarbeitern zu gestatten. Zu solchen Zusammenstellungen zählen Lohn- und Gehaltslisten, Stellenpläne, Fluktuationsstatistiken, Ranglisten für die Vergabe von Arbeitgeberdarlehen, Werkswohnungen oder Nachwuchskarteien. Diese Listen können nicht in der Personalakte aller betroffenen Arbeitnehmer aufbewahrt werden. In der Regel werden Mitarbeiter von diesen Listen auch keine Kenntnis haben. Bei konsequenter Anwendung des materiellen Personalaktenbegriffs müßten jedoch auch diese Listen für jeden in ihnen namentlich oder numerisch erkennbar erfaßten Arbeitnehmer der Einsichtnahme freistehen.
Unter Beachtung des Grundsatzes der Vollständigkeit muß die Verpflichtung des Arbeitgebers bejaht werden, alle über einen Arbeitnehmer geführten Personalunterlagen diesem kenntlich und zugänglich zu machen. Bei der Anlage von Dateien und Listen muß der Arbeitgeber daher grundsätzlich darauf achten, daß sowohl das Einsichtsrecht als auch der Grundsatz der Vertraulichkeit gewahrt bleiben. Kann die Zusammenstellung von Personaldaten mehrerer Mitarbeiter nach ihrer Zweckbestimmung jedoch nur so vollzogen werden, daß bei Wahrnehmung des Einsichtsrechts vertrauliche Daten anderer Mitarbeiter eingesehen werden, so muß dem Grundsatz der Vertraulichkeit Vorrang eingeräumt werden[47]. Dies gilt beispielsweise für Lohn- und Gehaltslisten.

---

44 Näheres bei *Hümmerich*, Betr. 1975, S. 1893ff.
45 Zum gesamten Fragenkomplex jüngst *Bepler*, Persönlichkeitsverletzung durch graphologische Begutachtung im Arbeitsleben, NJW 1976, S. 1872ff.
46 S. LAG Baden-Württemberg, NJW 1976, S. 310.
47 *Gola*, Besteht ein Einsichtsrecht in Personalunterlagen, die mehrere Arbeitnehmer betreffen, BlStSozArbR 76, S. 356ff.

Nicht grundsätzlich anderer Ansicht dürfte das Bundesverwaltungsgericht[48] sein. Das Bundesverwaltungsgericht ist der Meinung, daß bei einer Abwägung zwischen dem Einsichtsrecht und dem Grundsatz der Vertraulichkeit das Einsichtsrecht größeres Gewicht erlangen muß. In der genannten Entscheidung hielt das Bundesverwaltungsgericht bei einem Vorgang, der zwei Bewerber betraf, das Recht auf Einsichtnahme in die Personalakten und das Interesse an der Geheimhaltung dem Grunde nach für gleichgewichtig. Jeder Bewerber zeige jedoch eine Offenbarungsbereitschaft (d. h. wohl stillschweigende Einwilligung) seiner persönlichen Daten gegenüber allen Personen und Gremien, die an seiner Einstellung mitwirkten. Bei dieser Offenbarungsbereitschaft könne man auch unterstellen, daß akzeptiert werde, daß einem Mitbewerber, dem ein Einsichtsrecht zustehe, auch von Vorgängen, die zwangsläufig beide oder mehrere Bewerber beträfen und die im Falle einer Trennung unverständlich würden, Kenntnis gegeben werde.

Diese Entscheidung läßt sich wegen der unterschiedlichen Zuständigkeit des Bundesarbeitsgerichts und des Bundesverwaltungsgerichts zwar nicht unmittelbar im Arbeitsrecht anwenden, sie zeigt jedoch wegen der Gleichartigkeit der Problematik und der Möglichkeit der Analogie[49] eine Tendenz auf, der sich das Bundesarbeitsgericht möglicherweise anschließen könnte. Wer den persönlichkeitsrechtlichen Schutz des Arbeitnehmers ernst nimmt, kann einer Durchbrechung des Grundsatzes der Vertraulichkeit grundsätzlich nicht zustimmen. Gleichzeitig ist festzuhalten, daß der Arbeitgeber Vorgänge nur dann zusammenfassen und damit dem Einsichtsrecht entziehen darf, wenn ein solches Vorgehen unvermeidbar ist[50].

Ein ähnliches Problem, wie das zuletzt erörterte, stellt sich bei der Aufstellung einer Rangfolge von Mitarbeitern bei Beurteilungen oder Bewerbungen. Oft wird beispielsweise in einem Vermerk für die Personalverwaltung oder den Betriebsrat dargelegt, warum aus einer Anzahl interner Bewerber ein bestimmter Mitarbeiter ausgewählt wurde. Derartige Planungsunterlagen, die einzelne Personalmaßnahmen erst vorbereiten sollen, gehören noch nicht oder nicht mehr zu den Personalakten eines Mitarbeiters, enthalten aber wohl personenbezogene Daten im Sinne des BDSG[51]. Der arbeitsrechtliche Schutz von Personaldaten erstreckt sich nicht auf alle im Betrieb vorhandenen Personaldaten, sondern gemäß dem materiellen Personalaktenbegriff nur auf solche Vorgänge, die einen bestimmten Arbeitnehmer in seinem Arbeitsverhältnis unmittelbar berühren.

Gleiches gilt für statistische oder übersichtsmäßige Zusammenstellungen von Personaldaten, die als Grundlage für die Erstellung von Richtlinien, Globalentscheidungen oder Planungen dienen sollen, nicht aber zu Einzelentscheidungen bei einem bestimmten Arbeitnehmer führen. Fließen aus diesen Planungsunterlagen

48 Urt. v. 4. 8. 1975, MDR 1976, S. 77.
49 Dazu *Gola/Hümmerich.* BB 1974, S. 1167ff.
50 *Gola,* a.a.O. (Fn. 47) BlStSozArbR S. 357.
51 Vgl. auch *Hentschel,* Fn. 24

wieder konkrete Entscheidungen, so sind diese auf den einzelnen Mitarbeiter bezogen zu erstellen und dann zur Personalakte zu nehmen[52].
Nicht in die Personalakte gehören Unterlagen über personelle Entscheidungen, die ein Gremium, Aufsichtsrat oder Gesellschafterversammlung gemäß handelsrechtlicher oder satzungsmäßiger Zuständigkeit trifft. Zwar können hierbei „personenbezogene Daten" erfaßt werden. Jedoch geht das Arbeitsrecht davon aus, daß ein bestimmter Teil von Personaldaten im „Geheimbereich" des Arbeitgebers bleibt[53]. Der Vollzug der Entscheidung durch den Vorstand oder die Geschäftsführung ist dagegen ein für die Personalakte relevanter Vorgang[54].

2.1.7 Erklärungen des Arbeitnehmers

Unstimmigkeiten treten bei der Auslegung des Erklärungsrechts nach § 83 Abs. 2 auf. Stengel[55] ist beispielsweise der Ansicht, Erklärungen des Arbeitnehmers nach § 83 BetrVG könnten nur solche sein, die sich erkennbar auf ein konkretes Schriftstück in der Personalakte bezögen. Deshalb könne ein Arbeitnehmer zu einem Thema, zu dem in der Personalakte nicht gesprochen werde und für das dort kein Anknüpfungspunkt vorhanden sei, auch keine Erklärungen zur Personalakte geben. Mit der Formulierung „Inhalt der Personalakte" werde üblicherweise etwas konkret vorhandenes bezeichnet; dieses Ergebnis werde auch durch den Sinn der Vorschrift bestätigt, der darin bestehe, eine unberechtigte Einseitigkeit im Inhalt der Personalakte zu vermeiden und ggf. ein gewisses Gleichgewicht herzustellen.
Hierzu ist zu sagen: Wer den Vergleich zu § 82 BetrVG zieht, muß auch darauf hinweisen, daß der Arbeitnehmer gem. § 82 Abs. 1 Satz 2 BetrVG berechtigt ist, von sich aus Vorschläge für die Gestaltung des Arbeitsplatzes und des Arbeitsablaufs zu machen. Der Gesichtspunkt des Gleichgewichts, der in der Tat bei beiden Vorschriften eine Rolle spielt, stellt sich in § 82 BetrVG auch so dar, daß der Arbeitnehmer Eigeninitiativen entwickeln kann, ohne daß er dabei präjudiziellen Maßnahmen des Arbeitgebers unterworfen ist.
§ 83 Abs. 2 BetrVG präzisiert, wie das LAG Hamm[56] deutlich gemacht hat, in Wahrheit nur den materiellen Personalaktenbegriff. Inhalt der Personalakte kann nicht nur das sein, was bereits in der Personalakte steht, sondern Inhalt der Personalakte ist jede korrigierende Stellungnahme, die sich inhaltlich mit der Person eines Arbeitnehmers und dem Inhalt oder der Entwicklung seines Arbeitsverhältnisses befaßt. Die Sphäre, aus der das Schriftstück stammt, ist für die Erlangung von Personalaktenqualität unerheblich.
Mit den Worten „Inhalt der Personalakte" in § 83 Abs. 2 BetrVG kann folglich nur der materiell-rechtliche Inhalt der Personalakte gemeint sein.

---

52 Siehe dazu auch *Hümmerich/Gola,* Personaldatenrecht im Arbeitsverhältnis, S. 108ff.
53 *Hümmerich/Gola,* Personaldatenrecht im Arbeitsverhältnis, S. 52ff.
54 *Rothe,* Einsicht in die Personalunterlagen des Betriebes, Betr. 1972, S. 1920.
55 BB 1976, S. 1084, so auch ArbG Ludwigshafen, ARST 77, Heft 2, S. 17
56 EZA § 83, Nr. 1.

Mit der gleichen Argumentation hat dies jetzt auch das LAG Bremen[56a] bestätigt und damit die von Stengel[55] vertretene Interpretation zurückgewiesen.

2.1.8 Durchführung der Einsichtnahme

Grundsätzlich sind zur Ausübung des Einsichtsrechts nach dem Betriebsverfassungsgesetz nur Arbeiter und Angestellte sowie die zu ihrer Berufsausbildung Beschäftigten legitimiert. Aus der Fürsorgepflicht ist jedoch abzuleiten, daß auch alle übrigen Beschäftigten, über die Personalakten geführt werden, ein Einsichtsrecht besitzen. Soweit es nicht in einer Rechtsvorschrift kodifiziert ist, ist dieses Auskunftsrecht nun ggf. auch aus dem BDSG abzuleiten und nach den dortigen Regelungen zu realisieren[57]. Das Recht zur Einsichtnahme beinhaltet für den Arbeitnehmer einmal die Möglichkeit der reinen Einsicht. Darüber hinaus ist jedoch anerkannt, daß der Arbeitnehmer Abschriften oder Notizen zu den eingesehenen Schriftstücken anfertigen darf[58]. Die Frage, ob der Arbeitnehmer von bestimmten Schriftstücken Fotokopien anfertigen darf, wird in der Literatur unterschiedlich beantwortet; der dahinterstehende Streitstand dürfte wohl rein akademischer Natur sein.

Das Einsichtsrecht besteht während der Arbeitszeit. Dem Einsichtsrecht sind dabei natürliche Grenzen, die sich aus dem Grundsatz von Treu und Glauben ergeben, gezogen. Das Einsichtsrecht besteht nicht nur während des Beschäftigungsverhältnisses, sondern auch nach dessen Ende. Diese „Nachwirkung" wird aus der Fürsorgepflicht abgeleitet, nicht aus § 83 BetrVG unmittelbar. Soweit die Voraussetzungen vorliegen, können hier jetzt auch Auskunftsrechte des BDSG eingreifen, soweit § 83 BetrVG nicht als abschließende gesetzliche Regelung verstanden wird. Bei der Einsichtnahme kann der Arbeitnehmer ein Mitglied des Betriebsrats hinzuziehen. Im Extremfalle, beispielsweise im Rahmen prozessualer Auseinandersetzungen, empfiehlt es sich, das Einsichtsrecht auch dem Anwalt des Berechtigten zu gewähren. Es ist zulässig, die Einsichtnahme zu überwachen, sowie einen Vermerk über eine erfolgte Einsichtnahme in die Personalakte aufzunehmen.

Der Einsichtnahme begehrende Arbeitnehmer muß Gelegenheit erhalten, von sämtlichen ihn betreffenden Personaldaten Kenntnis nehmen zu können. Folglich müssen verschlüsselte Angaben entschlüsselt werden, Mikrofilme sind sichtbar zu machen, auf einem Datenträger gespeicherte Angaben müssen lesbar gemacht werden. Gleiches gilt für in Kurzschrift aufgenommene Vorstellungsprotokolle oder etwa in fremder Sprache niedergelegte Teile der Personalakte. Man muß sich vor Augen halten, daß der im Begriff „Einsichtnahme" enthaltene Wortsinn über das hinausgeht, was im Falle der Speicherung von Personaldaten mit Computern möglich ist. In eine auf einem Datenträger elektronisch gespeicherte Personalakte kann man naturgemäß nicht einsehen, da Magnetisierungen von Datenträgern

---

56a BB 1977, S. 648ff.

57 *Simitis,* ArbuR 1977, S. 106f.

58 S. *Galperin/Löwisch,* a.a.O., § 83, Anm. 7.

nicht sichtbar und infolgedessen auch nicht ohne weiteres lesbar sind. Die elektronisch gespeicherte Personalakte ist folglich auch nicht einsehbar im eigentlichen Sinne. Vielmehr muß sich der Arbeitnehmer mit Kopien, Auszügen oder dem durch ein Datensichtgerät übermittelten Wortlaut begnügen.
Noch nicht entschieden ist die Frage, ob der Arbeitgeber verpflichtet ist, einen in deutscher Sprache in der Personalakte enthaltenen Text ausländischen Arbeitnehmern, die der deutschen Sprache nicht mächtig sind, zu übersetzen[59]
Hier wird man wohl sagen müssen, daß der Arbeitgeber dann zur Übersetzung des in der Personalakte enthaltenen Wortlauts gehalten ist, wenn er hieraus unmittelbar Rechte herleiten will.

2.1.9 Auskünfte des Arbeitgebers

Die Weitergabe von Personaldaten an Dritte[60] hat die Rechtsprechung bisher durch den Grundsatz der Vertraulichkeit von Personaldaten eingeschränkt. Dieses Thema faßte man bislang unter dem Oberbegriff Auskunftsrecht bzw. Auskunftspflicht des Arbeitgebers zusammen. Nach der Rechtsprechung[61] ist der Arbeitgeber aus dem Gesichtspunkt der Fürsorgepflicht während und auch nach Beendigung des Arbeitsverhältnisses verpflichtet, auf Wunsch des ausscheidenden oder ausgeschiedenen Arbeitnehmers über die Erteilung eines Zeugnisses hinaus weitere ergänzende Angaben über den Arbeitnehmer gegenüber anderen Arbeitgebern zu machen, bei denen der Arbeitnehmer eingestellt werden will. Ohne Zustimmung und selbst gegen den Willen des Arbeitnehmers war der Arbeitgeber grundsätzlich ebenfalls berechtigt, wahrheitsgemäße Auskünfte über die Person und das Verhalten des Arbeitnehmers auf Befragen eines interessierten Arbeitgebers zu erteilen[62].
Diese Rechtsprechung kann unter der Geltung des BDSG nicht mehr uneingeschränkt aufrechterhalten werden. Auskünfte über einen Arbeitnehmer an andere Arbeitgeber sind personenbezogene Daten, die zur Übermittlung an Dritte bestimmt sind, so daß sich im Umkehrschluß zu § 1 Abs. 2 Satz 2 BDSG die Anwendung des Bundesdatenschutzgesetzes dann ergibt, wenn das Datum einer Datei entnommen wird. Bei Personalangaben, die telefonisch oder brieflich, also außerhalb automatisierter Verfahren weitergegeben werden, gilt § 24 BDSG, wenn diese Daten beispielsweise der Nachwuchs- oder Förderungskartei entnommen werden. Für die Zulässigkeit der Weitergabe ist folglich die Zweckbestimmung des Vertragsverhältnisses maßgebend. Mit der Zweckbestimmung des Arbeitsvertrages dürfte es nicht vereinbar sein, gegen den Willen des Arbeitnehmers

59 Zum Problemkreis: *Gola/Hümmerich,* Das Sprachrisiko des ausländischen Arbeitnehmers, BlStSozArbR 1976, S. 273ff.
60 *Gola,* Datenschutz im Betrieb: Wann Weitergabe von Personaldaten an Dritte, Online, 3/76.
61 BAG AP Nr. 1 zu § 630 BGB.
62 Vgl. zuletzt ArbG Darmstadt in BB 77, S. 797.

Daten an andere Arbeitgeber weiterzugeben, weil andernfalls die gesetzlichen Regelungen zum Zeugnis, die hier die Zweckbestimmung des Arbeitsverhältnisses präzisieren, illusorisch wären. Wenn der Arbeitnehmer, gemäß den §§ 73 HGB, 113c GewO, 630 BGB selbst darüber entscheiden kann, ob er ein qualifiziertes oder ein gewöhnliches Zeugnis erhält, dann muß diese gesetzgeberische Grundsatzentscheidung auch im Rahmen der Auskunftserteilung berücksichtigt werden[63]. Andererseits – und hier zeigt sich ein gewisser Widersinn in der Definitionsregelung des § 2 Abs. 3 Ziff. 3 BDSG – fällt die Auskunftserteilung bezüglich ein und desselben Datums dann nicht unter § 24 BDSG, wenn dieses Datum der Personalakte entnommen ist, weil Personalakten regelmäßig nicht vom Dateibegriff des BDSG erfaßt werden. Fraglich ist dies jedoch, wenn die gleichen Daten in Personalakten und automatischen Dateien erfaßt sind, die Einzelauskunft jedoch – vielleicht sogar zur Umgehung des BDSG – aus der Akte erfolgt[64].
Vereinfacht gesagt: Auskünfte des Arbeitgebers an Dritte fallen nur dann unter den Anwendungsbereich des BDSG, wenn die übermittelten Daten einer Datei i. S. des BDSG entnommen werden. Demgegenüber orientiert sich die rechtliche Zulässigkeit der Weitergabe von Personaldaten an der bisherigen Rechtsprechung des Bundesarbeitsgerichts, wenn das Datum der Personalakte entstammt[65]. Dieses Ergebnis ist insofern unbefriedigend, als die Herkunft eines Datums zu einem sachlich nicht gerechtfertigten unterschiedlichen Schutzgehalt führen kann. Die Weitergabe von Daten aus Personalakten ist also in den Grenzen der Rechtsprechung des Bundesarbeitsgerichts zulässig, die Weitergabe eines Personaldatums aus der Nachwuchs- und Förderungskartei ist nur in den engen Grenzen des § 24 BDSG gestattet. Hier wäre für die Zukunft eine vereinheitlichende Regelung wünschenswert.

2.2 Mitwirkungsrechte des Betriebsrates beim Umgang mit Personaldaten

Die generelle Schutzfunktion des Betriebsrats ist nur realisierbar, wenn ihm die erforderlichen Informationen über das Personal zur Verfügung gestellt werden. Bereits aus der grundsätzlichen Aufgabenstellung des Betriebsrats ergibt sich die Notwendigkeit seiner Mitwirkung beim Umgang mit Personaldaten im Betrieb.

Welche technischen Hilfsmittel der Arbeitgeber in der Personalverwaltung einsetzt, unterliegt nicht der Mitbestimmung des Betriebsrats. Dies gilt auch für den Einsatz der EDV. Ob Gehälter manuell oder über eine DV-Anlage, ob die Personaldaten der Mitarbeiter in Akten, Karteien oder in einer elektronischen Daten-

63 siehe *Hümmerich*, Auskünfte zwischen Arbeitgebern über Arbeitnehmer im Lichte des BDSG, DVR 1977, S. 129ff.

64 *Hentschel*, a.a.O., S. 167, will die Personalakte als Basisträger für die EDV-Datei wohl in den Schutzbereich des BDSG einbeziehen; anders Hergenhahn, Verbreitete Mißverständnisse um das Bundesdatenschutzgesetz, Datenschutz u. Datensicherung 1/77, S. 25, der erst das unmittelbare Erfassen in Dateien unter das BDSG fallen läßt.

65 Diese Rechtsprechung entspricht in ihren „Grundsätzen" dem Wortlaut der beiden Alternativen des § 24 BDSG, Vgl. *Gola*, Online 3/76.

bank gespeichert werden, unterliegt dem Ermessen des Arbeitgebers. Auch die Vorschrift des § 90 BetrVG (Mitwirkung bei dem Einsatz neuer technischer Arbeitsmittel) führt zu keinem anderen Ergebnis[66]. Erst durch den Zweck der Auswertung oder die Verarbeitung der Personaldaten können Mitbestimmungsrechte des Betriebsrats berührt werden. Daraus folgt: Wenn eine Personaldatenbank bzw. ein Personalinformationssystem zu Zwecken der Personalplanung, der Personalauswahl, der Lohn- und Gehaltsfindung oder der Personalbeurteilung eingesetzt werden soll, so unterliegen die hierfür festzulegenden Grundsätze und Richtlinien wegen der dem Betriebsrat zugewiesenen Rechte der Zustimmung oder der Mitberatung durch den Betriebsrat[67].

2.2.1 Unterrichtung des Betriebsrats

Nach § 80 Abs. 2 BetrVG ist der Betriebsrat rechtzeitig und umfassend durch den Arbeitgeber über alle betrieblichen Daten zu unterrichten, deren Kenntnis er zur Durchführung seiner durch das Betriebsverfassungsgesetz gegebenen Aufgaben bedarf. Im Rahmen dieser Informationspflicht sind dem Betriebsrat eine Vielzahl von Personaldaten bekanntzugeben, so beispielsweise Angaben über die Schwerbehinderteneigenschaft, die Schwangerschaft, das Alter oder u. U. auch die sozialen Verhältnisse eines Mitarbeiters. Eine derartige Unterrichtung kann auch gegen den Willen des Arbeitnehmers erfolgen[68]. An dieser Konsequenz führt kein Weg vorbei, denn der Betriebsrat muß seine ihm nach dem Gesetz übertragenen Aufgaben erfüllen können, gleichgültig, ob dies ein einzelner Arbeitnehmer billigt oder nicht.
Neben dem allgemeinen Recht auf Unterrichtung bestehen bestimmte Sondertatbestände nach dem Betriebsverfassungsgesetz, aufgrund derer der Betriebsrat zu unterrichten ist. Zu erwähnen sind hier die Unterrichtung bei der Personalplanung (§ 92 Abs. 1 Satz 1 BetrVG), die Unterrichtung im Zusammenhang mit der beruflichen Weiterbildung (§§ 96–98 BetrVG) und die Unterrichtung im Zuge personeller Einzelmaßnahmen (insbesondere § 99 BetrVG)[69].

2.2.2 Einsicht in Lohn- und Gehaltslisten

Über ein eigenes Einsichtsrecht, das der Betriebsrat im Hinblick auf die Personalakten der Arbeitnehmer nicht besitzt, verfügt er im Hinblick auf die Bruttolohn- und Gehaltslisten der Arbeitnehmer (§ 80 Abs. 2 Satz 2 letzter Halbsatz

---

66 Vgl. auch *Gola,* DSWR 74, S. 186, *ders.* in Dierstein, Fiedler, Schulz, Datenschutz und Datensicherung, S. 322ff.

67 *Simitis,* ArbuR, S. 101, führt insoweit das Beispiel des Produktographen an, für dessen Einsatz ein Mitbestimmungsrecht nach § 87 Abs. 1 Ziff. 6 BetrVG besteht. Die parallele Problemstellung ist deutlich, gleichwohl ist § 87 BetrVG auf den Einsatz automatischer Informationsverarbeitung wohl nicht anwendbar.

68 A. A: *Dietz/Richardi,* § 99 Anm. 58

69 Näheres bei *Hümmerich/Gola,* Personaldatenrecht im Arbeitsverhältnis, S. 138ff. mit Nachweisen; *Simitis,* a.a.O., S. 100ff.

BetrVG). Das Einsichtsrecht kann durch den Betriebsratsvorsitzenden oder durch einen mit den erforderlichen Zuständigkeiten ausgestatteten Betriebsausschuß wahrgenommen werden. Das Einsichtsrecht verpflichtet den Arbeitgeber nicht, dem Betriebsrat eine komplette Sammlung aller Bruttolohn- und Gehaltsdaten der Arbeitnehmer zur Verfügung zu stellen. Der Wortlaut des § 80 Abs. 2 Satz 2 letzter Halbsatz BetrVG macht vielmehr deutlich, daß der Arbeitgeber ausschließlich Einsicht zu gewähren hat, so daß der Betriebsrat entweder in diese Listen einsehen oder, wenn eine elektronisch geführte Datei hierüber besteht, mit Hilfe eines eigenen Zugriffschlüssels die von ihm gewünschten Daten abfragen kann[70].

2.2.3 Die Weitergabe von Personaldaten im Zusammenhang mit personellen Einzelmaßnahmen

Gemäß § 99 Abs. 1 Satz 1 BetrVG hat der Arbeitgeber vor jeder Einstellung, Eingruppierung, Umgruppierung oder Versetzung den Betriebsrat zu unterrichten. Er hat Auskunft über die Person der Beteiligten zu geben und die erforderlichen Bewerbungsunterlagen vorzulegen. Ferner ist dem Betriebsrat unter Vorlage von Unterlagen Auskunft über die Auswirkungen der geplanten Personalmaßnahme zu erteilen und seine Zustimmung einzuholen. Vor Durchführung einer personellen Einzelmaßnahme besteht somit ein Informationsrecht des Betriebsrats, das zwar erst dann eingreift, wenn die beabsichtigte Personalentscheidung beim Arbeitgeber gefallen ist, das andererseits aber eine Informationspflicht des Arbeitgebers begründet. Der Arbeitgeber muß Auskunft geben über sämtliche von der Personalentscheidung betroffenen Personen. Beteiligt sind zunächst alle internen und externen Bewerber sowie alle sonstigen Arbeitnehmer, auf die sich die beabsichtigte Personalmaßnahme unmittelbar auswirken kann[71]. Der Umfang der Unterrichtungspflicht ergibt sich aus dem Umfang der Widerspruchsmöglichkeiten des Betriebsrats, d. h. die mitzuteilenden Daten müssen alle Gesichtspunkte enthalten, auf die der Betriebsrat die Versagung seiner Zustimmung stützen könnte.

Bei Einstellungen und Versetzungen sind dem Betriebsrat die Bewerbungsunterlagen aller Bewerber offenzulegen[72]. Zum Umfang der Unterrichtungspflicht hat das Bundesarbeitsgericht in einer denkwürdigen Entscheidung[73] festgelegt, daß der Arbeitgeber auch die vollständigen Bewerbungsunterlagen derjenigen Bewerber vorlegen muß, die er nicht berücksichtigen will. Somit ist es nunmehr erforderlich, die Bewerbungsunterlagen aller Bewerber, auch wenn vorher bereits wegen erkennbar mangelnder Qualifikation eine Absage erteilt worden ist, so

---

70 H. M. zuletzt BAG v. 23.2.1973, BB 73, S. 799.
71 S. *Dietz/Richardi,* a.a.O., § 99 Anm. 52.
72 Zum Umfang der Bewerbungsunterlagen siehe *Hümmerich/Gola,* Personaldatenrecht im Arbeitsverhältnis, S. 52 ff.
73 AP Nr. 1 zu § 99 BetrVG 1972.

lange aufzubewahren und zurückzubehalten, bis die Zustimmung des Betriebsrats eingeholt ist. Daß diese Auffassung teilweise praxisfremd ist, zeigt sich schon daran, daß Bewerbungen, die unaufgefordert dem Arbeitgeber zugesandt werden, einer konkret ausgeschriebenen Stelle nicht zugeordnet werden können und sich somit die unbeantwortete Frage stellt, im Zusammenhang mit welchen Personalverfahren diese Bewerbungen vorgelegt werden müssen.
Dietz/Richardi[74] sind der Ansicht, der Bewerber könne dem Arbeitgeber die Weiterleitung seiner Unterlagen an den Betriebsrat untersagen. Diese aus datenschutzrechtlicher Sicht begrüßenswerte Ansicht dürfte jedoch nicht in Übereinstimmung mit der Rechtsprechung des Bundesarbeitsgerichts stehen.
An und für sich ist es eine Selbstverständlichkeit, daß der Betriebsrat ebenso wie der Arbeitgeber die ihm bekannt gewordenen Personaldaten mit der gebotenen Vertraulichkeit zu behandeln hat. Gleichwohl hat der Gesetzgeber diese Verpflichtung noch einmal in § 99 Abs. 1 Satz 3 BetrVG sowie in den §§ 102 Abs. 2 Satz 5, 99 Abs. 1 BetrVG kodifiziert. Eine Verletzung der Verschwiegenheitspflicht ist nach § 120 BetrVG strafbar[75]. Personaldaten, die beim Betriebsrat verwahrt werden, unterliegen dem Schutz des BDSG.

2.2.4 Die Ermittlung von Personaldaten

Werden Personaldaten einheitlich ermittelt, so hat der Betriebsrat gem. § 94 BetrVG ein Mitbestimmungsrecht. Für diesen Tatbestand ist es nicht erforderlich, daß die Fragen und Antworten erst in einem Formular niedergelegt werden; § 94 Abs. 1 BetrVG greift wohl auch dann ein, wenn standardmäßig erfragte Daten unmittelbar über ein Terminal eingegeben werden[76].
Auch Beurteilungsgrundsätze bedürfen der Zustimmung des Betriebsrats (§ 94 Abs. 2 BetrVG). Das Mitbestimmungsrecht erstreckt sich auf die Beurteilungsmerkmale und das Verfahren, in dem die Beurteilung durchgeführt werden soll. Welche datenschutzrechtliche Bedeutung dieses Mitbestimmungsrecht hat, zeigt sich bereits darin, daß sich das Mitbestimmungsrecht ausschließlich auf die Beurteilung der Person des Arbeitnehmers erstreckt, nicht jedoch die Bewertung seines Arbeitsplatzes umfaßt[77].

2.2.5 Auswahlrichtlinien

Richtlinien über die Personalauswahl bei Einstellungen, Versetzungen, Umgruppierungen und Kündigungen bedürfen der Zustimmung des Betriebsrats (§ 95 Abs. 1 Satz 1 BetrVG). In Unternehmen ab 1000 Arbeitnehmern besitzt der Betriebsrat sogar ein Initiativrecht zur Aufstellung derartiger Richtlinien (§ 95

74 A.a.O., § 99 Anm. 58.
75 Dazu unten 7. Kapitel, II, 4.
76 Nach *Simitis,* ArbuR, S. 103, soll in § 94 BetrVG auch ein Anspruch enthalten sein, mitzubestimmen, soweit es um die Verwendung der Angaben geht.
77 H. M. *Dietz/Richardi,* a.a.O., § 94 Anm.

Abs. 2 BetrVG). Eine wesentliche Aufgabe der Auswertung von Personaldaten im Betrieb liegt darin, durch umfassende Informationen über persönliche Eigenschaften und fachliche Qualifikation der einzelnen Mitarbeiter Entscheidungshilfe bei beabsichtigten Personalmaßnahmen zu leisten. Die Ausgangsdaten werden somit durch die Auswahlrichtlinien festgelegt. Die Mitbestimmung des Betriebsrats bedeutet in diesem Zusammenhang ein das Persönlichkeitsrecht des Arbeitnehmers schützendes und damit im weitesten Sinne datenschutzrechtliches Element zur Herbeiführung eines sachgerechten Interessenausgleichs.
Das Mitbestimmungs- und Initiativrecht des Betriebsrats bei der Erstellung von Auswahlrichtlinien bezieht sich auf die Festlegung der materiellen Elemente für die Auswahl eines Mitarbeiters oder Bewerbers bei Personaleinzelmaßnahmen, aber auch auf die Verfahren, die für die Festlegung der Auswahlkriterien maßgebend sein sollen. So hat der Betriebsrat mitzubestimmen, welche Daten zur Berücksichtigung bei einer späteren Auswahl in die Kartei oder Personaldatenbank aufgenommen werden sollen und auf welche Weise die Daten gewonnen werden sollen. Damit unterliegen auch die Medien (Fragebogen, Tests, Auswertungen des Vorstellungsgesprächs u. ä.) der Zustimmung des Betriebsrats.
Erhebliche Bedeutung wird das Mitbestimmungsrecht des Betriebsrats erlangen, wenn es um den Aufbau einer Personaldatenbank geht; Personalinformationssysteme machen es sich insbesondere zur Aufgabe, die Stellenbesetzung und sonstige Personalentscheidungen mit Unterstützung der EDV durchzuführen. Um dieses Verfahren realisieren zu können, muß dem Rechner generell oder im Einzelfall ein Programm eingegeben werden, das inhaltlich der Aufstellung von Auswahlrichtlinien gleichkommt[78].

2.2.6 *Personalplanung*

Die gleiche Tendenz zeigt sich, wenn es um die Berücksichtigung des Mitbestimmungsrechts gemäß § 92 BetrVG geht: Durch diese Vorschrift wird der Arbeitgeber verpflichtet, den Betriebsrat zu informieren und mit ihm zu beraten, ob und inwieweit eine Personalplanung durchgeführt werden soll. Sofern noch keine Planung existiert, steht dem Betriebsrat ein gesetzlich normiertes Vorschlagsrecht zur Einführung einer Personalplanung und zu deren Durchführung zu.
Insbesondere ein Personalinformationssystem wird ein Instrument zur Durchführung der Personalplanung sein. Die in den Dateien enthaltenen Angaben über Personalstand, Fluktuation, Aufbau der Belegschaft, Krankheitsstand und Qualifikation der Mitarbeiter werden, wenn sie einmal vorliegen, zumindest die Ansätze einer Personalplanung mit allen ihren Unabwägbarkeiten bilden. Die Aussagen des Informationssystems sind dann Unterlagen, die dem Betriebsrat offenzulegen sind, ebenso wie diejenigen Gesichtspunkte, nach denen sie als Grundlage für die Personalplanung und Personalentscheidungen des Arbeitgebers be-

---

78 Vgl. hierzu auch *Hümmerich/Gola*, Personaldatenrecht im Arbeitsverhältnis, S. 130 ff. mit Nachweisen.

rücksichtigt werden sollen. Man muß sich daher bei der Erstellung des Personalinformationssystems darüber im klaren sein, daß seine Ergebnisse nicht allein vertrauliche Informationen des Arbeitgebers bleiben, sondern zwangsläufig dem Betriebsrat zur Verfügung gestellt werden und im Hinblick auf zukünftige Personalmaßnahmen mit dem Betriebsrat beraten werden müssen.
Enthält das Informationssystem bereits Programme, die aus den Daten des Personals zukünftige Entwicklungen und daraus zu folgernde Personalmaßnahmen aufzeigen, so führt das Personalinformationssystem teilweise unmittelbar die Personalplanung durch. In diesem Falle bedarf bereits die Einführung der diesbezüglichen Software der Beratung mit dem Betriebsrat[79].

2.3 Personaldatenrechtliche Zuständigkeit des Betriebsrats

Aus § 75 Abs. 2 BetrVG ergibt sich eine gewisse Allzuständigkeit des Betriebsrats aus datenschutzrechtlicher Sicht. Nach dieser Vorschrift haben Arbeitgeber und Betriebsrat die freie Entflatung der Persönlichkeit der im Betrieb beschäftigten Arbeitnehmer zu schützen und zu fördern. Wenn es richtig ist, daß die mißbräuchliche Verwendung personenbezogener Daten den Betroffenen in seinem Persönlichkeitsrecht berührt[80], dann muß in Verbindung mit der Vorschrift des § 75 Abs. 2 BetrVG eine Datenschutzfunktion des Betriebsrats bejaht werden. Zwar hat auch der Arbeitgeber, insbesondere hier auch durch die Position des Datenschutzbeauftragten, eine insoweit gleichrangige Position. Erscheinen dem Arbeitnehmer jedoch seine datenschutzrechtlichen Interessen durch den Arbeitgeber nicht gebührend berücksichtigt, so ist es Sache des Betriebsrats auf der Grundlage der §§ 84, 85 BetrVG diesen Rechten Geltung zu verschaffen.
Wenn bei der inner- und außerparlamentarischen Diskussion um das BDSG eine möglichst umfassende Einbeziehung aller personenbezogener Daten in den Schutz des Gesetzes unter anderem damit begründet wurde, daß andernfalls die Arbeitnehmerdaten ungeschützt bleiben würden, so ist insoweit anzumerken, daß diese Argumentation übersah, daß der Datenschutz im Personalwesen zumindest bei der herkömmlichen Datenverarbeitung weitgehend sichergestellt war[81]. Sieht sich der Arbeitnehmer aus seiner individualrechtlichen Stellung heraus alleine nicht in der Lage, seine Recht wahrzunehmen, so kann er sich seines Interessenvertreters, des Betriebsrats, bedienen. Daß für die Zukunft eine Erweiterung der Rechtsposition des Betriebsrats aus datenschutzrechtlicher Sicht zu begrüßen wäre[82], ändert an der bereits bestehenden, qualitativ nennenswerten Plattform des Personaldatenschutzes im Betriebsverfassungsrecht nichts.

---

79 *Gola*, DSWR 1974, S. 284.

80 Siehe *Benda*, Privatsphäre und „Persönlichkeitsprofil", in Festschrift für Willi Geiger, Tübingen 1974, S. 23ff.

81 Siehe auch *Hümmerich/Gola*, BB 1977, S. 148 mit weiteren Nachweisen; *Gola*, Datenschutz aus Sicht der Personalabteilung, in Dierstein, Fiedler, Schulz, Köln 1976, S. 111.

82 Zu derartigen Forderungen siehe *Kilian* DSWR 1975, S. 322ff.

Zur Verstärkung des gesetzlichen Datenschutzes zu Gunsten der Arbeitnehmer beim Einsatz von Personalinformationssystemen kann die Möglichkeit des Abschlusses einer Betriebsvereinbarung zwischen Betriebsinhaber und Betriebsrat ins Auge gefaßt werden, wobei in den meisten Fällen der jeweilige Gesamtbetriebsrat zuständig sein würde. Eine solche freiwillige Betriebsvereinbarung wurde bereits beispielhaft erarbeitet. Nachfolgend wird diese Muster-Betriebsvereinbarung[83] vorgestellt[84], die aus Rechtsvorschriften und im Anschluß an die jeweilige Bestimmung aus Erläuterungen besteht:

Muster-Betriebsvereinbarung über den Datenschutz bei Einführung und Betrieb von Informationssystemen

1. Abschnitt: Allgemeine Vorschriften

§ 1: Aufgabe der Vereinbarung

Aufgabe dieser Vereinbarung ist

1. die Anwendung der Beteiligungsrechte des Betriebsrats auf die Verwendung von Personalinformationen,
2. der Schutz der Arbeitnehmer und der Belegschaft als ganzer vor einer ungerechtfertigten Beeinträchtigung ihrer Interessen durch die Verwendung von Personalinformationen.

Zu § 1: Ziel der Betriebsvereinbarung ist die Wahrnehmung der Gestaltungs- und Schutzfunktionen des Betriebsrats. Weder würde ein nur defensiver Schutz den neuen technisch-organisatorischen Möglichkeiten gerecht, noch dürfen die Gefahren unbeachtet bleiben, die aus der Verwendung der modernen Informationstechnologie entstehen. Rechtsgrundlage für § 1 Ziff. 1: s.o. Ziff. 4; für Ziff. 2: § 75 Abs. 1 und 2 BetrVG; subsidiär: §§ 1 Abs. 1, 23–25 BDSG.

§ 2 Gegenstand der Vereinbarung

(1) Gegenstand dieser Vereinbarung ist die Verwendung aller Informationen, die auf gegenwärtige, ehemalige oder in Betracht kommende künftige Arbeitnehmer des Betriebs/Unternehmens (Firma) oder auf deren Angehörige bezogen sind oder bezogen werden können (Personalinformationen).

(2) Dieser Vereinbarung unterliegt die Verwendung aller Personalinformationen

1. unter Anwendung des computergestützten Personalinformationssystems . . .,
2. unter Anwendung anderer computergestützter Informationssysteme,
3. durch nicht automatisierte Verfahren,
4. einschließlich derjenigen, die in sogenannten Sachdateien enthalten sind,
5. einschließlich von Sachinformationen, die auf Arbeitnehmer i. S. von Absatz 1 bezogen werden können, insbesondere im Rahmen der Betriebsdatenerfassung,

---

83 Muster-Betriebsvereinbarung über den Datenschutz bei der Einführung und Betrieb von Informationssystemen, Fundstelle: Der Betriebsrat, Schriftenreihe für die Betriebsräte der IG Chemie-Papier-Cheramik, Hannover, Mai 1977.

84 Siehe auch Einführung, Vor Kap. 4., Abschnitt 4. „Qualität vorrangiger Rechtsvorschriften“, S. 11f.

6. einschließlich derjenigen außerhalb der Firma befindlichen Personalinformationen, auf welche die Firma direkt oder indirekt zugreifen kann.

(3) Verwendung ist die Ermittlung, Erfassung, Speicherung, Veränderung, Übermittlung und Löschung sowie jede andere Form des Gebrauchsmachens von Personalinformationen, insbesondere für Planungen und Entscheidungen.

Zu 2: Gegenstand des Datenschutzes nach dem Betriebsverfassungsgesetz ist nicht nur die Datenverarbeitung im technischen Sinn, sondern auch und vor allem die Verwendung der Daten für Planungen und Entscheidungen (Abs. 1 und 3) und die daraus folgenden Maßnahmen. Der Begriff „Verwendung" von Daten ist daher ausdrücklich weiter als „Datenverarbeitung" nach § 1 Abs. 1 BDSG. Für den Betriebsrat kommt es darauf an, was mit den Daten gemacht wird; die daraus abgeleiteten Folgen (z. B. Krankheitstage über Durchschnitt: Entlassung) greifen am stärksten in die Rechte der Arbeiter ein. Rechtsgrundlage sind u. a.: §§ 75 Abs. 1 und 2, 80 Abs. 1 Ziff. 1, 87, 92 BetrVG.

Je nachdem, ob die Betriebsvereinbarung für einen Betrieb oder ein gesamtes Unternehmen abgeschlossen wird, müßte an sich ein Unterschied gemacht werden. Um dies zu vermeiden, wird einheitlich der Ausdruck „Firma" benutzt. Abs. 2 stellt klar, daß der Datenschutz sich nicht nur auf Informationen erstreckt, die im Personalinformationssystem verarbeitet werden (Ziff. 1), sondern auch in anderen Informationssystemen mit Personalinformationen (Ziff. 2) und in nicht automatisierten, herkömmlichen Verfahren (Ziff. 3). Der betriebsverfassungsrechtliche Datenschutz geht insofern weiter als der nach dem BDSG (§ 1 Abs. 2 Satz 2 BDSG). Schutz und Förderung der freien Entfaltung der Persönlichkeit (§ 75 Abs. 2 BetrVG), Rechtskontrolle (§ 80 Abs. 1 Ziff. 1) und der Unterrichtungsanspruch über die Personalplanung (§ 92) sind, ebenso wie die anderen Rechte nach dem Betriebsverfassungsgesetz, unabhängig davon, ob die Personalinformationen manuell oder maschinell verarbeitet werden.

Sind Personalinformationen z. B. in einer Datei über Betriebsbußen, Parkplatzberechtigung oder Bücherausleihe enthalten, so sind sie zwar nach Sachgebieten geordnet, bleiben aber dennoch Personalinformationen, die den Beteiligungsrechten des Betriebsrats und dem Datenschutz unterliegen (Ziff. 4). In § 2 Abs. 1 BDSG sind auf Personen beziehbare Daten nicht ausdrücklich erwähnt. Beispielsweise können Sachinformationen wie Maschinenlaufzeiten und Stromverbrauch Auskunft über Arbeitsgeschwindigkeit und Pausen des betreffenden Arbeiters geben. Mitbestimmung und Datenschutz nach dem Betriebsverfassungsgesetz erstrecken sich jedenfalls auch auf solche Daten (Ziff. 5).

Wenn eine Firma eine eigene Datenverarbeitungs-GmbH gründet, um sich dem Datenschutz zu entziehen, so ist das ebensowenig wirksam wie die Auslagerung der Daten zu einer ausländischen Mutter- oder Tochtergesellschaft, zu einem Verband oder einem Service-Rechenzentrum. Denn mach § 75 BetrVG kommt es darauf an, ob die betroffenen Arbeitnehmer im Betrieb tätig sind, nicht aber, ob ihre Daten im Betrieb geführt werden (Ziff. 6).

§ 3: Einführung des Personalinformationssystems

Der Betriebsrat stimmt der Einführung des in Anhang A beschriebenen Informationssystems (im folgenden auch „System" genannt) im Betrieb N. zum 1. 1. 1978 unter den in dieser Vereinbarung genannten Bedingungen zu. Systembestandteile oder Verwendungsarten, die nicht in der Systembeschreibung enthalten sind, sind unzulässig. Die Systembeschreibung muß mindestens die in Anhang A aufgeführten Bestandteile enthalten. Jede Erweiterung des Systems einschließlich nicht vereinbarter Verwendungsarten bedarf einer Ergänzung dieser Betriebsvereinbarung.

Zu § 3: Sinn dieser Bestimmung ist die Festschreibung einer bestimmten Auslegung des Informationssystems, so daß die Beteiligungsrechte des Betriebsrats nicht durch eine unkontrollierte Weiterentwicklung unterlaufen werden können. Anhang A dieser Muster-Betriebsvereinbarung ist im konkreten Fall durch eine von der Firma zu liefernde Systemdarstellung auszufüllen. Rechtsgrundlage: §§ 80 Abs. 2, 90, 92 BetrVG.

2. Abschnitt: Zulässigkeit der Verwendung von Personalinformationen

§ 4: Diskriminierungsverbot und Persönlichkeitsschutz

Unzulässig ist jede Verwendung von Personalinformationen, die zur Diskriminierung oder zur Beeinträchtigung oder Gefährdung der Rechte oder berechtigten Interessen, insbesondere des Persönlichkeitsrechts von Arbeitnehmern geeignet ist. Eine Gefährdung liegt insbesondere vor, wenn Personalinformationen verwendet werden, auf die beeinträchtigende Maßnahmen gestützt werden können.

Zu § 4: Hier handelt es sich um eine Konkretisierung von § 75 BetrVG. Das Diskriminierungsverbot stützt sich auf § 75 Abs. 1, der Persönlichkeitsschutz auf § 75 Abs. 2. Unter Persönlichkeitsrecht ist nicht nur das Recht auf Schutz der Privatsphäre zu verstehen, sondern auch die wirtschaftlichen Rechte auf einen sicheren Arbeitsplatz, berufliches Fortkommen, qualifikationsgerechten Einsatz, leistungsgerechtes Entgelt, Schutz der Gesundheit vor Überforderung usw. Sie können durch konkrete Maßnahmen beeinträchtigt werden, z. B. eine Entlassung, eine Umsetzung mit Lohnminderung oder eine Heraufsetzung der Leistungsvorgabe. Solche Maßnahmen können aber bereits durch Erfassungen und Auswertungen vorbereitet werden, z. B. Entlassungen durch eine Fehlzeitenstatistik. Die Personalinformationen in der Fehlzeitenstatistik bilden dann eine Gefährdung, vor der die Arbeitnehmer gleichfalls zu schützen sind.

§ 5: Zweckbestimmung des Arbeitsverhältnisses

(1) Personalinformationen dürfen nur verwendet werden, soweit diese auf Grund einer Rechtsvorschrift zulässig und zur Erreichung der Zweckbestimmung des Arbeitsverhältnisses erforderlich ist. Insbesondere ist die Verwendung der in Anhang B aufgeführten Personalinformationen zulässig, jedoch ausschließlich zu den dort angegebenen Zwecken.

(2) Unzulässig ist jede Übermittlung von Personalinformationen an Dritte, einschließlich späterer Arbeitgeber, sofern der betroffene Arbeitnehmer der Übermittlung nicht vorher zugestimmt hat oder die Firma kraft Gesetzes zur Auskunftserteilung verpflichtet ist.

Zu § 5: Hier ist der arbeitsrechtliche Grundsatz angewandt, daß nur die für das – konkrete – Arbeitsverhältnis notwendigen Informationen erfaßt werden dürfen. Darüber hinaus wird entsprechend § 3 Satz 1 Ziff. 1 BDSG das Erfordernis aufgestellt, daß die Verarbeitung der Information durch eine Rechtsvorschrift erlaubt sein muß. Nicht anwendbar ist hingegen die Vorschrift des § 3 Satz 1 Ziff. 2 BDSG, wonach die Einwilligung des Betroffenen die Datenverarbeitung zulässig macht; denn der Arbeitnehmer ist in einer wirtschaftlich abhängigen Position, so daß die Machtstellung des Unternehmers die Freiwilligkeit der Einwilligung in vielen Fällen illusorisch machen würde. Es kann empfehlenswert sein, anhand der von der Firma vorgelegten und vom Betriebsrat gebilligten Personalinformationen einen Positivkatalog (Anhang B) aufzustellen.

Durch Absatz 2 soll beispielsweise schwarzen Listen und unbefugten Auskünften ein Riegel vorgeschoben werden.

§ 6: Unzulässige Verwendung

Unzulässig ist die Verwendung privater, medizinischer, psychologischer, ordnungs- und strafrechtlicher, gewerkschaftlicher und politischer, namentlich parteipolitischer Personalinformationen. Unzulässig ist insbesondere die Verwendung der in Anhang C aufgeführten Personalinformationen. Soweit durch Rechtsvorschrift von Satz 1 und 2 abweichendes bestimmt ist, darf die Verwendung der betreffenden Informationen nur im vorgeschriebenen Umfang und zum vorgeschriebenen Zweck erfolgen. Ausnahmen von Satz 1–3 sind nur zulässig

1. für Zwecke des Gesundheitsschutzes,
2. für Zwecke der Unfallverhütung,
3. für Auswertungen, die der Betriebsrat zur Verbesserung der Lage der Arbeitnehmer vornimmt,

und bedürfen einer besonderen Betriebsvereinbarung.

Personalinformationen, die nach Satz 4 zulässigerweise verwendet wurden, sind nach ihrer Verwendung zu löschen.
Zu § 6: In dieser Vorschrift wird an einigen Beispielen eine Grenze für das ausufernde Informationsbedürfnis der Unternehmen zu ziehen versucht. Die Besipiele konkretisieren den Rechtsgrundsatz nach § 5. In einem gesonderten Anhang sollte der Betriebsrat anhand der betrieblichen Gegebenheiten – welche „sensitiven Daten" sind ihm zu Gehör gekommen? – einen Negativkatalog der Merkmale aufstellen, deren Verwendung nicht akzeptiert werden kann. Dabei ist aber nicht nur der Personalstammsatz zu betrachten, sondern auch das Testwesen, das Beurteilungswesen, der betriebsärztliche und betriebspsychologische Dienst, der Werkschutz, Betriebsstrafen und -rügen usw. Um aber Verwendungen nicht zu verhindern, die im Interesse der Beschäftigten liegen, sind Ausnahmen vorgesehen, die nach den betrieblichen Gegebenheiten erweitert werden können. Damit aber dann mit den „empfindlichen" Informationen, die zum Nutzen der Arbeitnehmer verwendet werden, nicht doch anschließend Schaden gestiftet wird, sind sie nach Verwendung zu vernichten.

§ 7: Rationalisierungsschutz

Die Verwendung von Personalinformationen für Rationalisierungsmaßnahmen ist nur im Rahmen einer bis zum ... abzuschließenden Betriebsvereinbarung über den Rationalisierungsschutz zulässig. Dies gilt sowohl für die beim Betrieb von Informationssystemen Beschäftigten als auch für die von Personalinformationen betroffenen Arbeitnehmer.
Zu § 7: Besonders unter den gegenwärtigen wirtschaftlichen Bedingungen ist der Einsatz eines Personalinformationssystems auch für Rationalisierungsmaßnahmen zu erwarten. Diese bringen besondere soziale Härten mit sich; doch kann dieses Problem nur in einer gesonderten Vereinbarung behandelt werden. Zu beachten ist, daß nicht – wie manchmal angeführt wird – die Rationalisierung der Personalabteilungen das Hauptanwendungsfeld ist, auf dem das Personalinformationssystem sich bezahlt macht, sondern der gezieltere und rentablere Einsatz der gesamten Belegschaft, beispielsweise durch genauere Erfassung und bessere Ausnutzung der einzelnen Fähigkeiten, durch Dequalifikation und Umschulung. Allerdings wird auch in den Personalabteilungen in der Regel Personal eingespart, wenn ein Personalinformationssystem eingeführt wird – dies gleichfalls entgegen anderslautenden Behauptungen.

§ 8: Unterlassungs- und Schutzpflichten

Betriebsrat und Firma sind verpflichtet, jede unzulässige Verwendung von Personalinformationen zu unterlassen und die Arbeitnehmer vor Beeinträchtigungen und Gefährdungen zu schützen, die aus der Verwendung von Personalinformationen folgen können.
Zu § 8: Hier wird klargestellt, daß unzulässige Verwendungen zu unterlassen sind; darüber hinaus aber sind Arbeitgeber und Betriebsrat nach § 75 Abs. 2 zu einem aktiven Schutz der Arbeitnehmer verpflichtet.

§ 9: Schadensersatz

Ein Verstoß gegen die Verwendungsverbote der §§ 4–8 stellt einen rechtswidrigen Eingriff in das Persönlichkeitsrecht des betroffenen Arbeitnehmers dar und verpflichtet die Firma auch ohne Verschulden zum Schadensersatz in Höhe von pauschal 5000 DM. Die Geltendmachung eines weiteren Schadens ist nicht ausgeschlossen.
Zu § 9: Jede Verwendung von Personalinformationen greift in das Persönlichkeitsrecht des Betroffenen ein; rechtswidrig ist sie aber nur beim Vorliegen besonderer Umstände wie einem Verstoß gegen ein vertragliches Verwendungsverbot. Ein Verschulden (Vorsatz oder Fahrlässigkeit) läßt sich beim Einsatz automatisierter Verfahren kaum nachweisen; daher ist nach Auffassung z. B. des Deutschen Juristentages auch ohne Verschulden eine Schadensersatzpflicht anzunehmen. Ohne diesen Passus würde die Schadensersatzpflicht erst bei einem rechtswidrigen und schuldhaften Eingriff in das Persönlichkeitsrecht eintreten. Rechtsgrundlage: Art. 1 Abs. 2 Grundgesetz (Allgemeines Persönlichkeitsrecht) in Verbindung mit § 823 BGB.

An den Verhandlungen um diese Bestimmung wird sich besonders zeigen, wie ernst es die Firma mit ihrer Verpflichtung zum Datenschutz nach § 75 BetrVG und § 1 BDSG meint. Wenn die Verwendungsverbote nicht mit Sanktionen versehen sind, ist die Gefahr von Verstößen entsprechend größer.

3. Abschnitt: Informationsrechte der Arbeitnehmer

§ 10: Benachrichtigung

Jeder Arbeitnehmer ist durch die Firma über alle Informationen, die über ihn ermittelt, erfaßt, gespeichert, verarbeitet, gelöscht oder übermittelt werden, über ihre sonstige Verwendung und den Zweck ihrer Verwendung vollständig und wahrheitsgemäß zu benachrichtigen. Die Benachrichtigung erstreckt sich auf das abstrakte Merkmal und dessen konkrete Ausfüllung. Sie erfolgt unentgeltlich zweimal im Jahr ohne besonderen Anlaß. Sämtliche Personalinformationen sind lesbar zu machen und dem Arbeitnehmer schriftlich zuzustellen.

Zu § 10: Die Benachrichtigung unterscheidet sich von der Auskunft dadurch, daß erstere ohne Initiative des Betroffenen von der speichernden Stelle ausgeht, während die Auskunft auf ein Verlangen des Betroffenen hin erfolgt. Die Benachrichtigungspflicht gilt über § 26 Abs. 1 BDSG hinaus. Nach dieser Vorschrift besteht die Benachrichtigungspflicht nur bei erstmaliger Speicherung und nur dann, wenn der Betroffene nicht auf andere Weise, z. B. beim Ausfüllen des Personalfragebogens, Kenntnis von der Speicherung erlangt hat. Es ist möglich, daß die Firma ein eigenes Interesse an der Benachrichtigung hat, etwa deshalb, weil so die Daten von den Betroffenen auf ihre Richtigkeit überprüft werden können, oder um einer allgemeinen Beunruhigung über das anwachsende Datensammeln vorzubeugen. Es genügt nicht die Mitteilung, daß z. B. das Geburtsdatum erfaßt wurde, vielmehr ist auch die Angabe notwendig, wie es lautet: Geburtsdatum: 27. 1. 1936.

§ 11: Auskunft

Jeder Arbeitnehmer kann von der Firma jederzeit unentgeltliche Auskunft über alle zu seiner Person gespeicherten oder sonst verwendeten Informationen, ihre Verwendung und den Zweck ihrer Verwendung verlangen. § 83 BetrVG bleibt unberührt.

Zu § 11: Das Auskunftsrecht stützt sich auf § 83 BetrVG, nicht auf § 26 Abs. 2–4 BDSG. § 83 BetrVG ist speziell und geht damit dem § 26 BDSG vor. Personalakte im materiellen Sinne ist jede Sammlung von schriftlichen Unterlagen über einen bestimmten Arbeitnehmer ohne Rücksicht auf die Speicherungsform.

§ 12: Berichtigung

Personalinformationen sind von der Firma zu berichtigen, wenn sie unrichtig sind. Steht die Unrichtigkeit von Personalinformationen fest, ohne daß sie berichtigt werden können, sind sie zu löschen. Wird die Richtigkeit von Personalinformationen vom Arbeitnehmer bestritten, und läßt sich weder die Richtigkeit noch die Unrichtigkeit feststellen, so sind sie zu löschen, wenn sie die Interessen des Arbeitnehmers beeinträchtigen können. In anderen Fällen ist auf Verlangen des Arbeitnehmers eine Gegendarstellung aufzunehmen. Satz 3 und 4 gelten auch für Beurteilungsdaten.

Zu § 12: Nach den Grundsätzen des Personalaktenrechts kann der Arbeitnehmer lediglich verlangen, daß seiner Personalakte Gegendarstellungen oder Richtigstellungen beigefügt werden. In diesem Punkt bringt § 27 Abs. 1 BDSG den Arbeitnehmern eine Verbesserung ihrer Rechtsstellung.

§ 13: Löschung

Personalinformationen sind von der Firma zu löschen, wenn sie für den Zweck, zu dem sie erfaßt wurden, nicht mehr erforderlich sind und aus der Löschung für den Betroffenen keine

Nachteile entstehen. Dies gilt insbesondere für Informationen über ausgeschiedene Arbeitnehmer und nicht eingestellte Bewerber. Personalinformationen sind zu löschen, wenn ihre Erfassung unzulässig war.
Zu § 13: Satz 1 erhält den Arbeitnehmern die bessere Rechtsstellung, die sie im Arbeitsrecht gegenüber dem BDSG besitzen. Was für das Arbeitsverhältnis nicht mehr erforderlich ist, muß gelöscht werden, während es nach § 27 Abs. 3 Satz 1 BDSG nur gelöscht werden kann: Es kann nicht im Belieben der speichernden Stelle liegen, ohne Notwendigkeit überflüssig gewordene Daten weiterzuspeichern. Einzige Ausnahme: Wenn dem Betroffenen aus der Löschung Nachteile entstehen können, z. B. die Daten für eine spätere Verdienstbescheinigung nicht mehr vorhanden sind oder wenn auf frühere Bewerber zurückgegriffen werden soll. In diesem Fall ist eine Bewerberdatei ein Vorteil für die Betroffenen; dann muß aber sichergestellt sein, daß sie nicht zu ihrem Nachteil verwendet wird (Meldung negativ beurteilter Bewerber an Dritte).
Satz 3 entspricht im wesentlichen dem § 27 Abs. 3 Satz 2 BDSG.

§ 14: Personalakten

Unberührt bleiben die Vorschriften und Rechtsgrundsätze über die Führung von Personalakten.
Zu § 14: Hier wird sichergestellt, daß den Arbeitnehmern günstige Rechtspositionen weder durch das Bundes-Datenschutzgesetz noch durch die Betriebsvereinbarung beseitigt werden.

4. Abschnitt: Beteiligungsrechte des Betriebsrats

§ 15: Informationsrechte

(1) Die Firma hat den Betriebsrat über die Planung und den Betrieb des Systems sowie über die Verwendung der Personalinformationen rechtzeitig und umfassend zu unterrichten.
(2) Der Betriebsrat hat einen Anspruch auf schriftliche Vorlage aller regelmäßigen und unregelmäßigen Anfragen, Auswertungen und Übermittlungen, insbesondere deren Verwendungszwecke und Ergebnisse. Er hat das Recht, Stichproben zu machen, Räume zu betreten, in denen Personalinformationen verarbeitet werden, und Informationen, Datensammlungen und Programme auf die Einhaltung des Datenschutzes zu kontrollieren. Er hat das Recht, Arbeitnehmer, die mit der Verwendung von Personalinformationen beschäftigt werden, zum Zwecke des Datenschutzes zu befragen; sie sind gegenüber dem Betriebsrat zur Auskunft berechtigt und verpflichtet.
(3) Der Betriebsrat hat das Recht auf eigene Verwendung und Auswertung des Personalinformationssystems im Interesse der Belegschaft oder einzelner Arbietnehmer. Die Firma hat hierzu Programmier- und Rechenkapazität zur Verfügung zu stellen.
(4) Die Mitglieder des Betriebsrats sind berechtigt, an Schulungen über Personalinformationssysteme und Datenschutz nach § 37 Absatz 6 BetrVG teilzunehmen.
Zu § 15: Absatz 1 stützt sich auf die §§ 75, 80 Abs. 1 Ziff. 1, 80 Abs. 2, 90 und 92 BetrVG. Hiernach bestehen so umfassende Unterrichtsansprüche, daß das gesamte System und jede Verwendung von Personalinformationen davon betroffen ist oder betroffen sein kann; im letzteren Fall muß dem Betriebsrat mindestens die Prüfung möglich sein, ob ein unterrichtungs-, mitbestimmungs- oder beratungspflichtiger Tatbestand vorliegt.
Rechtsgrundlage für Absatz 2 Satz 1 ist vor allem § 80 Abs. 2. Danach hat der Betriebsrat einen umfassenden, erschöpfenden Unterrichtungsanspruch auch hinsichtlich von Unterlagen. Satz 2 ist eine Konkretisierung der Überwachungsaufgabe nach § 80 Abs. 1 Ziff. 1. Zum Auskunftsrecht gegenüber dem EDV-Personal und der Personalabteilung nach Satz 3 vgl. die einschlägigen Kommentarstellen. Dem steht § 5 BDSG nicht entgegen, wonach das EDV-Personal die Daten nur zur rechtmäßigen Aufgabenerfüllung benutzen darf; denn Aufgabe des Betriebsrats ist es nach § 80 Abs. 1 Ziff. 1 gerade, die Rechtmäßigkeit der Auf-

gabenerfüllung zu überwachen. Das Datengeheimnis nach § 5 BDSG kann also keinesfalls gegen den Betriebsrat gewendet werden.
Abs. 3 konkretisiert die bestehenden Informationsrechte daraufhin, daß sie auch mit Hilfe der zur Verfügung stehenden neuen Technologie zu realisieren sind. Der Betriebsrat kann nicht mit den Mitteln der Vergangenheit informiert werden, wenn die Informationstechnologie bereits einen neuen und höheren Stand erreicht hat. Das würde dem umfassenden und erschöpfenden Informationsanspruch ins Gesicht schlagen, den er zur Wahrnehmung seiner sozialen Schutzfunktion nach Auffassung des Bundesarbeitsgerichts hat.
Die Berechtigung zur Teilnahme an Schulungen an Personalinformationssystemen richtet sich nach § 37 Abs. 6 BetrVG. Sie sollte vereinbart werden, um späteren Streitigkeiten vorzubeugen. Ohne zusätzliche Kenntnisse dürfte der Betriebsrat auf Dauer das schwierige Problem kaum bewältigen.

§ 16: Mitbestimmungsrechte

Über die Verwendung der Personalinformationen und des Personalinformationssystems hat der Betriebsrat mitzubestimmen. § 87 Absatz 2 BetrVG findet Anwendung. Einzelanfragen und Sonderauswertungen sind über § 3 hinaus zulässig, soweit der Betriebsrat zugestimmt hat.
Zu § 16: Diese Vorschrift ist die Konsequenz aus folgendem: Ein so großer Teil von mitbestimmungspflichtigen Tatbeständen (§§ 87, § 93–99) wird unter Anwendung des Personalinformationssystems erledigt, daß die bestehenden Mitbestimmungsrechte ausgehöhlt würden, wenn der Betriebsrat nicht auch in vollem Umfang über das System mitbestimmen könnte. Soweit zweifelsfrei Ausnahmen vorliegen, d. h. wenn ein Teilbereich nachprüfbar mitbestimmungsfrei ist, so kann dies ausdrücklich festgelegt und durch entsprechend eingeschränkte Zugriffsberechtigung auch technisch realisiert werden.
Soweit Programme standardmäßig verwendet werden, wird das Mitbestimmungsrecht durch die Zustimmung zur Verwendung des Programms ausgeübt. Einzelanfragen und Sonderauswertungen bedürfen auch der gesonderten Zustimmung. Gerade solche Sonderauswertungen können die Rechte der Beschäftigten besonders bedrohen. Beispielsweise wurden in einem ländlichen Gebiet durch eine Sonderauswertung die Merkmale Alter, Geschlecht und Wohnort zu folgender Anfrage verknüpft: In welchen Gemeinden wohnen besonders viele Frauen über 35? Zu den betreffenden Gemeinden wurde dann der Werkbus stillgelegt, so daß ein geplanter Personalabbau auf kaltem Wege erreicht wurde. Zur technischen Realisierung des Mitbestimmungsrechts ist die Protokollierung der Anfragen und Ergebnisse zweckmäßig und wird auch in der Praxis angewandt.

§ 17: Beratungsrechte

Die Firma ist verpflichtet, mit dem Betriebsrat über die Vermeidung von Härten zu beraten, die aus der Verwendung von Personalinformationen entstehen können. Unberührt bleiben die sonstigen Beteiligungsrechte des Betriebsrats.
Zu § 17: Diese Bestimmung stützt sich in erster Linie auf § 92 Abs. 1 Satz 2 BetrVG und allgemeiner, auf die Pflicht zur vertrauensvollen Zusammenarbeit nach § 2 Abs. 1 BetrVG.

§ 18: Unterstützung und Information der Arbeitnehmer

Der Betriebsrat ist berechtigt, die Arbeitnehmer bei der Wahrnehmung ihrer Rechte nach den §§ 4–13 zu beraten und zu unterstützen. Er ist berechtigt, im Tätigkeitsbericht nach § 43 Absatz 1 Satz 1 BetrVG die Betriebsversammlung rechtzeitig, umfassend und regelmäßig über die Verwendung des Systems und der Personalinformationen sowie über mögliche Gefährdungen von Rechten und berechtigten Interessen von Arbeitnehmern nach den §§ 4–8 zu unterrichten.
Zu § 18: In dieser Vorschrift wird die Unterstützungs- und Informationsaufgabe des Betriebsrats gegenüber den einzelnen Arbeitnehmern und der Betriebsversammlung konkret auf das Personalinformationssystem angewendet.

5. Abschnitt: Durchführung

§ 19: Datensicherung

(1) Die Firma ist verpflichtet, Personalinformationen wirksam gegen Verlust, Zerstörung und den Zugriff Unbefugter zu sichern. Ziff. 1–10 der Anlage zu § 6 Absatz 1 BDSG finden Anwendung.

(2) Der Betriebsrat ist verpflichtet, ihm zur Kenntnis gelangte Personalinformationen wirksam gegen den Zugriff unbefugter Dritter zu sichern. Datensicherungsmaßnahmen dürfen nicht zur Behinderung des Betriebsrats oder anderer Arbeitnehmervertretungen bei der Wahrnehmung ihrer Aufgaben führen.

Zu § 19: Absatz 1 statuiert eine Pflicht der Firma, die in § 6 in Verbindung mit § 1 Abs. 2 Satz 2 BDSG festgelegt ist und in ihrem eigenen Interesse liegt. Aus diesem Grunde kommt es vor, daß Firmen gegenüber dem Betriebsrat die Sicherung der Daten als die hauptsächliche Aufgabe des Datenschutzes hinzustellen versuchen.

Der nächste Schritt ist dann der Versuch, die Informationsrechte des Betriebsrats unter Berufung auf das Bundesdatenschutzgesetz einzuschränken. Beispielsweise wurde verschiedenen Arbeitnehmervertretungen die Vorlage bisher üblicher Personalunterlagen unter Berufung auf das – noch nicht einmal in Kraft getretene! – Bundesdatenschutzgesetz verweigert. Das ist jedoch vollkommen abwegig. Das Bundesdatenschutzgesetz ist, wie schon der Name sagt, ein Schutzgesetz zugunsten der Betroffenen. Der Betriebsrat hat eine Schutzfunktion gegenüber den Arbeitnehmern, unter anderem in Hinblick darauf, daß ihre Personaldaten nicht mißbraucht werden. Es hieße also den Datenschutz völlig in sein Gegenteil verkehren, wenn man ihn dazu verwendete, Belegschaft und Betriebsrat in einen Gegensatz zu bringen. Das ändert natürlich nichts daran, daß auch der Betriebsrat die Personaldaten nicht mißbrauchen darf.

§ 20: Datenschutzbeauftragter

Die Bestellung und Abberufung des Beauftragten für den Datenschutz nach § 28 BDSG bedarf der Zustimmung des Betriebsrats. Durch die Bestellung wird die Zuständigkeit des Betriebsrats für den Datenschutz bei Personalinformationen nicht berührt. Der betriebliche Datenschutzbeauftragte ist verpflichtet, dem Betriebsrat alle Informationen zu geben, die dieser zur Wahrnehmung seiner Aufgaben nach dieser Betriebsvereinbarung benötigt.

Der Betriebsrat ist berechtigt, einen Ausschuß für den Datenschutz zu berufen.

Zu § 20: Die Zustimmungsbedürftigkeit der Bestellung des Datenschutzbeauftragten beruht nicht auf Gesetz, sondern kann freiwillig vereinbart werden. Die Zusammenarbeit zwischen dem Datenschutzbeauftragten und dem Betriebsrat, die beide parallel auf dem Gebiet des Datenschutzes tätig sind, könnte jedoch durch ein solches Entgegenkommen wesentlich verbessert werden. In keinem Fall aber verliert der Betriebsrat Kompetenzen für den Datenschutz, da nach § 75 Abs. 2 BetrVG Arbeitgeber und Betriebsrat für den Datenschutz zuständig sind.

Absatz 1 Satz 3 legt nur die Zuständigkeit für die Erfüllung der Informationspflichten fest; die Informationspflichten selbst ergeben sich aus dem Betriebsverfassungsgesetz (s. Erläuterung zu § 15). Das Recht, einen Datenschutzausschuß zu berufen, ergibt sich aus § 28 BetrVG.

§ 21: Gemeinsamer Ausschuß

Bei Bedarf kann ein gemeinsamer Ausschuß zur Beratung von Fragen gebildet werden, die sich aus dem Einsatz des Personalinformationssystems ergeben. Der Ausschuß wird von der Firma und vom Betriebsrat paritätisch besetzt.

Zu § 21: Wegen der erforderlichen Sachkunde kann die Bildung eines gemeinsamen Ausschusses nach § 28 Abs. 3 BetrVG zweckmäßig sein. Da es sich aber inhaltlich nicht um technische Fragen handelt, sondern auch sehr weittragende personalpolitische und personalplanerische Entscheidungen zu beurteilen sind, sollte der Ausschuß keine Entscheidungskompetenz, sondern nur Beratungskompetenz haben.

§ 22: Sachverständige

Bei Bedarf kann der Betriebsrat zur Durchführung seiner Aufgaben nach dieser Vereinbarung Sachverständige hinzuziehen.

Zu § 22: Diese Vorschrift stützt sich auf § 80 Abs. 3 BetrVG. Ein Personalinformationssystem ist ohne Frage eine schwierige Materie, bei der die Beiziehung eines Sachverständigen erforderlich ist. Die Kosten trägt nach § 40 Abs. 1 der Arbeitgeber. Um späteren Auseinandersetzungen aus dem Weg zu gehen, empfiehlt es sich, die Regelung in die Betriebsvereinbarung aufzunehmen.

§ 23: Schlußvorschriften

Das Bundesdatenschutzgesetz findet Anwendung, soweit nicht das Betriebsverfassungsgesetz, andere Rechtsvorschriften, die arbeitsrechtliche Rechtsprechung oder diese Betriebsvereinbarung speziellere Bestimmungen enthalten, die den Arbeitnehmern günstiger sind.

Beide Seiten verpflichten sich, innerhalb von drei Monaten nach Unterzeichnung dieser Vereinbarung eine Betriebsvereinbarung über Beurteilungsgrundsätze und Auswahlrichtlinien abzuschließen.

Diese Vereinbarung tritt am 1. 1. 1978 in Kraft.

Für den Betriebsrat: Für die Firma:

....

(Unterschrift) (Unterschrift)

Zu § 23: Nach § 45 BDSG tritt dieses selbst hinter spezielleren Rechtsvorschriften zurück. Da es sich jedoch um ein Schutzgesetz zugunsten der Betroffenen handelt, kann nach dem Zweck des Gesetzes diese Subsidiarität nicht in den Fällen gelten, wo das Bundesdatenschutzgesetz die Rechtlage der Betroffenen verbessert.

Soweit Betriebsvereinbarungen nach §§ 94 Abs. 2 und 95 BetrVG noch nicht vorliegen, empfiehlt sich der alsbaldige Abschluß, weil ein Personalinformationssystem zwangsläufig in den Programmen und Durchführungsanweisungen Kriterien zur Beurteilung und Auswahl der Beschäftigten enthält oder voraussetzt. Diese Mitbestimmungsrechte dürfen nicht deshalb leerlaufen, weil nunmehr ein neues technisches Instrument zur personalpolitischen Behandlung der Beschäftigten vorhanden ist.

Über die Problematik einer solchen Betriebsvereinbarung muß man sich allerdings ein hinreichendes Bewußtsein verschaffen: Datenschutznormen des Betriebsverfassungsgesetzes wie des Bundesdatenschutzgesetzes sind individual-rechtlicher Natur. Der Betriebsrat hat keine uneingeschränkte kollektive Legitimation in den Bereichen, in denen dem einzelnen Arbeitnehmer Rechtsansprüche zustehen, Rechtszuständigkeiten an sich zu ziehen. Die Klammer zu einer kollektiven Aufgabe und damit die potentielle Ermächtigungsgrundlage für eine Betriebsvereinbarung bildet allein § 75 BetrVG in Verbindung mit § 1 Abs. 1 BDSG. Ob dieser rechtssystematische Bogen allerdings einer gerichtlichen Prüfung standhalten wird, ist zweifelhaft, da das BDSG keine Datenschutzzuständigkeit des Betriebsrats geregelt hat, was ja durch den Bundesgesetzgeber möglich gewesen wäre, und das Betriebsverfassungsgesetz die grundlegende Datenschutznorm des § 83 BetrVG in den Bereich der Individualrechte des Arbeitnehmers verlegt hat.

3. Individualrechtliche Sondertatbestände

Das Mutterschutzgesetz gibt werdenden Müttern den Auftrag, dem Arbeitgeber ihre Schwangerschaft und den mutmaßlichen Tag der Entbindung mitzuteilen, sobald ihnen ihr Zustand bekannt ist. Der Arbeitgeber hat die Aufsichtsbehörde unverzüglich von der Mitteilung der werdenden Mutter zu benachrichtigen. Er darf die Mitteilung der werdenden Mutter Dritten nicht unbefugt bekanntgeben. Auffallend ist in diesem Zusammenhang, daß das MuSchG zwar eine Geheimhaltungspflicht in § 5 Abs. 1 Satz 4 normiert, einen Verstoß gegen die Geheimhaltungspflicht aber in § 21 Abs. 1 nicht als Ordnungswidrigkeit bzw. als Straftat ahndet. Ordnungswidrig handelt der Arbeitgeber gem. § 21 Abs. 1 Ziff. 6, wenn er die Aufsichtsbehörde nicht unverzüglich von der Schwangerschaft unterrichtet. Gibt er dagegen die Mitteilung von der Schwangerschaft einer Frau Dritten unbefugt bekannt, handelt er nicht ordnungswidrig.

In § 3 Lohnfortzahlungsgesetz (LFG) werden verschiedene Anzeige- und Nachweispflichten des Arbeiters begründet. Aus datenschutzrechtlicher Sicht interessant ist die Tatsache, daß der Arzt nur die voraussichtlichen Ausfallzeiten, nicht jedoch die Krankheiten anzugeben braucht.

Über Kuren muß der Arbeitnehmer den Arbeitgeber ausführlich informieren (§ 7 LFG). Auch hier ist der Arbeitnehmer verpflichtet, schriftlich mit Hilfe einer Bescheinigung dem Arbeitgeber bekanntzugeben, daß er sich einer bewilligten Kur unterziehen möchte.

Spezielle Regelungen für die Mitteilung ärztlicher Untersuchungsergebnisse sowie die Notwendigkeit der Einholung ärztlicher Gutachten vor Arbeitsantritt bei Jugendlichen enthält das Jugendarbeitsschutzgesetz. Wenngleich eine weitgehende gegenseitige Unterrichtungspflicht der Ärzte, die für die Untersuchungen verantwortlich zeichnen, vorgesehen ist (beispielsweise in § 45 JArbSchG), so macht das Gesetz den Austausch der Untersuchungsergebnisse stets vom Einverständnis des Jugendlichen bzw. Personenberechtigten abhängig. Dieser Grundsatz, daß niemand ärztliche Daten ohne Zustimmung des Betroffenen erfassen bzw. weitergeben darf, findet sich in zahlreichen individual-arbeitsrechtlichen Gesetzen, so beispielsweise auch in § 14 AFG, demzufolge eine ärztliche Untersuchung und Begutachtung zur besseren Arbeitsvermittlung nur mit Einverständnis des Arbeitsuchenden erfolgen darf.

Eine starke Durchbrechung datenschutzrechtlicher Prinzipien enthält das Heimarbeitsgesetz (HAG). Die Gründe, die den Gesetzgeber veranlaßt haben mögen, denjenigen, der Heimarbeiter beschäftigt, zahllose Listen, Meldungen, Zusammenstellungen und ähnliches über Heimarbeiter erstellen zu lassen, mögen unterschiedlicher Natur sein. Ein gewichtiger Aspekt dürfte hierbei jedoch das sozialpolitische Anliegen gewesen sein, eine größere Transparenz und damit günstigere soziale Bedingungen für die meist unorganisierten Heimarbeiter zu schaffen. Eine Anzeigepflicht von Heimarbeitern besteht gegenüber dem Gewerbeaufsichtsamt (§ 15 HAG). Es sind Entgeltverzeichnisse zu erstellen (§ 8 HAG). Ferner kann die oberste Arbeitsbehörde des Landes Entgeltprüfungen gem. § 23 HAG vornehmen. Jede erstmalige Ausgabe von Heimarbeit ist der obersten Arbeitsbehörde des Landes oder der von ihr bestimmten Stelle anzuzeigen (§ 7 HAG). Alle diese Vorschriften stellen Ausnahmetatbestände im Sinne des § 3 BDSG dar, so daß die Weitergabe derartiger Personaldaten an Dritte zulässig ist. Ebenfalls zu den Vorschriften, die den Arbeitgeber verpflichten, Personaldaten

weiterzugeben, zählen die §§ 17 und 18 KSchG, die eine Anzeigepflicht des Arbeitgebers gegenüber dem Arbeitsamt bei Entlassungen größeren Umfanges begründen (§ 17 KSchG), woraufhin das Arbeitsamt mit einer Entlassungssperre (§ 18 KSchG) reagieren kann. In diesem Zusammenhang müssen detaillierte Auskünfte, teilweise sogar im Hinblick auf die einzelnen Arbeitnehmer, erteilt werden, was nicht unbedenklich ist.
Auch bei der Beantragung des Kindergeldes besteht eine Auskunftspflicht des Antragstellers gegenüber dem Arbeitsamt. Gem. § 19 Abs. 1 BKG sind die Arbeitsämter sogar berechtigt, Ermittlungen (ähnlich wie die Staatsanwaltschaft, von eidlichen Vernehmungen abgesehen) anzustellen, wenn ihnen die vom Antragsteller überlassenen Informationen nicht ausreichen oder nicht ausreichend glaubwürdig sind. Einen unkontrollierten Datenaustausch dürfen die Behörden und Träger der Sozialversicherung vornehmen, um den Arbeitsämtern Amtshilfe zu leisten (§ 19 Abs. 2 BKG). Wer Auskünfte nicht richtig oder nicht vollständig erteilt oder eine Beweisurkunde nicht vorlegt, begeht eine Ordnungswidrigkeit, die mit einer Geldbuße geahndet werden kann (§ 29 BKG).
Zu den Auskunftspflichten des Arbeitgebers gehört es auch dem Finanzamt verschiedene gesetzlich vorgeschriebene Informationen zukommen zu lassen. Im Zusammenhang mit der Abwicklung von Arbeitsverhältnissen ergeben sich insoweit zahlreiche Bindungen des Arbeitgebers. Weitere wichtige Auskunftspflichten normiert die Verordnung zur Durchführung des dritten Vermögensbildungsgesetzes, deren Inhalt einer näheren Erläuterung entbehrt.

4. Datenschutz im Sozialversicherungsrecht

4.1 Der Anwendungsbereich des BDSG

Zu den Kernfragen, die mit dem Inkrafttreten des Bundesdatenschutzgesetzes im Sozialversicherungsbereich bewältigt werden müssen, zählt die Auslegung des § 7 Abs. 1 Satz 1 BDSG.
Sowohl hinsichtlich der Zuordnung einzelner Sozialversicherungsträger in der Verwaltungshierarchie als auch hinsichtlich ihrer Rechtsform sind die Sozialversicherungsträger unterschiedlich ausgestaltet. Das hat zum einen zur Folge, daß auf bundesunmittelbare Sozialversicherungsträger das Bundesdatenschutzgesetz gemäß § 7 Abs. 1 Saz 1 BDSG anwendbar ist. Bei landesunmittelbaren Sozialversicherungsträgern greift das Bundesdatenschutzgesetz hingegen nur dann ein, wenn keine landesrechtlichen Datenschutzgesetze bestehen.
Diese Rechtszersplitterung hat zur Folge, daß keine einheitliche Kontrolle durch den Bundesdatenschutzbeauftragten besteht. Zwar kann, wie bereits *Heußner*[85] ausgeführt hat, dieser Mangel möglicherweise durch das Informationsrecht der Aufsichtsbehörden gemäß § 87 SGB behoben werden. Auch können diese Auf-

85 A.a.O., S. 340ff.

sichtsbehörden die gleichen Rechte wahrnehmen, die das Bundesdatenschutzgesetz gemäß § 19 Abs. 3 Satz 1 dem Bundesdatenschutzbeauftragten einräumt. Die Ersatzfunktion der Aufsichtsbehörden gemäß § 87 SGB ändert jedoch nichts an dem Umstand, daß schon jetzt in den Bundesländern Hessen und Rheinland-Pflaz Datenschutzgesetze bestehen, an deren Tatbestände sich die landesunmittelbaren Sozialversicherungsträger zu halten haben.

Aber selbst diese Differenzierung bedarf einer Einschränkung: Soweit durch landesunmittelbare Sozialversicherungsträger personenbezogene Daten in nicht automatisierten Verfahren verarbeitet werden, bestimmt sich die Zulässigkeit der Verarbeitung dieser Daten, wenn diese zur Weitergabe an Dritte bestimmt sind, nicht nach Landesrecht, sondern nach dem Bundesdatenschutzgesetz, denn die erwähnten beiden Landesdatenschutzgesetze treffen ausschließlich Regelungen für die maschinelle Datenverarbeitung. Gemäß § 7 Abs. 2 Satz 1 Nr. 1 BDSG ist daher in dem dort angeordneten Umfange das Bundesdatenschutzgesetz anzuwenden. Bedenkt man, daß in absehbarer Zeit in allen Bundesländern Datenschutzgesetze verabschiedet sein werden, so läßt sich unschwer übersehen, daß die Rechtszersplitterung wegen der zu erwartenden, teilweise unterschiedlichen Datenverarbeitungsverbote intensiviert werden wird.

Das sich abzeichnende Rechtschaos wird weiterhin verstärkt durch die Tatsache, daß das Sozialversicherungsrecht eine Reihe von Verbänden kennt, die nicht juristische Personen des öffentlichen Rechts, sondern solche des Privatrechts und als Mitglieder sowohl bundesunmittelbare als auch landesunmittelbare Versicherungsträger mehrerer Bundesländer mit dem Status juristischer Personen des öffentlichen Rechts umfassen. Diese sogenannten Mischverbände werden durch § 7 BDSG unmittelbar nicht erfaßt, so daß das BDSG nicht beantwortet, welche Datenschutzbestimmungen auf diese Gebilde anzuwenden sind. Heußner[86] hat überzeugend dargelegt, daß diese Mischverbände nicht unter den Anwendungsbereich der §§ 22 folgende, 31 ff. BDSG fallen können. Schließlich ergäbe sich hieraus die Konsequenz, daß für einen Teil der Sozialversicherungsträger die privatrechtlichen, für einen anderen Teil die öffentlichrechtlichen Bestimmungen des BDSG Gültigkeit besäßen. In Anbetracht der Notwendigkeit einer gleichartigen Sachbehandlung von Sozialversicherungsdaten müssen einheitliche Tatbestände für die Bestimmung des zulässigen Umfangs der Datenverarbeitung gelten. Aus diesem Grunde muß der Lösung Heußners[87] inhaltlich zugestimmt werden, für derartige Mischverbände der Vorschrift des § 7 Abs. 1 BDSG in analoger Anwendung zum Durchbruch zu verhelfen.

Die Notwendigkeit der Vereinheitlichung der Datenverarbeitungsverbote und -gebote ergibt sich ferner daraus, daß zwischen den einzelnen Sozialversicherungsträgern, der Bundesanstalt für Arbeit, dem Bundesversicherungsamt u. a. ein intensiver Datenaustausch stattfindet. Schon frühzeitig haben sich die Sozialversicherungsträger der Rationalisierungsmethoden mit Hilfe der automatisier-

---

86 A.a.O., S. 346.
87 A.a.O., S. 348.

ten Datenverarbeitung angenommen. Diese Bemühungen sollen in Zukunft noch verstärkt werden. Zu erinnern ist in diesem Zusammenhang an derzeit in einigen Gemeinden in Schleswig-Holstein erprobten Versichertenausweis, dessen Einführung mit Sicherheit eine Fortschreibung und Intensivierung der Verwaltung von Sozialversicherungsdaten mit Hilfe der EDV zur Folge haben wird. Als äußerst problematisch muß die in diesem Zusammenhang beabsichtigte Einführung einer allgemeinen Versicherungsnummer angesehen werden. Nach *Meydam*[88] soll die Versicherungsnummer nicht mit dem seinerzeit für das im nicht zur Verabschiedung gelangten Bundesmeldegesetz vorgesehene Personenkennzeichen vergleichbar sein. *Meydam* begründet diese Behauptung mit der Feststellung, der Versichertenausweis habe – im Gegensatz zum Personenkennzeichen – nur eine begrenzte Zwecksetzung. Diese Begründung überzeugt nicht. Wer als Arbeitnehmer freiwillig oder pflichtmäßig in einer gesetzlichen Krankenversicherung versichert ist, behält die ihm mit Arbeitsantritt zugewiesene Versicherungsnummer zumindest für die Dauer seines Beschäftigungsverhältnisses. Diese Nummer erlaubt darüber hinaus eine Personenidentifizierung, die sich, wie Berichte aus den Vereinigten Staaten zeigen, insbesondere im Kredit- u. Auskunfteiwesen als effektives Identifikationsmerkmal erwiesen haben. Wenn die Auffassung des Rechtsauschusses des Bundestages zutreffend ist, daß die Einführung einer Personenkennziffer verfassungswidrig ist[89], so wird dies auch bindenden Versicherungsnummern nachgesagt werden müssen, da derartige Kennziffern die gleichen Gefährdungen des Schutzes der Persönlichkeit des Bürgers in sich bergen.

Denkwürdig bleibt, daß die Sozialversicherungsträger zwar mit Hilfe modernster Technologien personenbezogene Daten in schier unvorstellbaren Mengen verarbeiten, gleichzeitig aber die organisatorisch wie rechtlich zersplittertste datenverarbeitende Institution im öffentlichen Bereich bilden. Dieses Phänomen mag zwar historisch erklärbar sein, erfreulicher wird es hierdurch jedoch nicht. Den Autoren des Bundesdatenschutzgesetzes sollte man jedenfalls in diesem Zusammenhang so schnell keine Vorhaltungen machen, denn die Schwierigkeiten, die sich dem Anwender des BDSG im Sozialversicherungsbereich stellen, sind selbst gemacht: Das BDSG spiegelt sie nur wieder, wobei allein der Vorwurf berechtigt ist, daß § 7 BDSG die sogenannten Mischverbände nicht berücksichtigt hat.

4.2 Die Zulässigkeit der Datenübermittlung im Sozialversicherungsbereich

Befürchtungen, die aus dem Bereich der Sozialversicherungsträger bekannt werden, daß sie auf der Grundlage des § 10 BDSG ihr Informationsverhalten ggf. ändern müssen, sind nicht ohne weiteres von der Hand zu weisen. Gemäß § 10 BDSG ist die Übermittlung personenbezogener Daten an öffentliche Stellen nur dann zulässig, wenn sie zur rechtmäßigen Erfüllung der in der Zuständigkeit der übermittelnden Stelle oder des Empfängers liegenden Aufgaben erforderlich ist.

88 BlStSozArbR 1977, S. 270
89 Siehe Entschließung des Rechtsausschusses des BT vom 5.5.1976.

Dabei ist die Übermittlung von Daten, die einem besonderen Amtsgeheimnis unterliegen, nur dann zulässig, wenn der Empfänger die Daten zur Erfüllung des gleichen Zwecks benötigt. Im Grundsatz beurteilt sich die Frage nach der Zulässigkeit der Übermittlung von Sozialversicherungsdaten an diesen beiden Voraussetzungen.

Nicht gefolgt werden kann der Ansicht von *Meydam*[90], die Aufgabe der Sozialversicherungsträger bestünde einheitlich in der sozialen Sicherung der Arbeitnehmer, mit der Folge, daß wegen der einheitlichen Aufgaben der Sozialversicherungsträger jede Datenübermittlung gemäß § 10 BDSG zulässig wäre. Ebensogut könnte man argumentieren, daß die Übermittlung von personenbezogenen Daten zwischen Arbeitgebern über Arbeitnehmer uneingeschränkt zulässig wäre, da jedes Unternehmen das Ziel hat, Gewinn zu erbringen, mit der Folge, daß jeder diesem Ziele dienende Datenaustausch der Zweckbestimmung des Arbeitsvertrages des jeweiligen Arbeitnehmers entspräche. Das Bundesdatenschutzgesetz verlangt eine durchaus substantiiertere und weniger globale Rechtfertigung für die Ausnahmen vom Verarbeitungsverbot des § 3 BDSG. Mit der von *Meydam* vertretenen Argumentation, träfe sie zu, ließe sich das gesamte Bundesdatenschutzgesetz mühelos unterlaufen. So haben beispielsweise sämtliche Verwaltungsbehörden die Aufgabe, die Angelegenheiten aller Bürger in deren Auftrag und zu deren Schutz zu verwalten. Jeder Datenaustausch zwischen Behörden wäre bei dieser Argumentation ebenfalls nach § 10 BDSG zulässig, da die Daten von der übermittelnden Stelle zu dem gleichen Zweck benutzt würden wie bei dem Adressaten des Vermittlungsvorgangs.

Es darf ferner nicht übersehen werden, daß gemäß § 45 Abs. 1 Satz 2 Nr. 1 BDSG § 35 SGB Vorrang vor der Regelung des § 10 Abs. 1 Satz 2 BDSG genießt. Der Schutzgehalt des § 10 BDSG ist im Vergleich mit § 35 SGB für den Arbeitnehmer teilweise weiter, teilweise enger. Im Hinblick auf den Datenaustausch zwischen Sozialversicherungsträgern ist er geringer als ihn § 10 Abs. 1 Satz 2 BDSG konzipiert hat, denn gemäß § 35 SGB ist im Rahmen der Amtshilfe zwischen den Leistungsträgern eine Datenweitergabe gestattet, soweit die ersuchende Stelle zur Erfüllung ihrer Aufgaben die geheimzuhaltenden Tatsachen kennen muß. Der Datenschutz ist weiter und effektiver, soweit man auf die Weitergabe von Sozialversicherungsdaten durch Sozialversicherungsträger an Dritte, also beispielsweise Arbeitgeber, abstellt. Für derartige Fälle enthält § 35 SGB ein uneingeschränktes Datenübermittlungsverbot.

4.3 Der Auskunftsanspruch des Betroffenen

Gemäß § 13 Abs. 1 Satz 1 BDSG umfaßt der Auskunftsanspruch des Betroffenen nur die gespeicherten Daten. Nicht betroffen ist, zu welchem Zweck beispielsweise diese Daten im einzelnen an Dritte übermittelt worden sind. Diese, für den Betroffenen bedeutsame Information, erhält er auf der Grundlage des § 13 Abs. 1

90 BlStSozArbR 1977, S. 270.

Satz 1 BDSG nicht. Er erhält sie ebenfalls nicht nach § 15 SGB, der die speichernde Stelle nur zur Beantwortung von Grundsatz-, nicht aber zur Auskunft über Detailfragen verpflichtet. Zu den merkwürdigsten Regelungen ist zu rechnen, daß gemäß § 15 SGB die Auskunftstelle eine Auskunft nur erteilen muß, wenn sie hierzu imstande ist. *Heußner*[91] hat – nicht zu Unrecht – vorgeschlagen, für die Sozialversicherungsträger insgesamt ein eigenes bereichsspezifisches Datenschutzrecht zu schaffen. Sein Vorschlag, die unter diesem Blickwinkel in den Anhang des Sozialgesetzbuchs aufzunehmenden Datenschutzregelungen zu schaffen, ist zwar zu begrüßen. Entsprechend der Systematik des Bundesdatenschutzgesetzes wäre ergänzend jedoch erforderlich, daß diese Datenschutzregelungen in die Fallgruppen der Subsidiaritätstatbestände des § 45 BDSG aufgenommen werden.

Wenn der Gesetzgeber an eine Novellierung des Bundesdatenschutzgesetzes denken sollte, so sollte er an den Datenschutz im Sozialversicherungsbereich nicht an letzter Stelle denken. Die bestehende Rechtszersplitterung und Rechtsunsicherheit bedarf der Abhilfe.

4.4 Sozialversicherungsrechtliche Sondertatbestände

Wie die vorangegangenen Ausführungen gezeigt haben, gibt es verschiedene Stellen, an die der Arbeitgeber verpflichtet ist, Auskünfte über die Person des Arbeitnehmers zu erteilen. Erteilt werden müssen solche Auskünfte u. a. gegenüber dem Finanzamt und dem Arbeitsamt. Die dritte nennenswerte Stelle sind die Träger der gesetzlichen Sozialversicherung. Zur Abwicklung der sozialen Sicherstellung des Arbeitnehmers findet ein komplizierter und komplexer Datenaustausch zwischen Unternehmen und den Sozialversicherungsträgern statt. Dieser Informationsaustausch hat einmal seine Rechtsgrundlage in der Reichsversicherungsordnung (RVO) und zum anderen in der Datenerfassungsverordnung (DEVO) sowie der auf der Datenerfassungsverordnung aufbauenden Datenübermittlungsverordnung (DÜVO). Die übrigen in Betracht zu ziehenden Gesetze, wie beispielsweise das Angestelltenversicherungsgesetz oder das Reichsknappschaftsgesetz enthalten keine abweichenden und daher nennenswerten Regelungen.

Kern der Reform des Informationsaustauschs zur Abwicklung des Sozialversicherungsbereichs bildet die seit dem 1. 1. 1973 gültige Regelung, wonach der Arbeitgeber der Bundesanstalt für Arbeit sowie den beteiligten Kranken- und Rentenversicherungsträgern auf einheitlichen Formularen nur einmal von der Einstellung Mitteilung zu machen braucht. Es ist dann Aufgabe der Sozialversicherungsträger, die gemeldeten Daten untereinander auszutauschen. Um nun den innerhalb der Sozialversicherungsträger stattfindenden Datenaustausch nicht gänzlich der Kontrolle des Versicherten zu entziehen, verpflichten die §§ 17 DEVO, 12 DÜVO zur Unterrichtung der Versicherten durch den Arbeitgeber bzw. durch den Träger der gesetzlichen Rentenversicherung.

---

91 A.o.O., S. 354ff.

Die generelle Verpflichtung der Leistungsträger zur Geheimhaltung ergibt sich aus § 35 SGB. Ausnahmen vom Geheimhaltungsgrundsatz läßt das Gesetz – entsprechend der Konstruktion des § 3 BDSG – nur unter der Voraussetzung zu, daß eine gesetzliche Mitteilungspflicht besteht oder daß der Betroffene der Offenbarung zustimmt. Andererseits bestehen aber auch eine Reihe von Auskunfts- und Aufklärungspflichten der Sozialbehörden[92].

5. Abschließender Überblick über das Verhältnis BDSG – Arbeits- und Sozialrecht

5.1 Beispiele für Subsidiaritätstatbestände i. S. d. § 45 BDSG

Zu den Vorschriften, denen gegenüber das BDSG subsidiär ist, müssen gerechnet werden

- §§ 20, 22 AFG (wegen § 45 Satz 2 Ziffer 3 BDSG)
- § 83 BetrVG (wegen § 45 Satz 2 Ziffer 5 BDSG)
- § 1325 RVO (wegen § 45 Satz 2 Ziffer 6 BDSG)
- § 104 AVG (wegen § 45 Satz 2 Ziffer 6 BDSG)
- § 108h RKG (wegen § 45 Satz 2 Ziffer 6 BDSG)
- §§ 37 bis 41 JArbSchG (wegen § 45 Satz 2 Ziffer 3 BDSG)
- § 35 SGB (wegen § 45 Satz 2 Ziffer 1 und Ziffer 4 BDSG)
- §§ 318a, 343, 344, 369, 1502 RVO (wegen § 45 Satz 2 Ziffer 3 BDSG)
- § 57 BKVO (wegen § 45 Satz 2 Ziffer 3 BDSG)

5.2 Beispiele für Erlaubnistatbestände i. S. d. § 3 BDSG

Zu den zahlreichen Vorschriften, die den Arbeitgeber, die Selbstverwaltungskörperschaften der Sozialversicheurng, Ärzte u. a. verpflichten, personenbezogene Daten zu verarbeiten und somit Erlaubnistatbestände i. S. d. § 3 Satz 1 2. Alt BDSG schaffen[93], zählen:

- § 8 AFG i. V. m. § 10 Abs. 6 SchwbG
- §§ 6, 7 Abs. 1 AFG
- § 10 Abs. 1 AFG
- § 141 AFG
- § 144 Abs. 3 AFG
- § 133 Abs. 1 AFG
- § 178 AFG
- § 3 Abs. 1 Ausbildungsplatzförderungsgesetz
- § 8 AusbildplfG
- § 26 Abs. 1 AusbildplfG
- 8 Arbeitnehmerüberlassungsgesetz
- § 4 Berufsbildungsgesetz
- § 33 Abs. 1 Berufsbildungsgesetz
- § 8 Berufsbildungsgesetz
- § 80 Abs. 2 BetrVerfG
- § 92 Abs. 1 BetrVerfG
- § 99 Abs. 1 Satz 1 BetrVerfG
- § 102 BetrVerfG

92 Hierzu: *Degen,* Die sozialrechtlichen Aufklärung-, Auskunfts- und Beratungspflichten in der Bewährung, BlStSozArbR 77, S. 189f.

93 Vgl. hierzu sehr ausführliche Darstellung bei *Kilian,* Melde- und Auskunftspflichten des Arbeitgebers im Personalbereich, BB 77, 1153ff.

- § 19 BKG
- § 116 Abs. 2 Bundessozialhilfegesetz
- § 12, 11 Gesetz zur Verbesserung der betrieblichen Altersversorgung
- §§ 41, 42f. Abs. 1 u. 2 EStG
- § 15 DEVO
- § 114a GewO
- § 105c GewO
- § 93 Abs. 1 GewO
- §§ 6, 7, 8, 15 HAG
- § 9 Abs. 1 HAG
- § 17 KSchG
- §§ 3, 7 LFG
- § 10 Abs. 5 LFG
- §§ 45 45, 50, 51 JArbSchG
- § 21 Abs. 1 Ladenschlußgesetz
- §§ 1, 2 Gesetze über die Lohnstatistik
- § 5 Abs. 4 MuSchG
- § 19MuSchG
- § 19 Mitbestimmungsgesetz
- § 209a Abs. 3 RVO
- § 661 Nr. 2 RVO
- §§ 742, 1581 RVO
- § 744 Abs. 1 RVO
- § 1427 Abs. 1 RVO
- § 1543c RVO
- §§ 317, 317a, 318, RVO
- §§ 141 Abs. 3, 141a Reichsknappschaftsgesetz
- §§ 10, 14 SchwerbG
- § 11 Abs. 1 SchwerbG
- § 22 Abs. 2 SchwerbG
- § 11 Abs. 2 SchwerbG
- § 11 Abs. 1 3. Vermögensbildungsgesetz
- § 11 VermbGDVO
- § 20 USG

III. Literaturhinweise

Arbeitsring Chemie, Betriebsverfassungsgesetz 1972, 1972
Brecht, Kommentar zum Betriebsverfassungsgesetz, 1972
Brill, Der Einstellungsfragebogen, ArbuR 1968, S. 137ff.
Bürger, Einstellung des Arbeitnehmers, AR-Blattei, D-Blatt Einstellung I vom 10. 10. 1967
Degen, Die sozialrechtlichen Aufklärungs-, Auskunfts- und Beratungspflichten in der Bewährung. BlStSozArbR 77, S. 188ff.
Degener, Das Fragerecht des Arbeitgebers gegenüber Bewerbern, 1975
Dietz/Richardi, Betriebsverfassungsgesetz, 5. Aufl., 1973
Drong, Datenschutz und Datensicherung in der Sozialversicherung, Bonn 1976
Erdmann/Jürging/Kammann, Kommentar zum Betriebsverfassungsgesetz, 1972
Fitting/Auffarth/Kaiser, Betriebsverfassungsgesetz, 11. Aufl., 1974
Galperin/Löwisch, Kommentar zum Betriebsverfassungsgesetz, 5. Aufl., Band 1 und Band 2, 1976
Gola, Datenschutz aus Sicht der Personalabteilung, in: Dierstein/Fiedler/Schulz, Datenschutz und Datensicherung, 1976, S. 111ff.
Gola, Der arbeitsrechtliche Schutz von Personaldaten, DSWR 1974, S. 186ff.
Gola, Zur Mitbestimmung des Betriebsrats beim Einsatz von Personalinformationssystemen, DSWR 1974, S. 282ff.
Gola, Datenschutz im Betrieb: Wann Weitergabe von Personaldaten an Betriebsfremde? online 1976, S. 139f.
Gola, Personalinformationssysteme nach dem BDSG, Online 1977, S. 811ff.
Gola/Hümmerich, Die Personalakte des Arbeitnehmers, BB 1974, S 1167ff.
Heilmann/Thelen, Der Werksärztliche Fragebogen – ein Mitbestimmungsproblem BB 1977, S. 1556ff.

Hentschel/Gliss/Bayer/Dierstein, Datenschutzfibel – unter besonderer Berücksichtigung des Personalwesens, 1974

Hentschel, Werden Personaldaten nur vom BDSG geschützt. Personal, 1977, S. 164ff.

Heußner, BDSG und Sozialversicherung, Festschrift für K. Brackmann,1977, S. 333ff.

Hümmerich, Die Korrektur von Personaldaten nach der Rechtsprechung, BlStSoArbR 1975, S. 145ff.

Hümmerich, Der Schutz des Beschäftigten vor Aufnahme ärztlicher Gutachten in Personalakten und Datenbanken, Betr. 1975, S. 1894ff.

Hümmerich, Streitfragen um Personalakten in der Privatwirtschaft, Betr. 1977, S. 541ff.

Hümmerich/Gola, Personaldatenrecht im Arbeitsverhältnis, Schriften des Betriebs-Beraters, Heft 54, 1975

Hümmerich/Gola, Auswirkungen des Bundesdatenschutzgesetzes auf das Personalwesen, BB 1977, S. 146ff.

Kaufmann, Brevier der betrieblichen Personalpolitik, 1973

Kilian, Integrierte Personalinformationssysteme und Mitbestimmung, DSWR 1975, S. 332ff.

Kilian, Melde- und Auskunftspflichten des Arbeitgebers im Personalbereich, BB 1977, S. 1153ff.

Kilian, Arbeitsrechliche Probleme automatisierter Personalinformationssysteme, JZ 1977, S. 481ff.

Meisel, Die Mitwirkung und Mitbestimmung des Betriebsrats in personellen Angelegenheiten, 4. Aufl., 1976

Meydam, Die Realisierung des Datenschutzes in der Sozialversicherung, BlStSozArbR 1977, S. 268ff.

Prawitz, Auswirkungen des Datenschutzgesetzes auf den Personalbereich, in: *Heilmann,* Handbuch des Datenschutzes, 1977, S. 176ff.

Schleßmann, Personalakten und Einsichtsrecht, BB 1972, S. 579ff.

Simitis, Datenschutz und Arbeitsrecht, Arbeit und Recht, 4/77 S. 97ff.

Vogt, Das Einsichtsrecht des Betriebsrats in Lohn- und Gehaltslisten und Personalakten der Arbeitnehmer, BB 1973, S. 479ff.

Zeuner, Prüfungen und Kontrollen nach der Datenerfassungsverordnung, BB 1974, S. 790ff.

6. Kapitel: Öffentlicher – rechtlicher Datenschutz

I Rechtsnormen

1. Verwaltungsverfahrensgesetz (VwVfG) vom 25. 5. 1976 (BGBl. I. S. 1253) – Auszug –

§ 4: Amtshilfepflicht

(1) Jede Behörde leistet anderen Behörden auf Ersuchen ergänzende Hilfe (Amtshilfe).

(2) Amtshilfe liegt nicht vor, wenn

1. Behörden einander innerhalb eines bestehenden Weisungsverhältnisses Hilfe leisten;
2. die Hilfeleistung in Handlungen besteht, die der ersuchten Behörde als eigene Aufgabe obliegen.

§ 5: Voraussetzungen und Grenzen der Amtshilfe

(1) Eine Behörde kann um Amtshilfe insbesondere dann ersuchen, wenn sie

1. aus rechtlichen Gründen die Amtshandlung nicht selbst vornehmen kann;
2. aus tatsächlichen Gründen, besonders weil die zur Vornahme der Amtshandlung erforderlichen Dienstkräfte oder Einrichtungen fehlen, die Amtshandlung nicht selbst vornehmen kann;
3. zur Durchführung ihrer Aufgaben auf die Kenntnis von Tatsachen angewiesen ist, die ihr unbekannt sind und die sie selbst nicht ermitteln kann;
4. zur Durchführung ihrer Aufgaben Urkunden oder sonstige Beweismittel benötigt, die sich im Besitz der ersuchten Behörde befinden;
5. die Amtshandlung nur mit wesentlich größerem Aufwand vornehmen könnte als die ersuchte Behörde.

(2) Die ersuchte Behörde darf Hilfe nicht leisten, wenn

1. sie hierzu aus rechtlichen Gründen nicht in der Lage ist;
2. durch die Hilfeleistung dem Wohl des Bundes oder eines Landes erhebliche Nachteile bereitet würden.

Die ersuchte Behörde ist insbesondere zur Vorlage von Urkunden oder Akten sowie zur Erteilung von Auskünften nicht verpflichtet, wenn die Vorgänge nach einem Gesetz oder ihrem Wesen nach geheimgehalten werden müssen.

(3) Die ersuchte Behörde braucht Hilfe nicht zu leisten, wenn

1. eine andere Behörde die Hilfe wesentlich einfacher oder mit wesentlich geringerem Aufwand leisten kann;
2. sie die Hilfe nur mit unverhältnismäßig großem Aufwand leisten könnte;
3. sie unter Berücksichtigung der Aufgaben der ersuchenden Behörde durch die Hilfeleistung die Erfüllung ihrer eigenen Aufgaben ernstlich gefährden würde.

(4) Die ersuchte Behörde darf die Hilfe nicht deshalb verweigern, weil sie das Ersuchen aus anderen als den in Absatz 3 genannten Gründen oder weil sie die mit der Amtshilfe zu verwirklichende Maßnahme für unzweckmäßig hält.

(5) Hält die ersuchte Behörde sich zur Hilfe nicht für verpflichtet, so teilt sie der ersuchenden Behörde ihre Auffassung mit. Besteht diese auf der Amtshilfe, so entscheidet über die Verpflichtung zur Amtshilfe die gemeinsame fachlich zuständige Aufsichtsbehörde oder, sofern eine solche nicht besteht, die für die ersuchte Behörde fachlich zuständige Aufsichtsbehörde.

§ 6: Auswahl der Behörde

Kommen für die Amtshilfe mehrere Behörden in Betracht, so soll nach Möglichkeit eine Behörde der untersten Verwaltungsstufe des Verwaltungszweiges ersucht werden, dem die ersuchende Behörde angehört.

§ 7: Durchführung der Amtshilfe

(1) Die Zulässigkeit der Maßnahme, die durch die Amtshilfe verwirklicht werden soll, richtet sich nach dem für die ersuchende Behörde, die Durchführung der Amtshilfe nach dem für die ersuchte Behörde geltenden Recht.
(2) Die ersuchende Behörde trägt gegenüber der ersuchten Behörde die Verantwortung für die Rechtmäßigkeit der zu treffenden Maßnahme. Die ersuchte Behörde ist für die Durchführung der Amtshilfe verantwortlich.

§ 8: Kosten der Amtshilfe

(1) Die ersuchende Behörde hat der ersuchten Behörde für die Amtshilfe keine Verwaltungsgebühr zu entrichten. Auslagen hat sie der ersuchten Behörde auf Anforderung zu erstatten, wenn sie im Einzelfall fünfzig Deutsche Mark übersteigen. Leisten Behörden desselben Rechtsträgers einander Amtshilfe, so werden die Auslagen nicht erstattet.
(2) Nimmt die ersuchte Behörde zur Durchführung der Amtshilfe eine kostenpflichtige Amtshandlung vor, so stehen ihr die von einem Dritten hierfür geschuldeten Kosten (Verwaltungsgebühren, Benutzungsgebühren und Auslagen) zu.

§ 13: Beteiligte

(1) Beteiligte sind
1. Antragsteller und Antragsgegner,
2. diejenigen, an die die Behörde den Verwaltungsakt richten will oder gerichtet hat,
3. diejenigen, mit denen die Behörde einen öffentlich-rechtlichen Vertrag schließen will oder geschlossen hat,
4. diejenigen, die nach Absatz 2 von der Behörde zu dem Verfahren hinzugezogen worden sind.

(2) Die Behörde kann von Amts wegen oder auf Antrag diejenigen, deren rechtliche Interessen durch den Ausgang des Verfahrens berührt werden können, als Beteiligte hinzuziehen. Hat der Ausgang des Verfahrens rechtsgestaltende Wirkung für einen Dritten, so ist dieser auf Antrag als Beteiligter zu dem Verfahren hinzuzuziehen; soweit er der Behörde bekannt ist, hat diese ihn von der Einleitung des Verfahrens zu benachrichtigen.
(3) Wer anzuhören ist, ohne daß die Voraussetzungen des Absatzes 1 vorliegen, wird dadurch nicht Beteiligter.

§ 18: Vertreter für Beteiligte bei gleichem Interesse

(1) Sind an einem Verwaltungsverfahren mehr als 5 Personen im gleichen Interesse beteiligt, ohne vertreten zu sein, so kann die Behörde sie auffordern, innerhalb einer angemessenen Frist einen gemeinsamen Vertreter zu bestellen, wenn sonst die ordnungsmäßige Durchführung des Verwaltungsverfahrens beeinträchtigt wäre. Kommen sie der Aufforderung nicht fristgemäß nach, so kann die Behörde von Amts wegen einen gemeinsamen Vertreter bestellen. Vertreter kann nur eine natürliche Person sein.
(2) Die Vertretungsmacht erlischt, sobald der Vertreter oder der Vertretene dies der Behörde schriftlich erklärt; der Vertreter kann eine solche Erklärung nur hinsichtlich aller Vertretenen abgeben. Gibt der Vertretene eine solche Erklärung ab, so soll er der Behörde zugleich mitteilen, ob er seine Eingabe aufrechterhält und ob er einen Bevollmächtigten bestellt hat.

§ 19: Gemeinsame Vorschriften für Vertreter bei gleichförmigen Eingaben und bei gleichem Interesse

(1) Der Vertreter hat die Interessen der Vertretenen sorgfältig wahrzunehmen. Er kann alle das Verwaltungsverfahren betreffenden Verfahrenshandlungen vornehmen. An Weisungen ist er nicht gebunden.
(2) § 14 Abs. 5 bis 7 gilt entsprechend.
(3) Der von der Behörde bestellte Vertreter hat gegen deren Rechtsträger Anspruch auf angemessene Vergütung und auf Erstattung seiner baren Auslagen. Die Behörde kann von

den Vertretenen zu gleichen Anteilen Ersatz ihrer Aufwendungen verlangen. Sie bestimmt die Vergütung und stellt die Auslagen und Aufwendungen fest.

§ 20: Ausgeschlossene Personen

(1) In einem Verwaltungsverfahren darf für eine Behörde nicht tätig werden,
1. wer selbst Beteiligter ist;
2. wer Angehöriger eines Beteiligten ist;
3. wer einen Beteiligten kraft Gesetzes oder Vollmacht allgemein oder in diesem Verwaltungsverfahren vertritt;
4. wer Angehöriger einer Person ist, die einen Beteiligten in diesem Verfahren vertritt;
5. wer bei einem Beteiligten gegen Entgelt beschäftigt ist oder bei ihm als Mitglied des Vorstandes, des Aufsichtsrates oder eines gleichartigen Organs tätig ist; dies gilt nicht für den, dessen Anstellungskörperschaft Beteiligte ist;
6. wer außerhalb seiner amtlichen Eigenschaft in der Angelegenheit ein Gutachten abgegeben hat oder sonst tätig geworden ist.

Dem Beteiligten steht gleich, wer durch die Tätigkeit oder durch die Entscheidung einen unmittelbaren Vorteil oder Nachteil erlangen kann. Dies gilt nicht, wenn der Vor- oder Nachteil nur darauf beruht, daß jemand einer Berufs- oder Bevölkerungsgruppe angehört, deren gemeinsame Interessen durch die Angelegenheit gerührt werden.
(2) Absatz 1 gilt nicht für Wahlen zu einer ehrenamtlichen Tätigkeit und für die Abberufung von ehrenamtlich Tätigen.
(3) Wer nach Absatz 1 ausgeschlossen ist, darf bei Gefahr im Verzug unaufschiebbare Maßnahmen treffen.
(4) Hält sich ein Mitglied eines Ausschusses (§ 88) für ausgeschlossen oder bestehen Zweifel, ob die Voraussetzungen des Absatzes 1 gegeben sind, ist dies dem Vorsitzenden des Ausschusses mitzuteilen. Der Ausschuß entscheidet über den Ausschluß. Der Betroffene darf an dieser Entscheidung nicht mitwirken. Das ausgeschlossene Mitglied darf bei der weiteren Beratung und Beschlußfassung nicht zugegen sein.
(5) Angehörige im Sinne des Absatzes 1 Nr. 2 und 4 sind:
1. der Verlobte,
2. der Ehegatte,
3. Verwandte und Verschwägerte gerader Linie,
4. Geschwister,
5. Kinder der Geschwister,
6. Ehegatten der Geschwister und Geschwister der Ehegatten,
7. Geschwister der Eltern,
8. Personen, die durch Annahme an Kindes Statt miteinander verbunden sind,
9. Personen, die durch ein auf längere Dauer angelegtes Pflegeverhältnis mit häuslicher Gemeinschaft wie Eltern und Kind miteinander verbunden sind (Pflegeeltern und Pflegekinder).

Die in den Nummern 2, 3 und 6 aufgeführten Personen sind Angehörige auch dann, wenn die die Beziehung begründete Ehe nicht mehr besteht; die in Nummer 9 aufgeführten Personen sind Angehörige auch dann, wenn die häusliche Gemeinschaft nicht mehr besteht, sofern sie weiterhin wie Eltern und Kind miteinander verbunden sind.

§ 21: Besorgnis der Befangenheit

(1) Liegt ein Grund vor, der geeignet ist, Mißtrauen gegen eine unparteiische Amtsausübung zu rechtfertigen, oder wird von einem Beteiligten das Vorliegen eines solchen Grundes behauptet, so hat, wer in einem Verwaltungsverfahren für eine Behörde tätig werden soll, den Leiter der Behörde oder den von diesem Beauftragten zu unterrichten und sich auf dessen Anordnung der Mitwirkung zu enthalten. Betrifft die Besorgnis der Befangenheit den Leiter der Behörde, so trifft diese Anordnung die Aufsichtsbehörde, sofern sich der Behördenleiter nicht selbst einer Mitwirkung enthält.
(2) Für Mitglieder eines Ausschusses (§ 88) gilt § 20 Abs. 4 entsprechend.

§ 25: Beratung, Auskunft

Die Behörde soll die Abgabe von Erklärungen, die Stellung von Anträgen oder die Berichtigung von Erklärungen oder Anträgen anregen, wenn diese offensichtlich nur versehentlich oder aus Unkenntnis unterblieben oder unrichtig abgegeben oder gestellt worden sind. Sie erteilt, soweit erforderlich, Auskunft über die den Beteiligten im Verwaltungsverfahren zustehenden Rechte und die ihnen obliegenden Pflichten.

§ 26: Beweismittel

(1) Die Behörde bedient sich der Beweismittel, die sie nach pflichtgemäßen Ermessen zur Ermittlung des Sachverhalts für erforderlich hält. Sie kann insbesondere
1. Auskünfte jeder Art einholen,
2. Beteiligte anhören, Zeugen und Sachverständige vernehmen oder die schriftliche Äußerung von Beteiligten, Sachverständigen und Zeugen einholen,
3. Urkunden und Akten beiziehen,
4. den Augenschein einnehmen.

(2) Die Beteiligten sollen bei der Ermittlung des Sachverhalts mitwirken. Sie sollen insbesondere ihnen bekannte Tatsachen und Beweismittel angeben. Eine weitergehende Pflicht, bei der Ermittlung des Sachverhalts mitzuwirken, insbesondere eine Pflicht zum persönlichen Erscheinen oder zur Aussage, besteht nur, soweit sie durch Rechtsvorschrift besonders vorgesehen ist.

(3) Für Zeugen und Sachverständige besteht eine Pflicht zur Aussage oder zur Erstattung von Gutachten, wenn sie durch Rechtsvorschrift vorgesehen ist. Falls die Behörde Zeugen und Sachverständige herangezogen hat, werden sie auf Antrag in entsprechender Anwendung des Gesetzes über die Entschädigung von Zeugen und Sachverständigen entschädigt.

§ 27: Versicherung an Eides Statt

(1) Die Behörde darf bei der Ermittlung des Sachverhalts eine Versicherung an Eides Statt nur verlangen und abnehmen, wenn die Abnahme der Versicherung über den betreffenden Gegenstand und in dem betreffenden Verfahren durch Gesetz oder Rechtsverordnung vorgesehen und die Behörde durch Rechtsvorschrift für zuständig erklärt worden ist. Eine Versicherung an Eides Statt soll nur gefordert werden, wenn andere Mittel zur Erforschung der Wahrheit nicht vorhanden sind, zu keinem Ergebnis geführt haben oder einen unverhältnismäßigen Aufwand erfordern. Von eidesunfähigen Personen im Sinne des § 393 der Zivilprozeßordnung darf eine eidesstattliche Versicherung nicht verlangt werden.

(2) Wird die Versicherung an Eides Statt von einer Behörde zur Niederschrift aufgenommen, so sind zur Aufnahme nur der Behördenleiter, sein allgemeiner Vertreter sowie Angehörige des öffentlichen Dienstes befugt, welche die Befähigung zum Richteramt haben oder die Voraussetzungen des § 110 Satz 1 des Deutschen Richtergesetzes erfüllen. Andere Angehörige des öffentlichen Dienstes kann der Behördenleiter oder sein allgemeiner Vertreter hierzu allgemein oder im Einzelfall schriftlich ermächtigen.

(3) Die Versicherung besteht darin, daß der Versichernde die Richtigkeit seiner Erklärung über den betreffenden Gegenstand bestätigt und erklärt: „Ich versichere an Eides Statt, daß ich nach bestem Wissen die reine Wahrheit gesagt und nichts verschwiegen habe.“ Bevollmächtigte und Beistände sind berechtigt, an der Aufnahme der Versicherung an Eides Statt teilzunehmen.

(4) Vor der Aufnahme der Versicherung an Eides Statt ist der Versichernde über die Bedeutung der eidesstattlichen Versicherung und die strafrechtlichen Folgen einer unrichtigen oder unvollständigen eidesstattlichen Versicherung zu belehren. Die Belehrung ist in der Niederschrift zu vermerken.

(5) Die Niederschrift hat ferner die Namen der anwesenden Personen sowie den Ort und den Tag der Niederschrift zu enthalten. Die Niederschrift ist demjenigen, der die eidesstattliche Versicherung abgibt, zur Genehmigung vorzulesen oder auf Verlangen zur Durchsicht vorzulegen. Die erteilte Genehmigung ist zu vermerken und von dem Versichernden zu un-

terschreiben. Die Niederschrift ist sodann von demjenigen, der die Versicherung an Eides Statt aufgenommen hat, sowie von dem Schriftführer zu unterschreiben.

§ 28: Anhörung Beteiligter

(1) Bevor ein Verwaltungsakt erlassen wird, der in Rechte eines Beteiligten eingreift, ist diesem Gelegenheit zu geben, sich zu den für die Entscheidung erheblichen Tatsachen zu äußern.
(2) Von der Anhörung kann abgesehen werden, wenn sie nach den Umständen des Einzelfalles nicht geboten ist, insbesondere wenn
1. eine sofortige Entscheidung wegen Gefahr im Verzug oder im öffentlichen Interesse notwendig erscheint;
2. durch die Anhörung die Einhaltung einer für die Entscheidung maßgeblichen Frist in Frage gestellt würde;
3. von den tatsächlichen Angaben eines Beteiligten, die dieser in einem Antrag oder einer Erklärung gemacht hat, nicht zu seinen Ungunsten abgewichen werden soll;
4. die Behörde eine Allgemeinverfügung oder gleichartige Verwaltungsakte in größerer Zahl oder Verwaltungsakte mit Hilfe automatischer Einrichtungen erlassen will;
5. Maßnahmen in der Verwaltungsvollstreckung getroffen werden sollen.

(3) Eine Anhörung unterbleibt, wenn ihr ein zwingendes öffentliches Interesse entgegensteht.

§ 29: Akteneinsicht durch Beteiligte

(1) Die Behörde hat den Beteiligten Einsicht in die das Verfahren betreffenden Akten zu gestatten, soweit deren Kenntnis zur Geltendmachung oder Verteidigung ihrer rechtlichen Interessen erforderlich ist. Satz 1 gilt bis zum Abschluß des Verwaltungsverfahrens nicht für Entwürfe zu Entscheidungen sowie die Arbeiten zu ihrer unmittelbaren Vorbereitung. Soweit nach den §§ 17 und 18 eine Vertretung stattfindet, haben nur die Vertreter Anspruch auf Akteneinsicht.
(2) Die Behörde ist zur Gestattung der Akteneinsicht nicht verpflichtet, soweit durch sie die ordnungsgemäße Erfüllung der Aufgaben der Behörde beeinträchtigt, das Bekanntwerden des Inhalts der Akten dem Wohle des Bundes oder eines Landes Nachteile bereiten würde oder soweit die Vorgänge nach einem Gesetz oder ihrem Wesen nach, namentlich wegen der berechtigten Interessen der Beteiligten oder dritter Personen, geheimgehalten werden müssen.
(3) Die Akteneinsicht erfolgt bei der Behörde, die die Akten führt. Im Einzelfall kann die Einsicht auch bei einer anderen Behörde oder bei einer diplomatischen oder berufskonsularischen Vertretung der Bundesrepublik Deutschland im Ausland erfolgen; weitere Ausnahmen kann die Behörde, die die Akten führt, gestatten.

§ 30: Geheimhaltung

Die Beteiligten haben Anspruch darauf, daß ihre Geheimnisse, insbesondere die zum persönlichen Lebensbereich gehörenden Geheimnisse sowie die Betriebs- und Geschäftsgeheimnisse, von der Behörde nicht unbefugt offenbart werden.

§ 41: Bekanntgabe des Verwaltungsaktes

(1) Ein Verwaltungsakt ist demjenigen Beteiligten bekanntzugeben, für den er bestimmt ist oder der von ihm betroffen wird. Ist ein Bevollmächtigter bestellt, so kann die Bekanntgabe ihm gegenüber vorgenommen werden.
(2) Ein schriftlicher Verwaltungsakt, der durch die Post im Geltungsbereich dieses Gesetzes übermittelt wird, gilt mit dem dritten Tage nach der Aufgabe zur Post als bekanntgegeben, außer wenn er nicht oder zu einem späteren Zeitpunkt zugegangen ist; im Zweifel hat die Behörde den Zugang des Verwaltungsaktes und den Zeitpunkt des Zugangs nachzuweisen.
(3) Ein Verwaltungsakt darf öffentlich bekanntgegeben werden, wenn dies durch Rechtsvorschrift zugelassen ist. Eine Allgemeinverfügung darf auch dann öffentlich bekanntgegeben werden, wenn eine Bekanntgabe an die Beteiligten untunlich ist.

(4) Die öffentliche Bekanntgabe eines schriftlichen Verwaltungsaktes wird dadurch bewirkt, daß sein verfügbarer Teil ortsüblich bekanntgemacht wird. In der ortsüblichen Bekanntmachung ist anzugeben, wo der Verwaltungsakt und seine Begründung eingesehen werden können. Der Verwaltungsakt gilt zwei Wochen nach der ortsüblichen Bekanntmachung als bekanntgegeben. In einer Allgemeinverfügung kann ein hiervon abweichender Tag, jedoch frühestens der auf die Bekanntmachung folgende Tag bestimmt werden.
(5) Vorschriften über die Bekanntgabe eines Verwaltungsaktes mittels Zustellung bleiben unberührt.

§ 42: Offenbare Unrichtigkeiten im Verwaltungsakt

Die Behörde kann Schreibfehler, Rechenfehler und ähnliche offenbare Unrichtigkeiten in einem Verwaltungsakt jederzeit berichtigen. Bei berechtigtem Interesse des Beteiligten ist zu berichtigen. Die Behörde ist berechtigt, die Vorlage des Schriftstückes zu verlangen, das berichtigt werden soll.

§ 52: Rückgabe von Urkunden und Sachen

Ist ein Verwaltungsakt unanfechtbar widerrufen oder zurückgenommen oder ist seine Wirksamkeit aus einem anderen Grund nicht oder nicht mehr gegeben, so kann die Behörde die auf Grund dieses Verwaltungsaktes erteilten Urkunden oder Sachen, die zum Nachweis der Rechte aus dem Verwaltungsakt oder zu deren Ausübung bestimmt sind, zurückfordern. Der Inhaber und, sofern er nicht der Besitzer ist, auch der Besitzer dieser Urkunden oder Sachen sind zu ihrer Herausgabe verpflichtet. Der Inhaber oder der Besitzer kann jedoch verlangen, daß ihm die Urkunden oder Sachen wieder ausgehändigt werden, nachdem sie von der Behörde als ungültig gekennzeichnet sind; gilt nicht bei Sachen, bei denen eine solche Kennzeichnung nicht oder nicht mit der erforderlichen Offensichtlichkeit oder Dauerhaftigkeit möglich ist.

§ 66: Verpflichtung zur Anhörung von Beteiligten

(1) Im förmlichen Verwaltungsverfahren ist den Beteiligten Gelegenheit zu geben, sich vor der Entscheidung zu äußern.
(2) Den Beteiligten ist Gelegenheit zu geben, der Vernehmung von Zeugen und Sachverständigen und der Einnahme des Augenscheins beizuwohnen und hierbei sachdienliche Fragen zu stellen; ein schriftliches Gutachten soll ihnen zugänglich gemacht werden.

§ 67: Erfordernis der mündlichen Verhandlung

(1) Die Behörde entscheidet nach mündlicher Verhandlung. Hierzu sind die Beteiligten mit angemessener Frist schriftlich zu laden. Bei der Ladung ist darauf hinzuweisen, daß bei Ausbleiben eines Beteiligten auch ohne ihn verhandelt und entschieden werden kann. Sind mehr als 300 Ladungen vorzunehmen, so können sie durch öffentliche Bekanntmachung ersetzt werden. Die öffentliche Bekanntmachung wird dadurch bewirkt, daß der Verhandlungstermin mindestens zwei Wochen vorher im amtlichen Veröffentlichungsblatt der Behörde und außerdem in örtlichen Tageszeitungen, die in dem Bereich verbreitet sind, in dem sich die Entscheidung voraussichtlich auswirken wird, mit dem Hinweis nach Satz 3 bekanntgemacht wird. Maßgebend für die Frist nach Satz 5 ist die Bekanntgabe im amtlichen Veröffentlichungsblatt.
(2) Die Behörde kann ohne mündliche Verhandlung entscheiden, wenn
1. einem Antrag im Einvernehmen mit allen Beteiligten in vollem Umfang entsprochen wird;
2. kein Beteiligter innerhalb einer hierfür gesetzten Frist Einwendungen gegen die vorgesehene Maßnahme erhoben hat;
3. die Behörde den Beteiligten mitgeteilt hat, daß sie beabsichtige, ohne mündliche Verhandlung zu entscheiden, und kein Beteiligter innerhalb einer hierfür gesetzten Frist Einwendungen dagegen erhoben hat;
4. alle Beteiligten auf sie verzichtet haben;
5. wegen Gefahr im Verzug eine sofortige Entscheidung notwendig ist.

(3) Die Behörde soll das Verfahren so fördern, daß es möglichst in einem Verhandlungstermin erledigt werden kann.

§ 68: Verlauf der mündlichen Verhandlungen

(1) Die mündliche Verhandlung ist nicht öffentlich. An ihr können Vertreter der Aufsichtsbehörden und Personen, die bei der Behörde zur Ausbildung beschäftigt sind, teilnehmen. Anderen Personen kann der Verhandlungsleiter die Anwesenheit gestatten, wenn kein Beteiligter widerspricht.
(2) Der Verhandlungsleiter hat die Sache mit den Beteiligten zu erörtern. Er hat darauf hinzuwirken, daß unklare Anträge erläutert, sachdienliche Anträge gestellt, ungenügende Angaben ergänzt sowie alle für die Feststellung des Sachverhalts wesentlichen Erklärungen abgegeben werden.
(3) Der Verhandlungsleiter ist für die Ordnung verantwortlich. Er kann Personen, die seine Anordnungen nicht befolgen, entfernen lassen. Die Verhandlung kann ohne diese Personen fortgesetzt werden.
(4) Über die mündliche Verhandlung ist eine Niederschrift zu fertigen. Die Niederschrift muß Angaben enthalten über
1. den Ort und den Tag der Verhandlung,
2. die Namen des Verhandlungsleiters, der erschienenen Beteiligten, Zeugen und Sachverständigen,
3. den behandelten Verfahrensgegenstand und die gestellten Anträge,
4. den wesentlichen Inhalt der Aussagen der Zeugen und Sachverständigen,
5. das Ergebnis eines Augenscheines.

Die Niederschrift ist von dem Verhandlungsleiter und, soweit ein Schriftführer hinzugezogen worden ist, auch von diesem zu unterzeichnen. Der Aufnahme in die Verhandlungsniederschrift steht die Aufnahme in eine Schrift gleich, die ihr als Anlage beigefügt und als solche bezeichnet ist; auf die Anlage ist in der Verhandlungsniederschrift hinzuweisen.

§ 71: Besondere Vorschriften für das förmliche Verfahren vor Ausschüssen

(1) Findet das förmliche Verwaltungsverfahren vor einem Ausschuß (§ 88) statt, so hat jedes Mitglied das Recht, sachdienliche Fragen zu stellen. Wird eine Frage von einem Beteiligten beanstandet, so entscheidet der Ausschuß über ihre Zulässigkeit.
(2) Bei der Beratung der Abstimmung dürfen nur Ausschußmitglieder zugegen sein, die an der mündlichen Verhandlung teilgenommen haben. Ferner dürfen Personen zugegen sein, die bei der Behörde, bei der der Ausschuß gebildet ist, zur Ausbildung beschäftigt sind, soweit der Vorsitzende ihre Anwesenheit gestattet. Die Abstimmungsergebnisse sind festzuhalten.
(3) Jeder Beteiligte kann ein Mitglied des Ausschusses ablehnen, das in diesem Verwaltungsverfahren nicht tätig werden darf (§ 20) oder bei dem die Besorgnis der Befangenheit besteht (§ 21). Eine Ablehnung vor der mündlichen Verhandlung ist schriftlich oder zur Niederschrift zu erklären. Die Erklärung ist unzulässig, wenn sich der Beteiligte, ohne den ihm bekannten Ablehnungsgrund geltend zu machen, in die mündliche Verhandlung eingelassen hat. Für die Entscheidung über die Ablehnung gilt § 20 Abs. 4 Satz 2 bis 4.

§ 83: Ausübung ehrenamtlicher Tätigkeit

(1) Der ehrenamtlich Tätige hat seine Tätigkeit gewissenhaft und unparteiisch auszuüben.
(2) Bei Übernahme seiner Aufgaben ist er zur gewissenhaften und unparteiischen Tätigkeit und zur Verschwiegenheit besonders zu verpflichten. Die Verpflichtung ist aktenkundig zu machen.

§ 84: Verschwiegenheitspflicht

(1) Der ehrenamtlich Tätige hat, auch nach Beendigung seiner ehrenamtlichen Tätigkeit, über die ihm dabei bekanntgewordenen Angelegenheiten Verschwiegenheit zu wahren. Dies gilt nicht für Mitteilungen im dienstlichen Verkehr oder über Tatsachen, die offenkundig sind oder ihrer Bedeutung nach keiner Geheimhaltung bedürfen.
(2) Der ehrenamtlich Tätige darf ohne Genehmigung über Angelegenheiten, über die er

Verschwiegenheit zu wahren hat, weder vor Gericht noch außergerichtlich aussagen oder Erklärungen abgeben.
(3) Die Genehmigung, als Zeuge auszusagen, darf nur versagt werden, wenn die Aussage dem Wohle des Bundes oder eines Landes Nachteile bereiten oder die Erfüllung öffentlicher Aufgaben ernstlich gefährden oder erheblich erschweren würde.
(4) Ist der ehrenamtlich Tätige Beteiligter in einem gerichtlichen Verfahren oder soll sein Vorbringen der Wahrnehmung seiner berechtigten Interessen dienen, so darf die Genehmigung auch dann, wenn die Voraussetzungen des Absatzes 3 erfüllt sind, nur versagt werden, wenn ein zwingendes öffentliches Interesse dies erfordert. Wird sie versagt, so ist dem ehrenamtlich Tätigen der Schutz zu gewähren, den die öffentlichen Interessen zulassen.
(5) Die Genehmigung nach den Absätzen 2 bis 4 erteilt die fachlich zuständige Aufsichtsbehörde der Stelle, die den ehrenamtlich Tätigen berufen hat.

2. Gesetz über das Zentralregister und das Erziehungsregister (Bundeszentralregistergesetz – BZRG)

In der Fassung der Bekanntmachung vom 22. Juli 1976 (BGBl. I S. 2005)
– Gesetzesübersicht –

Erster Teil. Registerbehörde §§ 1,2
Zweiter Teil. Das Zentralregister §§ 3–54
Erster Abschnitt, Inhalt und Führung des Registers §§ 3–24
Zweiter Abschnitt. Steckbriefnachrichten und Suchvermerke §§ 25–27
Dritter Abschnitt. Auskunft aus dem Zentralregister §§ 28–42
1. Führungszeugnis §§ 28–38
2. Unbeschränkte Auskunft aus dem Zentralregister §§ 39–41
3. Auskünfte an Behörden § 42
Vierter Abschnitt. Tilgung §§ 43–48
Fünfter Abschnitt, Rechtswirkungen der Tilgung §§ 49,50
Sechster Abschnitt, Begrenzung von Offenbarungspflichten des Verurteilten § 51
Siebenter Abschnitt, Verurteilungen durch Gerichte und Auskunft an Stellen außerhalb des Geltungsbereichs dieses Gesetzes §§ 52–54
Dritter Teil. Das Erziehungsregister §§ 55–59
Vierter Teil. Übergangs- und Schlußvorschriften §§ 60–71

Erster Teil. Registerbehörde

§ 1: Bundeszentralregister.
Für den Geltungsbereich dieses Gesetzes führt der Generalbundesanwalt bei dem Bundesgerichtshof ein zentrales Register (Bundeszentralregister).

§ 2: Sitz und Aufbau.
(1) Das Bundeszentralregister wird in Berlin geführt.
(2) [1]Die näheren Bestimmungen über den Aufbau der Registerbehörde trifft der Bundesminister der Justiz. [2]Soweit die Bestimmungen die Erfassung und Aufbereitung der Daten sowie die Auskunfterteilung betreffen, ist die Zustimmung des Bundesrates erforderlich.

Zweiter Teil. Das Zentralregister

Erster Abschnitt. Inhalt und Führung des Registers

§ 3: Inhalt des Registers.
In das Register werden eingetragen

1. strafgerichtliche Verurteilungen (§§ 4 bis 9),
2. Entmündigungen (§ 10 Abs. 1),
3. Entscheidungen von Verwaltungsbehörden und Gerichten (§ 11),
4. Vermerke über Schuldunfähigkeit (§ 12),
5. nachträgliche Entscheidungen, die sich auf eine der in den Nummern 1 bis 4 genannten Eintragungen beziehen (§ 10 Abs. 2, §§ 14 bis 19).

§ 4: Verurteilungen.

In das Register sind die rechtskräftigen Entscheidungen einzutragen, durch die ein deutsches Gericht im Geltungsbereich dieses Gesetzes wegen einer rechtswidrigen Tat
1. auf Strafe erkannt,
2. eine Maßregel der Besserung und Sicherung angeordnet,
3. jemanden nach § 59 des Strafgesetzbuchs mit Strafvorbehalt verwarnt oder
4. nach § 27 des Jugendgerichtsgesetzes die Schuld eines Jugendlichen oder Heranwachsenden festgestellt hat.

§ 5: Inhalt der Eintragung.

(1) Einzutragen sind
1. die Personendaten des Verurteilten,
2. die entscheidende Stelle samt Geschäftsnummer,
3. der Tag der (letzten) Tat,
4. der Tag des ersten Urteils; bei Strafbefehlen gilt als Tag des ersten Urteils der Tag der Unterzeichnung durch den Richter; ist gegen den Strafbefehl Einspruch eingelegt worden, so ist der Tag der auf den Einspruch ergehenden Entscheidung Tag des ersten Urteils, außer wenn der Einspruch verworfen wurde,
5. die rechtlichen Bezeichnungen der Tat, deren der Verurteilte schuldig gesprochen worden ist, unter Angabe der angewendeten Strafvorschriften,
6. alle Haupt- und Nebenstrafen, die nach § 59 des Strafgesetzbuchs vorbehaltene Strafe sowie alle kraft Gesetzes eintretenden oder in der Entscheidung neben einer Strafe oder neben Freisprechung oder selbständig angeordneten Maßnahmen (§ 11 Abs. 1 Nr. 8 des Strafgesetzbuchs) und Nebenfolgen.

(2) Die Anordnung von Erziehungsmaßregeln und Zuchtmitteln sowie von Nebenstrafen und Nebenfolgen, auf die bei Anwendung von Jugendstrafrecht erkannt worden ist, wird in das Register eingetragen, wenn sie mit einem Schuldspruch nach § 27 des Jugendgerichtsgesetzes, einer Verurteilung zu Jugendstrafe oder der Anordnung einer Maßregel der Besserung und Sicherung verbunden ist.

(3) Ist auf Geldstrafe erkannt, so sind die Zahl der Tagessätze und die Höhe eines Tagessatzes einzutragen

§ 6: (aufgehoben)

§ 7: Gesamtstrafe und Einheitsstrafe.

Wird aus mehreren Einzelstrafen nachträglich eine Gesamtstrafe gebildet oder eine einheitliche Jugendstrafe festgesetzt, so ist auch diese in das Register einzutragen.

§ 8: Aussetzung zur Bewährung.

(1) [1]Wird die Vollstreckung einer Strafe oder eine Maßregel der Besserung und Sicherung zur Bewährung ausgesetzt, so ist dies in das Register einzutragen. [2]Dabei ist das Ende der Bewährungszeit zu vermerken.

(2) Hat das Gericht den Verurteilten nach § 56 d des Strafgesetzbuchs der Aufsicht und Leitung eines Bewährungshelfers unterstellt, so ist auch diese Entscheidung einzutragen.

(3) Wird jemand mit Strafvorbehalt verwarnt (§ 59 des Strafgesetzbuchs) oder wird die Entscheidung über die Verhängung einer Jugendstrafe zur Bewährung ausgesetzt (§ 27 des Jugendgerichtsgesetzes), so ist das Ende der Bewährungszeit einzutragen.

§ 9: Sperre für Fahrerlaubnis.
Hat das Gericht eine Sperre (§ 69a des Strafgesetzbuchs) angeordnet, so ist der Tag ihres Ablaufs in das Register einzutragen.

§ 10: Entmündigungen.
(1) In das Register sind die gerichtlichen Entscheidungen einzutragen, durch die jemand entmündigt wird.
(2) Wird die Entmündigung wieder aufgehoben (§§ 675, 679, 685, 686 der Zivilprozeßordnung), so ist auch diese Entscheidung einzutragen.

§ 11: Entscheidungen von Verwaltungsbehörden und Gerichten.
(1) In das Register sind die vollziehbaren und die nicht mehr anfechtbaren Entscheidungen einer Verwaltungsbehörde einzutragen, durch die
1. ein Ausländer aus dem Geltungsbereich dieses Gesetzes ausgewiesen oder durch die ihm die Ausreise untersagt wird,
2. ein Ausländer abgeschoben oder das Vorliegen der Voraussetzungen für die Abschiebung festgestellt wird,
3. von einer deutschen Behörde die Entfernung eines Mitgliedes einer Truppe oder eines zivilen Gefolges der Stationierungsstreitkräfte nach Artikel III Abs. 5 des NATO-Truppenstatus verlangt wird,
4. ein Paß versagt, entzogen oder in seinem Geltungsbereich beschränkt wird,
5. a) wegen Gefahr der mißbräuchlichen Verwendung die Ausübung der tatsächlichen Gewalt über Schußwaffen, Munition und Geschosse mit pyrotechnischer Wirkung untersagt wird,
   b) die Erteilung einer Waffenbesitzkarte, eines Munitionserwerbscheins oder eines Waffenscheins wegen Unzuverlässigkeit oder fehlender körperlicher Eignung abgelehnt, zurückgenommen oder widerrufen wird.

(2) In das Register sind auch die vollziehbaren und die nicht mehr anfechtbaren Entscheidungen einer Verwaltungsbehörde sowie rechtskräftige gerichtliche Entscheidungen einzutragen, durch die wegen Unzulässigkeit, Ungeeignetheit oder Unwürdigkeit
1. ein Antrag auf Zulassung zu einem Beruf oder Gewerbe abgelehnt oder eine erteilte Erlaubnis zurückgenommen,
2. die Ausübung eines Berufes oder Gewerbes untersagt,
3. die Befugnis zur Einstellung oder Ausbildung von Auszubildenden entzogen oder
4. die Beschäftigung, Beaufsichtigung, Anweisung oder Ausbildung von Kindern und Jugendlichen verboten

wird, falls die Entscheidung nicht nach § 149 Abs. 2 Nr. 1 der Gewerbeordnung in das Gewerbezentralregister einzutragen ist; richtet sich die Entscheidung nicht gegen eine natürliche Person, so ist die Eintragung bei der vertretungsberechtigten natürlichen Person vorzunehmen, die unzuverlässig, ungeeignet oder unwürdig ist.
(3) Wird eine nach Absatz 1 oder 2 eingetragene vollziehbare Entscheidung unanfechtbar, so ist dies in das Register einzutragen.

§ 12: Schuldunfähigkeit.
(1) In das Register sind einzutragen
1. gerichtliche Entscheidungen und Verfügungen einer Strafverfolgungsbehörde, durch die ein Strafverfahren wegen erwiesener oder nicht auszuschließender Schuldunfähigkeit oder auf Geisteskrankheit beruhender Verhandlungsunfähigkeit ohne Bestrafung abgeschlossen wird;
2. gerichtliche Entscheidungen, durch die der Antrag der Staatsanwaltschaft, eine Maßregel der Besserung und Sicherung selbständig (§ 413 der Strafprozeßordnung), mit der Begründung abgelehnt wird, daß von dem Beschuldigten erhebliche rechtswidrige Taten nicht zu erwarten seien oder daß er für die Allgemeinheit trotzdem nicht gefährlich sei.

(2) Absatz 1 gilt nicht, wenn lediglich die fehlende Verantwortlichkeit eines Jugendlichen (§ 3 des Jugendgerichtsgesetzes) festgestellt wird oder nicht ausgeschlossen werden kann.

§ 13: (aufgehoben)

§ 14: Nachträgliche Entscheidungen nach allgemeinem Strafrecht.

(1) In das Register sind einzutragen

1. die Aussetzung des Strafrestes nach § 57 des Strafgesetzbuchs; dabei ist das Ende der Bewährungszeit zu vermerken,
2. die nachträgliche Aussetzung der Vollstreckung einer Maßregel der Besserung und Sicherung nach den §§ 67c, 67d und 70a Abs. 1 des Strafgesetzbuchs; dabei ist die Dauer der Führungsaufsicht oder das Ende der Bewährungszeit zu vermerken,
3. die nachträgliche Unterstellung des Verurteilten unter die Aufsicht und Leitung eines Bewährungshelfers nach den §§ 56e und 56d des Strafgesetzbuchs sowie die Abkürzung oder Verlängerung der Bewährungszeit oder der Führungsaufsicht nach § 56a Abs. 2, den §§ 56e, 57 Abs. 3, § 68c Abs. 1, den §§ 68d und 70a Abs. 3 des Strafgesetzbuchs,
4. der Erlaß oder Teilerlaß der Strafe nach § 56g Abs. 1 und § 57 Abs. 3 des Strafgesetzbuchs,
5. die Überweisung des Täters in den Vollzug einer anderen Maßregel der Besserung und Sicherung nach § 67a des Strafgesetzbuchs,
6. die Ablehnung einer Anordnung nach § 67c Abs. 2 Satz 1 des Strafgesetzbuchs,
7. der Widerruf der Aussetzung einer Strafe, eines Strafrestes oder einer Maßregel der Besserung und Sicherung zur Bewährung nach den §§ 56f, 57 Abs. 3, den §§ 67g und 70b des Strafgesetzbuchs und der Widerruf des Straferlasses nach § 56g Abs. 2 und § 57 Abs. 3 des Strafgesetzbuchs,
8. die Aufhebung der Unterstellung unter die Aufsicht und Leitung eines Bewährungshelfers nach den §§ 56c, 57 Abs. 3 und § 70a Abs. 3 des Strafgesetzbuchs,
9. der Tag der Wiedererlangung von Fähigkeiten und Rechten nach den §§ 45a und 45b des Strafgesetzbuchs,
10. die vorzeitige Aufhebung der Sperre für die Erteilung einer Fahrerlaubnis nach § 69a Abs. 7 des Strafgesetzbuchs.

(2) [1]Wird nach einer Verwarnung mit Strafvorbehalt auf die vorbehaltene Strafe erkannt, so ist diese Entscheidung in das Register einzutragen. [2]Stellt das Gericht nach Ablauf der Bewährungszeit fest, daß es bei der Verwarnung sein Bewenden hat (§ 59b Abs. 2 des Strafgesetzbuchs), so wird die Eintragung über die Verwarnung mit Strafvorbehalt aus dem Register entfernt.

§ 15: Nachträgliche Entscheidungen nach Jugendstrafrecht.

(1) In das Register sind einzutragen

1. die Aussetzung der Jugendstrafe zur Bewährung durch Beschluß nach § 57 des Jugendgerichtsgesetzes; dabei ist das Ende der Bewährungszeit zu vermerken,
2. die Aussetzung des Strafrestes sowie das Ende der Bewährungszeit und die endgültige Entlassung des Verurteilten nach den §§ 88, 89 des Jugendgerichtsgesetzes, im Falle des § 89 auch die Dauer der festgesetzten bestimmten Jugendstrafe,
3. die Abkürzung oder Verlängerung der Bewährungszeit nach § 22 Abs. 2 Satz 2, § 28 Abs. 2 Satz 2, § 88 Abs. 5 Satz 2, § 89 Abs. 3 des Jugendgerichtsgesetzes,
4. der Erlaß oder Teilerlaß der Jugendstrafe nach den §§ 26a, 88 Abs. 5 Satz 2, § 89 Abs. 3 des Jugendgerichtsgesetzes,
5. der Erlaß oder Teilerlaß der Jugendstrafe nach den §§ 26a, 88 Abs. 5 Satz 2, § 89 Abs. 3 des Jugendgerichtsgesetzes,
6. die Beseitigung des Strafmakels nach den §§ 97 und 100 des Jugendgerichtsgesetzes,
7. der Widerruf der Aussetzung einer Jugendstrafe oder eines Strafrestes nach den §§ 26, 88 und 89 des Jugendgerichtsgesetzes und der Widerruf der Beseitigung des Strafmakels nach § 101 des Jugendgerichtsgesetzes.

(2) [1]Wird nach § 30 Abs. 1 des Jugendgerichtsgesetzes auf Jugendstrafe erkannt, so ist auch diese in das Register einzutragen. [2]Die Eintragung über einen Schuldspruch wird aus dem Register entfernt, wenn der Schuldspruch

1. nach § 30 Abs. 2 des Jugendgerichtsgesetzes getilgt wird oder
2. nach § 31 Abs. 2, §66 des Jugendgerichtsgesetzes in eine Entscheidung einbezogen wird, die in das Erziehungsregister einzutragen ist.

§ 16: Gnadenerweise und Amnestien.

In das Register sind einzutragen
1. die Aussetzung einer im Register eingetragenen Strafe oder einer Maßregel der Besserung und Sicherung sowie deren Widerruf; wird eine Bewährungszeit festgesetzt, so ist auch deren Ende zu vermerken,
2. der Erlaß, der Teilerlaß, die Ermäßigung oder die Umwandlung einer im Register eingetragenen Strafe oder einer Maßregel der Besserung und Sicherung sowie die Wiederverleihung von Fähigkeiten und Rechten, die der Verurteilte nach dem Strafgesetz infolge der Verurteilung verloren hatte.

§ 17: Eintragung der Vollstreckung.

In das Register ist der Tag einzutragen, an dem die Vollstreckung einer Freiheitsstrafe, eines Strafarrestes oder einer Jugendstrafe oder eine Maßregel der Besserung und Sicherung mit Ausnahme der Sperre für die Erteilung einer Fahrerlaubnis beendet oder auf andere Weise erledigt ist.

§ 18: Wiederaufnahme des Verfahrens.

(1) In das Register ist der rechtskräftige Beschluß einzutragen, durch den das Gericht wegen einer registerpflichtigen Verurteilung die Wiederaufnahme des Verfahrens anordnet (§ 370 Abs. 2 der Strafprozeßordnung).

(2) [1]Ist die endgültige Entscheidung in dem Wiederaufnahmeverfahren (§§ 371, 373 der Strafprozeßordnung) rechtskräftig geworden, so wird die Eintragung nach Absatz 1 aus dem Register entfernt. [2]Wird durch die Entscheidung das frühere Urteil aufrechterhalten, so wird dies im Register vermerkt. [3]Andernfalls wird die auf die erneute Hauptverhandlung ergangene Entscheidung in das Register eingetragen, wenn sie eine registerpflichtige Verurteilung enthält; die frühere Eintragung wird aus dem Register entfernt.

§ 19: Aufhebung von Entscheidungen.

(1) Wird eine Entmündigung auf Anfechtungsklage aufgehoben (§§ 672, 684 der Zivilprozeßordnung), so wird die Eintragung der Entmündigung aus dem Register entfernt.

(2) Entsprechend wird erfahren, wenn
1. eine nach § 11 eingetragene Entscheidung aufgehoben oder durch eine neue Entscheidung gegenstandslos wird,
2. die Vollziehbarkeit einer nach § 11 eingetragenen Entscheidung auf Grund behördlicher oder gerichtlicher Entscheidung entfällt,
3. die Verwaltungsbehörde eine befristete Entscheidung erlassen oder in der Mitteilung an das Register bestimmt hat, daß die Entscheidung nur für eine bestimmte Frist eingetragen werden soll, und diese Frist abgelaufen ist.

§ 20: Mitteilungen zum Register.

[1]Die Gerichte und Behörden teilen dem Bundeszentralregister die einzutragenden Entscheidungen, Feststellungen und Tatsachen mit. [2]Ist eine Verurteilung im Falle des § 30 Abs. 4 in ein Führungszeugnis aufzunehmen, so ist dies in der Mitteilung zu vermerken.

§ 21: Hinweispflicht der Registerbehörde.

(1) [1]Erhält das Register eine Mitteilung über
1. eine Verwarnung mit Strafvorbehalt (§ 4 Abs. 1 Nr. 3),
2. einen Schuldspruch (§ 4 Abs. 1 Nr. 4),
3. die Aussetzung einer Strafe, eines Strafrestes oder einer Maßregel der Besserung und Sicherung zur Bewährung (§ 8 Abs. 1, § 14 Abs. 1 Nr. 1, 2, § 15 Abs. 1 Nr. 1,2),
4. den Erlaß oder Teilerlaß der Strafe (§ 14 Abs. 1 Nr. 4),
5. die Ablehnung einer Anordnung nach § 67c Abs. 2 Satz 1 des Strafgesetzbuchs (§ 14 Abs. 1 Nr. 6),

6. die Aussetzung einer Strafe, eines Strafrestes oder einer Maßregel der Besserung und Sicherung im Gnadenwege (§ 16 Nr. 1),

so wird die Behörde, welche die Mitteilung gemacht hat, von der Registerbehörde unterrichtet, wenn eine Strafnachricht eingeht, bevor sich aus dem Register ergibt, daß die Entscheidung nicht mehr wiederrufen werden kann. [2]Ist eine Maßregel der Besserung und Sicherung ausgesetzt, so stehen in den Fällen der Nummern 3 und 6 Mitteilungen nach § 12 einer Strafnachricht gleich.

(2) Das gleiche gilt, wenn eine Mitteilung über die Bewilligung einer weiteren in Absatz 1 bezeichneten Anordnung, ein Suchvermerk oder eine Steckbriefnachricht eingeht.

(3) Wird eine in Absatz 1 bezeichnete Entscheidung widerrufen und ist im Register eine weitere Entscheidung nach Absatz 1 eingetragen, so hat die Registerbehörde die Behörde, welche die weitere Entscheidung mitgeteilt hat, von dem Widerruf zu benachrichtigen.

§ 22: Entfernung von Eintragungen.

(1) Eintragungen über Personen, deren Tod der Registerbehörde glaubhaft gemacht wird, werden aus dem Register entfernt.

(2) Eintragungen, die eine über 90 Jahre alte Person betreffen, werden ebenfalls aus dem Register entfernt.

§ 23: Anordnung der Entfernung.

(1) [1]Der Generalbundesanwalt kann auf Antrag oder von Amts wegen im Benehmen mit der Stelle, welche die Entscheidung getroffen hat, insbesondere im Interesse der Rehabilitation des Betroffenen anordnen, daß Eintragungen nach den §§ 11 und 12 aus dem Register entfernt werden, soweit nicht das öffentliche Interesse einer solchen Anordnung entgegensteht. [2]Vor seiner Entscheidung soll er in den Fällen des § 12 einen in der Psychiatrie erfahrenen medizinischen Sachverständigen hören.

(2) [1]Gegen die Ablehnung eines Antrags auf Entfernung einer Eintragung steht dem Antragsteller innerhalb zwei Wochen nach der Bekanntgabe der Entscheidung die Beschwerde zu. [2]Hilft der Generalbundesanwalt der Beschwerde nicht ab, entscheidet der Bundesminister der Justiz.

§ 24: Zu Unrecht entfernte Eintragungen.

[1]Eine Eintragung, die zu Unrecht aus dem Register entfernt worden ist, darf nur mit Genehmigung des Generalbundesanwalts wieder in das Register aufgenommen werden. [2]Vor der Entscheidung ist dem Betroffenen Gelegenheit zur Stellungnahme zu geben.

Zweiter Abschnitt. Steckbriefnachrichten und Suchvermerke

§ 25: Niederlegung.

Behörden können Suchvermerke und, wenn sie dafür zuständig sind, auch Steckbriefnachrichten im Register niederlegen.

§ 26: Behandlung.

(1) [1]Enthält das Register eine Eintragung oder erhält es eine Mitteilung über den Gesuchten, so gibt die Registerbehörde der anfragenden Behörde das Datum und die Geschäftsnummer der Entscheidung sowie die mitteilende Behörde bekannt. [2]Entsprechend ist zu verfahren, wenn ein Antrag auf Erteilung eines Führungszeugnisses oder auf Auskunft aus dem Register eingeht.

(2) [1]Liegen von verschiedenen Behörden Anfragen vor, welche dieselbe Person betreffen, so ist jeder Behörde von der Anfrage der anderen Behörde Mitteilung zu machen. [2]Entsprechendès gilt, wenn Anfragen von derselben Behörde unter verschiedenen Geschäftsnummern vorliegen.

§ 27: Erledigung.

(1) Erledigt sich eine Anfrage vor Ablauf von drei Jahren seit der Niederlegung, so ist dies der Registerbehörde mitzuteilen.

(2) Die Nachricht wird entfernt, wenn ihre Erledigung mitgeteilt wird, spätestens jedoch nach Ablauf von drei Jahren seit der Niederlegung.

Dritter Abschnitt. Auskunft aus dem Zentralregister

1. Führungszeugnis

§ 28: Antrag.

(1) [1]Jeder Person, die das 14. Lebensjahr vollendet hat, wird auf Antrag ein Zeugnis über den sie betreffenden Inhalt des Zentralregisters erteilt (Führungszeugnis). [2]Hat der Betroffene einen gesetzlichen Vertreter, so ist auch dieser antragsberechtigt. [3]Ist der Betroffene geschäftsunfähig, so ist nur sein gesetzlicher Vertreter antragsberechtigt.
(2) [1]Der Antrag ist bei der Meldebehörde zu stellen. [2]Der Antragsteller hat seine Identität und, wenn er als gesetzlicher Vertreter handelt, seine Vertretungsmacht nachzuweisen. [3]Der Betroffene und sein gesetzlicher Vertreter können sich bei der Antragstellung nicht durch einen Bevollmächtigten vertreten lassen.
(3) [1]Wohnt der Antragsteller außerhalb des Geltungsbereichs dieses Gesetzes, so kann er den Antrag unmittelbar bei der Registerbehörde stellen. [2]Absatz 2 Satz 2 und 3 gilt entsprechend.
(4) Die Übersendung des Führungszeugnisses an eine andere Person als den Antragsteller ist nicht zulässig.
(5) [1]Wird das Führungszeugnis zur Vorlage bei einer Behörde beantragt, so ist es der Behörde unmittelbar zu übersenden. [2]Die Behörde hat dem Antragsteller auf Verlangen Einsicht in das Führungszeugnis zu gewähren. [3]Der Antragsteller kann verlangen, daß das Führungszeugnis, wenn es Eintragungen enthält, zunächst an ein von ihm benanntes Amtsgericht zur Einsichtnahme durch ihn übersandt wird. [4]Die Meldebehörde hat den Antragsteller in den Fällen, in denen der Antrag bei ihr gestellt wird, auf diese Möglichkeit hinzuweisen. [5]Das Amtsgericht darf die Einsicht nur dem Antragsteller persönlich gewähren. [6]Nach Einsichtnahme ist das Führungszeugnis an die Behörde weiterzuleiten oder, falls der Antragsteller dem widerspricht, vom Amtsgericht zu vernichten.
(6) [1]Wohnt der Antragsteller außerhalb des Geltungsbereichs dieses Gesetzes, so kann er verlangen, daß das Führungszeugnis, wenn es Eintragungen enthält, zunächst an eine von ihm benannte amtliche Vertretung der Bundesrepublik Deutschland zur Einsichtnahme durch ihn übersandt wird. [2]Absatz 5 Satz 5 und 6 gilt für die amtliche Vertretung der Bundesrepublik Deutschland entsprechend.

§ 29: Erteilung des Führungszeugnisses an Behörden.

[1]Behörden erhalten über eine bestimmte Person ein Führungszeugnis, soweit sie es zur Erledigung ihrer hoheitlichen Aufgaben benötigen und eine Aufforderung an den Betroffenen, ein Führungszeugnis vorzulegen, nicht sachgemäß ist oder erfolglos bleibt. [2]Die Behörde hat dem Betroffenen auf Verlangen Einsicht in das Führungszeugnis zu gewähren.

§ 30: Inhalt des Führungszeugnisses.

(1) In das Führungszeugnis werden die im Ersten Abschnitt bezeichneten Eintragungen aufgenommen.
(2) Nicht aufgenommen werden
1. die Verwarnung mit Strafvorbehalt nach § 59 des Strafgesetzbuchs,
2. der Schuldspruch nach § 27 des Jugendgerichtsgesetzes,
3. Verurteilungen, durch die auf Jugenstrafe von nicht mehr als zwei Jahren erkannt worden ist, wenn die Vollstreckung der Strafe oder eines Strafrestes gerichtlich oder im Gnadenwege zur Bewährung ausgesetzt und diese Entscheidung nicht widerrufen worden ist.
4. Verurteilungen, durch die auf Jugendstrafe erkannt worden ist, wenn der Strafmakel gerichtlich oder im Gnadenwege als beseitigt erklärt und die Beseitigung nicht widerrufen worden ist,

5. Verurteilungen, durch die auf
   a) Geldstrafe von nicht mehr als neunzig Tagessätzen,
   b) Freiheitsstrafe oder Strafarrest von nicht mehr als drei Monatenerkannt worden ist, wenn im Register keine weitere Strafe eingetragen ist,
6. Verurteilungen, durch die Maßregeln der Besserung und Sicherung, Nebenstrafen oder Nebenfolgen allein oder in Verbindung miteinander oder in Verbindung mit Erziehungsmaßregeln oder Zuchtmitteln angeordnet worden sind,
7. Verurteilungen, bei denen die Wiederaufnahme des gesamten Verfahrens vermerkt ist; ist die Wiederaufnahme nur eines Teils des Verfahrens angeordnet, so ist im Führungszeugnis darauf hinzuweisen,
8. Eintragungen nach § 10, wenn die Entmündigung wiederaufgehoben worden ist (§ 10 Abs. 2).
9. Eintragungen nach den §§ 11 und 12.

(3) In ein Führungszeugnis für Behörden (§ 28 Abs. 5, § 29) sind entgegen Absatz 2 auch aufzunehmen
1. Verurteilungen, durch die eine freiheitsentziehende Maßregel der Besserung und Sicherung angeordnet worden ist,
2. Eintragungen nach § 11, wenn die Entscheidung nicht länger als zehn Jahre zurückliegt.
3. Eintragungen nach § 12.

(4) In ein Führungszeugnis für Behörden (§ 28 Abs. 5, § 29) sind ferner die in Absatz 2 Nr. 5 bis 7 bezeichneten Verurteilungen wegen Straftaten aufzunehmen, die
1. bei oder im Zusammenhang mit der Ausübung eines Gewerbes oder dem Betrieb einer sonstigen wirtschaftlichen Unternehmung oder
2. bei der Tätigkeit in einem Gewerbe oder einer sonstigen wirtschaftlichen Unternehmung.
   a) von einem Vertreter oder Beauftragten im Sinne des § 14 des Strafgesetzbuchs oder
   b) von einer Person, die in einer Rechtsvorschrift ausdrücklich als Verantwortlicher bezeichnet ist,

begangen worden sind, wenn das Führungszeugnis für die in § 149 Abs. 2 Nr. 1 der Gewerbeordnung bezeichneten Entscheidungen bestimmt ist.

§ 31: Nichtaufnahme von Verurteilungen nach Fristablauf.

(1) Nach Ablauf einer bestimmten Frist werden Verurteilungen nicht mehr in das Führungszeugnis aufgenommen.

(2) Dies gilt nicht
1. bei Verurteilungen, durch die auf lebenslange Freiheitsstrafe erkannt oder Sicherungsverwahrung angeordnet worden ist,
2. bei Verurteilungen, durch welche die Unterbringung in einem psychiatrischen Krankenhaus angeordnet worden ist, wenn ein Führungszeugnis für Behörden (§ 28 Abs. 5, § 29) beantragt wird.

§ 32: Länge der Frist.

(1) Die Frist, nach deren Ablauf eine Verurteilung nicht mehr in das Führungszeugnis aufgenommen wird, beträgt

1. drei Jahre

bei Verurteilungen zu
   a) Geldstrafe und Freiheitsstrafe oder Strafarrest von nicht mehr als drei Monaten, wenn die Voraussetzungen des § 30 Abs. 2 nicht vorliegen,
   b) Freitheitsstrafe oder Strafarrest von mehr als drei Monaten, aber nicht mehr als einem Jahr, wenn die Vollstreckung der Strafe oder eines Strafrestes gerichtlich oder im Gnadenwege zur Bewährung ausgesetzt, diese Entscheidung nicht widerrufen worden und im Register nicht außerdem Freiheitsstrafe, Strafarrest oder Jugendstrafe eingetragen ist,
   c) Jugendstrafe von nicht mehr als einem Jahr, wenn die Voraussetzungen des § 30 Abs. 2 nicht vorliegen,

d) Jugendstrafe von mehr als zwei Jahren, wenn in Strafrest nach Ablauf der Bewährungszeit gerichtlich oder im Gnadenwege erlassen worden ist,
2. fünf Jahr in den übrigen Fällen.

(2) In den Fällen des Absatzes 1 Nr. 1 Buchstabe d, Nr. 2 verlängert sich die Frist um die Dauer der Freiheitsstrafe, des Strafarrestes oder der Jugendstrafe.

§ 33: Gesamtstrafe, Einheitsstrafe und Nebenentscheidungen.

(1) Ist eine Gesamtstrafe oder eine einheitliche Jugendstrafe gebildet oder ist nach § 30 Abs. 1 des Jugendgerichtsgesetzes auf Jugendstrafe erkannt worden, so ist allein die neue Entscheidung für § 30 Abs. 2 und § 32 maßgebend.

(2) In den Fällen des § 32 bleiben Nebenstrafen, Nebenfolgen und neben Freiheitsstrafe oder Strafarrest ausgesprochene Geldstrafen bei der Feststellung der Frist unberücksichtigt.

§ 34: Beginn der Frist.

[1]Die Frist beginnt mit dem Tag des ersten Urteils (§ 5 Abs. 1 Nr. 4). [2]Dieser Tag bleibt auch maßgebend, wenn

1. eine Gesamtstrafe oder eine einheitliche Jugendstrafe gebildet,
2. nach § 30 Abs. 1 des Jugendgerichtsgesetzes auf Jugendstrafe erkannt wird oder
3. eine Entscheidung im Wiederaufnahmeverfahren ergeht, die eine registerpflichtige Verurteilung enthält.

§ 35: Ablaufhemmung.

(1) Hat ein Verurteilter infolge der Verurteilung die Fähigkeit, öffentliche Ämter zu bekleiden und Rechte aus öffentlichen Wahlen zu erlangen, oder das Recht in öffentlichen Angelegenheiten zu wählen oder zu stimmen, verloren, so läuft die Frist nicht ab, solange er diese Fähigkeit oder dieses Recht nicht wiedererlangt hat.

(2) Die Frist läuft ferner nicht ab, solange sich aus dem Register ergibt, daß die Vollstrekkung einer Strafe oder eine der in § 61 des Strafgesetzbuchs aufgeführten Maßregeln der Besserung und Sicherung mit Ausnahme der Sperre für die Erteilung einer Fahrerlaubnis noch nicht erledigt ist.

§ 36: Mehrere Verurteilungen.

(1) Sind im Register mehrere Verurteilungen eingetragen, so sind sie alle in das Führungszeugnis aufzunehmen, solange eine von ihnen in das Zeugnis aufzunehmen ist.

(2) Außer Betracht bleiben

1. Verurteilungen, die nur in ein Führungszeugnis für Behörden aufzunehmen sind (§ 30 Abs. 3,4, § 31 Abs. 2 Nr. 2),
2. Verurteilungen in den Fällen des § 30 Abs. 2 Nr. 1 bis 4,
3. Verurteilungen, durch die auf Geldstrafe von nicht mehr als neunzig Tagessätzen oder auf Freiheitsstrafe oder Strafarrest von nicht mehr als drei Monaten erkannt worden ist.

§ 37: Anordnung der Nichtaufnahme von Verurteilungen.

(1) [1]Der Generalbundesanwalt kann auf Antrag oder von Amts wegen anordnen, daß Verurteilungen entgegen diesem Gesetz nicht in das Führungszeugnis aufgenommen werden. [2]Dies gilt nicht, soweit das öffentliche Interesse der Anordnung entgegensteht. [3]Wohnt der Betroffene im Geltungsbereich dieses Gesetzes, so soll der Generalbundesanwalt das erkennende Gericht und die sonst zuständige Behörde hören. [4]Betrifft die Eintragung eine Verurteilung, durch welche eine freiheitsentziehende Maßregel der Besserung und Sicherung angeordnet worden ist, so soll er auch einen in der Psychiatrie erfahrenen medizinischen Sachverständigen hören.

(2) Hat der Verurteilte infolge der Verurteilung durch ein Gericht im Geltungsbereich dieses Gesetzes die Fähigkeit, öffentliche Ämter zu bekleiden und Rechte aus öffentlichen Wahlen zu erlangen, oder das Recht, in öffentlichen Angelegenheiten zu wählen oder zu stimmen, verloren, so darf eine Anordnung nach Absatz 1 nicht ergehen, solange er diese Fähigkeit oder dieses Recht nicht wiedererlangt hat.

(3) [1]Gegen die Ablehnung einer Anordnung nach Absatz 1 steht dem Antragesteller inner-

halb zwei Wochen nach der Bekanntgabe der Entscheidung die Beschwerde zu. [2]Hilft der Generalbundesanwalt der Beschwerde nicht ab, so entscheidet der Bundesminister der Justiz.

§ 38: Nachträgliche Verurteilung.

[1]Wird eine weiter Verurteilung im Register eingetragen, so kommt dem Verurteilten eine Anordnung nach § 37 nicht zugute, solange die spätere Eintragung in das Führungszeugnis aufzunehmen ist. [2]§ 36 Abs. 2 gilt entsprechend.

2. Unbeschränkte Auskunft aus dem Zentralregister

§ 39: Umfang der Auskunft.

(1) Von Eintragungen, die in ein Führungszeugnis nicht aufgenommen werden, sowie von Steckbriefnachrichten und Suchvermerken darf – unbeschadet der §§ 40 und 53 – zur Kenntnis gegeben werden

1. den Gerichten, Staatsanwaltschaften und Aufsichtsstellen (§ 68a des Strafgesetzbuchs) für Zwecke der Rechtspflege sowie den Justizvollzugsbehörden für Zwecke des Strafvollzugs,
2. den obersten Bundes- und Landesbehörden,
3. dem Bundesamt und den Landesämtern für Verfassungsschutz, dem Bundesnachrichtendienst und dem Amt für Sicherheit der Bundeswehr für die diesen Behörden übertragenen Sicherheitsaufgaben,
4. den Finanzbehörden für die Verfolgung von Straftaten, die zu ihrer Zuständigkeit gehört,
5. den Kriminaldienst verrichtenden Dienststellen der Polizei für Zwecke der Verhütung und Verfolgung von Straftaten,
6. den Einbürgerungsbehörden für Einbürgerungsverfahren,
7. den Ausländerbehörden, wenn sich die Auskunft auf einen Ausländer bezieht,
8. den Gnadenbehörden für Gnadensachen,
9. den für waffenrechtliche oder sprengstoffrechtliche Erlaubnisse oder für die Erteilung von Jagdscheinen zuständigen Behörden.

(2) Eintragungen über Entmündigungen, die wiederaufgehoben worden sind (§ 10 Abs. 2), dürfen nicht nach Absatz 1 mitgeteilt werden; über sie wird nur den Gerichten und Staatsanwaltschaften für Zwecke der Rechtspflege Auskunft erteilt.

(3) Verurteilungen zu Jugendstrafe dürfen nicht nach Absatz 1 mitgeteilt werden, wenn der Strafmakel als beseitigt erklärt ist; über sie wird nur noch den Strafgerichten und Staatsanwaltschaften für ein Strafverfahren gegen den Betroffenen Auskunft erteilt.

(4) [1]Die Auskunft nach den Absätzen 1 bis 3 wird nur auf ausdrückliches Ersuchen erteilt. [2]Die in Absatz 1 benannten Stellen haben den Zweck anzugeben, für den die Auskunft benötigt wird; sie darf nur für diesen Zweck verwertet werden.

(5) Enthält eine Auskunft Verurteilungen, die in ein Führungszeugnis nicht oder die nur in ein Führungszeugnis nach § 30 Abs. 3,4 aufzunehmen sind, so ist hierauf besonders hinzuweisen.

§ 40: Auskunft in besonderen Fällen.

(1) [1]Einer Person, die das 14. Lebensjahr vollendet hat, kann mit Genehmigung des Generalbundesanwalts mitgeteilt werden, ob über sie Eintragungen im Register enthalten sind, die in ein Führungszeugnis nicht aufgenommen werden, falls sie ein berechtigtes Interesse hieran darlegt. [2]§ 28 Abs. 1 Satz 2,3 gilt entsprechend. [3]Wohnt der Antragsteller im Geltungsbereich dieses Gesetzes, so ist die Mitteilung an ein von ihm benanntes Amtsgericht zu senden, bei dem er die Mitteilung persönlich einsehen kann. [4]Wohnt der Antragsteller außerhalb des Geltungsbereichs dieses Gesetzes, so ist die Mitteilung, wenn in ihr auf Eintragungen im Register hingewiesen wird, an eine von ihm benannte amtliche Vertretung der Bundesrepublik Deutschland zu senden, bei der er die Mitteilung persönlich einsehen kann. [5]Nach Einsichtnahme ist die Mitteilung vom Amtsgericht oder der amtlichen Vertretung der Bundesrepublik Deutschland zu vernichten.

(2) [1]Der Generalbundesanwalt kann gestatten, daß für wissenschaftliche Forschungsvorhaben unbeschränkt Auskunft aus dem Register erteilt wird, wenn und soweit die Bedeutung des Forschungsvorhabens dies rechtfertigt und die Gewähr besteht, daß ein Mißbrauch der bekanntzugebenden Eintragungen nicht zu befürchten ist. [2]Der Generalbundesanwalt darf in einem solchen Fall insbesondere die Namen der Betroffenen nur dann preisgeben, wenn ohne diese Preisgabe das Forschungsvorhaben nicht durchgeführt werden kann.

§ 41: Weiterleitung von Auskünften.

Oberste Bundes- oder Landesbehörden dürfen Eintragungen, die in ein Führungszeugnis nicht aufgenommen werden, einer nachgeordneten oder ihrer Aufsicht unterstehenden Behörde nur mitteilen, wenn dies zur Vermeidung von Nachteilen für den Bund oder ein Land unerläßlich ist oder wenn andernfalls die Erfüllung öffentlicher Aufgaben erheblich gefährdet oder erschwert würde.

3. Auskünfte an Behörden

§ 42: Vertrauliche Behandlung der Auskünfte.

Auskünfte aus dem Zentralregister an Behörden (§ 28 Abs. 5, §§ 29, 39, 41) dürfen nur der mit der Entgegennahme oder Bearbeitung betrauten Bediensteten zur Kenntnis gebracht werden.

Vierter Abschnitt. Tilgung

§ 43: Tilgung nach Fristablauf.

(1) Eintragungen über Verurteilungen (§ 4) werden nach Ablauf einer bestimmten Frist getilgt.

(2) [1]Eine zu tilgende Eintragung wird sechs Monate nach Eintritt der Tilgungsreife aus dem Register entfernt. [2]Während dieser Zeit darf über die Eintragung keine Auskunft erteilt werden.

(3) Absatz 1 gilt nicht

1. bei Verurteilungen zu lebenslanger Freiheitsstrafe,
2. bei Anordnung der Unterbringung in der Sicherungsverwahrung oder in einem psychiatrischen Krankenhaus.

§ 44: Länge der Tilgungsfrist.

(1) Die Tilgungsfrist beträgt

1. fünf Jahre
   bei Verurteilungen
   a) zu Geldstrafe von nicht mehr als neunzig Tagessätzen, wenn keine Freiheitsstrafe, kein Strafarrest und keine Jugendstrafe im Register eingetragen ist,
   b) zu Freiheitsstrafe oder Strafarrest von nicht mehr als drei Monaten, wenn im Register keine weitere Strafe eingetragen ist,
   c) zu Jugendstrafe von nicht mehr als einem Jahr,
   d) zu Jugendstrafe von nicht mehr als zwei Jahren, wenn die Vollstreckung der Strafe oder eines Strafrestes gerichtlich oder im Gnadenwege zur Bewährung ausgesetzt worden ist,
   e) zu Jugendstrafe von mehr als zwei Jahren, wenn ein Strafrest nach Ablauf der Bewährungszeit gerichtlich oder im Gnadenwege erlassen worden ist,
   f) zu Jugendstrafe, wenn der Strafmakel gerichtlich oder im Gnadenwege als beseitigt erklärt worden ist,
   g) durch welche eine Maßnahme (§ 11 Abs. 1 Nr. 8 des Strafgesetzbuchs) mit Ausnahme der Sperre für die Erteilung einer Fahrerlaubnis für immer und des Berufsverbots für immer, eine Nebenstrafe oder eine Nebenfolge allein oder in Verbindung miteinander oder in Verbindung mit Erziehungsmaßregeln oder Zuchtmitteln angeordnet worden ist,

2. zehn Jahre
   bei Verurteilungen zu
   a) Geldstrafe und Freiheitsstrafe oder Strafarrest von nicht mehr als drei Monaten, wenn die Voraussetzungen der Nummer 1 Buchstaben a und b nicht vorliegen,
   b) Freiheitsstrafe oder Strafarrest von mehr als drei Monaten, aber nicht mehr als einem Jahr, wenn die Vollstreckung der Strafe oder eines Strafrestes gerichtlich oder im Gnadenwege zur Bewährung ausgesetzt worden und im Register nicht außerdem Freiheitsstrafe, Strafarrest oder Jugendstrafe eingetragen ist,
   c) Jugendstrafe von mehr als einem Jahr, außer in den Fällen der Nummer 1 Buchstaben d bis f,
3. fünfzehn Jahre
   in allen übrigen Fällen.

(2) Die Aussetzung der Strafe oder eines Strafrestes zur Bewährung oder die Beseitigung des Strafmakels bleiben bei der Berechnung der Frist unberücksichtigt, wenn diese Entscheidungen widerrufen worden sind.

(3) In den Fällen des Absatzes 1 Nr. 1 Buchsabe e, Nr. 2 Buchstabe c, Nr. 3 verlängert sich die Frist um die Dauer der Freiheitsstrafe, des Strafarrestes oder der Jugendstrafe.

§ 45: Feststellung der Frist und Ablaufhemmung.

(1) Für die Feststellung und Berechnung der Frist gelten die §§ 33, 34 entsprechend.

(2) [1]Die Tilgungsfrist läuft nicht ab, solange sich aus dem Register ergibt, daß die Vollstreckung einer Strafe oder eine der in § 61 des Strafgesetzbuchs aufgeführten Maßregeln der Besserung und Sicherung noch nicht erledigt ist. [2]§ 35 Abs. 1 gilt entsprechend.

(3) [1]Sind im Register mehrere Verurteilungen eingetragen, so ist die Tilgung einer Eintragung erst zulässig, wenn für alle Verurteilungen die Voraussetzungen der Tilgung vorliegen. [2]Die Eintragung einer Verurteilung, durch die eine Sperre für die Erteilung der Fahrerlaubnis für immer angeordnet worden ist, hindert die Tilgung anderer Verurteilungen nur, wenn zugleich auf eine Strafe erkannt worden ist, für die allein die Tilgungsfrist nach § 44 noch nicht abgelaufen wäre.

§ 46: Anordnung der Tilgung wegen Gesetzesänderung

Ist die Verurteilung lediglich wegen einer Handlung eingetragen, für die das nach der Verurteilung geltende Gesetz nicht mehr Strafe, sondern nur noch Geldbuße allein oder in Verbindung mit einer Nebenfolge androht, so ordnet der Generalbundesanwalt auf Antrag des Verurteilten an, daß die Eintragung zu tilgen ist.

§ 47: Anordnung der Tilgung in besonderen Fällen

(1) [1]Der Generalbundesanwalt kann auf Antrag oder von Amts wegen anordnen, daß Eintragungen entgegen den §§ 43, 44 zu tilgen sind, falls die Vollstreckung erledigt ist und das öffentliche Interesse der Anordnung nicht entgegensteht.[2] Wohnt der Betroffene im Geltungsbereich dieses Gesetzes, so soll der Generalbundesanwalt das erkennende Gericht und die sonst zuständige Behörde hören.[3] Betrifft die Eintragung eine Verurteilung, durch welche eine freiheitsentziehende Maßregel der Besserung und Sicherung angeordnet worden ist, so soll er auch einen in der Psychiatrie erfahrenen medizinischen Sachverständigen hören.

(2) Hat der Verurteilte infolge der Verurteilung durch ein Gericht im Geltungsbereich dieses Gesetzes die Fähigkeit, öffentliche Ämter zu bekleiden und Rechte aus öffentlichen Wahlen zu erlangen, oder das Recht, in öffentlichen Angelegenheiten zu wählen oder zu stimmen, verloren, so darf eine Anordnung nach Absatz 1 nicht ergehen, solange er diese Fähigkeit oder dieses Recht nicht wiedererlangt hat.

(3) [1]Gegen die Ablehnung einer Anordnung nach Absatz 1 steht dem Antragsteller innerhalb zwei Wochen nach der Bekanntgabe der Entscheidung die Beschwerde zu. [2]Hilft der Generalbundesanwalt der Beschwerde nicht ab, so entscheidet der Bundesminister der Justiz.

§ 48: Zu Unrecht getilgte Eintragungen

Eine Eintragung, die zu Unrecht im Register getilgt worden ist, darf nur mit Genehmigung des Generalbundesanwalts wieder in das Register aufgenommen werden. Vor der Entscheidung ist dem Betroffenen Gelegenheit zur Stellungnahme zu geben.

Fünfter Abschnitt. Rechtswirkungen der Tilgung

§ 49: Verwertungsverbot

(1) Ist die Eintragung über eine Verurteilung im Register getilgt worden oder ist sie zu tilgen, so dürfen die Tat und die Verurteilung dem Betroffenen im Rechtsverkehr nicht mehr vorgehalten und nicht zu seinem Nachteil verwertet werden.

(2) Aus der Tat oder der Verurteilung entstandene Rechte Dritter, gesetzliche Rechtsfolgen der Tat oder der Verurteilung und Entscheidungen von Gerichten oder Verwaltungsbehörden, die im Zusammenhang mit der Tat oder der Verurteilung ergangen sind, bleiben unberührt.

§ 50: Ausnahmen

(1) Die frühere Tat darf abweichend von § 49 Abs. 1 nur berücksichtigt werden, wenn

1. die Sicherheit der Bundesrepublik Deutschland oder eines ihrer Länder eine Ausnahme zwingend gebietet,
2. in einem erneuten Strafverfahren ein Gutachten über den Geisteszustand des Betroffenen zu erstatten ist, falls die Umstände der früheren Tat für die Beurteilung seines Geisteszustandes von Bedeutung sind,
3. die Wiederaufnahme des früheren Verfahrens beantragt wird oder
4. der Betroffene die Zulassung zu einem Beruf oder einem Gewerbe, die Einstellung in den öffentlichen Dienst oder die Erteilung einer Waffenbesitzkarte, eines Munitionserwerbscheins oder Waffenscheins beantragt, falls die Zulassung, Einstellung oder Erteilung der waffenrechtlichen Erlaubnis sonst zu einer erheblichen Gefährdung der Allgemeinheit führen würde; das gleiche gilt, wenn der Betroffene die Aufhebung einer die Ausübung eines Berufes oder Gewerbes untersagenden Entscheidung beantragt.

(2) Abweichend von § 49 Abs. 1 darf eine frühere Tat ferner in einem Verfahren berücksichtigt werden, das die Erteilung oder Entziehung einer Fahrerlaubnis zum Gegenstand hat, wenn die Verurteilung wegen dieser Tat in das Verkehrszentralregister einzutragen war.

Sechster Abschnitt. Begrenzung von Offenbarungspflichten des Verurteilten

§ 51: Offenbarungspflicht bei Verurteilungen

(1) Der Verurteilte darf sich als unbestraft bezeichnen und braucht den der Verurteilung zugrunde liegenden Sachverhalt nicht zu offenbaren, wenn die Verurteilung

1. nicht in das Führungszeugnis oder nur in ein Führungszeugnis nach § 30 Abs. 3, 4 aufzunehmen oder
2. zu tilgen ist.

(2) Soweit Gerichte oder Behörden ein Recht auf unbeschränkte Auskunft haben, kann der Verurteilte ihnen gegenüber keine Rechte aus Absatz 1 Nr. 1 herleiten, falls er hierüber belehrt wird.

Siebenter Abschnitt. Verurteilungen durch Gerichte und Auskunft an Stellen außerhalb des Geltungsbereichs dieses Gesetzes

§ 52: Eintragungen in das Register

(1) In das Register sind auch strafgerichtliche Verurteilungen einzutragen, die nicht durch deutsche Gerichte im Geltungsbereich dieses Gesetzes ergangen sind, wenn sie sich auf Deutsche oder im Geltungsbereich dieses Gesetzes geborene oder wohnhafte Ausländer be-

ziehen und die Straftat nach dem im Geltungsbereich dieses Gesetzes geltenden Recht ein Verbrechen oder Vergehen ist.

(2) Eintragungen nach Absatz 1 werden bei der Anwendung dieses Gesetzes wie Verurteilungen in dessen Geltungsbereich behandelt. Hierbei steht eine Strafart oder Maßregel der Besserung und Sicherung der im Geltungsbereich dieses Gesetzes geltenden Strafart oder Maßregel gleich, der sie am meisten entspricht.

(3) Die Vorschriften des Gesetzes über die innerdeutsche Rechts- und Amtshilfe in Strafsachen vom 2. Mai 1953 (Bundesgesetzbl. I S. 161) bleiben unberührt.

§ 53: Auskunft aus dem Register

Behörden außerhalb des Geltungsbereichs dieses Gesetzes sowie über- und zwischenstaatlichen Stellen wird nach den hierfür geltenden Gesetzen und Vereinbarungen Auskunft aus dem Register erteilt. Soweit solche Vorschriften fehlen, kann der Bundesminister der Justiz anordnen, daß ihnen im gleichen Umfang Auskunft erteilt wird wie vergleichbaren Stellen im Geltungsbereich dieses Gesetzes.

§ 54: Berücksichtigung von Verurteilungen

Eine strafgerichtliche Verurteilung gilt, auch wenn sie nicht nach § 52 in das Register eingetragen ist, als tilgungsreif, sobald eine ihr vergleichbare Verurteilung im Geltungsbereich dieses Gesetzes tilgungsreif wäre. § 51 gilt auch zugunsten des außerhalb des Geltungsbereichs dieses Gesetzes Verurteilten.

Dritter Teil. Das Erziehungsregister

§ 55: Führung des Erziehungsregisters

Das Erziehungsregister wird von dem Bundeszentralregister geführt. Für das Erziehungsregister gelten die Vorschriften des Zweiten Teils, soweit die §§ 56 bis 59 nicht etwas anderes bestimmen.

§ 56: Eintragungen in das Erziehungsregister

(1) In das Erziehungsregister werden die folgenden Entscheidungen und Anordnungen eingetragen, soweit sie nicht nach § 5 Abs. 2 in das Zentralregister einzutragen sind:

1. die Anordnung von Maßnahmen nach § 3 Satz 2 des Jugendgerichtsgesetzes,
2. die Anordnung von Erziehungsmaßregeln oder Zuchtmitteln (§§ 9 bis 16, 112a Nr. 2 des Jugendgerichtsgesetzes), Nebenstrafen oder Nebenfolgen (§ 8 Abs. 3, § 76 des Jugendgerichtsgesetzes) allein oder in Verbindung miteinander,
3. der Schuldspruch, der nach § 15 Abs. 2 Satz 2 Nr. 2 aus dem Zentralregister entfernt worden ist,
4. Entscheidungen, in denen der Richter die Auswahl und Anordnung von Erziehungsmaßregeln dem Vormundschaftsrichter überläßt (§§ 53, 104 Abs. 4 des Jugendgerichtsgesetzes),
5. Anordnungen des Vormundschaftsrichters, die auf Grund einer Entscheidung nach Nummer 4 ergehen,
6. der Freispruch wegen mangelnder Reife und die Einstellung des Verfahrens aus diesem Grunde (§ 3 Satz 1 des Jugendgerichtsgesetzes),
7. das Absehen von der Verfolgung nach § 45 des Jugendgerichtsgesetzes und die Einstellung des Verfahrens nach § 47 des Jugendgerichtsgesetzes,
8. die Anordnung der Erziehungsbeistandschaft oder der (vorläufigen oder endgültigen) Fürsorgeerziehung durch den Vormundschaftsrichter (§§ 57, 65, 67 des Gesetzes für Jugendwohlfahrt),
9. vorläufige und endgültige Entscheidungen des Vormundschaftsrichters nach § 1631 Abs. 2, § 1666 Abs. 1 und § 1838 des Bürgerlichen Gesetzbuchs sowie die Entscheidungen nach § 1671 Abs. 5 des Bürgerlichen Gesetzbuchs, welche die Sorge für die Person des Minderjährigen betreffen; ferner die Entscheidungen, durch welche die vorgenannten Entscheidungen aufgehoben oder geändert werden.

(2) In den Fällen des Absatzes 1 Nr. 7 ist zugleich die vom Richter nach § 45 Abs. 1 oder § 47 Abs. 1 Nr. 1 des Jugendgerichtsgesetzes getroffene Maßnahme einzutragen.
(3) Ist Erziehungsbeistandschaft angeordnet, so ist auch ihre Aufhebung einzutragen (§ 61 Abs. 2 des Gesetzes für Jugendwohlfahrt).
(4) Ist Fürsorgeerziehung angeordnet, so sind auch ihre Aufhebung sowie der Widerruf der Aufhebung einzutragen (§ 75 Abs. 2 und 4 des Gesetzes für Jugendwohlfahrt).

§ 57: Auskunft aus dem Erziehungsregister

(1) Eintragungen im Erziehungsregister dürfen – unbeschadet des § 40 Abs. 2 – nur mitgeteilt werden
1. den Strafgerichten und Staatsanwaltschaften für Zwecke der Rechtspflege sowie den Justizvollzugsbehörden für Zwecke des Strafvollzugs,
2. den Vormundschaftsgerichten für Verfahren, welche die Sorge für die Person des im Register Geführten betreffen,
3. den Jugendämtern und den Landesjugendämtern für die Wahrnehmung von Erziehungsaufgaben der Jugendhilfe,
4. den Gnadenbehörden für Gnadensachen.

(2) Soweit Behörden sowohl aus dem Zentralregister als auch aus dem Erziehungsregister Auskunft zu erteilen ist, werden auf ein Ersuchen um Auskunft aus dem Zentralregister (§ 39 Abs. 4) auch die in das Erziehungsregister aufgenommenen Eintragungen mitgeteilt.
(3) Auskünfte aus dem Erziehungsregister dürfen nicht an andere als die in Absatz 1 genannten Behörden weitergeleitet werden.

§ 57a: Steckbriefnachrichten und Suchvermerke

Im Erziehungsregister können Steckbriefnachrichten und Suchvermerke nur von den Behörden niederglegt werden, denen Auskunft aus dem Erziehungsregister erteilt wird.

§ 58: Entfernung von Eintragungen

(1) Eintragungen im Erziehungsregister werden entfernt, sobald der Betroffene das 24. Lebensjahr vollendet hat. Die Eintragung über eine Fürsorgeerziehung wird erst nach Ablauf des 30. Lebensjahres entfernt. Über sie wird nach Ablauf des 24. Lebensjahres nur den Strafgerichten und Staatsanwaltschaften für ein Strafverfahren gegen den Betroffenen Auskunft erteilt.
(2) Die Entfernung unterbleibt, solange im Zentralregister eine Verurteilung zu Freiheitsstrafe, Strafarrest oder Jugendstrafe oder eine freiheitsentziehende Maßregel der Besserung und Sicherung eingetragen ist.
(3) Der Generalbundesanwalt kann auf Antrag oder von Amts wegen anordnen, daß Eintragungen vorzeitig entfernt werden, wenn die Vollstreckung erledigt ist und das öffentliche Interesse einer solchen Anordnung nicht entgegensteht. § 47 Abs. 3 ist anzuwenden.
(4) Die §§ 49, 50 gelten entsprechend.

§ 59: Begrenzung von Offenbarungspflichten des Betroffenen

(1) Eintragungen in das Erziehungsregister und die ihnen zugrunde liegenden Sachverhalte braucht der Betroffene nicht zu offenbaren.
(2) Soweit Gerichte oder Behörden ein Recht auf Auskunft aus dem Erziehungsregister haben, kann der Betroffene ihnen gegenüber keine Rechte aus Absatz 1 herleiten, falls er hierüber belehrt wird.

Vierter Teil. Übergangs- und Schlußvorschriften

§ 60: Übernahme von Eintragungen in das Zentralregister

(1) Eintragungen, die vor dem Inkrafttreten dieses Gesetzes in das Strafregister aufgenommen worden sind, werden in das Zentralregister übernommen.
(2) Nicht übernommen werden Eintragungen über Verurteilungen zu
1. Geldstrafe, die mehr als zwei Jahre vor dem Inkraftreten dieses Gesetzes ausgesprochen

worden ist, wenn die Ersatzfreiheitsstrafe nicht mehr als drei Monate beträgt und keine weitere Eintragung im Register enthalten ist,
2. Geldstrafe, bei der die Voraussetzungen der Nummer 1 nicht vorliegen, Freiheitsstrafe und Jugendstrafe von nicht mehr als neun Monaten sowie Strafarrest, wenn die Strafe mehr als fünf Jahre vor dem Inkrafttreten dieses Gesetzes ausgesprochen worden ist,
3. Freiheitsstrafe und Jugendstrafe von mehr als neun Monaten, aber nicht mehr als drei Jahren, die mehr als zehn Jahre vor dem Inkrafttreten dieses Gesetzes ausgesprochen worden ist,
4. Freiheitsstrafe und Jugendstrafe von mehr als drei, aber nicht mehr als fünf Jahren, die mehr als fünfzehn Jahre vor dem Inkrafttreten dieses Gesetzes ausgesprochen worden ist.

(3) Absatz 2 gilt nicht, wenn
1. der Betroffene als gefährlicher Gewohnheitsverbrecher oder innerhalb der letzten zehn Jahre vor dem Inkraftreten dieses Gesetzes zu Freiheitsstrafe oder Jugendstrafe von mehr als neun Monaten verurteilt worden ist,
2. gegen den Betroffenen auf Unterbringung in einer Heil- oder Pflegeanstalt oder auf Untersagung der Erteilung der Fahrerlaubnis für immer erkannt worden ist.

(4) Nicht übernommen werden ferner Eintragungen über Entscheidungen von Verwaltungsbehörden aus der Zeit bis zum 23. Mai 1945.

(5) Die in das Zentralregister zu übernehmenden Eintragungen werden nach den Vorschriften dieses Gesetzes behandelt.

§ 61: Bei Inkrafttreten dieses Gesetzes getilgte oder tilgungsreife Eintragungen

Für die Verurteilungen, die bei dem Inkrafttreten dieses Gesetzes im Strafregister getilgt oder tilgungsreif sind oder die nach § 60 Abs. 2 nicht in das Zentralregister übernommen werden, gelten die §§ 49 bis 51.

§ 62: Urteile nicht mehr bestehender Gerichte

Bei der Entscheidung über einen Antrag nach den §§ 37, 47 sind deren Absätze 2 entsprechend anzuwenden, wenn das Urteil von einem Gericht erlassen wurde, an dessen Sitz deutsche Gerichtsbarkeit nicht mehr ausgeübt wird. Das gleiche gilt bei einer Verurteilung durch das Reichsgericht im ersten Rechtszug, den ehemaligen Volksgerichtshof, ein früheres Wehrmachtsgericht oder ein Gericht eines früheren wehrmachtähnlichen Verbandes.

§ 63: Eintragungen in der Erziehungskartei

Die bei dem Inkrafttreten dieses Gesetzes vorhandenen Eintragungen in der gerichtlichen Erziehungskartei sind in das Erziehungsregister zu übernehmen.

§§ 64–67: (Änderung verschiedener Gesetze bzw. gegenstandslos)

§ 68: Kosten

(1) (gegenstandslos)

(2) Die Meldebehörde (§ 28 Abs. 2) nimmt die Gebühr für das Führungszeugnis entgegen. Sie behält davon zwei Fünftel ein und führt den Restbetrag an die Bundeskasse ab.

§ 69: Bestimmungen und Bezeichnungen in anderen Vorschriften

Soweit in anderen Vorschriften auf das Gesetz über beschränkte Auskunft aus dem Strafregister und die Tilgung von Strafvermerken oder auf Bestimmungen des Jugendgerichtsgesetzes, welche die Behandlung von Verurteilungen nach Jugendstrafrecht im Strafregister betreffen, verwiesen wird oder Bezeichnungen verwendet werden, die durch dieses Gesetz aufgehoben oder geändert werden, treten an ihre Stelle die entsprechenden Bestimmungen und Bezeichnungen dieses Gesetzes.

§ 70: Berlin-Klausel

Dieses Gesetz gilt nach Maßgabe des § 13 Abs. 1 des Dritten Überleitungsgesetzes vom 4. Januar 1952 (Bundesgesetzbl. I S. 1) auch im Land Berlin. Rechtsverordnungen, die auf Grund dieses Gesetzes erlassen werden, gelten im Land Berlin nach § 14 des Dritten Überleitungsgesetzes.

§ 71: Aufhebung von Vorschriften und Inkrafttreten
(1) Dieses Gesetz tritt am 1. Januar 1972 in Kraft.
(2) (Aufhebung von Vorschriften)
(3) Die Aufgaben des Generalbundesanwalts und des Bundesministers der Justiz nach diesem Gesetz werden bis zu den in den Sätzen 2 und 3 bezeichneten Zeitpunkten von den bisher zuständigen Behörden wahrgenommen, wenn sie Personen betreffen, die im Geltungsbereich dieses Gesetzes geboren sind. Der Bundesminister der Justiz wird ermächtigt, durch Rechtsverordnung mit Zustimmung des Bundesrates für den Bereich der bisher zuständigen Registerbehörden zum schrittweisen Aufbau der Datenbank des Bundeszentralregisters nach Maßgabe der organisatorischen Möglichkeiten die Zeitpunkte zu bestimmen, zu denen diese Aufgaben auf den Generalbundesanwalt und den Bundesminister der Justiz übergehen. Der Übergang muß bis zum 31. Dezember 1980 abgeschlossen sein.
(4) Soweit die Aufgaben des Zentralregisters von den Behörden der Länder wahrgenommen werden, steht die Gebühr für das Führungszeugnis den Ländern zu.

3. Gesetz über das Postwesen (PostG) vom 28. Juli 1969 (BGBl. I S. 1006; BGBl. III 901–1) – Auszug –

§ 5: Postgeheimnis
(1) Den mit postdienstlichen Verrichtungen betrauten Personen ist es untersagt,
1. eine verschlossene Postsendung zu öffnen oder sich von ihrem Inhalt ohne Öffnung des Verschlusses Kenntnis zu verschaffen,
2. über den Postverkehr bestimmter Personen oder über den Inhalt von Postsendungen einem anderen eine Mitteilung zu machen,
3. eine dieser Handlungen zu gestatten oder zu fördern,

soweit sich nicht eine Befugnis aus anderen Rechtsvorschriften ergibt.
(2) Das Verbot des Absatzes 1 gilt nicht, wenn die dort bezeichneten Handlungen zur betriebsbedingten Abwicklung des Postdienstes erforderlich sind.
(3) Das Verbot des Absatzes 1 Nr. 2 gilt nicht, wenn die dort bezeichneten Handlungen zur Verfolgung einer im Zusammenhang mit dem Postdienst begangenen rechtswidrigen Tat, die den Tatbestand eines Strafgesetzes verwirklicht, erforderlich sind. Es gilt ferner nicht gegenüber demjenigen, gegen den im Zusammenhang mit dem Postdienst entstandene Ansprüche gerichtlich oder außergerichtlich geltend zu machen sind. Das Grundrecht des Postgeheimnisses (Artikel 10 des Grundgesetzes) wird insoweit eingeschränkt.
(4) Die Pflicht zur Geheimhaltung besteht auch nach dem Ende der Betrauung mit den postdienstlichen Verrichtungen fort.

§ 6: Postscheck- und Postsparkassengeheimnis
Auskunft über Postscheck- oder Postsparguthaben darf außer in den Fällen einer gesetzlichen Auskunftspflicht ohne Zustimmung des Postscheckteilnehmers oder des Postsparers nur denjenigen erteilt werden, die kraft Gesetzes zur Verfügung über das Guthaben berechtigt sind.

4. Gesetz zur Beschränkung des Brief-, Post- und Fernmeldegeheimnisses (Gesetz zu Artikel 10 Grundgesetz) (G 10) vom 13. August 1968 (BGBl. I S. 949) – Auszug –

ARTIKEL 1

§ 1: Einsicht- und Abhörberechtigung der Verfassungsschutzbehörden
(1) Zur Abwehr von drohenden Gefahren für die freiheitliche demokratische Grundord-

nung oder den Bestand oder die Sicherheit des Bundes oder eines Landes einschließlich der Sicherheit der in der Bundesrepublik Deutschland stationierten Truppen der nichtdeutschen Vertragsstaaten des Nordatlantikvertrages oder der im Land Berlin anwesenden Truppen einer der Drei Mächte sind die Verfassungschutzbehörden des Bundes und der Länder, das Amt für Sicherheit der Bundeswehr und der Bundesnachrichtendienst berechtigt, dem Brief-, Post- oder Fernmeldegeheimnis unterliegende Sendungen zu öffnen und einzusehen, sowie den Fernschreibverkehr mitzulesen, den Fernmeldeverkehr abzuhören und auf Tonträger aufzunehmen.

(2) Die Deutsche Bundespost hat der berechtigten Stelle auf Anordnung Auskunft über den Post- und Fernmeldeverkehr zu erteilen, Sendungen, die ihr zur Übermittlung auf dem Post- und Fernmeldeweg anvertraut sind, auszuhändigen, sowie das Abhören des Fernsprechverkehrs und das Mitlesen des Fernschreibverkehrs zu ermöglichen.

§ 2: Voraussetzungen für die Anordnung der Beschränkungen

(1) Beschränkungen nach § 1 dürfen angeordnet werden, wenn tatsächliche Anhaltspunkte für den Verdacht bestehen, daß jemand

1. Straftaten des Friedensverrats oder des Hochverrats (§§ 80 bis 83 des Strafgesetzbuches),
2. Straftaten der Gefährdung des demokratischen Rechtsstaates (§§ 84 bis 86, 87 bis 89 des Strafgesetzbuches, § 20 Abs. 1 Nr. 1 bis 4 des Vereinsgesetzes),
3. Straftaten des Landesverrats und der Gefährdung der äußeren Sicherheit (§§ 94 bis 96, 97a bis 100a des Strafgesetzbuches),
4. Straftaten gegen die Landesverteidigung (§§ 109e bis 109g des Strafgesetzbuches) oder
5. Straftaten gegen die Sicherheit der in der Bundesrepublik Deutschland stationierten Truppen der nichtdeutschen Vertragsstaaten des Nordatlantikvertrages oder der im Land Berlin anwesenden Truppen einer der Drei Mächte (§§ 94 bis 96, 98 bis 100, 109e bis 109g des Strafgesetzbuches in Verbindung mit Artikel 7 des Vierten Strafrechtsänderungsgesetzes vom 11. Juni 1957 in der Fassung des Achten Strafrechtsänderungsgesetzes)

plant, begeht oder begangen hat.

(2) Eine Anordnung nach Absatz 1 ist nur zulässig, wenn die Erforschung des Sachverhalts auf andere Weise aussichtlos oder wesentlich erschwert wäre. Sie darf sich nur gegen den Verdächtigen oder gegen Personen richten, von denen auf Grund bestimmter Tatsachen anzunehmen ist, daß sie für den Verdächtigen bestimmte oder von ihm herrührende Mitteilungen entgegennehmen oder weitergeben oder daß der Verdächtige ihren Anschluß benutzt.

§ 3: Einschränkungen zum Zwecke der Nachrichtensammlung aus Abwehrgründen

(1) Außer in den Fällen des § 2 dürfen Beschränkungen nach § 1 für Post- und Fernmeldeverkehrsbeziehungen angeordnet werden, die der nach § 5 zuständige Bundesminister mit Zustimmung des Abgeordnetengremiums gemäß § 9 bestimmt. Sie sind nur zulässig zur Sammlung von Nachrichten über Sachverhalte, deren Kenntnis notwendig ist, um die Gefahr eines bewaffneten Angriffs auf die Bundesrepublik Deutschland rechtzeitig zu erkennen und einer solchen Gefahr zu begegnen.

(2) Die durch Maßnahmen nach Absatz 1 erlangten Kenntnisse und Unterlagen dürfen nicht zum Nachteil von Personen verwendet werden. Dies gilt nicht, wenn gegen die Person eine Beschränkung nach § 2 angeordnet ist oder wenn tatsächliche Anhaltspunkte für den Verdacht bestehen, daß jemand eine der in § 2 dieses Gesetzes oder eine andere in § 138 des Strafgesetzbuches genannte Handlung plant, begeht oder begangen hat.

§ 4: Anordnung auf Antrag – Antragsberechtigte

(1) Beschränkungen nach § 1 dürfen nur auf Antrag angeordnet werden.

(2) Antragsberechtigt sind im Rahmen ihres Geschäftsbereichs

1. in den Fällen des § 2
   a) das Bundesamt für Verfassungsschutz durch seinen Präsidenten oder dessen Stellvertreter,

b) die Verfassungsschutzbehörden der Länder durch ihre Leiter oder deren Stellvertreter,
c) bei Handlungen gegen die Bundeswehr das Amt für Sicherheit der Bundeswehr durch seinen Leiter oder dessen Stellvertreter,
d) bei Handlungen gegen den Bundesnachrichtendienst durch seinen Präsidenten oder dessen Stellvertreter.

(3) Der Antrag ist unter Angabe von Art, Umfang und Dauer der beantragten Beschränkungsmaßnahme schriftlich zu stellen und zu begründen. Der Antragsteller hat darin darzulegen, daß die Erforschung des Sachverhalts auf andere Weise aussichtslos oder wesentlich erschwert wäre.

§ 5: Zuständigkeit für die Anordnung – Schriftform – Befristung

(1) Zuständig für die Anordnung nach § 1 ist bei Anträgen der Verfassungschutzbehörden der Länder die zuständige oberste Landesbehörde, im übrigen ein vom Bundeskanzler beauftragter Bundesminister.
(2) Die Anordnung ergeht schriftlich; sie ist dem Antragsteller und der Deutschen Bundespost mitzuteilen. In ihr sind Art, Umfang und Dauer der Maßnahme zu bestimmen und die zur Überwachung berechtigte Stelle anzugeben.
(3) Die Anordnung ist auf höchstens drei Monate zu befristen. Verlängerungen um jeweils nicht mehr als drei weitere Monate sind auf Antrag zulässig, soweit die Voraussetzungen der Anordnung fortbestehen.
(4) Das Bundesamt für Verfassungsschutz unterrichtet das jeweilige Landesamt für Verfassungsschutz über die in dessen Bereich getroffenen Beschränkungsanordnungen. Die Landesämter für Verfassungsschutz teilen dem Bundesamt für Verfassungsschutz die ihnen übertragenen Beschränkungsmaßnahmen mit.
(5) Über Beschränkungsmaßnahmen ist der Betroffene nicht zu unterrichten.

§ 6: Vorschriften für Anordnungen in den Fällen des § 2

(1) In den Fällen des § 2 muß die Anordnung denjenigen bezeichnen, gegen den sich die Beschränkungsmaßnahme richtet.
(2) Soweit sich in diesen Fällen Maßnahmen nach § 1 auf Sendungen beziehen, sind sie nur hinsichtlich solcher Sendungen zulässig, bei denen Tatsachen vorliegen, aus welchen zu schließen ist, daß sie von dem, gegen den sich die Anordnung richtet, herrühren oder für ihn bestimmt sind.

§ 7: Vornahme der Maßnahmen nach § 1 – Beendigung der Maßnahmen

(1) Die aus der Anordnung sich ergebenden Maßnahmen nach § 1 Abs. 1 sind unter Verantwortung der antragsberechtigten Stelle und unter Aufsicht eines Bediensteten vorzunehmen, der die Befähigung zum Richteramt hat.
(2) Liegen die Voraussetzungen der Anordnung nicht mehr vor oder sind die sich aus der Anordnung ergebenden Maßnahmen nicht mehr erforderlich, so sind sie unverzüglich zu beenden. Die Beendigung ist der Stelle, die die Anordnung getroffen hat, und der Deutschen Bundespost mitzuteilen.
(3) Die durch die Maßnahmen erlangten Kenntnisse und Unterlagen dürfen nicht zur Erforschung und Verfolgung anderer als der in § 2 genannten Handlungen benutzt werden, es sei denn, daß sich aus ihnen tatsächliche Anhaltspunkte ergeben, daß jemand eine andere in § 138 des Strafgesetzbuches genannte Straftat zu begehen vorhat, begeht oder begangen hat.
(4) Sind die durch die Maßnahmen erlangten Unterlagen über einen am Post- und Fernmeldeverkehr Beteiligten zu dem in Absatz 3 genannten Zweck nicht mehr erforderlich, so sind sie unter Aufsicht eines der in Absatz 1 genannten Bediensteten zu vernichten. Über die Vernichtung ist eine Niederschrift anzufertigen.

§ 8: Wiederzuführung geöffneter Postsendungen zum Postverkehr

(1) Sendungen des Postverkehrs, die zur Öffnung und Einsichtnahme der berechtigten Stelle ausgehändigt worden sind, sind unverzüglich dem Postverkehr wieder zuzuführen. Te-

legramme dürfen dem Postverkehr nicht entzogen werden. Der zur Einsichtnahme berechtigten Stelle ist eine Abschrift des Telegramms zu übergeben.
(2) Die Vorschriften der Strafprozeßordnung über die Beschlagnahme von Sendungen des Postverkehrs bleiben unberührt.

§ 9: Parlamentarische Kontrolle – Kontrollkommission

(1) Der nach § 5 Abs. 1 für die Anordnung von Beschränkungsmaßnahmen zuständige Bundesminister unterrichtet in Abständen von höchstens sechs Monaten ein Gremium, das aus fünf vom Bundestag bestimmten Abgeordneten besteht, über die Durchführung dieses Gesetzes.
(2) Der zuständige Bundesminister unterrichtet monatlich eine Kommission über die von ihm angeordneten Beschränkungsmaßnahmen. Die Kommission entscheidet von Amts wegen oder auf Grund von Beschwerden über die Zulässigkeit und Notwendigkeit von Beschränkungsmaßnahmen. Anordnungen, die die Kommission für unzulässig oder nicht notwendig erklärt, hat der zuständige Bundesminister unverzüglich aufzuheben.
(3) Die Kommission besteht aus dem Vorsitzenden, der die Befähigung zum Richteramt besitzen muß, und zwei Beisitzern. Die Mitglieder der Kommission sind in ihrer Amtsführung unabhängig und Weisungen nicht unterworfen. Sie werden von dem in Absatz 1 genannten Gremium nach Anhörung der Bundesregierung für die Dauer einer Wahlperiode des Bundestages bestellt. Die Kommission gibt sich eine Geschäftsordnung, die der Zustimmung des in Absatz 1 genannten Gremiums bedarf. Vor der Zustimmung ist die Bundesregierung zu hören.
(4) Durch den Landesgesetzgeber wird die parlamentarische Kontrolle der nach § 5 Abs. 1 für die Anordnung von Beschränkungsmaßnahmen zuständigen obersten Landesbehörden und die Überprüfung der von ihnen angeordneten Beschränkungsmaßnahmen geregelt.
(5) Im übrigen ist gegen die Anordnung von Beschränkungsmaßnahmen und ihren Vollzug der Rechtsweg nicht zulässig.

ARTIKEL 3

§ 10: Einschränkung eines Grundrechts

(1) Das Grundrecht des Brief-, Post- und Fernmeldegeheimnisses (Artikel 10 des Grundgesetzes) wird durch dieses Gesetz eingeschränkt.
(2) Die auf Grund anderer Gesetze zulässigen Beschränkungen dieses Grundrechts bleiben unberührt.

§ 11: Abgeltung der Leistungen der Deutschen Bundespost

Die nach diesem Gesetz berechtigten Stellen haben die Leistungen der Deutschen Bundespost abzugelten.

5. Gesetz über Fernmeldeanlagen vom 14. Januar 1928 (RGBl. I S. 8) in der Fassung der Veröffentlichung im BGBl. III, Folge 99 S. 58 – Auszug –

§ 10: Wahrung des Telegraphen- und des Fernsprechgeheimnisses

(1) Die im Dienste der Deutschen Reichspost stehenden Personen sind, vorbehaltlich der durch Reichsgesetz festgestellten Ausnahmen, zur Wahrung des Telegraphengeheimnisses und des Fernsprechgeheimnisses verpflichtet. Unter dem Schutz des Telegraphengeheinnisses und des Fernsprechgeheimnisses stehen auch die Mitteilungen, die auf den für den öffentlichen Verkehr bestimmten Funkanlagen der Deutschen Reichspost befördert oder zur

Beförderung auf ihnen aufgegeben worden sind. Der Schutz erstreckt sich auch auf die näheren Umstände des Fernmeldeverkehrs, insbesondere darauf, ob und zwischen welchen Personen ein Fernmeldeverkehr stattgefunden hat.
(2) Die Bestimmungen des Absatzes 1 gelten entsprechend für Personen, die eine für den öffentlichen Verkehr bestimmte, nicht der Deutschen Reichspost gehörende Fernmeldeanlage bedienen oder beaufsichtigen.
(3) Befindet sich die Fernmeldeanlage an Bord eines Fahrzeugs für Seefahrt oder Luftfahrt, so besteht die Pflicht zur Wahrung des Geheimnisses nicht gegenüber dem Führer des Fahrzeugs oder seinem Stellvertreter.

§ 11: Geheimhaltung der durch private Funkanlagen empfangenen Nachrichten
Werden durch eine Funkanlage, die von anderen als Behörden betrieben wird, Nachrichten empfangen, die von einer öffentlichen Zwecken dienenden Fernmeldeanlage übermittelt werden und für die Funkanlage nicht bestimmt sind, so dürfen der Inhalt der Nachrichten sowie die Tatsache ihres Empfanges auch von Personen, für die eine Pflicht zur Geheimhaltung nicht schon nach § 10 besteht, anderen nicht mitgeteilt werden. Die Vorschrift des § 10 Abs. 3 gilt entsprechend.

6. Straßenverkehrsgesetz (StVG) v. 19. 12. 1952 (BGBl. I S. 837) – Auszug –

§ 28: Eintragungen in das Verkehrszentralregister
Der Bundesminister für Verkehr erläßt mit Zustimmung des Bundesrates Rechtsvorschriften und allgemeine Verwaltungsvorschriften über die Erfassung von
1. rechtskräftigen Entscheidungen der Strafgerichte, soweit sie wegen einer in Zusammenhang mit der Teilnahme am Straßenverkehr begangenen rechtswidrigen Tat auf Strafe oder andere Maßnahmen erkennen oder einen Schuldspruch enthalten,
1a. Entscheidungen der Strafgerichte oder der Staatsanwaltschaft nach § 153a der Strafprozeßordnung wegen einer in Nummer 1 bezeichneten Tat,
2. Entscheidungen der Strafgerichte, welche die vorläufige Entziehung der Fahrerlaubnis anordnen,
3. rechtskräftigen Entscheidungen wegen einer Ordnungswidrigkeit nach den §§ 24 und 24a dieses Gesetzes, nach § 10 des Gesetzes über die Beförderung gefährlicher Güter, soweit die Ordnungswidrigkeit im Zusammenhang mit der Beförderung gefährlicher Güter auf der Straße begangen wurde, § 36 des Fahrlehrergesetzes, § 20 des Kraftfahrsachverständigengesetzes oder nach § 5 des Gesetzes über das Fahrpersonal im Straßenverkehr, wenn gegen den Betroffenen ein Fahrverbot nach § 25 angeordnet oder eine Geldbuße von mehr als vierzig Deutsche Mark festgesetzt ist,
4. Verboten, ein Fahrzeug zu führen, und von Versagungen einer Fahrerlaubnis oder Fahrlehrerlaubnis,
5. unanfechtbaren oder vorläufig wirksamen Entziehungen einer Fahrerlaubnis oder Fahrlehrerlaubnis durch Verwaltungsbehörden,
6. Verzichten auf die Fahrerlaubnis oder Fahrlehrerlaubnis während eines Entziehungsverfahrens,
7. *(aufgehoben)*

§ 29: Tilgung der Eintragungen
(1) Eintragungen in das Verkehrszentralregister sind nach Ablauf bestimmter Fristen zu tilgen, die der Bundesminister für Verkehr mit Zustimmung des Bundesrates durch Rechtsverordnung festsetzt. Bei Ordnungswidrigkeiten darf die Tilgungsfrist nicht mehr als zwei Jahre betragen, wenn keine weiteren Eintragungen über den Betroffenen in dem Verkehrszentralregister enthalten sind.

(2) Die Tilgung nach Absatz 1 unterbleibt, solange die Erteilung einer neuen Fahrerlaubnis untersagt ist.

§ 30: Auskunft aus dem Verkehrszentralregister

(1) Die Eintragungen im Verkehrszentralregister dürfen nur

1. für Zwecke der Strafverfolgung oder der Verfolgung wegen einer Ordnungswidrigkeit nach diesem Gesetz, dem Gesetz über die Beförderung gefährlicher Güter, dem Fahrlehrergesetz, dem Kraftfahrsachverständigengesetz oder nach dem Gesetz über das Fahrpersonal im Straßenverkehr,
2. für Verwaltungsmaßnahmen auf Grund dieses Gesetzes, des Fahrlehrergesetzes, des Gesetzes über die Beförderung gefährlicher Güter, des Kraftfahrsachverständigengesetzes, des Personenbeförderungsgesetzes, des Güterkraftverkehrsgesetzes, des Gesetzes über das Fahrpersonal im Straßenverkehr oder der auf Grund dieser Gesetze erlassenen Rechtsvorschriften und
3. für die Vorbereitung von Rechts- und allgemeinen Verwaltungsvorschriften auf dem Gebiet des Straßenverkehrs

verwertet werden.

(2) Auskunftsberechtigt sind die Stellen, denen die in Absatz 1 genannten Aufgaben obliegen. Die Auskünfte sind so zu erteilen, daß die anfragende Stelle die Akten über die den Eintragungen zugrunde liegenden Entscheidungen beiziehen kann.

7. Straßenverkehrs-Zulassungs-Ordnung (StVZO) i. d. F. v. 15. 11. 1974 (BGBl. I S. 3193) – Auszug –

§ 13a: Tilgung der Eintragungen im Verkehrszentralregister

(1) Eintragungen in das Verkehrszentralregister sind nach Ablauf einer bestimmten Frist zu tilgen; dies gilt nicht für eine Entscheidung, mit der die Erteilung einer Fahrerlaubnis für immer untersagt oder das Recht, von einem ausländischen Fahrausweis Gebrauch zu machen, für immer aberkannt worden ist. Die Frist beginnt mit dem Tag des ersten Urteils und bei Strafbefehlen mit dem Tag der Unterzeichnung durch den Richter. Dieser Tag bleibt auch maßgebend, wenn eine Gesamtstrafe oder eine einheitliche Jugendstrafe gebildet oder nach § 30 Abs. 1 des Jugengerichtsgesetzes auf Jugendstrafe erkannt wird oder eine Entscheidung im Wiederaufnahmeverfahren ergeht, die eine registerpflichtige Verurteilung enthält. Bei Entscheidungen der Gerichte oder der Staatsanwaltschaft nach § 153a der Straßforzeßordnung beginnt die Frist mit dem Tage der Entscheidung. Bei gerichtlichen oder verwaltungsbehördlichen Bußgeldentscheidungen sowie bei anderen Verwaltungsentscheidungen beginnt die Frist mit dem Tag der Rechtskraft oder Unanfechtbarkeit der beschwerenden Entscheidung.

(2) Die Frist beträgt

1. 2 Jahre
   a) bei Entscheidungen wegen einer Ordnungswidrigkeit,
   b) wenn auf Erziehungsmaßregeln oder Zuchtmittel erkannt worden ist,
   c) wenn eine Jugendstrafe von nicht mehr als einem Jahr nach § 21 Abs. 1 des Jugendgerichtsgesetzes zur Bewährung ausgesetzt oder bei einer solchen Strafe nach § 88 des Jugendgerichtsgesetzes die Vollstreckung des Restes zur Bewährung ausgesetzt worden ist,
   d) bei Entscheidungen der Gerichte oder der Staatsanwaltschaft nach § 153a der Strafprozeßordnung,
2. 5 Jahre
   a) wenn auf Geldstrafe, auf Freiheitsstrafe von nicht mehr als 3 Monaten oder auf Jugendstrafe erkannt worden ist,

b) wenn von Strafe abgesehen worden ist,
c) wenn die Untersagung der Erteilung einer Fahrerlaubnis auf Zeit oder ein Fahrverbot nach § 44 des Strafgesetzbuches angeordnet oder das Recht, von einem ausländischen Fahrausweis Gebrauch zu machen, auf Zeit aberkannt worden ist, es sei denn, daß nach der im Zusammenhang hiermit ausgesprochenen Verurteilung eine Tilgungsfrist von 10 Jahren anzusetzen ist,
d) bei Verboten, ein Fahrzeug zu führen, nach § 3,
e) bei Versagung oder Entziehung einer Fahrerlaubnis nach § 2 Abs. 1 Satz 2 oder § 4 des Straßenverkehrsgesetzes oder bei Aberkennung des Rechts, von einem ausländischen Fahrausweis Gebrauch zu machen, nach § 11 Abs. 2 der Verordnung über internationalen Kraftfahrzeugverkehr, wenn der Betroffene im Zeitpunkt der beschwerenden Entscheidung noch nicht 18 Jahre alt war,

3. 10 Jahre
in allen übrigen Fällen.

(3) Eintragungen von strafgerichtlichen Entscheidungen mit Ausnahme solcher, in denen von Strafe abgesehen worden ist oder das Gericht das Verfahren nach § 153a Abs. 2 der Strafprozeßordnung eingestellt hat, hindern die Tilgung aller anderen gerichtlichen Entscheidungen, der Entscheidungen der Gerichte oder der Staatsanwaltschaft nach § 153a der Strafprozeßordnung und der verwaltungsbehördlichen Entscheidungen wegen Ordnungswidrigkeiten; Eintragungen von Entscheidungen wegen Ordnungwwidrigkeiten hindern die Tilgung von Entscheidungen wegen anderer Ordnungswidrigkeiten.

(4) Ohne Rücksicht auf den Lauf der Fristen werden getilgt

1. Eintragungen über Entscheidungen, wenn ihre Tilgung im Bundeszentralregister angeordnet oder wenn die Entscheidung im Wiederaufnahmeverfahren oder nach den §§ 86, 102 Abs. 2 des Gesetzes über Ordnungswidrigkeiten rechtskräftig aufgehoben wird,
2. Eintragungen, die in das Bundeszentralregister nicht aufzunehmen sind, wenn ihre Tilgung durch die nach Landesrecht zuständige Behörde angeordnet wird; die Anordnung darf nur ergehen, wenn dies zur Vermeidung ungerechtfertigter Härten erforderlich ist und öffentliche Interessen nicht gefährdet werden,
3. Eintragungen über eine Schuldfeststellung nach § 27 des Jugendgerichtsgesetzes, wenn der Schuldspruch nach § 30 Abs. 2 des Jugendgerichtsgesetzes getilgt oder nach § 31 Abs. 2, § 66 des Jugendgerichtsgesetzes in eine Entscheidung einbezogen worden ist, die in das Erziehungsregister einzutragen ist.

(5) Die Tilgung nach den Absätzen 2 bis 4 unterbleibt, solange die Erteilung einer neuen Fahrerlaubnis untersagt oder das Recht, von einem ausländischen Fahrausweis Gebrauch zu machen, aberkannt oder eine Jugendstrafe nach Absatz 2 Nr. 1 Buchstabe c noch nicht erlassen worden ist. Die Eintragung einer gerichtlichen Entscheidung, durch welche die Erteilung der Fahrerlaubnis für immer untersagt oder das Recht, von einem ausländischen Fahrausweis Gebrauch zu machen, für immer aberkannt worden ist, hindert die Tilgung anderer Eintragungen nur, wenn zugleich auf eine Strafe erkannt worden ist, für die allein die Tilgungsfrist nach Absatz 2 oder 3 noch nicht abgelaufen wäre. Die Sätze 1 und 2 gelten nicht, wenn eine Entscheidung im Wiederaufnahmeverfahren oder nach den §§ 86, 102 Abs. 2 des Gesetzes über Ordnungswidrigkeiten rechtskräftig aufgehoben worden ist.

(6) Eintragungen von gerichtlichen Entscheidungen über die vorläufige Entziehung der Fahrerlaubnis und von anfechtbaren Entscheidungen der Verwaltungsbehörden sind zu tilgen, wenn die Entscheidungen aufgehoben werden. Wird die vorläufige Entziehung der Fahrerlaubnis nicht aufgehoben, so ist ihre Eintragung zusammen mit dem Vermerk über die rechtskräftige Entscheidung zu tilgen.

(6a) Eintragungen von Entscheidungen der Gerichte oder der Staatsanwaltschaft nach § 153a der Straßfprozeßordnung sind zu tilgen, wenn wegen Nichterfüllung der Auflagen oder Weisungen dem Ermittlungsverfahren der Staatsanwaltschaft oder dem gerichtlichen Verfahren Fortgang gegeben worden ist.

(7) Mit der Eintragung einer beschwerenden Entscheidung sind auch die Eintragungen von nichtbeschwerenden Entscheidungen zu tilgen, die sich auf sie beziehen.

(8) Eintragungen, die zu tilgen sind, werden aus dem Verkehrszentralregister entfernt oder darin unkenntlich gemacht.

§ 13b: Mitteilung von Entscheidungen an das Kraftfahrt-Bundesamt

(1) Entscheidungen, die das Kraftfahrt-Bundesamt nach den §§ 13 und 13a zu berücksichtigen hat, werden ihm mitgeteilt. Insbesondere sind ihm mitzuteilen

1. Entscheidungen, die nach § 13 in das Verkehrszentralregister eingetragen werden,
2. Entscheidungen, welche die vorläufige Entziehung einer Fahrerlaubnis aufheben,

2a. Entscheidungen der Gerichte oder der Staatsanwaltschaft, durch die ein nach § 153a der Strafprozeßordnung vorläufig eingestelltes Verfahren wegen Nichterfüllung der Auflagen oder Weisungen fortgesetzt wird,

3. Entscheidungen, die eine anfechtbare, in das Verkehrszentralregister einzutragende Entscheidung einer Verwaltungsbehörde aufheben,
4. Entscheidungen, durch die für eine Eintragung im Bundeszentralregister die Tilgung angeordnet wird, soweit sie eine in das Verkehrszentralregister einzutragende Entscheidung betreffen,
5. Entscheidungen im Wiederaufnahmeverfahren oder nach den §§ 86, 102 Abs. 2 des Gesetzes über Ordnungswidrigkeiten, durch die eine in das Verkehrszentralregister eingetragene Entscheidung rechtskräftig aufgehoben oder geändert wird,
6. Entscheidungen, durch welche die Tilgung einer Eintragung in dem Verkehrszentralregister angeordnet wird.

(2) Zur Mitteilung an das Kraftfahrt-Bundesamt ist die Behörde, welche die Entscheidung erlassen hat, oder die von ihr bestimmte Behörde verpflichtet. Bei gerichtlichen Entscheidungen bestimmt sich die Zuständigkeit für die Mitteilungen nach den allgemeinen Justizverwaltungsvorschriften über Mitteilungen in Strafsachen.

§ 13c: Anfragen beim Kraftfahrt-Bundesamt

Vor Erteilung einer Fahrerlaubnis, vor Verlängerung der Geltungsdauer einer Fahrerlaubnis zur Fahrgastbeförderung und vor der Ausfertigung einer Ersatzurkunde für einen verlorenen Führerschein hat die Verwaltungsbehörde beim Kraftfahrt-Bundesamt anzufragen, ob Nachteiliges über den Antragsteller bekannt ist. Die Anfrage kann auf Wunsch des Antragstellers und auf seine Kosten telegrafisch erfolgen.

8. **Personenstandsgesetz** in der Fassung vom 8. August 1957 (BGBl. I S. 1126; BGBl. III 211–1), zuletzt geändert durch das Vierte Änderungs- und Ergänzungsgesetz vom 5. August 1974 (BGBl. I S. 1857) – **Auszug** –

§ 61: Beschränkte Benutzbarkeit

(1) Einsicht in die Personenstandsbücher, Durchsicht dieser Bücher und Erteilung von Personenstandsurkunden kann nur von den Behörden im Rahmen ihrer Zuständigkeit und von Personen verlangt werden, auf die sich der Eintrag bezieht, sowie von deren Ehegatten, Vorfahren und Abkömmlingen. Behörden haben den Zweck anzugeben. Andere Personen haben nur dann ein Recht auf Einsicht in die Personenstandsbücher, auf Durchsicht dieser Bücher und auf Erteilung von Personenstandsurkunden, wenn sie in rechtliches Interesse glaubhaft machen.

(2) In das Geburtenbuch wird bei dem Eintrag der Geburt eines nichtehelichen, für ehelich erklärten oder an Kindes Statt angenommenen Kindes auf Antrag des Kindes ein Sperrvermerk eingetragen. Ist ein Sperrvermerk eingetragen, so darf nur Behörden, den Eltern und den Großeltern des Kindes, dem gesetzlichen Vertreter des Kindes und dem volljährigen oder verheirateten Kinde selbst eine Personenstandsurkunde erteilt oder Einsicht in den Eintrag gestattet werden; ist das Kind an Kindes Statt angenommen, so treten an die Stelle der Eltern und Großeltern die Wahleltern. Diese Beschränkung entfällt mit dem Tode des Kindes.

(3) Trägt der Geburtseintrag einen Sperrvermerk und ist das Kind infolge Annahme an Kindes Statt im Familienbuch seiner Wahleltern eingetragen, so erhält auch der das Kind betreffende Eintrag im Familienbuch einen Sperrvermerk. Absatz 2 Satz 2 und 3 gilt entsprechend.

§ 61a: Personenstandsurkunden

Der Standesbeamte stellt auf Grund seiner Personenstandsbücher folgende Personenstandsurkunden aus:

1. beglaubigte Abschriften,
2. Geburtsscheine,
3. Geburts-, Heirats- und Sterbeurkunden,

3a. Abstammungsurkunden,

4. Auszüge aus dem Familienbuch.

§ 61b: Beglaubigte Abschriften aus dem Buch für Todeserklärungen

Aus dem Buch für Todeserklärungen werden nur beglaubigte Abschriften erteilt; der Glaubhaftmachung eines rechtlichen Interesses bedarf es nicht.

§ 61c: Geburtsschein

(1) In den Geburtsschein werden die Vornamen und der Familienname des Kindes sowie Ort und Tag seiner Geburt aufgenommen.

(2) Ein im Geburtenbuch enthaltener Randvermerk ist bei der Ausstellung des Geburtsscheines zu berücksichtigen. Weitere Angaben, insbesondere solche, die nicht aus dem Geburtenbuch ersichtlich sind, darf der Geburtsschein nicht enthalten.

9. Gesetz über das Verwaltungsverfahren der Kriegsopferversorgung vom 2. Mai 1955 (BGBl. I S. 202; BGBl. III 833–1), zuletzt geändert durch das Haushaltsstrukturgesetz vom 18. Dezember 1975 (BGBl. I S. 3091) – Auszug –

IX. Akteneinsicht

§ 35: Antrag auf Akteneinsicht

(1) Die Beteiligten, ihre Vertreter und ihre Bevollmächtigten können auf Antrag Einsicht in die Akten nehmen und sich daraus Auszüge und Abschriften selbst fertigen oder gegen Erstattung der Kosten erteilen lassen.

(2) Über den Antrag entscheidet der Leiter der Verwaltungsbehörde, bei der sich die Akten befinden. Dieser kann die Befugnis weiter übertragen; soll der Antrag abgelehnt werden, so entscheidet er selbst.

(3) Der Leiter der Verwaltungsbehörde kann aus besonderen Gründen die Einsicht in die Akten oder in Aktenteile sowie die Fertigung oder Erteilung von Auszügen und Abschriften versagen oder beschränken.

§ 36: Akteneinsicht anderer Personen

Anderen als den in § 35 genannten Personen kann ohne Einwilligung des Beteiligten oder seines gesetzlichen Vertreters die Einsicht in die Akten nur gestattet werden, wenn ein wissenschaftliches Interesse an der Einsicht in die Akten besteht und gewährleistet ist, daß der Beteiligte dadurch keinen Nachteil erleidet. Die Erlaubnis zur Einsicht wird von der obersten Landeshörde erteilt. Die Landesregierungen werden ermächtigt, durch Rechtsverordnung zu bestimmen, daß abweichend von Satz 2 an Stelle der obersten Landesbehörde das Landesversorgungsamt oder diejenige Behörde zuständig ist, die die Aufgaben des Landesversorgungsamtes wahrnimmt. Sie können diese Ermächtigung auf oberste Landesbehörden übertragen.

10. **Bundesbeamtengesetz (BBG)** in der Fassung vom 17. Juli 1971 (BGBl. I S. 1182; BGBl. III 2030–2), zuletzt geändert durch das Zweite Gesetz zur Vereinheitlichung und Neuregelung des Besoldungsrechts in Bund und Ländern vom 23. Mai 1975 (BGBl. I S. 1173) – **Auszug** –

§ 61: Amtsgeheimnis; Aussagegenehmigung

(1) Der Beamte hat auch nach Beendigung des Beamtenverhältnisses, über die ihm bei seiner amtlichen Tätigkeit bekanntgewordenen Angelegenheiten Verschwiegenheit zu bewahren. Dies gilt nicht für Mitteilungen im dienstlichen Verkehr oder über Tatsachen, die offenkundig sind oder ihrer Bedeutung nach keiner Geheimhaltung bedürfen.
(2) Der Beamte darf ohne Genehmigung über solche Angelegenheiten weder vor Gericht noch außergerichtlich aussagen oder Erklärungen abgeben. Die Genehmigung erteilt der Dienstvorgesetzte oder, wenn das Beamtenverhältnis beendet ist, der letzte Dienstvorgesetzte.
(3) Der Beamte hat, auch nach Beendigung des Beamtenverhältnisses, auf Verlangen des Dienstvorgesetzten oder des letzten Dienstvorgesetzten amtliche Schriftstücke, Zeichnungen, bildliche Darstellungen sowie Aufzeichnungen jeder Art über dienstliche Vorgänge, auch soweit es sich um Wiedergaben handelt, herauszugeben. Die gleiche Verpflichtung trifft seine Hinterbliebenen und seine Erben.
(4) Unberührt bleibt die gesetzlich begründete Pflicht des Beamten, Straftaten anzuzeigen und bei Gefährdung der freiheitlichen demokratischen Grundordnung für deren Erhaltung einzutreten.

§ 90: Einsicht in die Personalakten

Der Beamte hat, auch nach Beendigung des Beamtenverhältnisses, ein Recht auf Einsicht in seine vollständigen Personalakten; dazu gehören alle ihn betreffenden Vorgänge. Er muß über Beschwerden und Behauptungen tatsächlicher Art, die für ihn ungünstig sind oder ihm nachteilig werden können, vor Aufnahme in die Personalakten gehört werden. Die Äußerung des Beamten ist zu seinen Personalakten zu nehmen.

11. **Gesetz über die Rechtsstellung der Soldaten (Soldatengesetz)** in der Fassung der Bekanntmachung vom 19. August 1975 – **Auszug** –

§ 29: Personalakten und Beurteilungen

(1) Der Soldat muß über Behauptungen tatsächlicher Art, die für ihn ungünstig sind oder ihm nachteilig werden können, vor Aufnahme in die Personalakten oder vor Verwertung in einer Beurteilung gehört werden. Seine Äußerung ist zu den Personalakten zu nehmen.
(2) Dem Soldaten ist eine Beurteilung in allen Punkten zu eröffnen, die seine Laufbahn, seine Beförderung oder sein Dienstverhältnis beeinflussen. Vorschläge für künftige Verwendung brauchen nicht eröffnet zu werden.
(3) Der Soldat hat, auch nach seinem Ausscheiden aus dem Wehrdienst, ein Recht auf Einsicht in seine vollständigen Personalakten. Dazu gehören alle ihn betreffenden Vorgänge.

12. **Gesetz über den Zivildienst der Kriegsdienstverweigerer (Zivildienstgesetz – ZDG –)** in der Fassung der Bekanntmachung vom 9. August 1973 (BGBl. III 55–2) – **Auszug** –

§ 36: Personalakten und Beurteilungen

(1) Der Dienstpflichtige muß über Beschwerden und Behauptungen tatsächlicher Art, die

für ihn ungünstig sind oder ihm nachteilig werden können, vor Aufnahme in die Personalakten oder Verwertung in einer Beurteilung gehört werden. Seine Äußerung ist zu den Personalakten zu nehmen.
(2) Der Dienstpflichtige hat auch nach Beendigung seines Zivildienstes ein Recht auf Einsicht in seine vollständigen Personalakten. Dazu gehören alle ihn betreffenden Vorgänge.

13. **Bundesrechtsanwaltsordnung** vom 1. August 1959 (BGBl. I S. 565) (BGBl. III 303–8) – **Auszug** –

§ 58: Einsicht in die Personalakten

(1) Der Rechtsanwalt hat das Recht, die über ihn geführten Personalakten einzusehen.
Der Rechtsanwalt kann das Recht auf Einsicht in seine Personalakten nur selbst oder durch einen anderen bevollmächtigten Rechtsanwalt ausüben.
Bei der Einsichtnahme darf der Rechtsanwalt oder der von ihm bevollmächtigte Vertreter sich eine Aufzeichnung über den Inhalt der Akten oder Ablichtungen der Schriftstücke fertigen.

14. **Wehrdisziplinarordnung (WDO)** in der Fassung der Bekanntmachung vom (BGBl. I. S. 189) – **Auszug** –

§ 12: Disziplinarbücher

Förmliche Anerkennungen und unanfechtbare Disziplinarmaßnahmen sind in Disziplinarbücher einzutragen und in die Personalunterlagen aufzunehmen.

§ 14: Auskünfte

Auskünfte über einfache Disziplinarmaßnahmen werden nur Dienststellen der Bundeswehr und Staatsanwaltschaften oder Gerichten in Strafverfahren gegen den Soldaten erteilt. Über getilgte und tilgungsreife Disziplinarmaßnahmen werden keine Auskünfte erteilt.

15. **Bundeshaushaltsordnung (BHO)** vom 19. August 1969 (BGBl. I S. 1284; BGBl. III 63–1), geändert durch das Änderungsgesetz vom 23. Dezember 1971 (BGBl. I S. 2133) – **Auszug** –

§ 71: Buchführung

(1) Über alle Zahlungen ist nach der Zeitfolge und nach der im Haushaltsplan oder sonst vorgesehenen Ordnung Buch zu führen. Über eingegangene Verpflichtungen sowie über Geldforderungen des Bundes, die von Bundesbehörden verwaltet werden, ist nach Richtlinien des Bundesministers der Finanzen Buch zu führen.
(2) Einnahmen und Ausgaben auf Einnahme- und Ausgabereste (Haushaltsreste) aus Vorjahren,
1. für die im Haushaltsplan des laufenden Haushaltsjahres wiederum ein Titel vorgesehen ist, sind bei diesem zu buchen,
2. für die im Haushaltsplan des laufenden Haushaltsjahres kein Titel vorgesehen ist, sind an der Stelle zu buchen, an der sie im Falle der Veranschlagung im Haushaltsplan vorzusehen gewesen wären.

(3) Absatz 2 Nr. 2 gilt entsprechend für außerplanmäßige Einnahmen und Ausgaben.

16. Gesetz für Jugendwohlfahrt (JWG) i. d. F. v. 6. 8. 1970 (BGBl. I S. 1197) – Auszug –

§ 58: Aufgaben des Erziehungsbeistandes

(1) Der Erziehungsbeistand unterstützt die Personensorgeberechtigten bei der Erziehung. Er steht dem Minderjährigen mit Rat und Hilfe zur Seite und berät ihn auch bei Verwendung seines Arbeitsverdienstes. Er hat bei der Ausübung seines Amts das Recht auf Zutritt zu dem Minderjährigen. Das Grundrecht der Unverletzlichkeit der Wohnung (Artikel 13 Abs. 1 des Grundgesetzes) wird insoweit eingeschränkt.
(2) Der Erziehungsbeistand hat dem Jugendamt und, falls er auf Grund eines Beschlusses des Vormundschaftsgerichts bestellt ist, auch dem Vormundschaftsgericht auf Verlangen zu berichten. Er hat jeden Umstand unverzüglich mitzuteilen, der Anlaß geben könnte, weitere erzieherische Maßnahmen zu treffen.

17. Abgabenordnung (AO) v. 22. 3. 1976 (BGBl. I S. 613)

Vierter Abschnitt: Steuergeheimnis

§ 30: Steuergeheimnis

(1) Amtsträger haben das Steuergeheimnis zu wahren.
(2) Ein Amtsträger verletzt das Steuergeheimnis, wenn er
1. Verhältnisse eines anderen, die ihm
   a) in einem Verwaltungsverfahren oder einem gerichtlichen Verfahren in Steuersachen,
   b) in einem Strafverfahren wegen einer Steuerstraftat oder einem Bußgeldverfahren wegen einer Steuerordnungswidrigkeit,
   c) aus anderem Anlaß durch Mitteilung einer Finanzbehörde oder durch die gesetzlich vorgeschriebene Vorlage eines Steuerbescheides oder einer Bescheinigung über die bei der Besteuerung getroffenen Feststellungen

   bekanntgeworden sind, oder
2. ein fremdes Betriebs- oder Geschäftsgeheimnis, das ihm in einem der in Nummer 1 genannten Verfahren bekanntgeworden ist,

unbefugt offenbart oder verwertet.
(3) Den Amtsträgern stehen gleich
1. die für den öffentlichen Dienst besonders Verpflichteten (§ 11 Abs. 1 Nr. 4 des Strafgesetzbuches),
2. amtlich zugezogene Sachverständige,
3. die Träger von Ämtern der Kirchen und anderen Religionsgemeinschaften, die Körperschaften des öffentlichen Rechts sind.

(4) Die Offenbarung der nach Absatz 2 erlangten Kenntnisse ist zulässig, soweit
1. sie der Durchführung eines Verfahrens im Sinne des Absatzes 2 Nr. 1 Buchstaben a und b dient,
2. sie durch Gesetz ausdrücklich zugelassen ist,
3. der Betroffene zustimmt,
4. sie der Durchführung eines Strafverfahrens wegen einer Tat dient, die keine Steuerstraftat ist, und die Kenntnisse
   a) in einem Verfahren wegen einer Steuerstraftat oder Steuerordnungswidrigkeit erlangt worden sind; dies gilt jedoch nicht für solche Tatsachen, die der Steuerpflichtige in Unkenntnis der Einleitung des Strafverfahrens oder des Bußgeldverfahrens offenbart hat oder die bereits vor Einleitung des Strafverfahrens oder des Bußgeldverfahrens im Besteuerungsverfahren bekanntgeworden sind, oder
   b) ohne Bestehen einer steuerlichen Verpflichtung oder unter Verzicht auf ein Auskunftsverweigerungsrecht erlangt worden sind,

5. für sie ein zwingendes öffentliches Interesse besteht; ein zwingendes öffentliches Interesse ist namentlich gegeben, wenn
   a) Verbrechen und vorsätzliche schwere Vergehen gegen Leib und Leben oder gegen den Staat und seine Einrichtungen verfolgt werden oder verfolgt werden sollen,
   b) Wirtschaftsstraftaten verfolgt werden oder verfolgt werden sollen, die nach ihrer Begehungsweise oder wegen des Umfangs des durch sie verursachten Schadens geeignet sind, die wirtschaftliche Ordnung erheblich zu stören oder das Vertrauen der Allgemeinheit auf die Redlichkeit des geschäftlichen Verkehrs oder auf die ordnungsgemäße Arbeit der Behörden und der öffentlichen Einrichtungen erheblich zu erschüttern, oder
   c) die Offenbarung erforderlich ist zur Richtigstellung in der Öffentlichkeit verbreiteter unwahrer Tatsachen, die geeignet sind, das Vertrauen in die Verwaltung erheblich zu erschüttern; die Entscheidung trifft die zuständige oberste Finanzbehörde im Einvernehmen mit dem Bundesminister der Finanzen; vor der Richtigstellung soll der Steuerpflichtige gehört werden.

(5) Vorsätzlich falsche Angaben des Betroffenen dürfen den Strafverfolgungsbehörden gegenüber offenbart werden.

§ 102: Auskunftsverweigerungsrecht zum Schutz bestimmter Berufsgeheimnisse

(1) Die Auskunft können ferner verweigern:
1. Geistliche über das, was ihnen in ihrer Eigenschaft als Seelsorger anvertraut worden oder bekanntgeworden ist,
2. Mitglieder des Bundestages, eines Landtages oder einer zweiten Kammer über Personen, die ihnen in ihrer Eigenschaft als Mitglieder dieser Organe oder denen sie in dieser Eigenschaft Tatsachen anvertraut haben, sowie über diese Tatsachen selbst,
3. a) Verteidiger,
   b) Rechtsanwälte, Patentanwälte, Notare, Steuerberater, Wirtschaftsprüfer, Steuerbevollmächtigte, vereidigte Buchprüfer,
   c) Ärzte, Zahnärzte, Apotheker und Hebammen,
   über das, was ihnen in dieser Eigenschaft anvertraut worden oder bekanntgeworden ist,
4. Personen, die bei der Vorbereitung, Herstellung oder Verbreitung von periodischen Druckwerken oder Rundfunksendungen berufsmäßig mitwirken oder mitgewirkt haben, über die Person des Verfassers, Einsenders oder Gewährsmanns von Beiträgen und Unterlagen sowie über die ihnen im Hinblick auf ihre Tätigkeit gemachten Mitteilungen, soweit es sich um Beiträge, Unterlagen und Mitteilungen für den redaktionellen Teil handelt; § 160 bleibt unberührt.

(2) Den im Absatz 1 Nr. 1 bis 3 genannten Personen stehen ihre Gehilfen und die Personen gleich, die zur Vorbereitung auf den Beruf an der berufsmäßigen Tätigkeit teilnehmen. Über die Ausübung des Rechts dieser Hilfspersonen, die Auskunft zu verweigern, entscheiden die im Absatz 1 Nr. 1 bis 3 genannten Personen, es sei denn, daß diese Entscheidung in absehbarer Zeit nicht herbeigeführt werden kann.

(3) Die in Absatz 1 Nr. 3 genannten Personen dürfen die Auskunft nicht verweigern, wenn sie von der Verpflichtung zur Verschwiegenheit entbunden sind. Die Entbindung von der Verpflichtung zur Verschwiegenheit gilt auch für die Hilfspersonen.

(4) Die gesetzlichen Anzeigepflichten der Notare bleiben unberührt. Soweit die Anzeigepflichten bestehen, sind die Notare auch zur Vorlage von Urkunden und zur Erteilung weiterer Auskünfte verpflichtet.

§ 103: Auskunftsverweigerungsrecht bei Gefahr der Verfolgung wegen einer Straftat oder einer Ordnungwidrigkeit

Personen, die nicht Beteiligte und nicht für einen Beteiligten auskunftspflichtig sind, können die Auskunft auf solche Fragen verweigern, deren Beantwortung sie selbst oder einen ihrer Angehörigen (§ 15) der Gefahr strafgerichtlicher Verfolgung oder eines Verfahrens nach dem Gesetz über Ordnungswidrigkeiten aussetzen würde. Über das Recht, die Auskunft zu verweigern, sind sie zu belehren. Die Belehrung ist aktenkundig zu machen.

§ 104: Verweigerung der Erstattung eines Gutachtens und der Vorlage von Urkunden

(1) Soweit die Auskunft verweigert werden darf, kann auch die Erstattung eines Gutachtens und die Vorlage von Urkunden oder Wertsachen verweigert werden. § 102 Abs. 4 Satz 2 bleibt unberührt.
(2) Nicht verweigert werden kann die Vorlage von Urkunden und Wertsachen, die für den Beteiligten aufbewahrt werden, soweit der Beteiligte bei eigenem Gewahrsam zur Vorlage verpflichtet wäre. Für den Beteiligten aufbewahrt werden auch die für ihn geführten Geschäftsbücher und sonstigen Aufzeichnungen.

§ 105: Verhältnis der Auskunfts- und Vorlagepflicht zur Schweigepflicht öffentlicher Stellen

(1) Die Verpflichtung der Behörden oder sonstiger öffentlicher Stellen einschließlich der Deutschen Bundesbank, der Staatsbanken, der Schuldenverwaltungen, der Postscheckämter und der Postsparkassenämter sowie der Organe und Bediensteten dieser Stellen zur Verschwiegenheit gilt nicht für ihre Auskunfts- und Vorlagepflicht gegenüber den Finanzbehörden.
(2) Absatz 1 gilt nicht, soweit die Behörden und die mit postdienstlichen Verrichtungen betrauten Personen gesetzlich verpflichtet sind, das Brief-, Post- und Fernmeldegeheimnis zu wahren.

§ 106: Beschränkung der Auskunfts- und Vorlagepflicht bei Beeinträchtigung des staatlichen Wohls

Eine Auskunft oder die Vorlage von Urkunden darf nicht gefordert werden, wenn die zuständige oberste Bundes- oder Landesbehörde erklärt, daß die Auskunft oder Vorlage dem Wohle des Bundes oder eines Landes erhebliche Nachteile bereiten würde.

Zweiter Abschnitt: Mitwirkungspflichten

Führung von Büchern und Aufzeichnungen

§ 140: Buchführungs- und Aufzeichnungspflichten nach anderen Gesetzen

Wer nach anderen Gesetzen als den Steuergesetzen Bücher und Aufzeichnungen zu führen hat, die für die Besteuerung von Bedeutung sind, hat die Verpflichtungen, die ihm nach den anderen Gesetzen obliegen, auch für die Besteuerung zu erfüllen.

§ 141: Buchführungspflicht bestimmter Steuerpflichtiger

(1) Gewerbliche Unternehmer sowie Land- und Forstwirte, die nach den Feststellungen der Finanzbehörde für den einzelnen Betrieb

1. Umsätze einschließlich der steuerfreien Umsätze, ausgenommen die Umsätze nach § 4 Nr. 8 und 9 des Umsatzsteuergesetzes, von mehr als 360 000 Deutsche Mark im Kalenderjahr oder
2. ein Betriebsvermögen von mehr als 100 000 Deutsche Mark oder
3. ein land- und forstwirtschaftliches Vermögen von mehr als 100 000 Deutsche Mark oder
4. einen Gewinn aus Gewerbebetrieb von mehr als 24 000 Deutsche Mark im Wirtschaftsjahr oder
5. einen Gewinn aus Land- und Forstwirtschaft von mehr als 15 000 Deutsche Mark im Kalenderjahr gehabt haben, sind auch dann verpflichtet, für diesen Betrieb Bücher zu führen und auf Grund jährlicher Bestandsaufnahmen Abschlüsse zu machen, wenn sich eine Buchführungspflicht nicht aus § 140 ergibt. Die §§ 38 bis 41 des Handelsgesetzbuches gelten entsprechend. Bei Land- und Forstwirten, die nach Nummern 1, 3 oder 5 zur Buchführung verpflichtet sind, braucht sich die Bestandsaufnahme nicht auf das stehende Holz zu erstrecken.

(2) Die Verpflichtung nach Absatz 1 ist vom Beginn des Wirtschaftsjahres an zu erfüllen, das auf die Bekanntgabe der Mitteilung folgt, durch die die Finanzbehörde auf den Beginn dieser Verpflichtung hingewiesen hat. Die Verpflichtung endet mit dem Ablauf des Wirtschaftsjahres, das auf das Wirtschaftsjahr folgt, in dem die Finanzbehörde feststellt, daß die Voraussetzungen nach Absatz 1 nicht mehr vorliegen.
(3) Die Buchführungspflicht geht auf denjenigen über, der den Betrieb im ganzen übernimmt.

§ 142: Ergänzende Vorschriften für Land und Forstwirte

Land- und Forstwirte, die nach § 141 Abs. 1 Nr. 1, 3 oder 5 zur Buchführung verpflichtet sind, haben neben den jährlichen Bestandsaufnahmen und den jährlichen Abschlüssen ein Anbauverzeichnis zu führen. In dem Anbauverzeichnis ist nachzuweisen, mit welchen Fruchtarten die selbstbewirtschafteten Flächen im abgelaufenen Wirtschaftsjahr bestellt waren.

§ 143: Aufzeichnung des Wareneingangs

(1) Gewerbliche Unternehmer müssen den Wareneingang gesondert aufzeichnen.
(2) Aufzuzeichnen sind alle Waren einschließlich der Rohstoffe, unfertigen Erzeugnisse, Hilfsstoffe und Zutaten, die der Unternehmer im Rahmen seines Gewerbebetriebes zur Weiterveräußerung oder zum Verbrauch entgeltlich oder unentgeltlich, für eigene oder für fremde Rechnung, erwirbt; dies gilt auch dann, wenn die Waren vor der Weiterveräußerung oder dem Verbrauch be- oder verarbeitet werden sollen. Waren, die nach Art des Betriebes üblicherweise für den Betrieb zur Weiterveräußerung oder zum Verbrauch erworben werden, sind auch dann aufzuzeichnen, wenn sie für betriebsfremde Zwecke verwendet werden.
(3) Die Aufzeichnungen müssen die folgenden Angaben enthalten:
1. den Tag des Wareneingangs oder das Datum der Rechnung,
2. den Namen oder die Firma und die Anschrift des Lieferers,
3. die handelsübliche Bezeichnung der Ware,
4. den Preis der Ware,
5. einen Hinweis auf den Beleg.

§ 144: Aufzeichnung des Warenausgangs

(1) Gewerbliche Unternehmer, die nach der Art ihres Geschäftsbetriebes Waren regelmäßig an andere gewerbliche Unternehmer zur Weiterveräußerung oder zum Verbrauch als Hilfsstoffe liefern, müssen den erkennbar für diese Zwecke bestimmten Warenausgang gesondert aufzeichnen.
(2) Aufzuzeichnen sind auch alle Waren, die der Unternehmer
1. auf Rechnung (auf Ziel, Kredit, Abrechnung oder Gegenrechnung), durch Tausch oder unentgeltlich liefert, oder
2. gegen Barzahlung liefert, wenn die Ware wegen der abgenommenen Menge zu einem Preis veräußert wird, der niedriger ist als der übliche Preis für Verbraucher.

Dies gilt nicht, wenn die Ware erkennbar nicht zur gewerblichen Weiterverwendung bestimmt ist.
(3) Die Aufzeichnungen müssen die folgenden Angaben enthalten:
1. den Tag des Warenausgangs oder das Datum der Rechnung,
2. den Namen oder die Firma und die Anschrift des Abnehmers,
3. die handelsübliche Bezeichnung der Ware,
4. den Preis der Ware,
5. einen Hinweis auf den Beleg.

(4) Der Unternehmer muß über jeden Ausgang der in den Absätzen 1 und 2 genannten Waren einen Beleg erteilen, der die in Absatz 3 bezeichneten Angaben sowie seinen Namen oder die Firma und seine Anschrift enthält. Dies gilt insoweit nicht, als auf Grund des § 14 Abs. 4 des Umsatzsteuergesetzes für Umsatzsteuerzwecke Erleichterungen gewährt werden.

(5) Die Absätze 1 bis 4 gelten auch für Land- und Forstwirte, die nach § 141 buchführungspflichtig sind.

§ 145: Allgemeine Anforderungen an Buchführung und Aufzeichnungen

(1) Die Buchführung muß so beschaffen sein, daß sie einem sachverständigen Dritten innerhalb angemessener Zeit einen Überblick über die Geschäftsvorfälle und über die Vermögenslage des Unternehmens vermitteln kann. Die Geschäftsvorfälle müssen sich in ihrer Entstehung und Abwicklung verfolgen lassen.
(2) Aufzeichnungen sind so vorzunehmen, daß der Zweck, den sie für die Besteuerung erfüllen sollen, erreicht wird.

§ 146: Ordnungsvorschriften für die Buchführung und für Aufzeichnungen

(1) Die Buchungen und die sonst erforderlichen Aufzeichnungen sind vollständig, richtig, zeitgerecht und geordnet vorzunehmen. Kasseneinnahmen und Kassenausgaben sollen täglich festgehalten werden.
(2) Bücher und die sonst erforderlichen Aufzeichnungen sind im Geltungsbereich dieses Gesetzes zu führen und aufzubewahren. Dies gilt nicht, soweit für Betriebstätten außerhalb des Geltungsbereichs dieses Gesetzes nach dortigem Recht eine Verpflichtung besteht, Bücher und Aufzeichnungen zu führen, und diese Verpflichtung erfüllt wird. In diesem Falle, sowie bei Organgesellschaften außerhalb des Geltungsbereichs dieses Gesetzes, müssen die Ergebnisse der dortigen Buchführung in die Buchführung des hiesigen Unternehmers übernommen werden, soweit sie für die Besteuerung von Bedeutung sind. Dabei sind die erforderlichen Anpassungen an die steuerrechtlichen Vorschriften im Geltungsbereich dieses Gesetzes vorzunehmen und kenntnlich zu machen.
(3) Die Buchungen und die sonst erforderlichen Aufzeichnungen sind in einer lebenden Sprache vorzunehmn. Wird eine andere als die deutsche Sprache verwendet, so kann die Finanzbehörde Übersetzungen verlangen. Werden Abkürzungen, Ziffern, Buchstaben oder Symbole verwendet, muß im Einzelfall deren Bedeutung eindeutig festliegen.
(4) Eine Buchung oder eine Aufzeichnung darf nicht in einer Weise verändert werden, daß der ursprüngliche Inhalt nicht mehr feststellbar ist. Auch solche Veränderungen dürfen nicht vorgenommen werden, deren Beschaffenheit es ungewiß läßt, ob sie ursprünglich oder erst später gemacht worden sind.
(5) Die Bücher und die sonst erforderlichen Aufzeichnungen können auch in der geordneten Ablage von Belegen bestehen oder auf Datenträgern geführt werden, soweit diese Formen der Buchführung einschließlich des dabei angewandten Verfahrens den Grundsätzen ordnungsmäßiger Buchführung entsprechen; bei Aufzeichnungen, die allein nach den Steuergesetzen vorzunehmen sind, bestimmt sich die Zulässigkeit des angewendeten Verfahrens nach dem Zweck, den die Aufzeichnungen für die Besteuerung erfüllen sollen. Bei der Führung der Bücher und der sonst erforderlichen Aufzeichnungen auf Datenträgern muß insbesondere sichergestellt sein, daß die Daten während der Dauer der Aufbewahrungsfrist verfügbar sind und jederzeit innerhalb angemessener Frist lesbar gemacht werden können. Absätze 1 bis 4 gelten sinngemäß.
(6) Die Ordnungsvorschriften gelten auch dann, wenn der Unternehmer Bücher und Aufzeichnungen, die für die Besteuerung von Bedeutung sind, führt, ohne hierzu verpflichtet zu sein.

§ 147: Ordnungsvorschriften für die Aufbewahrung von Unterlagen

(1) Die folgenden Unterlagen sind geordnet aufzubewahren:
1. Bücher und Aufzeichnungen, Inventare, Bilanzen sowie die zu ihrem Verständnis erforderlichen Arbeitsanweisungen und sonstigen Organisationsunterlagen,
2. die empfangenen Handels- oder Geschäftsbriefe,
3. Wiedergaben der abgesandten Handels- oder Geschäftsbriefe,
4. Buchungsbelege,
5. sonstige Unterlagen, soweit sie für die Besteuerung von Bedeutung sind.

(2) Mit Ausnahme der Bilanz können die in Absatz 1 aufgeführten Unterlagen auch als

Wiedergabe auf einem Bildträger oder auf anderen Datenträgern aufbewahrt werden, wenn dies den Grundsätzen ordnungsmäßiger Buchführung entspricht und sichergestellt ist, daß die Wiedergabe oder die Daten

1. mit den empfangenen Handels- oder Geschäftsbriefen und den Buchungsbelegen bildlich und mit den anderen Unterlagen inhaltlich übereinstimmen, wenn sie lesbar gemacht werden,
2. während der Dauer der Aufbewahrungsfrist verfügbar sind und jederzeit innerhalb angemessener Frist lesbar gemacht werden können.

Sind Unterlagen auf Grund des § 146 Abs. 5 auf Datenträgern hergestellt worden, können statt der Datenträger die Daten auch ausgedruckt aufbewahrt werden; die ausgedruckten Unterlagen können auch nach Satz 1 aufbewahrt werden.

(3) Die in Absatz 1 Nr. 1 aufgeführten Unterlagen sind zehn Jahre, die sonstigen in Absatz 1 aufgeführten Unterlagen sechs Jahre aufzubewahren, sofern nicht in anderen Steuergesetzen kürzere Aufbewahrungsfristen zugelassen sind. Die Aufbewahrungsfrist läuft jedoch nicht ab, soweit und solange die Unterlagen für Steuern von Bedeutung sind, für welche die Festsetzungsfrist noch nicht abgelaufen ist; § 169 Abs. 2 Satz 2 gilt nicht.

(4) Die Aufbewahrungsfrist beginnt mit dem Schluß des Kalenderjahres, in dem die letzte Eintragung in das Buch gemacht, das Inventar aufgestellt, die Bilanz festgestellt, der Handels- oder Geschäftsbrief empfangen oder abgesandt oder der Buchungsbeleg entstanden ist, ferner die Aufzeichnungen vorgenommen oder die sonstigen Unterlagen entstanden sind.

(5) Wer aufzubewahrende Unterlagen nur in der Form einer Wiedergabe auf einem Bildträger oder auf anderen Datenträgern vorlegen kann, ist verpflichtet, auf seine Kosten diejenigen Hilfsmittel zur Verfügung zu stellen, die erforderlich sind, um die Unterlagen lesbar zu machen; auf Verlangen der Finanzbehörde hat er auf seine Kosten die Unterlagen unverzüglich ganz oder teilweise auszudrucken oder ohne Hilfsmittel lesbare Reproduktionen beizubringen.

§ 148: Bewilligung von Erleichterungen

Die Finanzbehörden können für einzelne Fälle oder für bestimmte Gruppen von Fällen Erleichterungen bewilligen, wenn die Einhaltung der durch die Steuergesetze begründeten Buchführungs-, Aufzeichnungs- und Aufbewahrungspflichten Härten mit sich bringt und die Besteuerung durch die Erleichterung nicht beeinträchtigt wird. Erleichterungen nach Satz 1 können rückwirkend bewilligt werden. Die Bewilligung kann widerrufen werden.

18. Gesetz über Personalausweise vom 19. Dezember 1950 – Auszug –

§ 1: Ausweispflicht

(1) Jede Person im Bundesgebiet, die das 16. Lebensjahr vollendet hat und nach den Vorschriften der Meldeordnung der Meldepflicht unterliegt, ist verpflichtet, einen Personalausweis zu besitzen und ihn auf Verlangen einer zur Prüfung der Personalien ermächtigten Behörde vorzulegen, soweit sie sich nicht durch Vorlage eines gültigen Passes ausweisen kann.

(2) Der Personalausweis ist nach einem einheitlichen Muster mit Lichtbild auszustellen, das von dem Bundesminister des Innern mit Zustimmung des Bundesrates bestimmt wird. Raum für einen Fingerabdruck darf nicht vorgesehen werden.

(3) Die erstmalige Ausstellung des Ausweises ist gebührenfrei.

19. Gesetz über das Paßwesen vom 4. März 1952 (BGBl. III 210-2) – Auszug –

§ 1: Paßzwang für Ausländer und Deutsche bei Grenzübertritt
Ausländer, die in das Gebiet des Geltungsbereiches des Grundgesetzes (einschließlich des Gebietes des Landes Berlin) einreisen oder dieses Gebiet verlassen, und Deutsche, die dieses Gebiet über eine Auslandsgrenze verlassen oder betreten, sind verpflichtet, sich durch einen Paß über ihre Person auszuweisen.

§ 2: Paßzwang für Ausländer bei Aufenthalt in Deutschland
Jeder Ausländer, der sich im Gebiet des Geltungsbereiches des Grundgesetzes (einschließlich des Gebietes des Landes Berlin) aufhält und der deutschen Gerichtsbarkeit unterliegt, ist verpflichtet, sich durch einen gültigen Paß über seine Person auszuweisen.

20. Gesetz über die Statistik für Bundeszwecke (StatGes) vom 3. September 1953 (BGBl. III 29-1) – Auszug –

Abschnitt V. Auskunftspflicht

§ 10

(1) Alle natürlichen und juristischen Personen, Behörden und Einrichtungen sind zur Beantwortung der ordnungsmäßig angeordneten Fragen verpflichtet. Sondergesetzliche Bestimmungen über Berufsgeheimnisse und Amtsverschwiegenheit bleiben unberührt.
(2) Die Antwort ist wahrheitsgemäß, vollständig, fristgemäß und, soweit nichts anderes bestimmt ist, unentgeltlich zu geben.
(3) Sind amtliche Erhebungsvordrucke zur Ausfüllung durch die Befragten vorgesehen, so sind die Antworten auf diesen Erhebungsvordrucken zu erteilen. Die Richtigkeit der Angaben ist durch Unterschrift zu bestätigen, soweit es im Erhebungsvordruck vorgesehen ist.

§ 11

Die Verpflichtung der Befragten, Auskunft zu erteilen, besteht gegenüber den mit der Durchführung der Bundesstatistik amtlich betrauten Stellen und Personen.

Abschnitt VI. Geheimhaltungspflicht

§ 12

(1) Einzelangaben über persönliche oder sachliche Verhältnisse, die für eine Bundesstatistik gemacht werden, sind, soweit durch Rechtsvorschrift (§ 6) nichts anderes bestimmt ist, von den Auskunftsberechtigten geheimzuhalten. Die Vorschriften der §§ 175, 179, 188 Abs. 1 und des § 189 der Reichsabgabenordnung vom 22. Mai 1931 (Reichsgesetzbl. I S. 187) über Beistands- und Anzeigepflichten gegenüber den Finanzämtern gelten insoweit nicht für die Auskunftsberechtigten.
(2) Das Statistische Bundesamt, die Statistischen Landesämter und die sonstigen erhebenden Behörden und Stellen sind berechtigt und verpflichtet, den fachlich zuständigen obersten Bundes- und Landesbehörden oder den von ihnen bestimmten Stellen auf Verlangen Einzelangaben auf dem Dienstweg weiterzuleiten, wenn und soweit dies in der die Statistik anordnenden Rechtsvorschrift zugelassen und in den Erhebungsdrucksachen bekanntgegeben worden ist.
(3) Eine Zusammenfassung von Angaben mehrerer Auskunftpflichtiger ist keine Einzelangabe im Sinne dieses Gesetzes.
(4) Veröffentlichungen dürfen keine Einzelangaben im Sinne dieses Gesetzes enthalten.

21. Gesetz zur Verhütung und Bekämpfung übertragbarer Krankheiten beim Menschen (Bundesseuchengesetz) vom 18. Juli 1961 (BGBl. III 2126-1) – Auszug –

Zweiter Abschnitt. Meldepflicht

§ 3

(1) Meldepflichtig ist jeder Fall einer Erkrankung, des Verdachtes einer Erkrankung und eines Todes an

1. Aussatz,
2. Botulismus,
3. Cholera,
4. ...
5. ...
6. ...

§ 5

(1) Die Meldung ist dem für den Aufenthalt des Betroffenen zuständigen Gesundheitsamt unverzüglich, spätestens innerhalb 24 Stunden nach erlangter Kenntnis zu erstatten. Dieses hat das für den gewöhnlichen Aufenthaltsort des Betroffenen zuständige Gesundheitsamt unverzüglich zu benachrichtigen, wenn der gewöhnliche Aufenthaltsort im Bereich eines anderen Gesundheitsamtes liegt.

(2) Tritt der meldepflichtige Fall während des Aufenthalts der betroffenen Person in einem Krankenhaus ein, so ist die Meldung dem für das Krankenhaus zuständigen Gesundheitsamt zu erstatten. Absatz 1 Satz 2 findet Anwendung.

§ 6

(1) Ausscheider nach § 3 Abs. 4 haben jeden Wechsel der Wohnung und jeden Wechsel der Arbeitsstätte unverzüglich dem bisher zuständigen Gesundheitsamt anzuzeigen.

(2) Die in Absatz 1 genannten Ausscheider sind verpflichtet, bei jeder Aufnahme in ein Krankenhaus oder ein Entbindungsheim oder bei der Inanspruchnahme einer Hebamme dem behandelnden Arzt oder der Hebamme mitzuteilen, daß sie Ausscheider sind.

(3) Im Falle der Geschäftsunfähigkeit oder der beschränkten Geschäftsfähigkeit eines der in Absatz 1 genannten Ausscheider treffen die Verpflichtungen nach Absatz 1 und 2 denjenigen, dem die Sorge für die Person des Ausscheiders zusteht. Im Falle des § 1633 des Bürgerlichen Gesetzbuchs ist die Minderjährige verpflichtet.

(4) In den Fällen des § 3 sind die Aufnahme der Kranken, Krankheitsverdächtigen und Ausscheider in ein Krankenhaus oder ein Entbindungsheim sowie ihre Entlassung unverzüglich dem für den bisherigen Aufenthaltsort zuständigen Gesundheitsamt anzuzeigen. In der Entlassungsanzeige ist anzugeben, ob der Entlassene geheilt ist und ob er die Erreger einer übertragbaren Krankheit noch ausscheidet. Die Verpflichtung trifft den leitenden Arzt, in Krankenhäusern mit mehreren selbständigen Abteilungen den leitenden Abteilungsarzt, in Krankenhäusern ohne leitenden Arzt den behandelnden Arzt.

22. Gesetz zur Bekämpfung der Geschlechtskrankheiten vom 23. Juli 1953 (BGBl. III 2126-4) – Auszug –

§ 11a: Bundesstatistik

(1) Über die ansteckungsfähigen Erkrankungen an Geschlechtskrankheiten wird eine Bundesstatistik durchgeführt.

(2) Jeder Fall einer ansteckungsfähigen Erkrankung an einer Geschlechtskrankheit ist von dem behandelnden oder sonst hinzugezogenen Arzt unverzüglich ohne Nennung des Na-

mens und der Anschrift des Erkrankten dem Gesundheitsamt zu melden, in dessen Bezirk der Arzt seine ärztliche Tätigkeit ausübt. Anzugeben sind
1. Geburtsdatum, Geschlecht und Familienstand des Erkrankten,
2. Art der Erkrankung,
3. Beratung oder Behandlung der jetzigen Erkrankung durch einen anderen Arzt,
4. Zahl und Art früherer Erkrankungen an einer Geschlechtskrankheit.

(3) Werden Fälle einer ansteckungsfähigen Geschlechtskrankheit bei Soldaten der Bundeswehr von einem Truppenarzt festgestellt oder behandelt, so sind diese vom Truppenarzt dem zuständigen Standortarzt zu melden; Absatz 2 Satz 2 ist anzuwenden. Der Standortarzt leitet die Meldung an das Sanitätsamt der Bundeswehr, das sie an das Statistische Landesamt des Landes weiterleitet, in dem der Standortarzt seinen Sitz hat.

§ 12: Meldung an das Gesundheitsamt

(1) Ein Geschlechtskranker ist von dem behandelnden Arzt namentlich dem Gesundheitsamt zu melden, wenn der Kranke
1. sich weigert, die vom Arzt verordnete Behandlung zu beginnen oder fortzusetzen, sie ohne triftigen Grund unterbricht oder sich der vom Arzt verordneten Nachuntersuchung entzieht;
2. nach der Überzeugung des Arztes durch seine Lebensweise oder seine allgemeinen Lebensumstände eine ernste Gefahr der Übertragung auf andere bildet;
3. offensichtlich falsche Angaben über die Ansteckungsquelle oder über die durch ihn gefährdeten Personen macht oder
4. das 18. Lebensjahr noch nicht vollendet hat und sittlich gefährdet erscheint, es sei denn, daß der Arzt nach Beratung mit den Eltern, Erziehungsberechtigten oder dem gesetzlichen Vertreter die Überzeugung gewonnen hat, daß diese die Gewähr für eine ordnungsgemäße Behandlung und Betreuung des Jugendlichen übernehmen.

(2) Über den Stand der Behandlung von Geschlechtskrankheiten, die der namentlichen Meldepflicht unterliegen oder als Ansteckungsquelle gemeldet sind, kann das Gesundheitsamt Auskunft von dem behandelnden Arzt verlangen.

§ 13: Ermittlung der Ansteckungsquellen; Meldung an das Gesundheitsamt

(1) Ein Arzt, der eine Geschlechtskrankheit feststellt, ist verpflichtet, mit den ihm zur Verfügung stehenden und zumutbaren Mitteln zu versuchen, die mutmaßliche Ansteckungsquelle und die Personen zu ermitteln, auf die der Kranke die Geschlechtskrankheit übertragen haben könnte. Der Kranke hat den Arzt bei dieser Aufgabe zu unterstützen und die notwendigen Angaben wahrheitsgemäß und vollständig zu machen. Der Arzt hat darauf hinzuwirken, daß die ihm als mutmaßliche Ansteckungsquelle oder als gefährdet bekanntgegebenen Personen sich sofort freiwillig in ärztliche Beobachtung und, wenn nötig, in ärztliche Behandlung begeben. Falls diese Personen nicht erreichbar sind oder der Aufforderung nicht nachweisbar nachkommen, hat sie der Arzt unverzüglich dem zuständigen Gesundheitsamt zu melden, wenn die Gefahr besteht, daß die Krankheit weiterverbreitet oder eine notwendige Behandlung unterlassen wird.

(2) Wird als Ansteckungsquelle eine Person angegeben, bei welcher der dringende Verdacht auf Geschlechtsverkehr mit häufig wechselnden Partnern besteht, so hat der Arzt diese Person an das Gesundheitsamt zu melden. Bedarf das Gesundheitsamt in diesem Falle zur Nachforschung näherer Angaben des angesteckten Geschlechtskranken, so kann es den behandelnden Arzt ersuchen, diese von dem Kranken einzuholen.

(3) Der Arzt ist von den Verpflichtungen nach den Absätzen 1 und 2 befreit, wenn der Kranke die erforderlichen Angaben dem Gesundheitsamt unmittelbar macht.

23. Erste Verordnung zur Durchführung des Gesetzes zur Bekämpfung der Geschlechtskrankheiten vom 28. Dezember 1954 (BGBl. III 2126-4-1)

Auf Grund des § 25 des Gesetzes zur Bekämpfung der Geschlechtskrankheiten vom 23. Juli 1953 (Bundesgesetzbl. I S. 700) wird mit Zustimmung des Bundesrates verordnet:

§ 1: Ärztliche Zeugnisse

(1) Ärztliche Zeugnisse über den Gesundheitszustand nach § 4 Abs. 1 des Gesetzes sind unter Verwendung des Formblattes 1 auszustellen. Sie müssen den nach § 4 Abs. 3 des Gesetzes vorgesehenen Befundbericht einschließlich eines nicht länger als 30 Tage zurückliegenden serologischen Befundes enthalten.
(2) Für die Unbedenklichkeitszeugnisse nach § 6 Abs. 2 des Gesetzes kann das gleiche Formblatt verwendet werden. Die Zeugnisse sind mit dem Zusatz zu versehen „Gegen die Eheschließung bestehen keine Bedenken".
(3) Die ärztlichen Zeugnisse nach § 8 Abs. 1 und 2 des Gesetzes müssen die in Absatz 1 geforderten Angaben enthalten.
(4) Die ärztlichen Zeugnisse sollen sich auf das Vorliegen von Geschlechtskrankheiten beschränken. Sie müssen alle in § 1 des Gesetzes genannten Geschlechtskrankheiten berücksichtigen. Das gilt auch, wenn eine Person, die als Ansteckungsquelle angegeben worden ist, nur einer bestimmten Geschlechtskrankheit verdächtigt wird.

§ 2: Aufzeichnungen des Arztes

(1) Die Aufzeichnungen des behandelnden Arztes nach § 10 Abs. 1 des Gesetzes müssen enthalten:
1. Name, Vorname, Geburtstag und -ort, Anschrift und Beruf des Geschlechtskranken,
2. Angaben über die Vorgeschichte,
3. Datum und Arten der Untersuchungen sowie den Untersuchungsbefund einschließlich des mikroskopischen und serologischen Befundes,
4. Angaben über die Behandlungsmethode, die Behandlungsdaten einschließlich verabreichter Dosis,
5. Angaben über die Einweisung in ein Krankenhaus oder die Überweisung an einen anderen Arzt,
6. Angaben über die Entlassung aus der Behandlung und den Schlußbefund.

(2) Ferner hat der Arzt für jeden in seiner Behandlung stehenden Geschlechtskranken ein numeriertes Stammblatt nach Formblatt 2 anzulegen.
(3) Das Stammblatt ist fünf Jahre aufzubewahren.

§ 3: Merkblätter

(1) Das nach § 11 Abs. 1 des Gesetzes auszuhändigende Merkblatt hat die aus Formblatt 3 sich ergebende Fassung. Das Merkblatt ist dem Geschlechtskranken bei Beginn der Behandlung auszuhändigen. Jugendlichen unter 15 Jahren wird in der Regel das Merkblatt nicht ausgehändigt.
(2) Der Geschlechtskranke hat den Empfang des Merkblattes und die durch den Arzt erfolgte mündliche Belehrung nach § 1 Abs. 1 des Gesetzes auf dem Stammblatt (§ 2 Abs. 2) zu bestätigen. Bei Minderjährigen und Entmündigten hat der Arzt auf dem Stammblatt zu vermerken, ob die Eltern oder Erziehungsberechtigten oder der gesetzliche Vertreter nach § 11 Abs. 2 des Gesetzes von dem Krankheitsfall unterrichtet und über dessen Ausheilung belehrt worden sind.
(3) Wird ein Syphiliskranker aus der Behandlung entlassen, so ist ihm ein Entlassungsmerkblatt nach Formblatt 4 auszuhändigen.

§ 4: Namentliche Meldung

Die namentliche Meldung eines Geschlechtskranken auf Grund des § 12 Abs. 1 des Gesetzes ist von dem behandelnden Arzt auf dem Formblatt 5, die namentliche Meldung der Ansteckungsquelle und der gefährdeten Personen auf Grund des § 13 des Gesetzes auf dem Formblatt 6 zu erstatten. Die Meldungen sind an das für den Wohnsitz des behandelnden Arztes zuständige Gesundheitsamt zu richten. Wohnt die gemeldete Person in dem Bezirk eines anderen Gesundheitsamtes oder hat sie dort ihren gewöhnlichen Aufenthalt, so hat das Gesundheitsamt die Meldung an das für den Wohnort oder den gewöhnlichen Aufenthalt dieser Person zuständige Gesundheitsamt weiterzuleiten.

§ 5: Mahnung des Geschlechtskranken
Wenn ein Geschlechtskranker ohne Angabe eines Grundes die vom Arzt verordnete Behandlung unterbricht oder sich der vom Arzt verordneten Nachuntersuchung entzieht (§ 12 Abs. 1 Nr. 1 des Gesetzes), so soll ihn der Arzt zunächst zur Wiederaufnahme der Behandlung oder zum Erscheinen zur Nachuntersuchung schriftlich ermahnen. Der Kranke ist unverzüglich dem Gesundheitsamt zu melden, wenn er dieser Mahnung ohne triftigen Grund nicht folgt.

§ 6: (außer Kraft)

§ 7: Übersendung der Meldungen an das Gesundheitsamt
(1) Sämtliche Meldungen und sonstige Mitteilungen auf Grund des Gesetzes und dieser Verordnung hat der behandelnde Arzt dem Gesundheitsamt in einem verschlossenen Umschlage zu übersenden, der die Aufschrift „Vertraulich, nur von einem Arzt zu öffnen" trägt. Die Umschläge dürfen nur von einem Arzt des Gesundheitsamtes geöffnet werden.
(2) Das Gesundheitsamt stellt den Ärzten auf ihren Antrag die von ihnen benötigten Formblätter und Umschläge kostenlos zur Verfügung. Es trägt auch die Portokosten für die Übersendung der Meldungen nach §§ 4 und 6 dieser Verordnung.

§ 8: Ordnungswidrigkeiten
Verstöße gegen § 1 Abs. 1 und Abs. 4 Satz 2, § 2, § 4, Satz 1, § 6 Satz 1 und § 7 Abs. 1 dieser Verordnung werden nach § 27 des Gesetzes geahndet.

§ 9: Geltung in Berlin
Nach § 14 des Dritten Übberleitungsgesetzes vom 4. Januar 1952 (Bundesgesetzbl. I S. 1) in Verbindung mit § 30 des Gesetzes zur Bekämpfung der Geschlechtskrankheiten vom 23. Juli 1953 (Bundesgesetzbl. I S. 700) gilt diese Verordnung auch im Land Berlin.

§ 10: Inkrafttreten
(1) Diese Verordnung tritt einen Monat nach der Verkündung in Kraft.
(2) § 6 dieser Verordnung tritt drei Jahre nach dem Inkrafttreten dieser Verordnung außer Kraft.

II. Erläuterungen

1. Vorbemerkungen

Öffentlich-rechtlicher Datenschutz kann nicht losgelöst von dem Komplex „Verwaltungsautomation" betrachtet werden[1]. Erst durch diese Einbeziehung bekommt die Diskussion um den Datenschutz im öffentlichen Bereich die notwendige Relevanz. Durch diese Diskussion wird vermieden, daß sich der öffentliche Bereich einen unerträglichen Freiraum gegenüber dem Bürger unter dem Vorschieben „Erfordernisse der recht- und pflichtgemäßen Erfüllung seiner Aufga-

1 Zur Gesamtproblematik siehe u. a.: *Gola/ Hümmerich/Kerstan,* Datenschutzrecht I S. 42f.

ben" verschafft. Dieses Hauptargument wird so zumindest in seiner Ausschließlichkeit relativiert, indem Erfordernisse der Verwaltung gegenüber den durch die Automation potenzierten Interessensbeeinträchtigungen des Bürgers abgewogen werden müssen.

Wenn man sich vergegenwärtigt, daß die öffentliche Hand aufgrund der ihr übertragenen Aufgaben nicht nur der größte EDV-Anwender, sondern auch der größte Verarbeiter umfassender personenbezogener Daten ist, muß man feststellen, daß die Diskussion des Datenschutzes gerade in diesem Bereich zu wenig, zu undifferenziert und zu gleichgültig geführt wurde.

In diesem Zusammenhang kann man den Beschluß des Rechtsausschusses des Deutschen Bundestage nur begrüßen, der das Personenkennzeichen (Pk) als verfassungswidrig erkannte[2] und es somit vorerst der politischen und wissenschaftlichen Diskussion entzog. Unbestritten bleibt, daß das Pk die „Verwaltungsautomation" beschleunigt hätte. Wenn man einerseits „Verwaltungsautomation" als Oberbegriff für „Verwaltungsvollzug" und „Planungsinformation" verstehen will, andererseits aber die „vorläufigen Grundsätze zur automationsgerechten Rechtsetzung" als Anpassung der Gesetzgebung an die „Verwaltungsautomation" ansieht, wird das enge Zusammenwirken und die Abhängigkeit des Komplexes „Verwaltungsautomation – Datenschutz" besonders deutlich. Verschärft wird dieser Konflikt noch dadurch, daß die Bundesregierung weiterhin – im Gegensatz zur Innenministerkonferenz – die Einführung eines allgemeinen Personenkennzeichens beabsichtigt[3]. Dies würde bedeuten, daß eine bestimmte Person unter dem gleichen Kennzeichen zunächst im gesamten öffentlichen Bereich registriert ist. Man denke nur an den dann um ein vielfaches erleichterten Datenaustausch zwischen folgenden Behörden[4]:

- Bundeskriminalamt
- Kriminalpolizei
- Polizei
- Verfassungsschutz
- Sozialversicherung
- Finanzamt
- Krankenkasse
- Einwohnermeldeamt
- Krankenhaus
- Bankbehörde
- Gesundheitsamt
- Gericht
- Schulamt
- Arbeitsamt
- Kfz-Bundesamt
- Grundbuchamt
- Zentrale Vergabestelle für Studienplätze
- Sozialamt,

wobei man beachten muß, daß das Ziel in der Regel dahin geht, den technisch machbaren und aus Verwaltungssicht sicher wünschbaren Austausch auch zu realisieren[5]. Für den Fall der Einführung des Pk im öffentlichen Bereich ist auch

2 KoopA-ADV, Sitzung vom 21./22. 4. 77, s. auch Hess, Datenschutzbeauftragter, 6. Tätigkeitsbericht (Drs. 8/3962), S. 13.

3 *Kirchberg,* Personenkennzeichen – Ende der Privatsphäre, ZRP 6, 1977, S. 138.

4 Beispiele in Anlehnung an *Kirchberg,* aaO.

5 Zur besonderen Problematik der Amtshilfe siehe insbesondere 6. Kap. II 2. Verwaltungsverfahren und Datenschutz, S. 185 ff.

im privaten Bereich dann langfristig mit der Einführung des Pk zu rechnen. Dies würde die z. Zt. und zum Teil unterschiedlich aufgebauten „Pk-ähnlichen“ Kennzeichen[6] wie:

- Kontonummer
- Depotnummer
- Kreditkartennummer
- Kundenkartennummer
- Bausparvertragsnummer
- Versicherungsvertragsnummer
- Schutzkartei der Lebensversicherer
- Schutzkartei derKfz-Versicherer
- Personalnummer in Arbeitgeberdatei
- Parteimitgliedsnummer
- Vereinsmitgliedsnummer
- Kundennummer
- Bibliotheksbenutzernummer
- Ärzte, Patientendateinummer

vereinheitlichen und den Datenaustausch im privaten Bereich wie vom privaten zum öffentlichen Bereich problemloser machen.
Die exemplarische Aufzählung existierender Möglichkeiten zur Erfassung des Bürgers zeigt bereits die Vielzahl der Einsatzmöglichkeiten eines Pk. Obwohl eine pluralistische Gesellschaft auf umfassende und detaillierte Informationen – auch über das Individuum – angewiesen ist, erscheint es aufgrund der bisher nicht gelösten Totalisierungsprobleme richtig, auf die Einführung eines Personenkennzeichens zu verzichten, zumal die nachfolgende Übersicht über bereits installierte Datenbanken in der Bundesverwaltung[7] zeigt, wieweit auf Bundesebene bereits die Automation im Jahre 1975 vorangeschritten war. Transformiert man dies auf Landes- und Kommunalebene[8], so kann man sich ein Bild davon machen, in welchem Umfang der Bürger verwaltungsmäßig bereits automatisch behandelt wird.

EDV-Anwendungen in der Bundesverwaltung

Geschäftsbereich/ Dienststelle	Aufgabenbereiche
Bundeskanzleramt	Informationssystem zur Vorhabenplanung der Bundesregierung
Presse- und Informationsamt der Bundesregierung	Informationsbereitstellungssystem für Bundesregierung, Bundesressorts und Mitglieder des Bundestages sowie Mitarbeiter der Bundestagsverwaltung
Auswärtiges Amt	Besoldungsberechnung Personalwesen Statistik Terminologisches Wörterbuch
Bundesminister des Innern – Statistisches Bundesamt	Maschinelle Aufbereitung von Statistiken Aufbau einer statistischen Datenbank

6 In Anlehnung an Kirchberg, aaO.
7 Entnommen der ÖVD 3/75, S. 128ff. und zwar bezogen auf die Antwort (Drs. 7/2887) auf die kleinen Anfragen Drs. 7/2887) und auf die kleinen Anfragen Drs. 7/2489, 2490, 2491.
8 Vgl. hierzu die Übersicht bei *Geiger/Schneider*, Der Umgang mit Computern, S. 66–73.

Geschäftsbereich/ Dienststelle	Aufgabenbereiche
– Bundeskriminalamt	Polizeiliches Informationssystem
– Bundesverwaltungsamt	Ausländerzentralregister BAFöG (Einziehung der Darlehen) Vorbereitung der Personenkennzeichen-Vergabe
– Bundesinstitut für Sportwissenschaft	Verwaltung des Olympia-Datenpools
– Bundesamt für Verfassungsschutz	Nachrichtendienstliches Informationssystem
Bundesminister der Justiz	
– Generalbundesanwalt beim BGH	Bundeszentralregister Gewerbezentralregister
– Deutsches Patentamt	Patenterteilungsverfahren Patentdokumentation
Bundesminister der Finanzen	
– RZ der Bundesfinanzverwaltung	– Besoldung für Beamte, Angestellte und Versorgungsempfänger – Personalinformationssystem – Bundeshaushalt – Finanzplanung, Investitionsplanung – Statistiken Finanzpolitik und -wirtschaft – Kapitalertragssteuererstattung – Anwendungen BML, BMWI, BMI, BMZ
– Bundesschuldenverwaltung	– Schuldbuch und Schuldendienst – Verwaltung, Buchführung und Statistik
– Bundesmonopolverwaltung für Branntwein	– Abrechnung, Strukturanalyse, Statistik, Rechnungswesen
– RZ – Hamburg	– Ausfuhrerstattungen – Statistiken für BMF, BML und die EG
– Beschaffungsamt der Bundeszollverwaltung	– Zollkleiderkassen, Statistik
– RZ – Düsseldorf	Kontingentüberwachung
Bundesminister für Wirtschaft	Automation ohne Projektionen der allgemeinen Wirtschaftsentwicklung Ökonometrische Simulations-, Prognose- und Optimierungs-Dokumentation
– Bundesanstalt für Bodenforschung	Dokumentation Informationssystem „Mineralische Rohstoffe“ Technisch-wissenschaftliche Berechnungen und Auswertungen
– Bundeskartellamt	Kartellrechtsdokumentation Auswertung von Massenerhebungen
– Bundesamt für gewerbliche Wirtschaft	Warenverkehr im Außenhandel und im Innerdeutschen Handel Statistik
– Physikalisch-technische Bundesanstalt	Technisch-wissenschaftliche Berechnungen
– Bundesanstalt für Materialprüfung	Datenbank für Zulassung pyrotechnischer Gegenstände

Geschäftsbereich/ Dienststelle	Aufgabenbereiche
Bundesminister für Ernährung, Landwirtschaft und Forsten	
– Bundessortenamt	Arbeiten auf den Gebieten des Schutzes von Pflanzensorten und des Verkehrs mit Saatgut
Forschungsanstalt für Landwirtschaft Braunschweig-Völkenrode	Produktionstechnische und ökonomische Forschung im Agrarbereich
– Bundesanstalt für Milchforschung	Produktionstechnische und ökonomische Forschung im Bereich der Milchwirtschaft sowie dokumentarische Verarbeitung wissenschaftlicher Informationen
Bundesminister für Arbeit und Sozialordnung	Sozialdatenbank Sozialrechtsdatenbank Auswertung Tarifregister Berechnungen zum Sozialbudget, Unfallverhütungsbericht, Finanzstatus der Renten- und Krankenversicherungen, Beschäftigten- und Rentenbestandsstatistik, EDV-Arbeiten für BAU, BAZ, BAfU
Bundesminister für Verkehr	
– Kraftfahrt-Bundesamt	Erfassung der Kraftfahrzeugdaten und eines Teils der Daten des Verkehrszentralregisters. Zusammenarbeit mit den Behörden der Länder bei der polizeilichen Fahndung
– Deutsches Hydrographisches Institut	Ozeanographische Forschung und deren Auswertung sowie Herstellung von Seekarten
– Bundesanstalt für Straßenwesen	Straßenbau- und Straßenverkehrsunfallforschung der Straßenausrüstung, Verkehrsdatenbank (im Aufbau)
– Deutscher Wetterdienst	Wettervorhersage, meteorologische Forschung
– Bundesanstalt für Flugsicherung	Sicherung des Flugverkehrs
– Bundesanstalt für Wasserbau	Versuchs- und Forschungsarbeit auf dem Gebiet des Wasser-, Erd- und Grundbaues
– Bundesanstalt für Gewässerkunde	Versuchs- und Forschungsarbeit auf dem Gebiet der Gewässerkunde
– Luftfahrt-Bundesamt	Erfassung der Luftfahrzeugdaten und Luftverkehrsunfallforschung
Bundesminister der Verteidigung	Personalwirtschaft, Personalführung Wehrersatzwesen Sanitätswesen Kfz-Wesen Gebührniswesen Unterkunfts- und Liegenschaftswesen Wohnungswesen Materialbewirtschaftung, Auftragsabwicklung und -disposition, Instandhaltung und Reparaturen, Materialkatalogisierung

Geschäftsbereich/ Dienststelle	Aufgabenbereiche
Bundesminister der Verteidigung	Militärische Sicherheit Haushalts- und Kassenwesen Technisches Prüfwesen Technisch-logistische Betreuung von Waffensystemen
Bundesminister für Jugend, Familie und Gesundheit	
– Deutsches Institut für medizinische Dokumentation und Information	Datenbanken für medizinische Literatur und sonstige medizinische Informationen
– Bundesgesundheitsamt	Datenbankentwicklung und -auswertung auf dem Gebiet der Sozialmedizin und Epidemiologie Datenbank zur Überwachung des Betäubungsmittelverkehrs
Bundesminister für Forschung und Technologie	Datenbank für Haushaltsdaten und Finanzplanung Datenbank für Förderungsvorhaben Personaldatenbank

Datenschutz und öffentliche Verwaltung hängen in einer Form zusammen, daß man sagen kann, Datenschutz kann und muß als eine flankierende Maßnahme der Verwaltungsrationalisierung betrachtet werden[9]. Grundlage dieser Feststellung sind drei Forderungen, die die Abhängigkeit zwischen Datenschutz und öffentlicher Verwaltung herstellen:

1. Maßnahmen des Datenschutzes sollen die Verwaltung nicht mehr als unbedingt notwendig behindern. Berechtigte Datenschutzinteressen des Bürgers dürfen allerdings nicht außer acht gelassen werden.
2. Die Einführung der Automation in der Verwaltung muß sich einerseits an den Erfordernissen der EDV orientieren, muß aber andererseits eine unnötige und möglicherweise unverständliche Neuorganisation des Verwaltungssystems vermeiden.
3. Mögliche Umorganisation steht stets unter dem rechtlichen Vorbehalt der Verfassung und muß dahingehend überprüft werden, ob sie rechtspolitisch erwünscht ist[10].

Im folgenden werden nun neben dem allgemeinen Verwaltungsverfahren, welches gegenüber den besonderen Verwaltungsverfahren subsidiär ist, einige besondere datenschutzrelevante Verwaltungsverfahren herausgegriffen und kurz erläutert. Insbesondere wird am Ende des Kapitels noch ein Überblick über Berufsbildungs-, -zulassungs- und -ausübungs-Verordnungen und Gesetze mit einer kurzen Einführung ihrer datenschutzrelevanten Bedeutung gegeben. Hierbei war nicht auszuschließen, daß bestimmte Normen, die bereits in der Einleitung zu diesem Buch angeführt wurden, an dieser Stelle nochmals auftauchen. Bei diesen

9 *Lenk*, in Datenschutz, S. 49.

10 In dieser Richtung, wohl auch *Steinmüller* in *Kilian, Lenk* u. a. Objektbereich „Verwaltungsautomation“ und Prinzipien des Datenschutzes, S. 63ff.

speziellen Normen wurde auf eine Paragraphenzitierung nicht nur aus arbeitsökonomischem Grunde verzichtet, sondern auch aus der Überlegung heraus, daß der Praktiker, der von Gesetzen dieser Art betroffen ist oder wird, diese spezielle Gesetzesmaterie kennt, bzw. an anderer Stelle vertiefen kann. Die aufgeführten datenschutzrelevanten Vorschriften im öffentlichen Bereich können im übrigen auch nur beispielhaft sein. Sie zeigen die Vielzahl der Einzelgesetze, die die Datenverarbeitung zulassen und der Speicherung, Veränderung und Weitergabe im Verwaltungsbereich kaum greifbare Grenzen setzen. Allein der Datenfluß nach außen wird, z. B. in Form von Amtsgeheimnissen und Geheimhaltungspflichten, in der Regel zufriedenstellend reglementiert.

2. Verwaltungsverfahren und Datenschutz

2.1 Allgemeine Vorschriften des Verwaltungsverfahrensgesetz (VwVfG)

Zu den im Ergebnis datenschutzwidrigen Vorschriften des öffentlichen Bereichs zählen die §§ 4–8 VwVfG über die Amtshilfe. Die Kritik[11] entzündet sich an der durch den alten öffentlich-rechtlichen Grundatz der Amtshilfe gegebenen Möglichkeit des unkontrollierten Austauschs von Informationen zwischen Behörden[12].
Die §§ 4–8 VwVfG normieren unter den Voraussetzungen einer Amtshilfepflicht die Verpflichtung der Behörden zur Datenübermittlung. Handelt es sich um personenbezogene Daten, die unter den Anwendungsbereich des BDSG fallen, so finden die §§ 4ff. VwVfG über die §§ 10, 44 BDSG Anwendung. Handelt es sich um sonstige personenbezogene Daten, so können sich die Behörden auf § 5 Abs. 1 Ziff. 3 VwVfG berufen, der bestimmt, eine Behörde könne um Amtshilfe ersuchen, wenn sie zur Durchführung ihrer Aufgaben auf die Kenntnis von Tatsachen angewiesen ist, die ihr unbekannt sind und die sie selbst nicht ermitteln kann. Im Sinne eines effektiven Datenschutzes nach außen sind wieder die §§ 25, 13 VwVfG gestaltet, nach denen Informationen über den Gang eines Verwaltungsverfahrens, abgesehen von den Behördenbediensteten, grundsätzlich nur Beteiligte erlangen dürfen. § 20 VwVfG bestimmt, welche Personen in einem Verwaltungsverfahren für eine Behörde nicht tätig werden dürfen, folglich auch keine Informationen über eine Eingabe bzw. einen Verwaltungsvorgang erlangen können.

Zu den bedeutendsten datenschutzrechtlichen Vorschriften muß § 30 VwVfG gezählt werden, demzufolge die Beteiligten Anspruch darauf haben, daß ihre Geheimnisse, insbesondere die zum persönlichen Lebensbereich gehörenden Geheimnisse sowie Betriebs- und Geschäftsgeheimnisse, von der Behörde nicht unbefugt offenbart werden. Nach h. M.[13] hindert § 30 VwVfG jedoch nicht die Wei-

11 Siehe nur u. a. *Steinmüller*, Staatswohl vor Bürgerrecht, Bild der Wissenschaft, S. 76ff.
12 Siehe hierzu *Wittkämper*, Datenschutz im Verflechtungsbereich von staatlichem und außerstaatlichem Bereich, Datenschutz und Datensicherung 1/77, S. 12ff.
13 Vgl. *Meyer/Borgs*, § 30 Anm. 15; A. A.: *Düwel*, S. 106.

tergabe von Geheimnissen im Rahmen von Amtshilfeersuchen. Die Befugnis der Behörde, Geheimnisse zu offenbaren, kann nur durch Gesetz oder durch Zustimmung des Betroffenen erteilt werden. Anders als im Steuerrecht[14], begründet ein zwingendes öffentliches Interesse die Befugnis zur Offenbarung im Sinne von § 30 VwVfG nicht[15].

Anzumerken bleibt, daß die §§ 28, 29 VwVfG die begrüßenswerte Tendenz eingeleitet haben, das Verwaltungsverfahren gegenüber den Beteiligten transparent zu machen. So sind die Beteiligten, bevor ein Verwaltungsakt erlassen wird, gemäß § 28 Abs. 1 VwVfG zu hören. Die Pflicht zur Anhörung entfällt nur unter den fest umrissenen Voraussetzungen des § 28 Abs. 2 VwVfG. Den Beteiligten ist gemäß § 29 VwVfG Einsicht in die das Verfahren betreffenden Akten zu gestatten, soweit deren Kenntnis zur Geltendmachung oder Verteidigung ihrer rechtlichen Interessen erforderlich ist, d. h. hier liegt ein besonderer Fall eines Auskunftsrechts vor. Durch § 29 Abs. 2 VwVfG dürfte allerdings eine restriktive Handhabung des Rechts auf Akteneinsicht von Seiten der jeweiligen Behörde nicht ausgeschlossen sein.

2.2 Vorschriften zum Verwaltungsakt

Aus der Perspektive des Datenschutzes ist auch § 41 VwVfG, der die Regelungen über die Bekanntgabe des Verwaltungsaktes enthält, von Belang. So bestimmt § 41 Abs. 1 VwVfG, daß ein Verwaltungsakt demjenigen Beteiligten bekanntzugeben ist, für den er bestimmt ist oder der von dem Verwaltungsakt betroffen wird.[16] Damit werden die im Verwaltungsakt enthaltenen Informationen im Grundsatz ausschließlich dem Betroffenen zugänglich gemacht. Eine öffentliche Bekanntgabe ist nur in den Grenzen des § 41 Abs. 3 VwVfG zulässig. Danach darf der Verwaltungsakt öffentlich bekanntgegeben werden, wenn dies durch Rechtsvorschrift zugelassen ist[17].

2.3 Vorschriften für verschiedene Verfahrensarten und Tätigkeiten

Für die förmlichen Verwaltungsverfahren hat der Gesetzgeber in § 66 VwVfG die Verpflichtung zur Anhörung der Beteiligten geschaffen. Jeder Beteiligte erhält somit die Gelegenheit, sich in einem förmlichen Verfahren zu äußern, bevor die Verwaltung ihre Entscheidung fällt.Typisches Beispiel für die Anwendbarkeit des § 66 VwVfG bilden die Anhörungstermine im Rahmen von Planfeststellungsverfahren.

§ 67 VwVfG schreibt für förmliche Verwaltungsverfahren das Erfordernis der mündlichen Verhandlung vor. Beim Grundsatz der mündlichen Verhandlung handelt es sich um eine Maxime, die dem Prozeßrecht entstammt (§§ 128 ZPO,

14 Vgl. § 30 Abs. 3 Nr. 5 AO 77.
15 So aber wohl *Kopp*, § 30 Anm. 2; *Meyer/Borgs*, § 30 Anm. 14.
16 *Meyer-Borgs*, § 41, Anm. 5.
17 *Meyer-Borgs*, § 41, Anm. 19.

250 StPO, 169 GVG)[18]. Die Grundsätze der Öffentlichkeit und Mündlichkeit der Verhandlung dokumentieren das rechtsstaatliche Bestreben, jedem Bürger Gelegenheit zu geben, sich davon zu überzeugen, daß die Gerichte und hier der Verwaltung im förmlichen Verfahren nach Recht und Gesetz handeln.
Es soll nicht übersehen werden, daß dieses System der öffentlichen Kontrolle gleichzeitig zu einer Preisgabe bedeutender Informationen aus dem Leben des Betroffenen führt, manchmal sogar den Austausch sensibler Daten zum Inhalt hat. Der Gesetzgeber hat in Kenntnis dieses Umstandes nur insoweit Konsequenzen gezogen, als er in Verfahren, die die Unterbringung eines Beschuldigten in einer Heil- oder Pflegeanstalt zum Gegenstand haben, in Jugendstrafsachen sowie in Staatsschutzangelegenheiten den Ausschluß der Öffentlichkeit angeordnet hat[19].

Behördliches Handeln ist oft diesem Spannungsverhältnis zwischen Verschwiegenheit und Transparenz ausgesetzt. Wenn auch die mündlichen Verhandlungen bei förmlichen Verfahren gemäß § 68 VwVfG nicht öffentlich sind, so kommt der Umfang zahlreicher förmlicher Verwaltungsverfahren dem einer öffentlichen Verhandlung gleich. Auch der Gesetzgeber geht hiervon aus, wenn er in § 63 Abs. 1 Satz 4 erwähnt, daß bei mehr als 300 vorzunehmenden Ladungen anstelle von Einladungen die öffentliche Bekanntmachung erfolgen kann. Erstens kommen Verfahren bei der genannten Größenordnung mit so vielen Beteiligten öffentlichen Verfahren gleich. Zweitens besteht für die Beteiligten keine Verschwiegenheitspflicht, wie sie das Gesetz im § 84 VwVfG für ehrenamtlich tätige Personen vorsieht.

2.4 Das Verhältnis VwVfG – BDSG

Das Verhältnis zwischen dem BDSG und dem Verwaltungsverfahrensgesetz ist vielgestaltig. Zum einen ist das BDSG subsidiär gegenüber verschiedenen Vorschriften, wie z. B. § 25 VwVfG, der eine Vorschrift über die Auskunftspflicht von Behörden an Bürger über die zu ihrer Person gespeicherten Daten ist und somit unter § 45 Satz 2 Ziffer 6 BDSG fallen kann. Gemäß § 45 Satz 2 Ziffer 1 können die §§ 30, 84 VwVfG subsidiär sein, da es sich hierbei um Vorschriften über die Geheimhaltung von dienstlich oder sonst in Ausübung des Berufs erworbenen Kenntnissen handelt. § 84 Abs. 3 VwVfG muß unter § 45 Satz 2 Ziffer 2 BDSG subsumiert werden, da diese Vorschrift ein Zeugnis- und Auskunftsverweigerungsrecht enthält.
Als wichtigste Erlaubnistatbestände im Sinne des § 3 BDSG sind die Vorschriften über die Amtshilfe (§§ 4ff. VwVfG) zu erwähnen, wobei die eingangs vorgebrachte Kritik in eine Novellierung des Datenschutzgesetzes einfließen könnte. Auf einer dritten Ebene erlangt das VwVfG dadurch Bedeutung, daß im § 44 BDSG darauf hingewiesen wird, daß auf die Ausführung des BDSG das VwVfG anzuwenden ist. Auf diesem Wege werden die Rechtsbegriffe im Zweiten Ab-

18 *Meyer-Borgs*, § 77, Anm. 2.
19 Siehe die §§ 171a, 172 GVG, 48 JGG.

schnitt des BDSG (§§ 7–21) den Definitionen, Verfahrensvorschriften u. ä. des Verwaltungsverfahrensgesetzes unterworfen.

2.5 Die Rechtsnatur der Auskunft

Eine Klage auf Mitteilung von Wissen (Auskunft) ist grundsätzlich eine Leistungsklage. Das Bundesverwaltungsgericht läßt allerdings das Auskunftsbegehren dann eine Verpflichtungsklage sein, wenn über die Bekanntgabe von Wissen erst nach Prüfung aus Gründen der Geheimhaltung entschieden werden kann[19a]. Es erscheint nicht gerade sinnvoll, dieser Entscheidung Grundsatzcharakter zuzusprechen. Fast jede Auskunft einer Behörde ist eine Ermessenshandlung, da der zuständige Beamte zunächst prüfen muß, ob die Voraussetzungen einer Auskunftsmöglichkeit gegeben sind.

Die geschriebenen oder ungeschriebenen tatbestandlichen Voraussetzungen des Auskunftsrechts sind meist in unbestimmte Rechtsbegriffe (berechtigtes Interesse etc.) gekleidet, so daß die Auskunftserteilung nicht gebundene Verwaltung, sondern im Regelfall Ermessungsverwaltung bedeutet.

Verliehe man der erwähnten Entscheidung des Bundesverwaltungsgerichts Grundsatzcharakter. So wäre die Auskunft regelmäßig Verwaltungsakt, da ihrer Erteilung meist eine Prüfung des Bestehens oder Nichtbestehens eines Anspruchs vorauszugehen hat.

Zweifelsfrei kann nach der Rechtsprechung des Bundesverwaltungsgerichts die formalisierte Auskunftserteilung als schlicht hoheitliches Handeln angesehen werden, denn im allgemeinen verweisen die Behörden mittels bereitliegender Formblätter auf ihre Verpflichtung zur Geheimhaltung. Anfragen von pfändungswilligen Arbeitgebern beantworten beispielsweise die Arbeitsämter unter Rückübersendung eines Vordrucks, in dem auf § 35 SGB verwiesen wird. Es kann dahingestellt sein, ob der Nichtgebrauch von Ermessen – wie im Falle der formalisierten Mitteilungen – noch als Ermessensgebrauch verstanden werden kann; da hier jedoch die Praxis der einer gebundenen Verwaltung entspricht, ist das rechtlich erhebliche Verhalten in eben dieser Weise zu qualifizieren.

Anders liegt der Fall der Klage auf Vernichtung von Erkenntnissen des Amtes für Verfassungsschutz. Zutreffend dürfte es deshalb sein, in diesem Falle das Vorliegen eines Verwaltungsaktes anzunehmen, da der Schwerpunkt der behördlichen Tätigkeit bei dem Begehren auf Aktenvernichtung nicht bei der eigentlichen Vewaltungshandlung selbst, sondern bei der Prüfung und Entscheidung der Frage liegt, ob das vom Bürger beantragte Tätigwerden der Behörde mit der Erfüllung der Aufgaben der Behörde vereinbar und von der Rechtsordnung geboten ist[19b].

19a BVerwG 31, S. 306 = DVBL 1969 S. 702.
19b VG Kassel NJW 1977, S. 692.

3. Datenschutz durch Geheimhaltung im Postwesen

In Anbetracht ihrer Monopolstellung als Nachrichtenübermittler kommt der Deutschen Bundespost im Rahmen des Datenschutzes besondere Bedeutung zu. Diesem Umstand hat der Gesetzgeber in traditionellen Gesetzen Rechnung getragen. Zu erwähnen sind in diesem Zusammenhang die §§ 5, 6 PostG, §§ 10, 11 des Gesetzes über Fernmeldeanlagen.

§ 5 PostG untersagt den mit postdienstlichen Verrichtungen betrauten Personen verschlossene Postsendungen zu öffnen oder sich von ihrem Inhalt ohne Öffnung des Verschlusses Kenntnis zu verschaffen, über den Postverkehr bestimmter Personen oder über den Inhalt von Postsendungen einem anderen eine Mitteilung zu machen sowie derartige Handlungen zu gestatten oder zu fördern. § 6 PostG beschränkt das Auskunftsrecht über Postscheck- oder Postsparguthaben. Danach darf eine Auskunft außer in den Fällen einer gesetzlichen Auskunftspflicht ohne Zustimmung des Postscheckteilnehmers oder des Postsparers nur denjenigen erteilt werden, die kraft Gesetzes zur Verfügung über das Guthaben berechtigt sind. Entsprechend dem sog. Postgeheimnis (Briefgeheimnis) besteht gemäß §§ 10, 11 des Gesetzes über Fernmeldeanlagen ein Telegrafen- und Fernsprechgeheimnis. Sieht man von der Satellitenübertragung einmal ab, so wird die gesamte Datenfernverarbeitung über die Leitungsnetze der Post abgewickelt. Die §§ 10, 11 des Gesetzes über Fernmeldeanlagen sind daher entscheidend für den Datenschutz der heutigen verzweigten Verbundsysteme[20]. In § 45 Satz 2 Ziffer 1 BDSG hat der Gesetzgeber daher die §§ 5, 6 PostG, 10, 11 des Fernmeldeanlagengesetzes beispielhaft als mit vorrangiger Wirkung ausgestattet erwähnt. Diese Mechanismen des PostG und des FernmeldeanlagenG versagen allerdings, sobald die Voraussetzungen des Gesetzes zur Beschränkung des Brief-, Post- und Fernmeldegeheimnisses[21], des sog. Gesetzes 10 vorliegen. Insoweit werden bei „drohenden Gefahren für die freiheitlich demokratische Grundordnung" Verfassungsschutzbehörden, Amt für Sicherheit der Bundeswehr und Bundesnachrichtendienst ermächtigt (Art. 1, Abs. 1, Satz 1, 10 GG) die oben skizzierten Pflichten uneingeschränkt zu durchbrechen. Abschließend sei noch darauf hingewiesen, daß das BDSG in § 12 den sogenannten Geheimbereich gewissermaßen – und das im Hinblick auf Art. 10 GG – ausklammert[22]

Die in § 45 S. 3 Ziffer 1 BDSG genannten Geheimhaltungsvorschriften aus dem

---

20 Zur Gesamtthematik siehe *Weber*, Rechtsfragen zum Fernmeldegeheimnis, FuR 1971, S. 261ff.

21 S. *Gola/Hümmerich/Kerstan*, Datenschutzrecht I, S. 87ff.

22 Speziell zu dieser Frage *Gola/Hümmerich/Kerstan* Datenschutzrecht II, S. 203 ff.

Post- und Fernmeldebereich, verpflichten die *Mitarbeiter* der Post auf das Post- und Fernmeldegeheimnis.
Damit versteht sich diese Norm als bundesrechtliche Ausgestaltung des Art. 10 GG, der das Post- und Fernmeldegeheimnis verfassungsrechtlich vor staatlicher Beeinflussung und Kontrolle schützt.[23] Art. 10 GG ist somit zu denjenigen Grundrechten zu zählen, die den unantastbaren Bereich persönlicher Entfaltung des Einzelnen gewährleisten sollen.[24] Zum Schutz der Privatsphäre wird den Grundrechtsverpflichteten im Rahmen des Post- und Fernmeldeverkehrs eine umfassende Geheimhaltungspflicht auferlegt, die auch Verschwiegenheit über die näheren Tatsachen der Übermittlung, den Inhalt von Sendungen, sowie die Identität von Absender und Empfänger beinhaltet.[25]
Nicht eindeutig geklärt ist, wer neben der Post als Hoheitsträger Adressat des Grundrechts sein kann und ob auch Private dem Fernsprechgeheimnis aus Art. 10 GG unterliegen. Zum Teil wird der Adressatenkreis sehr weit gezogen, indem die Verpflichtung aus Art. 10 auf alle Personen und Institutionen erstreckt wird, die mit Betrieb und Wartung postähnlicher Aufgaben betraut sind, bzw. Fernsprechanlagen betreiben.[26] Als Begründung wird angeführt, daß das Vertrauen der Fernsprechteilnehmer in jedem Falle als absolut schutzwürdig zu erachten sei. Aus der Sicht des Benutzers könne es nämlich keinen Unterschied machen, ob er eine posteigene oder postfremde Fernsprechanlage benutze; deshalb sei in beiden Fällen der gleiche umfassende Grundrechtsschutz zu gewähren. Diese Auffassung wird jedoch von der herrschenden Meinung nicht geteilt[27], nach der nur Hoheitsträger, wie beispielsweise die Postverwaltung und andere mit hoheitlichen Aufgaben betraute Organisationen, soweit sie Zugriffs- und Einwirkungsrechte in den postalischen Dienst ausüben[28], grundrechtsverpflichtet sein sollen.
Letzterer Auffassung ist zu folgen, da eine Erweiterung des Anwendungsbereiches des Art. 10 GG nicht der verfassungsrechtlichen Funktion aller Grundrechte als Abwehrrechte des Bürgers gegen staatliche Willkür entsprechen würde.[29] Auch der Grundsatz der sogenannten „Drittwirkung der Grundrechte", der auf dem Gedanken einer umfassenden Geltung der Grundrechte in der gesamten Rechtsordnung beruht, vermag den Adressatenkreis des Artikels 10 GG nicht zu erweitern. Der Bürger kann von der Postverwaltung nur verlangen, alles Erforderliche zu unternehmen, um Verletzungen des Post- bzw. Fernmeldegeheimnis-

23 Bonner Kommentar (BK), Art 10 Anm. 24 Bearbeiter: *Badura;* Loseblattsammlung Stand: 1976
24 Maunz-Düring-Herzog, Grundgesetz (Kommentar), Art 10 Anm. 18; Loseblattsammlung Stand: 1976
25 Maunz-Düring-Herzog, a.a.O., Art 10 Anm. 18
26 *Oehler* in, Die Grundrechte, Band 2 S. 605 (608)
27 BK, a.a.O., Art 10 Anm. 22
Von Münch, Grundgesetzkommentar, Art 10 Anm., Bearbeiter: *Pappermann;* München 1975
28 Maunz-Düring-Herzog, a. a. O., Art 10 Anm. 18
29 BK, a.a.O., Art 10 Anm. 20

ses zu unterbinden oder aufzuheben.[30] Für *einzelne* Postbedienstete oder *private* Stellen und Personen, die mit postähnlichen Aufgaben betraut sind und im Zuge ihrer Tätigkeit mit dem Fernsprechgeheimnis in Berührung kommen, ist Art. 10 GG als verpflichtende Norm nicht anwendbar.[31] Anders ist die Rechtslage hinsichtlich des Geltungsbereichs des § 10 FAG, der in Abs. 2 ausdrücklich Personen, die eine für den öffentlichen Verkehr bestimmte, nicht der Post gehörende Anlage bedienen oder beaufsichtigen, dem Fernmeldegeheimnis unterwirft. Zu solchen für den öffentlichen Verkehr bestimmten Telefonanlagen gehören auch die in Betrieben, Hotels etc. installierten Fernsprechsysteme, soweit sie nicht nur dem internen, d. h. nichtöffentlichen Fernsprechverkehr der Betriebsangehörigen dienen.[32] Aus § 10 FAG auf das Fernsprechgeheimnis verpflichtet ist jedoch nur das Bedienungs- und Aufsichtspersonal der Anlage, nicht jedoch ein sonstiger Dritter im Betrieb oder der Betriebsinhaber bzw. Arbeitgeber schlechthin.[33] § 10 FAG kann also dann nicht herangezogen werden, wenn z. B. der Fernsprechteilnehmer bzw. der Fernsprechinhaber selbst ein Abhören gestattet.[34] Vergegenwärtigen muß man sich jedoch, daß § 10 FAG als Ergänzung des Art. 10 GG und dieser wiederum als spezielle Ausgestaltung des Art. 2 Abs. 1 GG zu verstehen ist. Zu dem gegenüber jedermann geschützten allgemeinen Persönlichkeitsrecht aus Art. 2 Abs. 1 GG gehört in bestimmten Grenzen, ebenso wie das Recht am „eigenen Bild“, auch das Recht am „gesprochenen Wort“. Unabhängig von der Anwendung der Spezialnormen des Art. 10 GG und § 10 FAG räumt das Recht auf Unantastbarkeit der Persönlichkeitssphäre jedem Telefonierenden grundsätzlich einen Anspruch auf Wahrung der Vertraulichkeit des Wortes im Rahmen des Fernsprechverkehrs ein. Dabei ist von Bedeutung, daß der Schutz aus Art. 2 Abs. 1 GG – wie auch der aus Art. 10 und wie für das Fernsprechpersonal in § 10 Abs. 1 Satz 2 FAG ausdrücklich festgelegt ist – sich auch auf die näheren Umstände des Ferngesprächs, und insbesondere darauf erstreckt, ob und zwischen welchen Personen ein Fernmeldeverkehr stattgefunden hat.[35]
Für einen etwaigen „Bruch“ des Fernmeldegeheimnisses macht es keinen Unterschied, ob die Umstände des Telefonats direkt von einer Person unbefugt erfaßt oder weitergeleitet werden, oder ob die Aufzeichnung automatisch erfolgt, um dann später ausgewertet oder zur Kenntnis genommen zu werden. Beiden Möglichkeiten ist gemeinsam, daß stets Dritte über diese Tatsache Kenntnis erlangen und diese verwerten können.[36]

---

30 v. Münch, a. a. O., Art 10 Anm. 6; BK, a. a. O., Art 10 Anm. 19; Maunz-Düring-Herzog, a. a. O., Art 10 Anm. 27
31 BK, a.a.O., Art 10 Anm. 24
32 *Aubert*, Fernmelderecht, S. 178, 3. Auflage
33 OVG-Münster, in NJW 75, 1335
34 *Kohlhaas*, Das Mitschneiden von Telefongesprächen im Verhältnis zum Abhörverbot und dem Fernmeldegeheimnis, in NJW 72, 238 (239)
35 *Aubert*, a. a. O., S. 47; Maunz-Düring-Herzog, a. a. O., Art 10 Anm. 5 m. w. N.
36 Maunz-Düring-Herzog, a. a. O., Art 10 Anm. 18

Ferner ist von Belang, daß das Fernmeldegeheimnis die tatsächlichen Teilnehmer an Telefongesprächen schützt und nicht nur den gegenüber der Post berechtigten Inhaber des Fernsprechanschlusses.[37] Gemäß einer Entscheidung des OVG-Münster[38] ist die Post aufgrund des Fernmeldegeheimnisses der tatsächlich Beteiligten an einem Telefonat auch gegenüber dem Inhaber des Fernsprechanschlusses verpflichtet, Auskünfte über die von seinem Anschluß aus geführten Telefongespräche zu verweigern. Sie kann die Auskunft vom Nachweis abhängig machen, daß in der fraglichen Zeit nur der Anschlußinhaber selbst telefoniert hat oder daß sämtliche Mitbenutzer die Post von der Wahrung des Fernmeldegeheimnisses entbinden. Offen ließ das Gericht, ob die Post bei einem Streit über die Höhe der Gebühren gegenüber dem Inhaber des Fernsprechanschlusses zum Nachweis der geführten Gespräche berechtigt ist.
Ein Bruch des Fernmeldegeheimnisses, bzw. eine Verletzung des Persönlichkeitsrechts in der besonderen Ausgestaltung als Recht am „gesprochenen Wort", liegt nämlich nicht vor, d. h. Mitteilungen und Auswertungen von Art und Inhalt eines Gesprächs sind gestattet, wenn dies zum Betreiben einer Telefonanlage zwangsläufig erforderlich ist.[39]
Man spricht insofern von einer betriebsimmanenten Schranke[40], die ihre Begründung in den technischen Erfordernissen einer Fernsprechanlage findet. So liegt beispielsweise bei handvermittelten Gesprächen keine Verletzung des Fernsprechgeheimnisses durch die Vermittlungsperson vor, soweit diese bei der Vermittlung von Inhalt oder näheren Umständen des Ferngesprächs zwangsläufig Kenntnis erlangt.
Im Rahmen der durch den Betrieb der Anlage gebotenen Notwendigkeiten ist die Post berechtigt, die zur Gebührenabrechnung erforderlichen Aufzeichnungen und Registrierungen vorzunehmen und – wie das OVG-Münster offen ließ – zu Abrechnungszwecken auch dann bekannt zu geben, wenn Telefonate Dritter betroffen sind.
Eine weitere dem Fernsprechgeheimnis immanente Schranke[41] folgt aus dem öffentlich-rechtlichen Benutzungsverhältnis zwischen Post und Bürger. Bei einem offensichtlichen Mißbrauch der Fernsprecheinrichtung zu kriminellen Handlungen, oder wenn bei der Benutzung der Fernsprecheinrichtung in betrügerischer Absicht die Gebührenzahlung umgangen werden soll, ist die Post berechtigt durch geeignete Kontroll- und Abhörmaßnahmen (z. B. durch sog. Fangschaltungen) dem Täter auf die Spur zu kommen. Das Persönlichkeitsrecht wird im übrigen nicht tangiert, wenn das Telefonat einen derart objektiven Inhalt hat, daß die Per-

37 *Aubert*, a.a.O., S. 77
38 OVG Münster, in NJW 75, 1335
39 *Aubert*, a.a.O., S. 75
40 Maunz-Düring-Herzog, a.a.O., Art 10 Anm. 66; *Aubert*, a.a.O., S. 75
41 OLG-Köln, in NJW 70, 1856; Maunz-Düring-Herzog, a.a.O., Art 10 Anm. 68

son des Sprechers dahinter weitgehend zurücktritt.[42] Ferner liegt kein aus Art. 10 bzw. Art. 2 Abs. 1 GG zu schützendes Geheimnis vor, wenn der Inhalt des Gespräches zur Kenntnisnahme durch Dritte bestimmt ist oder mit Wissen des Sprechenden von Dritten wahrgenommen wird, bzw. wahrgenommen zu werden pflegt.[43]

So hat das Bundesverfassungsgericht[44] das heimliche Mithören von Telefonaten rein geschäftlichen Inhalts über Bestellungen oder Börsennachrichten, als zulässig angesehen, da hier der betriebsbedingte Inhalt des Gespräches im Vordergrund stehe. Ähnlich hat der BGH[45] argumentiert, der ein Mithören geschäftlicher Gespräche unter Kaufleuten als zulässig ansah, weil dies sachliche Gründe habe und im Geschäftsverkehr inzwischen üblich geworden sei.

4. Datenschutz durch Auskunftserteilung

4.1. Personenstandsgesetz

Zu den Vorschriften, die die Verwaltung bei der Erteilung von Auskünften beschränken, zählt § 61 Personenstandsgesetz. Diese Vorschrift besagt in Abs. 1, daß in die Personenstandsbücher nur von den Behörden im Rahmen ihrer Zuständigkeit Einsicht genommen werden kann sowie von Personen, auf die sich der Eintrag bezieht und von deren Ehegatten, Vorfahren und Abkömmlingen. Behörden, die Einsicht nehmen wollen, müssen den Zweck angeben (§ 61 Abs. 1 Satz 2 Personenstandsgesetz). Für andere Personen gilt, daß sie ein rechtliches Interesse glaubhaft machen müssen.

§ 61 Abs. 2 und Abs. 3 Personenstandsgesetz enthalten eine subtile Regelung für nicht-eheliche, für ehelich erklärte oder an Kindes Statt angenommene Kinder. Zugunsten dieser Personengruppe ist in das Geburtenbuch auf Antrag der jeweiligen Kinder ein Sperrvermerk einzutragen. Dieser Sperrvermerk verhindert, daß in Urkunden die genannten Umstände eingetragen werden bzw. hierüber Auskünfte an andere erteilt werden.

Der Sperrvermerk ist wie die Protokollierung eine datenschutzfördernde Maßnahme. Wie bei jeder Protokollierung zeigt sich auf der anderen Seite der Nachteil, daß die Eintragung des Sperrvermerks wiederum Anlaß zu Rückschlüssen gibt, die durch die vorgesehene Maßnahme vermieden werden sollten. So ist beispielsweise gemäß § 61 Abs. 3 der Sperrvermerk auch in das Familienbuch der Wahleltern einzutragen. Bedauerlich ist, daß auf diese Weise der beabsichtigte Erfolg vereitelt werden kann.

---

42 *Kretschmar*, a.a.O., S. 1070

43 *Schönke-Schröder*, Stafgesetzbuch (Kommentar), § 201 Anm. 13, 29 18. Auflage, München 1976

44 BVerfG in NJW 73, 891 (892)

45 BGHMDR 1964, 166, vgl, desgleichen OLG-Bremen, BB 59, 828

Das Bundesdatenschutzgesetz ist gemäß § 45 Satz 2 Ziffer 4 BDSG subsidiär gegenüber § 61 Abs. 2 und 3 Personenstandsgesetz.
Einen Überblick[46] über den Informationsaustausch zwischen Standesamt und anderen Verwaltungsbereichen ergibt die folgende Zusammenstellung:

Informationsaustausch zwischen Standesamt und anderen Organisations-, Verwaltungseinheiten und verschiedenen Vorgängen[46]

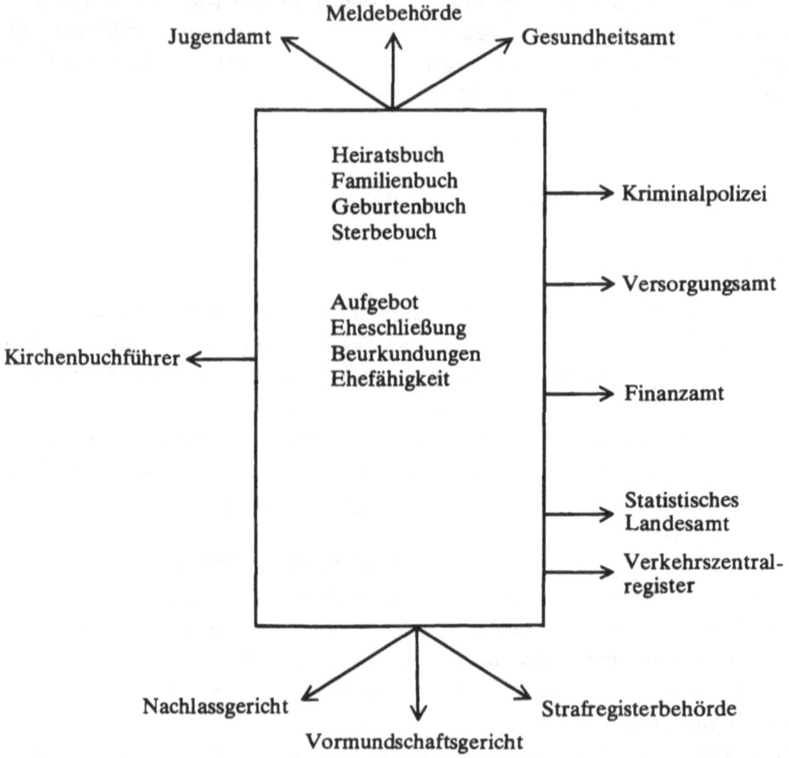

Um auf den bislang gültigen Stand der Automation im Standesamtswesen und deren kritische Kriterien hinzuweisen, sei *Ostermann*[46] nachfolgend zitiert:

1. Das Arbeiten mit personenbezogenen Daten im Standesamt hat unter der Automationsperspektive wahrscheinlich einen geringeren Stellenwert als gegenwärtig noch angenommen wird. Dies gilt zumindest dann, wenn man das Arbeitsfeld des Standesbeamten in seiner ganzen Bandbreite sieht und die technische Perspektive zugunsten der organisatorisch-wirtschaftlichen und rechtlichen Perspektive zurückgedrängt wird.

46 Entnommen *Ostermann,* Automation und Standesamt, Das Standesamt, Okt. 74, S. 264.

2. Automationsbemühungen im Melderecht müssen aus der Sicht des Standesbeamten kritisch begleitet werden, um zukünftige Automationsbemühungen im Standesamt nicht zu verhindern oder zu erschweren. Dies hat jedoch nicht unter dem Vorzeichen zu geschehen, möglichst bald Arbeiten des Standesbeamten in die automatisierte Datenverarbeitung zu übernehmen.
3. Automationsbemühungen im Standesamt haben sich nicht an den heutigen technischen Möglichkeiten auszurichten. Vielmehr sind Forderungen an die Technik zu definieren. Vom Grundsatz her hat sich die Technik an Recht und Organisation im Standesamt anzupassen, nicht umgekehrt.
4. Wenn wirtschaftliche Techniken heute und in absehbarer Zeit noch nicht angeboten werden können, ist auf ein Automatisieren zu verzichten. Es ist den mit dem Schlagwort von der „Automationsfeindlichkeit“ verbundenen Tendenzen entgegenzuwirken, die eine wünschenswerte Vielfalt des Lebens zu nivellieren und damit zu veröden trachten.
5. Automationsbemühungen im Standesamt haben nicht nur die kommunale, die Landes- und Bundesperspektive in die Betrachtung einzubeziehen, sondern müssen in hohem Maße internationale Entwicklungen berücksichtigen.
6. Es sind Grundlagenuntersuchungen erforderlich, die die Arbeitsorganisation des Standesamtes als Ganzes sehen unter Einbeziehung der Automationsperspektive. Das technisch Sinnvolle ist umzusetzen, nicht das technisch Machbare.

4.2 Gesetz über das Verwaltungsverfahren der Kriegsopferversorgung

Auch bei § 36 des Gesetzes über das Verwaltungsverfahren der Kriegsopferversorgung handelt es sich um eine Vorschrift über die Beschränkung der Einsicht in Unterlagen durch Dritte, so daß diese Vorschrift gemäß § 45 Satz 2 Ziffer 4 BDSG dem Bundesdatenschutzgesetz vorgeht.
Während § 35 des Gesetzes für das Verwaltungsverfahren der Kriegsopferversorgung den Grundsatz aufstellt, daß die Beteiligten, ihre Vertreter und ihre Bevollmächtigten auf Antrag Einsicht in die Akten nehmen können und sich daraus Auszüge und Abschriften selbst fertigen oder gegen Erstattung der Kosten erteilen lassen können, beschränkt § 36 dieses Gesetzes die Akteneinsicht anderer Personen. Eine Akteneinsicht Dritter ist gemäß § 36 des Gesetzes für das Verwaltungsverfahren der Kriegsopferversorgung nur unter zwei Voraussetzungen zulässig: Die Akteneinsicht wird anderen als den in § 35 genannten Personen entweder nur aufgrund einer Einwilligung des Beteiligten bzw. seines gesetzlichen Vertreters erteilt, oder dann, wenn ein wissenschaftliches Interesse an der Einsicht in die Akten besteht und darüber hinaus gewährleistet ist, daß der Beteiligte durch die Einsichtnahme aus wissenschaftlichen Gründen keinen Nachteil erleidet.

4.3 Gesetz für Jugendwohlfahrt

Während die Zielsetzung der vorstehend erwähnten Vorschriften darin bestand, Auskünfte durch Behörden weitgehend einzuengen, hat § 58 JWG zum Ziel, den

Erziehungsbeistand zu verpflichten, das Jugendamt und ggf. das Vormundschaftsgericht ausführlich über die Lebensverhältnisse des Minderjährigen zu informieren. Der Erziehungsbeistand hat gemäß § 58 Abs. 1 Satz 1 JWG die Personensorgeberechtigten bei der Erziehung zu unterstützen. Gemäß § 58 Abs. 1 Satz 2 JWG steht er dem Minderjährigen mit Rat und Hilfe zur Seite und berät ihn auch bei der Verwendung seines Arbeitsverdienstes.
Die weitgehende Informationspflicht des Erziehungsbeistands dürfte seine Vertrauensfunktion, die er beim Jugendlichen haben soll, sicherlich nicht erleichtern. Rechnet man hinzu, daß der Erziehungsbeistand gemäß § 58 Abs. 2 Satz 2 jeden Umstand unverzüglich mitzuteilen hat, der Anlaß geben könnte, weitere erzieherische Maßnahmen zu treffen, so wird diese Skepsis verschärft. Aus formaler datenschutzrechtlicher Sicht beinhaltet § 58 JWG einen Erlaubnistatbestand im Sinne des § 3 BDSG.

4.4 Bundesbeamtengesetz

Zu den klassischen Datenschutzbestimmungen des öffentlichen Dienstes[47] zählt § 90 BBG. Diese Vorschrift bestimmt, daß der Beamte auch nach Beendigung des Beamtenverhältnis ein Recht auf Einsicht in seine vollständigen Personalakten hat. Hierzu gehören alle ihn betreffenden Vorgänge. Der Beamte muß über Beschwerden und Behauptungen tatsächlicher Art, die für ihm ungünstig sind oder ihm nachteilig werden können, vor Aufnahme in die Personalakte gehört werden. Die Äußerung des Beamten ist zu seinen Personalakten zu nehmen. Ähnliche Einsichtsrechte bestehen für Soldaten (§ 29 Soldatengesetz), Zivildienst-Leistende (§ 36 Zivildienstgesetz) und Rechtsanwälte (§ 98 BRAO).
Das BDSG ist gemäß § 45 Satz 2 Ziff. 5 BDSG subsidiär gegenüber § 90 BBG. Inhalt und Auswirkungen des Personalaktenrechts im Lichte des Datenschutzes sind hier bereits an anderer Stelle[48] besprochen worden. Da sowohl im öffentlichen wie im Arbeitsrecht der materielle Personalaktenbegriff gilt, besteht eine gleichartige Rechtslage, die deshalb hier keiner erneuten Kommentierung bedarf.

5. Datenschutz im Registerrecht

5.1 Bundeszentralregister

Das Bundeszentralregister wird durch den General-Bundesanwalt beim Bundesgerichtshof geführt. In dieses Register werden strafgerichtliche Verurteilungen, Entmündigungen, Entscheidungen von Verwaltungsbehörden und Gerichten sowie Vermerke über die Schuldunfähigkeit von Personen aufgenommen. Die Ein-

---

47 Siehe *Hümmerich/Gola,* Personaldatenrecht im Arbeitsverhältnis, Heidelberg 1975, S. 18ff.

48 Oben 5. Kap. II, 2.1 ff.

tragungen umfassen die Personendaten des Verurteilten, die entscheidende Stelle, den Tag der letzten Tat sowie den Tag des 1. Urteils (§ 5 BZRG).
Das BDSG ist gegenüber dem Bundeszentralregistergesetz in zweifacher Hinsicht subsidiär: Einmal tritt das BDSG hinter die Vorschrift des § 49 BZRG zurück, weil es sich hierbei um eine Vorschrift im Sinne des § 45 Satz 2 Ziffer 3 BDSG handelt. Zum anderen haben die §§ 19, 23, 27 Abs. 2, 31, 37 Abs. 1, 39–47 BZRG gemäß § 45 Satz 2 Ziffer 7 BDSG Vorrang vor dem Bundesdatenschutzgesetz, weil es sich hierbei um Vorschriften über die Übermittlung, Berichtigung und Löschung von in öffentlichen Registern aufgeführten personenbezogenen Daten handelt. Der Gesetzgeber hat die 71 Vorschriften des Bundeszentralregistergesetzes zwar nur zum Teil in § 45 BDSG für erwähnenswert gehalten. Die punktuelle Berücksichtigung des BZRG in den Subsidiaritätstatbeständen des § 45 BDSG ändert jedoch nichts an dem Umstand, daß im Ergebnis das BZRG insgesamt vom Inkrafttreten des BDSG unberührt bleibt. Dies gilt auch im Hinblick auf die Tatsache, daß das Bundeszentralregister weitgehend mit Hilfe der EDV geführt wird[49].
Der gesamte Bereich des Rechts nach dem Bundeszentralregistergesetz bildet eine in sich geschlossene abschließende gesetzliche Regelung. Dies wird nur deshalb in § 45 BDSG nicht ohne weiteres transparent, weil die Ziffern 1 bis 8 in § 45 BDSG nur bestimmte Anhaltspunkte boten, die Spezialvorschriften des Bundeszentralregistergesetzes zu erwähnen.
Andererseits können beispielsweise Vorschriften über die Erteilung des Führungszeugnisses an Behörden (§ 29 BZRG) oder über den Umfang der Auskunft (§ 39 BZRG) als Erlaubnistatbestände im Sinne des § 3 BDSG eingeordnet werden, was jedoch nichts am mangelnden Einfluß des BDSG in diesem Bereich ändert.

5.2 Verkehrszentralregister

Vorschriften über das Verkehrszentralregister sind vornehmlich in zwei Gesetzen enthalten, dem Straßenverkehrsgesetz (StVG) und der Straßenverkehrs-Zulassungs-Ordnung (StVZO).
Über das mit Hilfe der EDV geführte Verkehrszentralregister hat der Gesetzgeber in § 45 Satz 2 Ziffer 7 BDSG zwei Vorschriften für vorrangig erklärt. Subsidiär ist das BDSG hiernach im Hinblick auf § 30 StVG sowie 13 a StVZO.
§ 13 a StVZO enthält die ausführlichen Regelungen über die Vornahme von Tilgungen der Eintragungen im Verkehrszentralregister. Diese Vorschrift enthält detaillierte Bestimmungen über die Fristen (entweder nach Ablauf von zwei Jahren, nach Ablauf von 10 Jahren) sowie über die Art der strafgerichtlichen Entscheidungen, die nach Ablauf der genannten Fristen im Verkehrszentralregister zu löschen sind.

---

49 Siehe dazu *Woback/Keller/Fienz,* EDV im Bundeszentralregister, deta report 1973, S. 4ff.

§ 30 StVG bestimmt demgegenüber, zu welchen Zwecken und aufgrund welcher Anlässe Auskünfte über Eintragungen im Verkehrszentralregister eingeholt werden dürfen. Verglichen mit § 10 BDSG, der allgemein die Datenübermittlung innerhalb des öffentlichen Bereichs regelt, ist bei § 30 StVG hervorzuheben, daß hier die Voraussetzungen der Auskunftserteilung präzise und unter Verzicht auf unbestimmte Rechtsbegriffe umrissen worden sind.

6. Datenschutz im Haushalts- und Steuerrecht

Ebenso wie die Buchführungsvorschriften nach Handelsrecht[50] hat der Gesetzgeber im BDSG die Buchführung nach der Bundeshaushaltsordnung (BHO) aus dem Anwendungsbereich des BDSG herausgenommen. Gegenüber § 71 BHO ist daher das BDSG gemäß § 45 Satz 2 Ziff. 8 BDSG subsidiär. Die Grundsätze der Haushaltsführung[51], die in § 71 BHO ohnehin nur im Grundsatz niedergelegt sind und im wesentlichen durch Richtlinien des Bundesministers für Finanzen präzisiert werden, richten sich daher auch nach Inkrafttreten des BDSG ausschließlich nach dem hierzu gewachsenen Recht. Ob die Richtlinien des Bundesfinanzministers allerdings als Rechtsnormen im Sinne des § 3 BDSG anerkannt werden können, ist zweifelhaft, da sie keine letztgültige Bindungswirkung entfalten.
Die Subsidiarität des BDSG gegenüber der Abgabenordnung 1977 besteht aufgrund dreier unterschiedlicher Anknüpfungspunkte. Das BDSG ist einmal subsidiär gegenüber § 30 AO, der eine detailliert formulierte Regelung des Steuergeheimnisses enthält. Der Gesetzgeber hat diesen Vorrang des Steuerrechts in § 45 Satz 2 Ziff. 1 BDSG klargestellt.
Zweiter Anknüpfungspunkt bilden die §§ 102, 105 AO 1977. Auch gegenüber diesen Vorschriften ist das BDSG subsidiär (§ 45 Satz 2 Ziff. 2 BDSG). § 102 AO normiert das Auskunftsverweigerungsrecht zum Schutz bestimmter Berufsgeheimnisse. Bestimmte Personen (Geistliche, Mitglieder gesetzgebender Körperschaften, Verteidiger, Ärzte u. ä.) besitzen gemäß § 102 AO das Recht, dem Finanzamt gegenüber die Auskunft zu verweigern. So, wie die Beamten des Finanzamts gemäß § 30 AO verpflichtet sind, die ihnen durch den Steuerpflichtigen anvertrauten Tatsachen verschwiegen zu behandeln, räumt der Gesetzgeber in § 102 AO ein korrespondierendes Recht den Angehörigen bestimmter Berufsgruppen ein. In § 105 AO ist das Verhältnis Auskunfts- und Vorlagepflicht der Behörden gegenüber dem Finanzamt einerseits und die diesen Stellen aufgrund sonstiger gesetzlicher Bestimmungen auferlegte Geheimhaltungsverpflichtung andererseits darstellt.
Die §§ 140 bis 148 AO, denen gegenüber das BDSG gemäß § 45 Satz 2 Ziff. 8 BDSG subsidiär ist, bilden die teilweise wörtliche Kehrseite zu den bereits an anderer Stelle dargestellten[52] handelsrechtlichen Buchführungsvorschriften.

50 Siehe dazu oben 4. Kap. 11, 3.
51 Siehe dazu *Leicht,* Die Haushaltsreform, 1970 oder *Vialon,* Haushaltsrechnung 1959.
52 Siehe oben, S. 53ff.

7. Gesetze und Verordnungen zur Berufsbildung-, -zulassung und -ausübung

Das Recht der Berufsbildung, Berufszulassung und Berufsausübung ist in einer Vielzahl von Gesetzen und Verordnungen des privaten und des öffentlichen Rechts geregelt. Schon wegen der Zersplitterung dieses Rechtsgebietes ist eine eingehende Darstellung der in Frage kommenden Vorschriften hier kaum zweckmäßig. Jedoch sollen als Beispiele für gesetzliche Offenbarungspflichten des Bürgers die wichtigsten Gesetze aus diesem Bereich aufgezählt werden. Nach diesen Gesetzen ist zum Teil für die Aufnahme und Beendigung der beruflichen Tätigkeit nur eine Anzeige an die zuständige Behörde erforderlich (so z. B. §§ 14 GewO, 23 I EichG). Vielfach werden Zuverlässigkeit (§§ 21, 41 Nr. 1 GaststättenG, 3 II Nr. 2 EinzelhandelsG), Fachkunde (§§ 8 II, 9 WaffenG, 7 I Nr. 2, 8 SprengstoffG), Sachkunde (§§ 14 V Nr. 2 MilchG, 36 I GewO) oder Eignung (§§ 2 Nr. 2 und 5 FahrlehrerG) allein oder in Zusammenhang mit anderen Voraussetzungen geprüft.
Darüber hinaus müssen häufig weitere Angaben gemacht oder Nachweise über persönliche Verhältnisse erbracht werden. Hierzu gehören u. a. Angaben über Vorbildung, Ausbildung, Prüfung, Vorstrafen, Krankheiten, Vermögensverhältnisse, Alter, Staatsangehörigkeit, Wohnsitz, Religion, Geburtsort und Personenstand, Nachweise über finanzielle Mittel und praktische Tätigkeiten sowie die Übermittlung von Lebensläufen, Zeugnissen über Ausbildung und frühere Tätigkeiten, polizeilichen Führungszeugnissen, ärztlichen und anderen Bescheinigungen. Schließlich sind, da auch die Berufsausübung weitgehend überwacht wird, eine Reihe von Behörden, berufsständischen Kammern oder Ehrengerichten mit der Ermittlung von Berufsverfehlungen und ehrenrührigen Handlungen beschäftigt.

Vorschriften über Berufsbildung, Berufszulassung und Berufsausübung finden sich u. a. in folgenden Bundesgesetzen:

1. Bundespolizeibeamtengesetz,
2. VO über die Laufbahnen des Kriminalpolizeilichen Vollzugsdienstes des Bundes,
3. VO über die Laufbahnen der Polizeivollzugsbeamten des Bundes im Ordnungs- und Streifendienst in der Hausinspektion der Verwaltung des Dt. Bundestages,
4. Beamtenrechtsrahmengesetz,
5. Bundesbeamtengesetz,
6. Bundeslaufbahn-VO,
7. VO über die Beamten in Laufbahnen besonderer Fachrichtungen,
8. Bundesdisziplinarordnung,
9. Bundesärzteordnung,
10. Approbationsordnung für Ärzte,
11. Zulassungsordnung für Kassenärzte,
12. Gesetz über die Ausübung der Zahnheilkunde,
13. Prüfungsordnung für Zahnärzte,
14. Zulassungsordnung für Kassenzahnärzte,
15. Heilpraktikergesetz,
16. 1. DV zum Heilpraktikergesetz,
17. Hebammengesetz mit Durchführungsverordnungen,
18. Ausbildungs- und Prüfungsordnung für Hebammen,
19. VO über Wochenpflegerinnen,
20. Krankenpflegegesetz,
21. Ausbildungs- und Prüfungsordnung für

Krankenschwestern, Krankenpfleger und Kinderkrankenschwestern,
22. Ausbildungs- und Prüfungsordnung für Krankenpflegehelferinnen und Krankenpflegehelfer,
23. Gesetz über technische Assistenten in der Medizin,
24. Ausbildungs- und Prüfungsordnung für technische Assistenten in der Medizin,
25. Gesetz über die Ausübung der Berufe des Masseurs und medizinischen Bademeisters und des Krankengymnasten,
26. Ausbildungs- und Prüfungsordnung für Masseure und med. Bademeister,
27. Ausbildungs- und Prüfungsordnung für Krankengymnasten,
28. Gesetz über den Beruf des Diätassistenten,
29. Apothekergesetz,
30. Bundes-Apothekenordnung,
31. Approbationsordnung für Apotheker,
32. VO über die Berufsausbildung zum Apothekenhelfer,
33. Gesetz über den Beruf des pharmazeutisch-technischen Assistenten,
34. Ausbildungs- und Prüfungsordnung für pharmazeutisch-technische Assistenten,
35. Bundes-Tierärzteordnung,
36. Bestallungsordnung für Tierärzte,
37. Soldatengesetz,
38. Soldatenlaufbahn-VO,
39. Wehrdisziplinarordnung,
40. Deutsches Richtergesetz,
41. Rechtspflegergesetz,
42. Rechtsberatungsgesetz,
43. VO zur Ausführung des Rechtsberatungsgesetzes,
44. Zweite VO zur Ausführung des Rechtsberatungsgesetzes,
45. Bundesnotarordnung,
46. Bundesrechtsanwaltsordnung,
47. VO über die Ausbildung zum Rechtsanwaltsgehilfen, zum Notargehilfen und zum Patentanwaltsgehilfen,
48. Handelsgesetzbuch,
49. Patentanwaltsordnung,
50. Ausbildungs- und Prüfungsordnung gem. § 12 der Patentanwaltsordnung,
51. Wirtschaftsprüferordnung,
52. Prüfungsordnung für Wirtschaftsprüfer,
53. Eichgesetz,
54. Gewerbeordnung,
55. Schornsteinfegergesetz,
56. VO über das Schornsteinfegerwesen,
57. Gesetz über die Berufsausübung im Einzelhandel,
58. VO über den Nachweis der Sachkunde im Einzelhandel,
59. Gaststättengesetz,
60. Handwerksordnung,
61. VO über die Einrichtung der Handwerksrolle und den Wortlaut der Handwerkskarte,
62. VO Handwerk EWG,
63. VO über die Anerkennung von Prüfungen bei der Eintragung in die Handwerksrolle und bei Ablegung der Meisterprüfung,
64. Berufsbildungsgesetz,
65. Ausbilder-Eignungs-VO,
66. Gesetz über den Hufbeschlag,
67. HufbeschlagVO,
68. Waffengesetz,
69. Sprengstoffgesetz,
70. 4. DV Sprengstoffgesetz EWG,
71. Blindenwarenvertriebsgesetz,
72. Atomgesetz,
73. Röntgen-VO,
74. Börsengesetz,
75. Milchgesetz,
76. Milch-Sachkunde-VO,
77. VO über Geflügelfleischkontrolleure,
78. Arbeitnehmerüberlassungsgesetz,
79. Fahrlehrergesetz und Durchführungs-VO,
80. Güterkraftsverkehrsgesetz,
81. Kraftfahrsachverständigengesetz,
82. VO zu Durchführung des Kraftfahrsachverständigengesetzes,
83. Personenbeförderungsgesetz,
84. KleinfahrgastschiffVO,
85. Rheinfährenordnung,
86. Seemannsgesetz,
87. VO über die Seediensttauglichkeit,
88. Schiffsbesatzungs- und Ausbildungsordnung,
89. VO über den Erwerb der Befähigungszeugnisse für Seefunker,
90. Gesetz über das Seelotsenwesen,
91. Luftverkehrsgesetz,
92. VO über Flugfunkzeugnisse,
93. Prüfung für Luftfahrtpersonal,
94. Luftverkehrs-Zulassungs-Ordnung,
95. Steuerbeamten-Ausbildungsgesetz,
96. Steuerberatungsgesetz,
97. DV zum Steuerberatungsgesetz,

Alle diese Normen bilden in dem erörterten Rahmen – soweit sich nicht bereits die Subsidiarität des BDSG aus § 45 BDSG ergibt – Erlaubnisbestände im Sinne des § 3 BDSG.

8. Datenschutz im Gesundheitswesen

8.1 Allgemeines

Der Datenschutz im Gesundheitswesen ist teilweise zivilrechtlicher Natur und zwar soweit er das Verhältnis Arzt – Patient betrifft, teilweise richtet er sich nach öffentlichem Recht, so beispielsweise im Verhältnis Krankenhaus – Krankenkasse. Den öffentlich-rechtlichen Beziehungen liegen sowohl Vorschriften des Bundes (Beispiel: Reichsversicherungsordnung) als auch Ländergesetze (Beispiel: Landeskrankenhausgesetze) zugrunde. Ausführungen zu den Landeskrankenhausgesetzen finden sich in Teil III dieses Buches.
Der Datenschutz im Gesundheitswesen muß nach den genannten Rechtsvorschriften und -beziehungen der einzelnen Personen und Institutionen zueinander zergliedert werden. Nach der Aufteilung von Rave[53] kann man sich die Informationsbeziehungen im Gesundheitssektor folgendermaßen vergegenwärtigen

- Patienten – niedergelassene Ärzte/Krankenhäuser
- Krankenhaus – Krankenhaus
- niedergelassener Arzt – Krankenhaus
- Arzt – Arzt
- Apotheken – Ärzte
- Ärzte – Krankenhäuser – Krankenkassen

Während Rave im Jahre 1973 noch feststellen mußte, die Verfügungsgewalt des Arztes über personenbezogene Daten seiner Patientin sei unbeschränkt[54], ist diese Befürchtung mit Inkrafttreten des Bundesdatenschutzgesetzes einzuschränken: Der gewöhnliche Patient verfügt, auch wenn der Arzt die Daten nicht mit Hilfe der EDV verarbeitet, sondern sich hierzu, wie meist, Karteien bedient, über das Auskunftsrecht gemäß § 26 BDSG[55]. Der Verfügungsgewalt des Arztes über die personenbezogenen Daten seiner Patienten sind daher inzwischen Grenzen gesetzt. Auch die Weitergabe derartiger Daten ist inzwischen nur noch im Rahmen von § 24 BDSG sowie § 3 BDSG zulässig.
§ 3 BDSG schlägt die Brücke zu den öffentlich-rechtlichen Vorschriften. Soweit derartige Vorschriften die Weitergabe personenbezogener Krankheitsdaten gestatten bzw. vorschreiben, sind Arzt, Krankenhaus, Krankenkassen oder Apotheken zur Weitergabe der Daten berechtigt.

---

53 *Rave,* Datenschutzprobleme am Beispiel des Gesundheitswesens, in *Kilian/Lenk/-Steinmüller,* Datenschutz, S. 279ff. (283f.).
54 S. 280.
55 Siehe *Hümmerich,* BB 1977, S. 996.

Es darf nicht verkannt werden, daß gerade der Bereich der medizinischen Daten eines verstärkten Schutzes bedarf. Hierbei ist insbesondere zu berücksichtigen, daß verschiedene medizinische Datenbanken geplant bzw. im Aufbau begriffen sind, die die bisherigen Fälle des Einsatzes der EDV im Gesundheitswesen erweitern, also die Buchhaltung und Abrechnung in Krankenhäusern, Speicherung und Retrieval von Krankheitsgeschichten, Laborautomation (einschließlich automatischer Befundanalyse wie EKG und EEG-Auswertung), automatische Erstellung von Diagnosen und Behandlungsplänen oder automatische Anamnese-Erhebung durch ein Rechnerprogramm. In Anbetracht dieser Entwicklung erscheinen die Rechtsfragen und die Aufklärungspflichten des Arztes[56] von untergeordneter Bedeutung.

8.2 Datenschutz und medizinische Informationssysteme[57]

Die heutigen technischen Hilfsmittel der Informationsverarbeitung werden nunmehr in größerem Umfang in der Medizin eingesetzt[58]. Dies stellt die Rechtswissenschaft vor Probleme. Das eine ist der Datenschutz, korrespondierend mit der ärztlichen Schweigepflicht, das andere die Zuverlässigkeit von modernen Informationstechniken. Diese beiden Problemkreise können in dem hier vorgegebenen Rahmen nicht in ihrer Tiefe ausgeleuchtet werden.

Neben dem bereits angesprochenen Projekt „DOMINIG“[59] existiert bereits ein Konzept für ein Informationssystem für den niedergelassenen Arzt, genannt INA[60].

Dieses System besteht aus dezentralen Kleincomputern oder intelligenten Terminals in den Praxisräumen der beteiligten Ärzte, die an einem Zentralrechner angeschlossen sind. Dieser fungiert gleichzeitig als Vermittlungseinrichtung innerhalb des Systems sowie als Schaltstelle nach außen (Krankenhäuser).

Dieser Informationsverbund hat eo ipso eine Reihe kritischer Punkte, da er andere als herkömmliche Informationsverhalten voraussetzt.

- Die Informationen verlassen die Einzelpraxis und sind somit nicht mehr in der Verfügungsgewalt des schweigepflichtigen Arztes.
- Es entsteht eine starke Konzentration sensibler personenbezogener Daten.
- Daraus ergibt sich die Problematik der Absicherung gegen den unbefugten Zugriff. Eine Lösung läßt sich möglicherweise erreichen, wenn bei Anwendung der modernen Informationstechnik berücksichtigt wird, daß

---

56 Dazu oben 4. Kapitel II, 2.1.2

57/58 W. *Schimmel*, Datenschutzprobleme und Fragen der Datensicherheit bei Einsatz von Informationssystemen in der Medizin (vor Veröffentlichung); die allgemeine Problematik noch bei *Böhm*, Datenschutz für medizinische Daten, Datenschutz und Datensicherung, Heft 2, 1977, S. 78ff.

59 S.z.B. das Projekt „DOMINIG“ (Bundesanzeiger 25 (1973) Nr. 148, S. 1–3).

60 S. *Schimmel* a.a.O.

61 S. *Schimmel* a.a.O.

- der behandelnde Arzt, der sich auf eine ihm zugegangene Information beruft, diese auf ihre Richtigkeit zu überprüfen hat und
- er dafür haftet, wenn er dieser Kontrollpflicht nicht nachgekommen ist.[62]

9. Datenschutz und Schutz der Rechtsordnung

9.1 Definition

Unter Datenschutz und Schutz der Rechtsordnung ist der Themenkreis um die elektronische Datenverarbeitung bei Polizei und Nachrichtendiensten zu verstehen. Anders ausgedrückt könnte man sagen, wie läßt sich Datenschutz, d. h. der Individualdatenschutz, in solchen Behörden realisieren, ohne mit dem Schutz der freiheitlichen demokratischen Grundordnung, dem die genannten Institutionen dienen, zu kollidieren?

9.2 BDSG und Schutz der Rechtsordnung[63]

Das BDSG sieht u. a. für die Behörden des Verfassungsschutzes, des Bundesnachrichtendienstes, des Militärischen Abschirmdienstes, der Staatsanwaltschaft und der Polizei gewisse berechtigte Ausnahmen vor[64]. Diese Behörden sind von der Veröffentlichung gespeicherter Daten (§ 12 Abs. 2 BDSG) ausgenommen; ebenso von der Pflicht von ihnen geführte Dateien an den Bundesbeauftragten für den Datenschutz zu melden (§ 19 Abs. 4 BDSG).
Dies bedeutet allerdings nicht, daß diese Behörden insgesamt dem Regelungsbereich des Bundesdatenschutzgesetzes entzogen werden. Vielmehr sind sie dem Bundesbeauftragten für den Datenschutz gegenüber verpflichtet, Auskunft auf dessen Fragen zu geben und Zutritt in alle Diensträume zu gewähren, soweit die Sicherheit des Bundes oder eines Landes dadurch nicht gefährdet ist (§ 19 Abs. 3 BDSG).
Diese Einschränkung zeigt deutlich, daß sich der Gesetzgeber der Brisanz einer ausreichenden Datenschutzregelung in diesem Teilbereich der öffentlichen Verwaltung durchaus bewußt war. An dieser Stelle muß allerdings ausdrücklich festgestellt werden, daß das BDSG von seiner Konzeption her nicht geeignet erscheint, den Komplex „Datenschutz und Schutz der Rechtsordnung" im oben verstandenen Sinne zufriedenstellend zu regeln.
Das BDSG muß als Beginn einer differenzierten und intensiven Diskussion dieses Komplexes angesehen werden. Etwas zu weitgehend erscheint eine pauschale ab-

62 Zum Auskunftsanspruch des Patienten siehe insbesondere *Hollmann*, NJW 77, S. 2110
63 S. hierzu die Ausführungen bei *Gola/Hümmerich/Kerstan*, Datenschutzrecht I, S. 90; *Damman* u. a., Datenbanken und Datenschutz, S. 33ff; *Podlech* in: *Dierstein u. a.*, Datenschutz und Datensicherung, S. 311ff; insbesondere auch die Studie der Gesellschaft für Mathematik und Datenverarbeitung (GMD) „Auswirkungen des Datenschutzes" Teil 1, S. 67ff. Birlinghoven 1977.
64 So wohl auch *Ordemann/Schomerus*, Bundesdatenschutzgesetz, § 12, Ziff. 4.

lehnende Kritik[65] dieser Regelung, vor allem dann, wenn Lösungsansätze nicht erkennbar sind, die das Informationsverhalten solcher Behörden in datenschutzkonforme Bahnen leiten können[66]. Daß dies möglich ist und konkrete Formen annehmen kann, zeigt ein Blick ins Ausland. Ein Beispiel[67] möge genügen:
So geht seit Erlaß des Privacy-Act in der USA[68] die Tendenz bei der Anwendung der EDV dahin, diese einzuschränken und bei der Verwendung des PK vorsichtiger zu sein. Mehrere Bundesbehörden haben sogar auf den Betrieb eigener Datenbanken verzichtet, andere deren Benutzung eingegrenzt. Der polizeiliche Bereich[69] z. B. ist durch den Versuch gekennzeichnet, sorgfältig zwischen den einzelnen Informationen zu unterscheiden und von der Grundlage dieser Untersuchung dem Bürger auch in diesem Bereich einen Anspruch auf Benachrichtigung, Berichtigung und Löschung zu garantieren[70]. Aus bundesrepublikanischer Sicht dürfte bis zu einer solchen Praxis noch ein mühsamer Weg vorgezeichnet sein.

9.3 Schutz der Rechtsordnung im Verhältnis zu polizeilichen und nachrichtendienstlichen Datenbanken und Informationssystemen

Polizeiliche und insbesondere nachrichtendienstliche Informationssysteme, z. B. NADIS (Nachrichtendienstliches Informationssystem), HEPOLIS (Hessisches Polizeiinformationssystem) und INPOL (Informationssystem für die Polizei), sind ausschließlich auf die unmittelbaren Bedürfnisse dieser Behörden ausgerichtet. Dies darf allerdings nicht dazu führen, da „Bemühungen um bürgerfreundliche Elemente und Strukturen kaum erkennbar sind“[71], daß der Schutz der Rechtsordnung durch solche Systeme, die diesem Schutz schließlich dienen sollen, unterlaufen oder zumindest gefährdet wird. Diese Befürchtung wird durch zwei kürzlich ergangene Urteile bestärkt[72]. Der dem BVerfG-Beschluß zugrundeliegende Sachverhalt – Schlagwortartig zusammengefaßt: Beschlagnahme von Klientenakten einer Suchtkrankenberatungsstelle – veranlaßte das Gericht zu der Feststellung, daß das Vorgehen der Ermittlungsbhörde mit dem Grundsatz der Verhältnismäßigkeit nicht vereinbar sei.
Die erwähnten Beschlüsse[72] beschäftigen sich zwar nicht mit Informationssystemen von Polizei oder Nachrichtendiensten, sondern mit Vorgehens- und Verhaltensweisen solcher Behörden. Es darf aber dennoch erlaubt sein, dies auf diese

65 S. insbesondere *Steinmüller,* Staatswohl vor Bürgerrecht, aaO.
66 *Dammann* u. a., Datenschutz und Datenbanken, S. 45.
67 Ausführlich dazu, 6. Tätigkeitsbericht des Hess. Datenschutzbeauftragten, S. 19.
68 S. im einzelnen *Gola/Hümmerich/Kerstan,* Datenschutzrecht I, S. 103 ff.
69 S. Fußnote 13
70 Zu diesen Ansprüchen und deren Berechtigung siehe die Studie der GMD, aaO.
71 An dieser bereits 1974 getroffenen Aussage in *Dammann* u. a. aaO hat sich bis heute nichts geändert.
72 Beschluß des BVerfG vom 27. 7. 77, Az. 2 BvR 988/75; Beschluß des VerwG Kassel, Az. IV E 368/5, der das Landesamt für Verfassungschutz verpflichtete, dem Gericht Akten über einen Bewerber für den öffentlichen Dienst vorzulegen.
73 Auszüge der Begründung in NJW 77, Heft 31, S. V.

Systeme zu übertragen, um die rechtsstaatlichen Absichten jeglichem Zweifel zu entrücken.
Diese Forderung stellt sich um so mehr, wenn man an das bundesweite Fernverarbeitungsnetz für Fahndungsdaten denkt. Brücksichtigt man, daß die Zusammenarbeit zwischen Bund und Ländern bei der Errichtung der Informationssysteme große Erfolge gezeigt hat, sollten auch keine Schwierigkeiten auftauchen, wenn es in diesen Bereichen um die Schaffung einer rechtsstaatlichen Datenschutzregelung geht, die erst einen gerechten Schutz der Rechtsordnung garantiert[74]. „Solange aber die Gesellschaft nicht lernt, ihre Erwartungen auf diese Informationssysteme zu reflektieren und zu artikulieren, darf sie sich nicht wundern, wenn diese Bereiche und ihre politisch Verantwortlichen allein festzulegen versuchen, welche polizeiliche oder nachrichtendienstliche Informationsstruktur der Gesellschaft am besten bekommt“[75].

10. Abschließender Überblick über das Verhältnis öffentliches Recht – BDSG

10.1 Beispiele von Subsidiaritätstatbeständen i.S.d. § 45 BDSG

Vor allem der Bereich des öffentlichen Rechts ist durch zahlreiche Vorschriften gekennzeichnet, denen gegenüber das BDSG subsidiär ist. Für die Vielzahl wie für die Rechtszersplitterung mag ursächlich sein, daß das öffentliche Recht durch zahlreiche Fachgesetze gekennzeichnet ist. Zu den subsidiären Vorschriften zählen

- § 25 VwVfG (wegen § 45 Satz 2 Ziff. 6 BDSG)
- §§ 30, 84 VwVfG (wegen § 45 Satz 2 Ziff. 1 BDSG)
- § 84 Abs. 3 VwVfG (wegen § 45 Satz 2 Ziff. 2 BDSG)
- § 12 des Gesetzes über die Statistik für Bundeszwecke (wegen § 45 Satz 2 Ziff. 1 BDSG)
- §§ 5, 6 PostG (wegen § 45 Satz 2 Ziff. 3 BDSG)
- §§ 61 Abs. 2, 61 Abs. 3 PersonenstandsG (wegen § 45 Satz 2 Ziff. 4 BDSG)
- § 36 des Gesetzes über das Verwaltungsverfahren der Kriegsopferversorgung (wegen § 45 Satz 2 Ziff. 4 BDSG)
- § 90 BBG (wegen § 45 Satz 2 Ziff. 5 BDSG)
- § 30 StVG (wegen § 45 Satz 2 Ziff. 7 BDSG)
- § 13a StVZO (wegen § 45 Satz 2 Ziff. 7 BDSG)
- §§ 19, 23, 27 Abs. 2, 31, 37 Abs. 1, 39 bis 47 BZRG (wegen § 45 Satz 2 Ziff. 7 BDSG)
- § 71 BHO (wegen § 45 Satz 2 Ziff. 8 BDSG)
- § 30 AO (wegen § 45 Satz 2 Ziff. 1 BDSG)

---

74 S. auch *Dammann*, Datenschutzkontrolle, IBM-Nachrichten 1977, Heft 236, S. 190, der sogar eine Diskussion der Gesamtproblematik in der *Öffentlichkeit* fordert.
75 S. *Dammann* in: Datenbanken und Datenschutz, S. 40.

- §§ 102, 105 AO (wegen § 45 Satz 2 Ziff. 2 BDSG)
- §§ 140–148 AO (wegen § 45 Satz 2 Ziff. 8 BDSG).

10.2 Beispiele von Erlaubnistatbeständen i.S.d. § 3 BDSG

Als Erlaubnistatbestände im Sinne des § 3 BDSG sollen Erwähnung finden
- § 28 StVG
- §§ 13b, 13c StVZO
- § 58 JDG
- §§ 4ff. VwVfG.

Ferner ist auf die bereits aufgezählten Bestimmungen zur Berufszulassung und -ausübung hinzuweisen.

III. Literaturhinweise

Angermann/Schmidt/Thome, Automatisierbare Aufgaben der Gesundheitsämter, ÖVD 1974, S. 204ff.

Benda, Menschenwürde und freiheitliche Rechtsordnung Festschrift für Geiger, 1974, S. 23ff.

Bender, Aufbau eines Informationssystems in Justiz und Verwaltung, ZRP 1973, S. 134ff.

v. Berg, Automationsgerechte Rechts- und Verwaltungsvorschriften, 1968.

v. Berg/Busch/Rustemeyer, Die ADV-Organisationsgesetze und Vereinbarungen der Bundesländer, ÖVD, 1972, S. 319ff., S. 380ff.

Brinkmann/Grimmer/Lenk/Rave, Verwaltungsautomation, 1974.

Bull, Verwaltung durch Maschinen, 1964.

Burhenne/Perband, EDV-Recht, Loseblatt-Sammlung 1970.

Busch, Zur Frage der Auskunfts- und Geheimhaltungspflicht in der amtlichen Statistik, Wirtschaft und Statistik 1974, Heft 3, S. 179ff.

Dammann, Zum Datenschutz im Einwohnerwesen, ÖVD, 1972, S. 69ff.

Deininger, Elektronische Datenverarbeitung in der Verwaltung, Staatsanzeiger für Baden-Württemberg, 1970 Nr. 73,

Düwel, Das Amtsgeheimnis, 1965.

Eberle, Organisation der automatisierten Datenverarbeitung in der öffentlichen Veraltung, Berlin 1976.

Evers, Privatsphäre und Ämter für Verfassungsschutz, 1960.

Fiedler, Theorie und Praxis der Automation in der öffentlichen Verwaltung, ÖVD, 1971, S. 92ff.

Fiedler, Automatisierung im Recht und juristische Informatik, JuS 1970, Hefte 9, 11, 12, JuS 1971, Hefte 2, 5.

Feuerbaum, EDV-Buchführung, GOB, AO 1977 und HGB-Änderung, Teil 1, Betr. 1977, S. 554ff, Teil 2, Betr. 1977, S. 597ff.

Ganschezian-Finck, Schweigepflicht der Behörden, NJW 1961, S. 1652.

Geiger/Schneider, Der Umgang mit Computern, 1975.

Göttlinger, EDV-Planung in der öffentlichen Verwaltung, Reihe „EDV und Recht“, Band 2, 1972.

Greve, Die Bedeutung der Organisation und Automation in der Kommunalverwaltung, ÖVD 1974, S. 255ff.

Helbig, EDV bei der Deutschen Bundespost, bürotechnik 1974, S. 883ff.

Herrlitz, Die Datenverarbeitung im kommunalen Bereich, Der bayer. Bürgermeister 1970, Nr. 12.

Hertel, Das bundeseinheitliche Personenkennzeichen, ÖVD 1971, S. 9ff.
Herzfeld, Das Liegenschaftskataster als Basis der Grundstücksdatenbank, ÖVD 1972, S. 235ff., 271ff.
Kamlah, Datenüberwachung und Bundesverfassungsgericht, DÖV 1970, S. 361ff.
Kerkau, Rechtsfragen der ADV in der öffentlichen Verwaltung DRIA 1970, Nr. 11
Kilian/Lenk/Steinmüller (Hrsg.), Datenschutz, 1973
Kopp, Verwaltungsverfahrensgesetz, 1976.
Kröger, Der Datenschutz im Bereich der öffentlichen Verwaltung nach dem BDSG, DÖV 1977, S. 301ff.
Kretschmar, Das Mithören von Telefongesprächen, BB 1959, S. 1068ff.
Leise, Das Steuergeheimnis, 1965.
Luhmann, Recht und Automation in der öffentlichen Verwaltung 1966.
Moetzel, Beweisverbote zwecks Geheimniswahrung, DVBI 1966, S. 665.
Mallmann, Datenschutz in Verwaltungsinformationssystemen, München 1976.
Meyer/Borgs, Kommentar zum Verwaltungsverfahrensgesetz, 1976.
Müller-Heidelberg, Rechtsfragen der elektronischen Datenverarbeitung in der öffentlichen Verwaltung, DRIA, 1970, Nr. 6.
Podlech, Datenschutz im Bereich der öffentlichen Verwaltung, DVR-Beiheft 1, 1973.
Podlech, Verfassungsrechtliche Probleme öffentlicher Datenbanken, DÖV, 1970, S. 473ff.
Püttner, EDV-Einsatz bei der Polizei in NRW, ÖVD 1972, S. 434ff.
Rathleff, Das kriminalpolizeiliche Informationssystem in Schleswig-Holstein, ÖVD 1971, S. 60ff.
Redeker/von Oertzen, Verwaltungsgerichtsordnung, 5. Aufl., 1976.
Schneider, Datenschutz-Datensicherung, 1971.
Schulze, Datenschutz in der Datenverarbeitung, IBM-Nachrichten, 21. Jg., Heft 205, 1971, S. 640ff.
Steiner, Die Bedeutung des Datenschutzes für die EDV bei der Polizei, IPA-Zeitschrift, 22 Jg. Nr. 2/77, S. 2–8.
Steinmüller, Stellenwert der EDV in der öffentlichen Verwaltung und Prinzipien des Datenschutzrechts, ÖVD 1972, S. 453ff.
Steinmüller, Staatswohl vor Bürgerrecht, Bild der Wissenschaft, 1976, S. 76ff.
Thomas, Automation und Reformen in der öffentlichen Verwaltung, ÖVD 1971, S. 133ff.
Ulmer, Elektronische Datenbanken und Urheberrecht, 1971.
Waterkamp, Computer und öffentliche Verwaltung, 1973.
Weber, Rechtsfragen zum Fernmeldegeheimnis, FuR 1971, S. 261ff.
Winkler, Datenaustausch zwischen Wirtschaft und öffentlicher Verwaltung, ÖVD 1971, S. 26ff.
Wodack/Keller/Fienz, EDV im Bundeszentralregister, data report 1973 S. 4ff.

7. Kapitel: Strafrechtlicher Datenschutz

I. Rechtsnormen

1. Strafgesetzbuch (StGB) v. 15. 5. 1871 idF v. 1. 1. 1975 (BGBl I S. 1) – Auszug –

§ 93: Begriff des Staatsgeheimnisses

(1) Staatsgeheimnisse sind Tatsachen, Gegenstände oder Erkenntnisse, die nur einem begrenzten Personenkreis zugänglich sind und vor einer fremden Macht geheimgehalten werden müssen, um die Gefahr eines schweren Nachteils für die äußere Sicherheit der Bundesrepublik Deutschland abzuwenden.

(2) Tatsachen, die gegen die freiheitliche demokratische Grundordnung oder unter Geheimhaltung gegenüber den Vertragspartnern der Bundesrepublik Deutschland gegen zwischenstaatlich vereinbarte Rüstungsbeschränkungen verstoßen, sind keine Staatsgeheimnisse.

§ 94: Landesverrat

(1) Wer ein Staatsgeheimnis

1. einer fremden Macht oder einem ihrer Mittelsmänner mitteilt oder
2. sonst an einen Unbefugten gelangen läßt oder öffentlich bekanntmacht, um die Bundesrepublik Deutschland zu benachteiligen oder eine fremde Macht zu begünstigen,

   und dadurch die Gefahr eines schweren Nachteils für die äußere Sicherheit der Bundesrepublik Deutschland herbeiführt, wird mit Freiheitsstrafe nicht unter einem Jahr bestraft.

(2) In besonders schweren Fällen ist die Strafe lebenslange Freiheitsstrafe oder Freiheitsstrafe nicht unter fünf Jahren. Ein besonders schwerer Fall liegt in der Regel vor, wenn der Täter

1. eine verantwortliche Stellung mißbraucht, die ihn zur Wahrung von Staatsgeheimnissen besonders verpflichtet, oder
2. durch die Tat die Gefahr eines besonders schweren Nachteils für die äußere Sicherheit der Bundesrepublik Deutschland herbeiführt.

§ 95: Offenbaren von Staatsgeheimnissen

(1) Wer ein Staatsgeheimnis, das von einer amtlichen Stelle oder auf deren Veranlassung geheimgehalten wird, an einen Unbefugten gelangen läßt oder öffentlich bekanntmacht und dadurch die Gefahr eines schweren Nachteils für die äußere Sicherheit der Bundesrepublik Deutschland herbeiführt, wird mit Freiheitsstrafe von sechs Monaten bis zu fünf Jahren bestraft, wenn die Tat nicht im § 94 mit Strafe bedroht ist.

(2) Der Versuch ist strafbar.

(3) In besonders schweren Fällen ist die Strafe Freiheitsstrafe von einem Jahr bis zu zehn Jahren. § 94 Abs. 2 Satz 2 ist anzuwenden.

§ 96: Landesverräterische Ausspähung; Auskundschaften von Staatsgeheimnissen.

(1) Wer sich ein Staatsgeheimnis verschafft, um es zu verraten (§ 94), wird mit Freiheitsstrafe von einem Jahr bis zu zehn Jahren bestraft.

(2) Wer sich ein Staatsgeheimnis, das von einer amtlichen Stelle oder auf deren Veranlassung geheimgehalten wird, verschafft, um es zu offenbaren (§ 95), wird mit Freiheitsstrafe von sechs Monaten bis zu fünf Jahren bestraft. Der Versuch ist strafbar.

§ 97: Preisgabe von Staatsgeheimnissen

(1) Wer ein Staatsgeheimnis, das von einer amtlichen Stelle oder auf deren Veranlassung geheimgehalten wird, an einen Unbefugten gelangen läßt oder öffentlich bekanntmacht und dadurch fahrlässig die Gefahr eines schweren Nachteils für die äußere Sicherheit der Bun-

desrepublik Deutschland verursacht, wird mit Freiheitsstrafe bis zu fünf Jahren oder mit Geldstrafe bestraft.
(2) Wer ein Staatsgeheimnis, das von einer amtlichen Stelle oder auf deren Veranlassung geheimgehalten wird und das ihm kraft seines Amtes, seiner Dienststellung oder eines von einer amtlichen Stelle erteilten Auftrages zugänglich war, leichtfertig an einen Unbefugten gelangen läßt und dadurch fahrlässig die Gefahr eines schweren Nachteils für die äußere Sicherheit der Bundesrepublik Deutschland verursacht, wird mit Freiheitsstrafe bis zu drei Jahren oder mit Geldstrafe bestraft.
(3) Die Tat wird nur mit Ermächtigung der Bundesregierung verfolgt.

§ 97a: Verrat illegaler Geheimnisse.
Wer ein Geheimnis, das wegen eines der in § 93 Abs. 2 bezeichneten Verstöße kein Staatsgeheimnis ist, einer fremden Macht oder einem ihrer Mittelsmänner mitteilt und dadurch die Gefahr eines schweren Nachteils für die äußere Sicherheit der Bundesrepublik Deutschland herbeiführt, wird wie ein Landesverräter (§ 94) bestraft. § 96 Abs. 1 in Verbindung mit § 94 Abs. 1 Nr. 1 ist auf Geheimnisse der in Satz 1 bezeichneten Art entsprechend anzuwenden.

§ 97b: Verrat in irriger Annahme eines illegalen Geheimnisses.
Handelt der Täter in den Fällen der §§ 94 bis 97 in der irrigen Annahme, das Staatsgeheimnis sei ein Geheimnis der in § 97a bezeichneten Art, so wird er, wenn
1. dieser Irrtum ihm vorzuwerfen ist,
2. er nicht in der Absicht handelt, dem vermeintlichen Verstoß entgegenzuwirken, oder
3. die Tat nach den Umständen kein angemessenes Mittel zu diesem Zweck ist, nach den bezeichneten Vorschriften bestraft. Die Tat ist in der Regel kein angemessenes Mittel, wenn der Täter nicht zuvor ein Mitglied des Bundestages um Abhilfe angerufen hat.

(2) War dem Täter als Amtsträger oder als Soldat der Bundeswehr das Staatsgeheimnis dienstlich anvertraut oder zugänglich, so wird er auch dann bestraft, wenn nicht zuvor der Amtsträger einen Dienstvorgesetzten, der Soldat einen Disziplinarvorgesetzten um Abhilfe angerufen hat. Dies gilt für die für den öffentlichen Dienst besonders Verpflichteten und für Personen, die im Sinne des § 353c Abs. 2 verpflichtet worden sind, sinngemäß.

§ 98: Landesverräterische Agententätigkeit
(1) Wer
1. für eine femde Macht eine Tätigkeit ausübt, die auf die Erlangung oder Mitteilung von Staatsgeheimnissen gerichtet ist, oder
2. gegenüber einer fremden Macht oder einem ihrer Mittelsmänner sich zu einer solchen Tätigkeit bereit erklärt,

wird mit Freiheitsstrafe bis zu fünf Jahren oder mit Geldstrafe bestraft, wenn die Tat nicht in den §§ 94, 96 Abs. 1 mit Strafe bedroht ist. In besonders schweren Fällen ist die Strafe Freiheitsstrafe von einem Jahr bis zu zehn Jahren; § 94 Abs. 2 Satz 2 Nr. 1 gilt entsprechend.
(2) Das Gericht kann die Strafe nach seinem Ermessen mildern (§ 49 Abs. 2) oder von einer Bestrafung nach diesen Vorschriften absehen, wenn der Täter freiwillig sein Verhalten aufgibt und sein Wissen einer Dienststelle offenbart. Ist der Täter in den Fällen des Absatzes 1 Satz 1 von der fremden Macht oder einem ihrer Mittelsmänner zu seinem Verhalten gedrängt worden, so wird er nach dieser Vorschrift nicht bestraft, wenn er freiwillig sein Verhalten aufgibt und sein Wissen unverzüglich einer Dienststelle offenbart.

§ 99: Geheimdienstliche Agententätigkeit
(1) Wer
1. für den Geheimdienst einer fremden Macht eine geheimdienstliche Tätigkeit gegen die Bundesrepublik Deutschland ausübt, die auf die Mitteilung oder Lieferung von Tatsachen, Gegenständen oder Erkenntnissen gerichtet ist, oder
2. gegenüber dem Geheimdienst einer fremden Macht oder einem seiner Mittelsmänner sich zu einer solchen Tätigkeit bereit erklärt

wird mit Freiheitsstrafe bis zu fünf Jahren oder mit Geldstrafe bestraft, wenn die Tat nicht in

den §§ 94 Abs. 1, in § 97a oder in § 97b in Verbindung mit den §§ 94, 96 Abs. 1 mit Strafe bedroht ist.
(2) In besonders schweren Fällen ist die Strafe Freiheitsstrafe von einem Jahr bis zu zehn Jahren. Ein besonders schwerer Fall liegt in der Regel vor, wenn der Täter Tatsachen, Gegenstände oder Erkenntnisse, die von einer amtlichen Stelle oder auf deren Veranlassung geheimgehalten werden, mitteilt oder liefert und wenn er
1. eine verantwortliche Stellung mißbraucht, die ihn zur Wahrung solcher Geheimnisse besonders verpflichtet, oder
2. durch die Tat die Gefahr eines schweren Nachteils für die Bundesrepublik Deutschland herbeiführt.

(3) § 98 Abs. 2 gilt entsprechend.

§ 100: Friedensgefährdende Beziehungen

(1) Wer als Deutscher, der seine Lebensgrundlage im räumlichen Geltungsbereich dieses Gesetzes hat, in der Absicht, einen Krieg oder ein bewaffnetes Unternehmen gegen die Bundesrepublik Deutschland herbeizuführen, zu einer Regierung, Vereinigung oder Einrichtung außerhalb des räumlichen Geltungsbereichs dieses Gesetzes oder zu einem ihrer Mittelsmänner Beziehungen aufnimmt oder unterhält, wird mit Freiheitsstrafe nicht unter einem Jahr bestraft.
(2) In besonders schweren Fällen ist die Strafe lebenslange Freiheitsstrafe oder Freiheitsstrafe nicht unter fünf Jahren. Ein besonders schwerer Fall liegt in der Regel vor, wenn der Täter durch die Tat eine schwere Gefahr für den Bestand der Bundesrepublik Deutschland herbeiführt.
(3) In minder schweren Fällen ist die Strafe Freiheitsstrafe von einem Jahr bis zu fünf Jahren.

§ 133: Verwahrungsbruch

(1) Wer Schriftstücke oder andere bewegliche Sachen, die sich in dienstlicher Verwahrung befinden oder ihm oder einem anderen dienstlich in Verwahrung gegeben worden sind, zerstört, beschädigt, unbrauchbar macht oder der dienstlichen Verfügung entzieht, wird mit Freiheitsstrafe bis zu zwei Jahren oder mit Geldstrafe bestraft.
(2) Dasselbe gilt für Schriftstücke oder andere bewegliche Sachen, die sich in amtlicher Verwahrung einer Kirche oder anderen Religionsgesellschaft des öffentlichen Rechts befinden oder von dieser dem Täter oder einem anderen amtlich in Verwahrung gegeben worden sind.
(3) Wer die Tat an einer Sache begeht, die ihm als Amtsträger oder für den öffentlichen Dienst besonders Verpflichteten anvertraut worden oder zugänglich geworden ist, wird mit Freiheitsstrafe bis zu fünf Jahren oder mit Geldstrafe bestraft.

§ 134: Verletzung amtlicher Bekanntmachungen

Wer wissentlich ein dienstliches Schriftstück, das zur Bekanntmachung öffentlich angeschlagen oder ausgelegt ist, zerstört, beseitigt, verunstaltet, unkenntlich macht oder in seinem Sinn entstellt, wird mit Freiheitsstrafe bis zu einem Jahr oder mit Geldstrafe bestraft.

§ 136: Verstrickungsbruch; Siegelbruch

(1) Wer eine Sache, die gepfändet oder sonst dienstlich in Beschlag genommen ist, zerstört, beschädigt, unbrauchbar macht oder in anderer Weise ganz oder zum Teil der Verstrickung entzieht, wird mit Freiheitsstrafe bis zu einem Jahr oder mit Geldstrafe bestraft.
(2) Ebenso wird bestraft, wer ein dienstliches Siegel beschädigt, ablöst oder unkenntlich macht, das angelegt ist, um Sachen in Beschlag zu nehmen, dienstlich zu verschließen oder zu bezeichnen, oder wer den durch ein solches Siegel bewirkten Verschluß ganz oder zum Teil unwirksam macht.
(3) Die Tat ist nicht nach den Absätzen 1 und 2 strafbar, wenn die Pfändung, die Beschlagnahme oder die Anlegung des Siegels nicht durch eine rechtmäßige Diensthandlung vorge-

nommen ist. Dies gilt auch dann, wenn der Täter irrig annimmt, die Diensthandlung sei rechtmäßig.
(4) § 113 Abs. 4 gilt sinngemäß.

§ 138: Nichtanzeige geplanter Straftaten

(1) Wer von dem Vorhaben oder der Ausführung
1. einer Vorbereitung eines Angriffskrieges (§ 80),
2. eines Hochverrats in den Fällen der §§ 81 bis 83 Abs. 1,
3. eines Landesverrats oder einer Gefährdung der äußeren Sicherheit in den Fällen der §§ 94 bis 96, 97a oder 100,
4. einer Geld- oder Wertpapierfälschung in den Fällen der §§ 146, 151 oder 152,
5. eines Menschenhandels in den Fällen des § 181 Nr. 2,
6. eines Mordes, Totschlags oder Völkermordes (§§ 211, 212, 220a),
7. einer Straftat gegen die persönliche Freiheit in den Fällen der §§ 234, 234a, 239a oder 239b,
8. eines Raubes oder einer räuberischen Erpressung (§§ 249 bis 251, 255) oder
9. einer gemeingefährlichen Straftat in den Fällen der §§ 306 bis 308, 310b Abs. 1 bis 3, des § 311 Abs. 1 bis 3, des § 311a Abs. 1 bis 3, der §§ 311b, 312, 313, 315 Abs. 3, des § 315b Abs. 3, der §§ 316a, 316c oder 324

zu einer Zeit, zu der die Ausführung oder der Erfolg noch abgewendet werden kann, glaubhaft erfährt und es unterläßt, der Behörde oder dem Bedrohten rechtzeitig Anzeige zu machen, wird mit Freiheitsstrafe bis zu fünf Jahren oder mit Geldstrafe bestraft.
(2) Ebenso wird bestraft, wer von dem Vorhaben oder der Ausführung einer Straftat nach § 129a zu einer Zeit, zu der die Ausführung noch abgewendet werden kann, glaubhaft erfährt und es unterläßt, der Behörde unverzüglich Anzeige zu erstatten.
(3) Wer die Anzeige leichtfertig unterläßt, obwohl er von dem Vorhaben oder der Ausführung der rechtswidrigen Tat glaubhaft erfahren hat, wird mit Freiheitsstrafe bis zu einem Jahr oder mit Geldstrafe bestraft.

Fünfzehnter Abschnitt. Verletzung des persönlichen Lebens- und Geheimbereichs

§ 201: Verletzung der Vertraulichkeit des Wortes

(1) Mit Freiheitsstrafe bis zu drei Jahren oder mit Geldstrafe wird bestraft, wer unbefugt
1. das nichtöffentlich gesprochene Wort eines anderen auf einen Tonträger aufnimmt oder
2. eine so hergestellte Aufnahme gebraucht oder einem Dritten zugänglich macht.

(2) Ebenso wird bestraft, wer unbefugt das nicht zu seiner Kenntnis bestimmte nichtöffentlich gesprochene Wort eines anderen mit einem Abhörgerät abhört.
(3) Mit Freiheitsstrafe bis zu fünf Jahren oder mit Geldstrafe wird bestraft, wer als Amtsträger oder als für den öffentlichen Dienst besonders Verpflichteter die Vertraulichkeit des Wortes verletzt (Absätze 1, 2).
(4) Der Versuch ist strafbar.
(5) Die Tonträger und Abhörgeräte, die der Täter oder Teilnehmer verwendet hat, können eingezogen werden. § 74a ist anzuwenden.

§ 202: Verletzung des Briefgeheimnisses

(1) Wer unbefugt
1. einen verschlossenen Brief oder ein anderes verschlossenes Schriftstück, die nicht zu seiner Kenntnis bestimmt sind, öffnet oder
2. sich vom Inhalt eines solchen Schriftstücks ohne Öffnung des Verschlusses unter Anwendung technischer Mittel Kenntnis verschafft,

wird mit Freiheitsstrafe bis zu einem Jahr oder mit Geldstrafe bestraft, wenn die Tat nicht in § 354 mit Strafe bedroht ist.
(2) Ebenso wird bestraft, wer sich unbefugt vom Inhalt eines Schriftstücks, das nicht zu sei-

ner Kenntnis bestimmt und durch ein verschlossenes Behältnis gegen Kenntnisnahme besonders gesichert ist, Kenntnis verschafft, nachdem er dazu das Behältnis geöffnet hat.
(3) Einem Schriftstück im Sinne der Absätze 1 und 2 stehen ein anderer zur Gedankenübermittlung bestimmter Träger sowie eine Abbildung gleich.

§ 203: Verletzung von Privatgeheimnissen

(1) Wer unbefugt ein fremdes Geheimnis, namentlich ein zum persönlichen Lebensbereich gehörendes Geheimnis oder ein Betriebs- oder Geschäftsgeheimnis, offenbart, das ihm als
1. Arzt, Zahnarzt, Tierarzt, Apotheker oder Angehörigen eines anderen Heilberufs, der für die Berufsausübung oder die Führung der Berufsbezeichnung eine staatlich geregelte Ausbildung erfordert,
2. Berufspsychologen mit staatlich anerkannter wissenschaftlicher Abschlußprüfung,
3. Rechtsanwalt, Patentanwalt, Notar, Verteidiger in einem gesetzlich geordneten Verfahren, Wirtschaftsprüfer, vereidigtem Buchprüfer, Steuerberater, Steuerbevollmächtigten oder Organ oder Mitglied eines Organs einer Wirtschaftsprüfungs-, Buchprüfungs- oder Steuerberatungsgesellschaft,
4. Ehe-, Erziehungs- oder Jugendberater sowie Berater für Suchtfragen in einer Beratungsstelle, die von einer Behörde oder Körperschaft, Anstalt oder Stiftung des öffentlichen Rechts anerkannt ist,
4a. Mitglied oder Beauftragten einer anerkannten Beratungsstelle nach § 218b Abs. 2 Nr. 1,
5. staatlich anerkannten Sozialarbeiter oder staatlich anerkanntem Sozialpädagogen oder
6. Angehörigen eines Unternehmens der privaten Kranken-, Unfall- oder Lebensversicherung oder einer privatärztlichen Verrechnungsstelle

anvertraut worden oder sonst bekanntgeworden ist, wird mit Freiheitsstrafe bis zu einem Jahr oder mit Geldstrafe bestraft.
(2) Ebenso wird bestraft, wer unbefugt ein fremdes Geheimnis, namentlich ein zum persönlichen Lebensbereich gehörendes Geheimnis oder ein Betriebs- oder Geschäftsgeheimnis, offenbart, das ihm als
1. Amtsträger,
2. für den öffentlichen Dienst besonders Verpflichteten,
3. Person, die Aufgaben oder Befugnisse nach dem Personalvertretungsrecht wahrnimmt,
4. Mitglied eines für ein Gesetzgebungsorgan des Bundes oder eines Landes tätigen Untersuchungsausschusses, sonstigen Ausschusses oder Rates, das nicht selbst Mitglied des Gesetzgebungsorgans ist, oder als Hilfskraft eines solchen Ausschusses oder Rates oder
5. öffentlich bestelltem Sachverständigen, der auf die gewissenhafte Erfüllung seiner Obliegenheiten auf Grund eines Gesetzes förmlich verpflichtet worden ist,
anvertraut worden oder sonst bekanntgeworden ist. Einem Geheimnis im Sinne des Satzes 1 stehen Einzelangaben der persönliche oder sachliche Verhältnisse eines anderen gleich, die für Aufgaben der öffentlichen Verwaltung erfaßt worden sind; Satz 1 ist jedoch nicht anzuwenden, soweit solche Einzelangaben anderen Behörden oder sonstigen Stellen für Aufgaben der öffentlichen Verwaltung bekanntgegeben werden und das Gesetz dies nicht untersagt.

(3) Den in Absatz 1 Genannten stehen ihre berufsmäßig tätigen Gehilfen und die Personen gleich, die bei ihnen zur Vorbereitung auf den Beruf tätig sind. Den in Absatz 1 und den in Satz 1 Genannten steht nach dem Tode des zur Wahrung des Geheimnisses Verpflichteten ferner gleich, wer das Geheimnis von dem Verstorbenen oder aus dessen Nachlaß erlangt hat.
(4) Die Absätze 1 bis 3 sind auch anzuwenden, wenn der Täter das fremde Geheimnis nach dem Tode des Betroffenen unbefugt offenbart.
(5) Handelt der Täter gegen Entgelt oder in der Absicht, sich oder einen anderen zu bereichern oder einen anderen zu schädigen, so ist die Strafe Freiheitsstrafe bis zu zwei Jahren oder Geldstrafe.

§ 204: Verwertung fremder Geheimnisse

(1) Wer unbefugt ein fremdes Geheimnis, namentlich ein Betriebs- oder Geschäftsgeheimnis, zu dessen Geheimhaltung er nach § 203 verpflichtet ist, verwertet, wird mit Freiheitsstrafe bis zu zwei Jahren oder mit Geldstrafe bestraft.
(2) § 203 Abs. 4 gilt entsprechend.

§ 205: Strafantrag

(1) In den Fällen des § 201 Abs. 1 und 2 und der §§ 202 bis 204 wird die Tat nur auf Antrag verfolgt.
(2) Stirbt der Verletzte, so geht das Antragsrecht nach § 77 Abs. 2 auf die Angehörigen über. Gehört das Geheimnis nicht zum persönlichen Lebensbereich des Verletzten, so geht das Antragsrecht bei Straftaten nach den §§ 203 und 204 auf die Erben über. Offenbart oder verwertet der Täter in den Fällen der §§ 203 und 204 das Geheimnis nach dem Tode des Betroffenen, so gelten die Sätze 1 und 2 sinngemäß.

§ 242: Diebstahl

(1) Wer eine fremde bewegliche Sache einem anderen in der Absicht wegnimmt, dieselbe sich rechtwidrig zuzueignen, wird mit Freiheitsstrafe bis zu fünf Jahren oder mit Geldstrafe bestraft.
(2) Der Versuch ist strafbar.

§ 246: Unterschlagung

(1) Wer eine fremde bewegliche Sache, die er in Besitz oder Gewahrsam hat, sich rechtswidrig zueignet, wird mit Freiheitsstrafe bis zu drei Jahren oder mit Geldstrafe und, wenn die Sache ihm anvertraut ist, mit Freiheitsstrafe bis zu fünf Jahren oder mit Geldstrafe bestraft.
(2) Der Versuch ist strafbar.

§ 263: Betrug

(1) Wer in der Absicht, sich oder einem Dritten einen rechtswidrigen Vermögensvorteil zu verschaffen, das Vermögen eines anderen dadurch beschädigt, daß er durch Vorspiegelung flascher oder durch Entstellung oder Unterdrückung wahrer Tatsachen einen Irrtum erregt oder unterhält, wird mit Freiheitsstrafe bis zu fünf Jahren oder mit Geldstrafe bestraft.
(2) Der Versuch ist strafbar.
(3) In besonders schweren Fällen ist die Strafe Freiheitsstrafe von einem Jahr bis zu zehn Jahren.
(4) § 243 Abs. 2 sowie die §§ 247 und 248a gelten entsprechend.
(5) Das Gericht kann Führungsaufsicht anordnen (§ 68 Abs. 1 Nr. 2).

§ 267: Urkundenfälschung

(1) Wer zur Täuschung im Rechtsverkehr eine unechte Urkunde herstellt, eine echte Urkunde verfälscht oder eine unechte oder verfälschte Urkunde gebraucht, wird mit Freiheitsstrafe bis zu fünf Jahren oder mit Geldstrafe bestraft.
(2) Der Versuch ist strafbar.
(3) In besonders schweren Fällen ist die Strafe Freiheitsstrafe nicht unter einem Jahr.

§ 268: Fälschung technischer Aufzeichnungen

(1) Wer zur Täuschung im Rechtsverkehr
1. eine unechte technische Aufzeichnung herstellt oder eine technische Aufzeichnung verfälscht oder
2. eine unechte oder verfälschte technische Aufzeichnung gebraucht,

wird mit Freiheitsstrafe bis zu fünf Jahren oder mit Geldstrafe bestraft.
(2) Technische Aufzeichnung ist eine Darstellung von Daten, Meß- oder Rechenwerten, Zuständen oder Geschehensabläufen, die durch ein technisches Gerät ganz oder zum Teil selbsttätig bewirkt wird, den Gegenstand der Aufzeichnung allgemein oder für Eingeweihte erkennen läßt und zum Beweis einer rechtlich erheblichen Tatsache bestimmt ist, gleichviel ob ihr die Bestimmung schon bei der Herstellung oder erst später gegeben wird.
(3) Der Herstellung einer unechten technischen Aufzeichnung steht es gleich, wenn der Tä-

ter durch störende Einwirkung auf den Aufzeichnungsvorgang das Ergebnis der Aufzeichnung beeinflußt.
(4) Der Versuch ist strafbar.
(5) § 267 Abs. 3 ist anzuwenden.

§ 274: Urkundenunterdrückung; Veränderung einer Grenzbezeichnung

(1) Mit Freiheitsstrafe bis zu fünf Jahren oder mit Geldstrafe wird bestraft, wer
1. eine Urkunde oder eine technische Aufzeichnung, welche ihm entweder überhaupt nicht oder nicht ausschließlich gehört, in der Absicht, einem anderen Nachteil zuzufügen, vernichtet, beschädigt oder unterdrückt oder
2. einen Grenzstein oder ein anderes zur Bezeichnung einer Grenze oder eines Wasserstandes bestimmtes Merkmal in der Absicht, einem anderen Nachteil zuzufügen, wegnimmt, vernichtet, unkenntlich macht, verrückt oder fälschlich setzt.

(2) Der Versuch ist strafbar.

§ 303: Sachbeschädigung

(1) Wer rechtswidrig eine fremde Sache beschädigt oder zerstört, wird mit Freiheitsstrafe bis zu zwei Jahren oder mit Geldstrafe bestraft.
(2) Der Versuch ist strafbar.
(3) Die Tat wird nur auf Antrag verfolgt.

§ 353b: Verletzung des Dienstgeheimnisses

(1) Wer ein Geheimnis, das ihm als
1. Amtsträger,
2. für den öffentlichen Dienst besonders Verpflichteten oder
3. Person, die Aufgaben oder Befugnisse nach dem Personalvertretungsrecht wahrnimmt,

anvertraut worden oder sonst bekanntgeworden ist, unbefugt offenbart und dadurch wichtige öffentliche Interessen gefährdet, wird mit Freiheitsstrafe bis zu fünf Jahren oder mit Geldstrafe bestraft. Hat der Täter durch die Tat fahrlässig wichtige öffentliche Interessen gefährdet, so wird er mit Freiheitsstrafe bis zu einem Jahr oder mit Geldstrafe bestraft.
(2) Der Versuch ist strafbar.
(3) Ist der Täter bei einem Gesetzgebungsorgan des Bundes oder eines Landes oder für ein solches Gesetzgebungsorgan tätig, so wird die Tat nur mit Ermächtigung des Präsidenten des Gesetzgebungsorgans verfolgt; ist der Täter sonst bei einer Behörde oder anderen amtlichen Stelle des Bundes oder für eine solche Behörde oder Stelle tätig, so wird die Tat nur mit Ermächtigung der obersten Landesbehörde verfolgt.

§ 353c: Unbefugte Weitergabe geheimer Gegenstände oder Nachrichten

(1) Wer, abgesehen von dem Fall des § 353b, unbefugt Gegenstände, namentlich Schriften, Zeichnungen oder Modelle, die von einem Gesetzgebungsorgan des Bundes oder eines Landes oder einem seiner Ausschüsse oder von einer anderen amtlichen Stelle oder auf deren Veranlassung als geheimhaltungsbedürftig gekennzeichnet sind, oder deren wesentlichen Inhalt ganz oder zum Teil einem anderen mitteilt oder öffentlich bekanntmacht und dadurch wichtige öffentliche Interessen gefährdet, wird mit Freiheitsstrafe bis zu drei Jahren oder mit Geldstrafe bestraft.
(2) Ebenso wird bestraft, wer unbefugt einen Gegenstand oder eine Nachricht an einen anderen gelangen läßt oder öffentlich bekanntmacht, zu deren Geheimhaltung er auf Grund des Beschlusses eines Gesetzgebungsorgans des Bundes oder eines Landes oder eines seiner Ausschüsse verpflichtet ist oder von einer anderen amtlichen Stelle unter Hinweis auf die Strafbarkeit der Geheimnisverletzung förmlich verpflichtet worden ist, und dadurch wichtige öffentliche Interessen gefährdet.
(3) Der Versuch ist strafbar.
(4) Erfolgt die Geheimhaltung auf Grund des Beschlusses eines Gesetzgebungsorgans oder eines seiner Ausschüsse, so wird die Tat nur mit Ermächtigung des Präsidenten des Gesetzgebungsorgans verfolgt; in anderen Fällen wird sie nur mit Ermächtigung der Bundesregierung verfolgt.

§ 354: Verletzung des Post- und Fernmeldegeheimnisses

(1) Wer unbefugt einem anderen eine Mitteilung über Tatsachen macht, die dem Post- und Fernmeldegeheimnis unterliegen und die ihm als Bediensteten der Post bekanntgeworden sind, wird mit Freiheitsstrafe bis zu fünf Jahren oder mit Geldstrafe bestraft.

(2) Ebenso wird bestraft, wer als Bediensteter der Post unbefugt

1. eine Sendung, die der Post zur Übermittlung auf dem Post- oder Fernmeldeweg anvertraut worden und verschlossen ist, öffnet oder sich von ihrem Inhalt ohne Öffnung des Verschlusses unter Anwendung technischer Mittel Kenntnis verschafft,
2. eine der Post zur Übermittlung auf dem Post- oder Fernmeldeweg anvertraute Sendung unterdrückt oder
3. eine der in Absatz 1 oder in den Nummern 1 oder 2 bezeichneten Handlungen gestattet oder fördert.

(3) Die Absätze 1 und 2 gelten entsprechend für Personen, die

1. von der Post oder mit deren Ermächtigung mit postdienstlichen Verrichtungen betraut sind oder
2. eine nicht der Post gehörende, dem öffentlichen Verkehr dienende Fernmeldeanlage beaufsichtigen, bedienen oder bei ihrem Betrieb tätig sind.

Absatz 1 gilt entsprechend auch für Personen, die mit der Herstellung von Einrichtungen der Post oder einer nicht der Post gehörenden, dem öffentlichen Verkehr dienenden Fernmeldeanlage oder mit Arbeiten daran betraut sind.

(4) Wer unbefugt einem anderen eine Mitteilung über Tatsachen macht, die ihm als außerhalb des Postbereichs tätigen Amtsträger auf Grund eines befugten Eingriffs in das Post- und Fernmeldegeheimnis bekanntgeworden sind, wird mit Freiheitsstrafe bis zu zwei Jahren oder mit Geldstrafe bestraft.

(5) Dem Post- und Fernmeldegeheimnis im Sinne der Absätze 1 und 4 unterliegen der Post- und Fernmeldeverkehr bestimmter Personen sowie der Inhalt von Postsendungen und Telgrammen und von solchen Gesprächen und Fernschreiben, die über dem öffentlichen Verkehr dienende Fernmeldeanlagen abgewickelt werden.

§ 355: Verletzung des Steuergeheimnisses

(1) Wer unbefugt

1. Verhältnisse eines anderen, die ihm als Amtsträger
   a) in einem Verwaltungsverfahren oder einem gerichtlichen Verfahren in Steuersachen,
   b) in einem Strafverfahren wegen einer Steuerstraftat oder in einem Bußgeldverfahren wegen einer Steuerordnungswidrigkeit,
   c) aus anderem Anlaß durch Mitteilung einer Finanzbehörde oder durch die gesetzlich vorgeschriebene Vorlage eines Steuerbescheides oder einer Bescheinigung über die bei der Besteuerung getroffenen Feststellungen

   bekanntgeworden sind, oder
2. ein fremdes Betriebs- oder Geschäftsgeheimnis, das ihm als Amtsträger in einem der in Nummer 1 genannten Verfahren bekanntgeworden ist,

offenbart oder verwertet, wird mit Freiheitsstrafe bis zu zwei Jahren oder mit Geldstrafe bestraft.

(2) Den Amtsträgern im Sinne des Absatzes 1 stehen gleich

1. die für den öffentlichen Dienst besonders Verpflichteten,
2. amtlich zugezogene Sachverständige und
3. die Träger von Ämtern der Kirchen und anderen Religionsgesellschaften des öffentlichen Rechts.

(3) Die Tat wird nur auf Antrag des Dienstvorgesetzten oder des Verletzten verfolgt. Bei Taten amtlich zugezogener Sachverständiger ist der Leiter der Behörde, deren Verfahren betroffen ist, neben dem Verletzten antragsberechtigt.

§ 357: Verleitung eines Untergebenen zu einer Straftat

(1) Ein Vorgesetzter, welcher seine Untergebenen zu einer rechtswidrigen Tat im Amte

verleitet oder zu verleiten unternimmt oder eine solche rechtswidrige Tat seiner Untergebenen geschehen läßt, hat die auf diese strafbare Handlung angedrohte Strafe verwirkt.
(2) Dieselbe Bestimmung findet auf einen Amtsträger Anwendung, welchem eine Aufsicht oder Kontrolle über die Dienstgeschäfte eines anderen Amtsträgers übertragen ist, sofern die von diesem letzteren Amtsträger begangene rechtswidrige Tat die zur Aufsicht oder Kontrolle gehörenden Geschäfte betrifft.

§ 358: Nebenfolgen

Neben einer Freiheitsstrafe von mindestens sechs Monaten wegen einer Straftat nach den §§ 332, 336, 340, 343, 344, 345 Abs. 1, 3, §§ 348, 352 bis 353 b, 354, 355 und 357 kann das Gericht die Fähigkeit, öffentliche Ämter zu bekleiden (§ 45 Abs. 2), aberkennen.

2. Gesetz über Ordnungswidrigkeiten (OWiG) idF v. 2. 1. 1975 (BGBl I S. 520) – Auszug –

§ 1: Begriffsbestimmung

(1) Eine Ordnungswidrigkeit ist eine rechtswidrige und vorwerfbare Handlung, die den Tatbestand eines Gesetzes verwirklicht, das die Ahndung mit einer Geldbuße zuläßt.
(2) Eine mit Geldbuße bedrohte Handlung ist eine rechtswidrige Handlung, die den Tatbestand eines Gesetzes im Sinne des Absatzes 1 verwirklicht, auch wenn sie nicht vorwerfbar ist.

§ 2: Sachliche Geltung

Dieses Gesetz gilt für Ordnungswidrigkeiten nach Bundesrecht und nach Landesrecht.

§ 3: Keine Ahndung ohne Gesetz

Eine Handlung kann als Ordnungswidrigkeit nur geahndet werden, wenn die Möglichkeit der Ahndung gesetzlich bestimmt war, bevor die Handlung begangen wurde.

§ 4: Zeitliche Geltung

(1) Die Geldbuße bestimmt sich nach dem Gesetz, das zur Zeit der Handlung gilt.
(2) Wir die Bußgelddrohung während der Begehung der Handlung geändert, so ist das Gesetz anzuwenden, das bei Beendigung der Handlung gilt.
(3) Wird das Gesetz, das bei Beendigung der Handlung gilt, vor der Entscheidung geändert, so ist das mildeste Gesetz anzuwenden.
(4) Ein Gesetz, das nur für eine bestimmte Zeit gelten soll, ist auf Handlungen, die während seiner Geltung begangen sind, auch dann anzuwenden, wenn es außer Kraft getreten ist. Dies gilt nicht, soweit ein Gesetz etwas anderes bestimmt.
(5) Für Nebenfolgen einer Ordnungswidrigkeit gelten die Absätze 1 bis 4 entsprechend.

§ 5: Räumliche Geltung

Wenn das Gesetz nichts anderes bestimmt, können nur Ordnungswidrigkeiten geahndet werden, die im räumlichen Geltungsbereich dieses Gesetzes begangen werden, das berechtigt ist, die Bundesflagge oder das Staatszugehörigkeitszeichen der Bundesrepublik Deutschland zu führen.

§ 6: Zeit der Handlung

Eine Handlung ist zu der Zeit begangen, zu welcher der Täter tätig geworden ist oder im Falle des Unterlassens hätte tätig werden müssen. Wann der Erfolg eintritt, ist nicht maßgebend.

§ 7: Ort der Handlung

Eine Handlung ist an jedem Ort begangen, an dem der Täter tätig geworden ist oder im Falle des Unterlassens hätte tätig werden müssen oder an dem der zum Tatbestand gehörende Erfolg eingetreten ist oder nach der Vorstellung des Täters eintreten sollte.

(2) Die Handlung eines Beteiligten ist auch an dem Ort begangen, an dem der Tatbestand des Gesetzes, das die Ahndung mit einer Geldbuße zuläßt, verwirklicht werden sollte.

Zweiter Abschnitt. Grundlagen der Ahndung

§ 8: Begehen durch Unterlassen

Wer es unterläßt, einen Erfolg abzuwenden, der zum Tatbestand einer Bußgeldvorschrift gehört, handelt nach dieser Vorschrift nur dann ordnungswidrig, wenn er rechtlich dafür einzustehen hat, daß der Erfolg nicht eintritt, und wenn das Unterlassen der Verwirklichung des gesetzlichen Tatbestandes durch ein Tun entspricht.

§ 9: Handeln für einen anderen

(1) Handelt jemand
1. als vertretungsberechtigtes Organ einer juristischen Person oder als Mitglied eines solchen Organs,
2. als vertretungsberechtigter Gesellschafter einer Personenhandelsgesellschaft oder
3. als gesetzlicher Vertreter eines anderen,

so ist ein Gesetz, nach dem besondere persönliche Eigenschaften, Verhältnisse oder Umstände (besondere persönliche Merkmale) die Möglichkeit der Ahndung begründen, auch auf den Vertreter anzuwenden, wenn diese Merkmale zwar nicht bei ihm, aber bei dem Vertretenen vorliegen.

(2) Ist jemand von dem Inhaber eines Betriebes oder einem sonst dazu Befugten
1. beauftragt, in eigener Verantwortung Pflichten zu erfüllen, die den Inhaber des Betriebes treffen,

und handelt er auf Grund dieses Auftrages, so ist ein Gesetz, nach dem besondere persönliche Merkmale die Möglichkeit der Ahndung begründen, auch auf den Beauftragten anzuwenden, wenn diese Merkmale zwar nicht bei ihm, aber bei dem Inhaber des Betriebes vorliegen. Dem Betrieb im Sinne des Satzes 1 steht das Unternehmen gleich. Handelt jemand auf Grund eines entsprechenden Auftrages für eine Stelle, die Aufgaben der öffentlichen Verwaltung wahrnimmt, so ist Satz 1 sinngemäß anzuwenden.

(3) Die Absätze 1 und 2 sind auch dann anzuwenden, wenn die Rechtshandlung, welche die Vertretungsbefugnis oder das Auftragsverhältnis begründen sollte, unwirksam ist.

§ 10: Vorsatz und Fahrlässigkeit

Als Ordnungswidrigkeit kann nur vorsätzliches Handeln geahndet werden, außer wenn das Gesetz fahrlässiges Handeln ausdrücklich mit Geldbuße bedroht.

§ 11: Irrtum

(1) Wer bei Begehung einer Handlung einen Umstand nicht kennt, der zum gesetzlichen Tatbestand gehört, handelt nicht vorsätzlich. Die Möglichkeit der Ahndung wegen fahrlässigen Handelns bleibt unberührt.

(2) Fehlt dem Täter bei Begehung der Handlung die Einsicht, etwas Unerlaubtes zu tun, namentlich weil er das Bestehen oder die Anwendbarkeit einer Rechtsvorschrift nicht kennt, so handelt er nicht vorwerfbar, wenn er diesen Irrtum nicht vermeiden konnte.

§ 12: Verantwortlichkeit

(1) Nicht vorwerfbar handelt, wer bei Begehung einer Handlung noch nicht vierzehn Jahre alt ist. Ein Jugendlicher handelt nur unter den Voraussetzungen des § 3 Satz 1 des Jugendgerichtsgesetzes vorwerfbar.

(2) Nicht vorwerfbar handelt, wer bei Begehung der Handlung wegen einer krankhaften seelischen Störung, wegen einer tiefgreifenden Bewußtseinsstörung oder wegen Schwachsinns oder einer schweren anderen seelischen Abartigkeit unfähig ist, das Unerlaubte der Handlung einzusehen oder nach dieser Einsicht zu handeln.

§ 13: Versuch

(1) Eine Ordnungswidrigkeit versucht, wer nach seiner Vorstellung von der Handlung zur Verwirklichung des Tatbestandes unmittelbar ansetzt.

(2) Der Versuch kann nur geahndet werden, wenn das Gesetz es ausdrücklich bestimmt.
(3) Der Versuch wird nicht geahndet, wenn der Täter freiwillig die weitere Ausführung der Handlung aufgibt oder deren Vollendung verhindert. Wird die Handlung ohne Zutun des Zurücktretenden nicht vollendet, so genügt sein freiwilliges und ernsthaftes Bemühen, die Vollendung zu verhindern.
(4) Sind an der Handlung mehrere beteiligt, so wird der Versuch desjenigen nicht geahndet, der freiwillig die Vollendung verhindert. Jedoch genügt sein freiwilliges und ernsthaftes Bemühen, die Vollendung der Handlung zu verhindern, wenn sie ohne sein Zutun nicht vollendet oder unabhängig von seiner früheren Beteiligung begangen wird.

§ 14: Beteiligung

(1) Beteiligen sich mehrere an einer Ordnungswidrigkeit, so handelt jeder von ihnen ordnungswidrig. Dies gilt auch dann, wenn besondere persönliche Merkmale (§ 9 Abs. 1), welche die Möglichkeit der Ahnung begründen, nur bei einem Beteiligten vorliegen.
(2) Die Beteiligung kann nur dann geahndet werden, wenn der Tatbestand eines Gesetzes, das die Ahndung mit einer Geldbuße zuläßt, rechtswidrig verwirklicht wird oder in Fällen, in denen auch der Versuch geahndet werden kann, dies wenigstens versucht wird.
(3) Handelt einer der Beteiligten nicht vorwerfbar, so wird dadurch die Möglichkeit der Ahndung bei den anderen nicht ausgeschlossen. Bestimmt das Gesetz, daß besondere pesönliche Merkmale die Möglichkeit der Ahndung ausschließen, so gilt dies nur für den Beteiligten, bei dem sie vorliegen.
(4) Bestimmt das Gesetz, daß eine Handlung, die sonst eine Ordnungswidrigkeit wäre, bei besonderen persönlichen Merkmalen des Täters eine Straftat ist, so gilt dies nur für den Beteiligten, bei dem sie vorliegen.

Sechster Abschnitt. Geldbuße gegen juristische Personen und Personenvereinigungen

§ 30:

(1) Hat jemand als vertretungsberechtigtes Organ einer juristischen Person oder als Mitglied eines solchen Vorstandes oder als vertretungsberechtigter Gesellschafter einer Personenhandelsgesellschaft eine Straftat oder Ordnungswidrigkeit begangen, durch die

1. Pflichten, welche die juristische Person oder die Personenvereinigung treffen, verletzt worden sind, oder
2. die juristische Person oder die Personenvereinigung bereichert worden ist oder werden sollte,

so kann gegen diese als Nebenfolge der Straftat oder Ordnungswidrigkeit eine Geldbuße festgesetzt werden.
(2) Die Geldbuße beträgt

1. im Falle einer vorsätzlichen Straftat bis zu hunderttausend Deutsche Mark.
2. im Falle einer fahrlässigen Straftat bis zu fünfzigtausend Deutsche Mark.

Im Falle einer Ordnungswidrigkeit bestimmt sich das Höchstmaß der Geldbuße nach dem für die Ordnungswidrigkeit angedrohten Höchstmaß der Geldbuße.
(3) § 17 Abs. 4 und § 18 gelten entsprechend.
(4) Kann wegen der Straftat oder Ordnungswidrigkeit aus tatsächlichen Gründen keine bestimmte Person verfolgt oder verurteilt werden, so kann gegen die juristische Person oder die Personenvereinigung eine Geldbuße selbständig festgesetzt werden, wenn die Voraussetzungen des Absatzes 1 im übrigen vorliegen. Dasselbe gilt, wenn das Gericht von Strafe absieht oder das Verfahren nach einer Vorschrift eingestellt wird, die dies nach dem Ermessen der Verfolgungsbehörde oder des Gerichts oder im Einvernehmen beider zuläßt.
(5) Die Festsetzung einer Geldbuße gegen die juristische Person oder Personenvereinigung schließt es aus, gegen sie wegen derselben Tat den Verfall nach den §§ 73, 73 des Strafgesetzbuches anzuordnen.

§ 111: Falsche Namensangabe

(1) Ordnungswidrig handelt, wer einer zuständigen Behörde, einem zuständigen Amtsträger oder einem zuständigen Soldaten der Bundeswehr über seinen Vor-, Familien- oder Geburtsnamen, den Ort oder Tag seiner Geburt, seinen Familienstand, seinen Beruf, seinen Wohnort, seine Wohnung oder seine Staatsangehörigkeit eine unrichtige Angabe macht oder die Angabe verweigert.

(2) Ordnungswidrig handelt auch der Täter, der fahrlässig nicht erkennt, daß die Behörde, der Amtsträger oder der Soldat zuständig ist.

(3) Die Ordnungswidrigkeit kann, wenn die Handlung nicht nach anderen Vorschriften geahndet werden kann, in den Fällen des Absatzes 1 mit einer Geldbuße bis zu tausend Deutsche Mark, in den Fällen des Absatzes 2 mit einer Geldbuße bis zu fünfhundert Deutsche Mark geahndet werden.

Vierter Abschnitt. Verletzung der Aufsichtspflicht in Betrieben und Unternehmen

§ 130:

(1) Wer als Inhaber eines Betriebes oder Unternehmens vorsätzlich oder fahrlässig die Aufsichtsmaßnahmen unterläßt, die erforderlich sind, um in dem Betrieb oder Unternehmen Zuwiderhandlungen gegen Pflichten zu verhindern, die den Inhaber als solchen treffen und deren Verletzung mit Strafe oder Geldbuße bedroht ist, handelt ordnungswidrig, wenn eine solche Zuwiderhandlung begangen wird, die durch gehörige Aufsicht hätte verhindert werden können. Zu den erforderlichen Aufsichtsmaßnahmen gehören auch die Bestellung, sorgfältige Auswahl und Überwachung von Aufsichtspersonen.

(2) Dem Inhaber eines Betriebes oder Unternehmens stehen gleich

1. sein gesetzlicher Vertreter,
2. die Mitglieder des zur gesetzlichen Vertretung berufenen Organs einer juristischen Person sowie die vertretungsberechtigten Gesellschafter einer Personenhandelsgesellschaft,
3. Personen, die beauftragt sind, den Betrieb oder das Unternehmen ganz oder zum Teil zu leiten, soweit es sich um Pflichten handelt, für deren Erfüllung sie verantwortlich sind.

(3) Betrieb oder Unternehmen im Sinne der Absätze 1 und 2 ist auch das öffentliche Unternehmen.

(4) Die Ordnungswidrigkeit kann, wenn die Pflichtverletzung mit Strafe bedroht ist, mit einer Geldbuße bis zu hunderttausend Deutsche Mark geahndet werden. Ist die Pflichtverletzung mit Geldbuße bedroht, so bestimmt sich das Höchstmaß der Geldbuße wegen der Aufsichtspflichtverletzung nach dem für die Pflichtverletzung angedrohten Höchstmaß der Geldbuße.

3. Strafprozeßordnung (StPO) idF der Bekanntmachung v. 7. 1. 1975 (BGBl I S. 129) – Auszug –

§ 52: Zeugnisverweigerungsrecht aus persönlichen Gründen

(1) Zur Verweigerung des Zeugnisses sind berechtigt

1. der Verlobte des Beschuldigten;
2. der Ehegatte des Beschuldigten, auch wenn die Ehe nicht mehr besteht;
3. wer mit dem Beschuldigten in gerader Linie verwandt oder verschwägert, in der Seitenlinie bis zum dritten Grad verwandt oder bis zum zweiten Grad verschwägert ist oder war.

(2) Haben Minderjährige oder wegen Geisteskrankheit oder Geistesschwäche entmündigte Personen wegen mangelnder Verstandesreife oder wegen Verstandesschwäche von der Bedeutung des Zeugnisverweigerungsrechts keine genügende Vorstellung, so dürfen sie nur vernommen werden, wenn sie zur Aussage bereit sind und auch ihr gesetzlicher Vertreter

der Vernehmung zustimmt. Ist der gesetzliche Vertreter selbst Beschuldigter, so kann er über die Ausübung des Zeugnisverweigerungsrechts nicht entscheiden; das gleiche gilt für den nicht beschuldigten Elternteil, wenn die gesetzliche Vertretung beiden Eltern zusteht.
(3) Die zur Verweigerung des Zeugnisses berechtigter Personen, in den Fällen des Absatzes 2 auch deren zur Entscheidung über die Ausübung des Zeugnisverweigerungsrechts befugte Vertreter, sind vor jeder Vernehmung über ihr Recht zu belehren. Sie können den Verzicht auf dieses Recht auch während der Vernehmung widerrufen.

§ 53: Zeugnisverweigerungsrecht aus beruflichen Gründen

(1) Zur Verweigerung des Zeugnisses sind ferner berechtigt
1. Geistliche über das, was ihnen in ihrer Eigenschaft als Seelsorger anvertraut worden oder bekanntgeworden ist;
2. Verteidiger des Beschuldigten über das, was ihnen in dieser Eigenschaft anvertraut worden oder bekanntgeworden ist;
3. Rechtsanwälte, Patentanwälte, Notare, Wirtschaftsprüfer, vereidigte Buchprüfer, Steuerberater und Steuerbevollmächtigte, Ärzte, Zahnärzte, Apotheker und Hebammen über das, was ihnen in dieser Eigenschaft anvertraut worden oder bekanntgeworden ist;
3a. Mitglieder oder Beauftragte einer anerkannten Beratungsstelle nach § 218b Abs. 2 Nr. 1 des Strafgesetzbuches über das, was ihnen in dieser Eigenschaft anvertraut worden oder bekanntgeworden ist;
4. Mitglieder des Bundestages, eines Landtages oder einer zweiten Kammer über Personen, die ihnen in ihrer Eigenschaft als Mitglieder dieser Organe oder denen sie in dieser Eigenschaft Tatsachen anvertraut haben sowie über diese Tatsachen selbst;
5. Personen, die bei der Vorbereitung, Herstellung oder Verbreitung von periodischen Druckwerken oder Rundfunksendungen berufsmäßig mitwirken oder mitgewirkt haben, über die Person des Verfassers, Einsenders oder Gewährsmanns von Beiträgen und Unterlagen sowie über die ihnen im Hinblick auf ihre Tätigkeit gemachten Mitteilungen, soweit es sich um Beiträge, Unterlagen und Mitteilungen für den redaktionellen Teil handelt.
6. *(aufgehoben)*

(2) Die in Absatz 1 Nr. 2 bis 3a Genannten dürfen das Zeugnis nicht verweigern, wenn sie von der Verpflichtung zur Verschwiegenheit entbunden sind.

§ 53a: Zeugnisverweigerungsrecht der Berufshelfer

(1) Den in § 53 Abs. 1 Nr. 1 bis 4 Genannten stehen ihre Gehilfen und die Personen gleich, die zur Vorbereitung auf den Beruf an der berufsmäßigen Tätigkeit teilnehmen. Über die Ausübung des Rechtes dieser Hilfspersonen, das Zeugnis zu verweigern, entscheiden die in § 53 Abs. 1 Nr. 1 bis 4 Genannten, es sei denn, daß diese Entscheidung in absehbarer Zeit nicht herbeigeführt werden kann.
(2) Die Entbindung von der Verpflichtung zur Verschwiegenheit (§ 53 Abs. 2) gilt auch für die Hilfspersonen.

§ 54: Aussagegenehmigung für Richter und Beamte

(1) Für die Vernehmung von Richtern, Beamten und anderen Personen des öffentlichen Dienstes als Zeugen über Umstände, auf die sich ihre Pflicht zur Amtsverschwiegenheit bezieht, und für die Genehmigung zur Aussage gelten die besonderen beamtenrechtlichen Vorschriften.
(2) Für die Mitglieder der Bundes- oder einer Landesregierung gelten die für sie maßgebenden besonderen Vorschriften.
(3) Der Bundespräsident kann das Zeugnis verweigern, wenn die Ablegung des Zeugnisses dem Wohl des Bundes oder eines deutschen Landes Nachteile bereiten würde.
(4) Diese Vorschriften gelten auch, wenn die vorgenannten Personen nicht mehr im öffentlichen Dienst sind, soweit es sich um Tatsachen handelt, die sich während ihrer Dienstzeit ereignet haben oder ihnen während ihrer Dienstzeit zur Kenntnis gelangt sind.

§ 55: Auskunftsverweigerungsrecht

(1) Jeder Zeuge kann die Auskunft auf solche Fragen verweigern, deren Beantwortung ihm selbst oder einem der in § 52 Abs. 1 bezeichneten Angehörigen die Gefahr zuziehen würde, wegen einer Straftat oder einer Ordnungswidrigkeit verfolgt zu werden.
(2) Der Zeuge ist über sein Recht zur Verweigerung der Auskunft zu belehren.

§ 56: Glaubhaftmachung des Verweigerungsgrundes

Die Tatsache, auf die der Zeuge die Verweigerung des Zeugnisses in den Fällen der §§ 52, 53 und 55 stützt, ist auf Verlangen glaubhaft zu machen. Es genügt die eidliche Versicherung des Zeugen.

§ 57: Zeugenbelehrung

Vor der Vernehmung sind die Zeugen zur Wahrheit zu ermahnen und darauf hinzuweisen, daß sie ihre Aussage zu beeidigen haben, wenn keine im Gesetz bestimmte oder zugelassene Ausnahme vorliegt. Hierbei sind sie über die Bedeutung des Eides, die Möglichkeit der Wahl zwischen dem Eid mit religiöser oder ohne religiöse Beteuerung sowie über die strafrechtlichen Folgen einer unrichtigen oder unvollständigen Aussage zu belehren.

§ 58: Vernehmung; Gegenüberstellung

(1) Die Zeugen sind einzeln und in Abwesenheit der später zu hörenden Zeugen zu vernehmen.
(2) Eine Gegenüberstellung mit anderen Zeugen oder mit dem Beschuldigten im Vorverfahren ist zulässig, wenn es für das weitere Verfahren geboten erscheint.

§ 59: Vereidigung

Die Zeugen sind einzeln und nach ihrer Vernehmung zu vereidigen. Die Vereidigung erfolgt, soweit nichts anderes bestimmt ist, in der Hauptverhandlung.

§ 147: Akteneinsicht des Verteidigers

(1) Der Verteidiger ist befugt, die Akten, die dem Gericht vorliegen oder diesem im Falle der Erhebung der Anklage vorzulegen wären, einzusehen sowie amtlich verwahrte Beweisstücke zu besichtigen.
(2) Ist der Abschluß der Ermittlungen noch nicht in den Akten vermerkt, so kann dem Verteidiger die Einsicht in die Akten oder einzelne Aktenstücke sowie die Besichtigung der amtlich verwahrten Beweisstücke versagt werden, wenn sie den Untersuchungszweck gefährden kann.
(3) Die Einsicht in die Niederschriften über die Vernehmung des Beschuldigten und über solche richterlichen Untersuchungshandlungen, bei denen dem Verteidiger die Anwesenheit gestattet worden ist oder hätte gestattet werden müssen, sowie in die Gutachten von Sachverständigen darf dem Verteidiger in keiner Lage des Verfahrens versagt werden.
(4) Auf Antrag sollen dem Verteidiger, soweit nicht wichtige Gründe entgegenstehen, die Akten mit Ausnahme der Beweisstücke zur Einsichtnahme in seine Geschäftsräume oder in seine Wohnung mitgegeben werden. Die Entscheidung ist nicht anfechtbar.
(5) Über die Gewährung der Akteneinsicht entscheidet vor Einreichung der Anklageschrift die Staatsanwaltschaft, während der Voruntersuchung der Untersuchungsrichter, im übrigen der Vorsitzende des mit der Sache befaßten Gerichts.
(6) Ist eine Anordnung nach Absatz 2 nicht vorher entfallen, so hebt die Staatsanwaltschaft sie spätestens mit dem Abschluß der Ermittlungen, der Untersuchungsrichter spätestens mit dem Schluß der Voruntersuchung auf.

§ 160: Ermittlungsverfahren

(1) Sobald die Staatsanwaltschaft durch eine Anzeige oder auf anderem Wege von dem Verdacht einer Straftat Kenntnis erhält, hat sie zu ihrer Entschließung darüber, ob die öffentliche Klage zu erheben ist, den Sachverhalt zu erforschen.
(2) Die Staatsanwaltschaft hat nicht nur die zur Belastung, sondern auch die zur Entlastung dienenden Umstände zu ermitteln und für die Erhebung der Beweise Sorge zu tragen, deren Verlust zu besorgen ist.

(3) Die Ermittlungen der Staatsanwaltschaft sollen sich auch auf die Umstände erstrecken, die für die Bestimmung der Rechtsfolgen der Tat von Bedeutung sind. Dazu kann sie sich der Gerichtshilfe bedienen.

§ 161: Ermittlungen
Zu dem im vorstehenden Paragraphen bezeichneten Zweck kann die Staatsanwaltschaft von allen öffentlichen Behörden Auskunft verlangen und Ermittlungen jeder Art entweder selbst vornehmen oder durch die Behörden und Beamten des Polizeidienstes vornehmen lassen. Die Behörden und Beamten des Polizeidienstes sind verpflichtet, dem Ersuchen oder Auftrag der Staatsanwaltschaft zu genügen.

4. Richtlinien des Strafverfahrens und des Bußgeldverfahrens (RiStBV) v. 1.1.1977 – Auszug –

§ 182: Geltungsbereich
(1) Soweit gesetzlich nichts anderes bestimmt ist (z. B. in den §§ 147, 385, 397 StPO, § 115 RVO), gelten für die Akteneinsicht die folgenden Vorschriften.
(2) Die Vorschriften über die Akteneinsicht gelten sinngemäß für die Erteilung von Auskünften und die Überlassung von Abschriften oder Ablichtungen aus den Akten, soweit nicht eine besondere Regelung getroffen ist. Die Nr. 236 und 242 bleiben unberührt.
(3) Bei Verschlußsachen ist Nr. 213 zu beachten.

§ 183: Zuständigkeit für die Gewährung der Akteneinsicht
Über die Akteneinsicht entscheidet
a) im vorbereitenden Verfahren und nach Einstellung des Ermittlungsverfahrens der Staatsanwalt,
b) in der Zeit vom Eingang der Anklage bei Gericht bis zum rechtskräftigen Abschluß des Verfahrens der Vorsitzende des jeweils mit der Sache befaßten Gerichts,
c) nach dem rechtskräftigen Abschluß des gerichtlichen Verfahrens die Justizverwaltungsbehörde, bei der oder auf deren Veranlassung die Akten verwahrt werden. Befinden sich die Akten im Gewahrsam des Gerichts, so soll in Zweifelsfällen der Staatsanwalt gehört werden.

§ 184: Genehmigung durch den Generalstaatsanwalt
(1) Beabsichtigt der Staatsanwalt, Akteneinsicht zu gewähren, so holt er die Genehmigung des Generalstaatsanwalts ein, wenn
a) die Eintragung über die Verurteilung im Bundeszentralregister getilgt ist oder
b) die Verurteilung nicht in das Führungszeugnis aufgenommen wird und die Akteneinsicht von einer Stelle begehrt wird, die nach den §§ 39, 57 BZRG keine Auskunft aus dem Zentralregister oder dem Erziehungsregister erhält, es sei denn, daß seit der Rechtskraft der Entscheidung nicht mehr als drei Jahre verstrichen sind.
(2) Der Genehmigung bedarf es nicht, wenn derjenige, der von der gerichtlichen Entscheidung in dem Verfahren betroffen ist, der Einsichtnahme zustimmt.

§ 185: Grundsätze für die Akteneinsicht
(1) Gerichten, Staatsanwaltschaften, den obersten Bundes- und Landesbehörden und höheren Verwaltungsbehörden wird Akteneinsicht gewährt.
(2) Andere Behörden und öffentliche Körperschaften erhalten auf Ersuchen Akteneinsicht, wenn sie ihr berechtigtes Interesse darlegen. Ist das Verfahren eingestellt, der Angeklagte freigesprochen oder liegen die Voraussetzungen der Nr. 184 Abs. 1 vor, so wird die Akteneinsicht versagt, wenn dem Interesse an der Einsichtnahme ein höheres Interesse des Betroffenen, namentlich an seiner Resozialisierung, entgegensteht. Bestehen Bedenken gegen die Akteneinsicht, so ist zu prüfen, ob eine Auskunft aus den Akten erteilt werden kann.

(3) Für wissenschaftliche Vorhaben wird Akteneinsicht gewährt, wenn und soweit deren Bedeutung dies rechtfertigt und die Gewähr besteht, daß ein Mißbrauch der erlangten Kenntnisse nicht zu befürchten ist. Die Gewährung der Akteneinsicht kann mit Auflagen verbunden werden.
(4) Einem bevollmächtigten Rechtsanwalt oder Rechtsbeistand wird Akteneinsicht gewährt, wenn er ein berechtigtes Interesse (z. B. für die Prüfung bürgerlich-rechtlicher Ansprüche, für die Vorbereitung eines Verwaltungsstreitverfahrens oder einer Beschwerde gegen den Einstellungsbescheid) darlegt und wenn sonst Bedenken nicht bestehen.
(5) Privatpersonen und privaten Einrichtungen wird die Akteneinsicht grundsätzlich versagt. Einfach und schnell zu erledigende Auskünfte können Privatpersonen, insbesondere dem Geschädigten oder privaten Einrichtungen erteilt werden, wenn ein berechtigtes Interesse an der Auskunftserteilung dargelegt ist und wenn sonst Bedenken nicht bestehen.

§ 186: Vorrang der Verfahrensbearbeitung
Durch die Akteneinsicht dürfen Verfahren nicht unangemessen verzögert werden.

§ 187: Umfang der Akteneinsicht
(1) Die Akteneinsicht kann auf einzelne Aktenteile beschränkt werden, wenn dies im öffentlichen Interesse liegt oder dadurch die Bloßstellung einer Privatperson vermieden werden kann.
(2) Von der Einsicht sind die Handakten der Staatsanwaltschaft und andere innerdienstliche Vorgänge auszuschließen. In Akten einer anderen Verwaltung darf nur mit deren ausdrücklicher Zustimmung Einsicht gewährt werden.
(3) Befindet sich eine Registerauskunft bei den Akten, ist Nr. 16 Abs. 2 Satz 2 zu beachten.

§ 188: Bescheid an den Antragsteller
(1) Wird die Akteneinsicht versagt, so wird dem Antragsteller ein kurzer Bescheid erteilt. Hat der Antragsteller ein berechtigtes Interesse an der Akteneinsicht dargelegt, so muß der Bescheid erkennen lassen, daß dieses Interesse gegen entgegenstehende Interessen abgewogen worden ist.
(2) Ist der Antrag von einer Privatperson oder einer privaten Einrichtung gestellt worden, so ist in geeigneten Fällen auf die Möglichkeit der Akteneinsicht durch einen bevollmächtigten Rechtsanwalt hinzuweisen.

§ 189: Überlassung der Akten
(1) Behörden und Gerichten werden die Akten übersandt.
(2) Rechtsanwälten und Rechtsbeiständen sollen auf Antrag die Akten mit Ausnahme der Beweisstücke zur Einsichtnahme mitgegeben oder übersandt werden, soweit nicht wichtige Gründe entgegenstehen.
(3) Im übrigen ist die Akteneinsicht grundsätzlich nur in den Diensträumen der Staatsanwaltschaft oder des Gerichts zu gewähren.

5. Patentgesetz (PatG) idF. v. 2. 1. 1968 (BGBl I S. 2) – Auszug –

§ 1: Voraussetzungen der Erteilung
(1) Patente werden erteilt für neue Erfindungen, die eine gewerbliche Verwertung gestatten.
(2) Ausgenommen sind
1. Erfindungen, deren Verwertung den Gesetzen oder guten Sitten zuwiderlaufen würde, soweit es sich nicht um Gesetze handelt, die nur das Feilhalten oder Inverkehrbringen des Gegenstandes der Erfindung oder, wenn Gegenstand der Erfindung ein Verfahren ist, des durch das Verfahren unmittelbar hergestellten Erzeugnisses beschränken,
2. Erfindungen von Pflanzensorten, die ihrer Art nach im Artenverzeichnis zum Sorten-

schutzgesetz vom 20. Mai 1968 (Bundesgesetzbl. I S. 429) aufgeführt sind, sowie von Verfahren zur Züchtigung einer solchen Pflanzensorte.

§ 6: Wirkung des Patents

Das Patent hat die Wirkung, daß allein der Patentinhaber befugt ist, gewerbsmäßig den Gegenstand der Erfindung herzustellen, in Verkehr zu bringen, feilzuhalten oder zu gebrauchen. Ist das Patent für ein Verfahren erteilt, so erstreckt sich die Wirkung auch auf die durch das Verfahren unmittelbar hergestellten Erzeugnisse.

§ 7: Beschränkung der Wirkung gegenüber Benutzer

(1) Die Wirkung des Patents tritt gegen den nicht ein, der zur Zeit der Anmeldung bereits im Inland die Erfindung in Benutzung genommen oder die dazu erforderlichen Veranstaltungen getroffen hatte. Dieser ist befugt, die Erfindung für die Bedürfnisse seines eigenen Betriebs in eigenen oder fremden Werkstätten auszunutzen. Die Befugnis kann nur zusammen mit dem Betrieb vererbt oder veräußert werden. Hat der Anmelder oder sein Rechtsvorgänger die Erfindung vor der Anmeldung anderen mitgeteilt und sich dabei seine Rechte für den Fall der Patenterteilung vorbehalten, so kann sich der, welcher die Erfindung infolge der Mitteilung erfahren hat, nicht auf Maßnahmen nach Satz 1 berufen, die er innerhalb von sechs Monaten nach der Mitteilung getroffen hat.

§ 8: Beschränkung der Wirkung für öffentliche Wohlfahrt und Staatssicherheit

(1) Die Wirkung des Patents tritt insoweit nicht ein, als die Bundesregierung anordnet, daß die Erfindung im Interesse der öffentlichen Wohlfahrt benutzt werden soll. Sie erstreckt sich ferner nicht auf eine Benutzung der Erfindung, die im Interesse der Sicherheit des Bundes von der zuständigen obersten Bundesbehörde oder in deren Auftrag von einer nachgeordneten Stelle angeordnet wird.

(2) Für die Anfechtung einer Anordnung nach Absatz 1 ist das Bundesverwaltungsgericht zuständig, wenn sie von der Bundesregierung oder der zuständigen obersten Bundesbehörde getroffen ist.

(3) Der Patentinhaber hat in den Fällen des Absatzes 1 gegen den Bund Anspruch auf angemessene Vergütung. Wegen deren Höhe steht im Streitfall der Rechtsweg vor den ordentlichen Gerichten offen. Eine Anordnung der Bundesregierung nach Absatz 1 Satz 1 ist dem in der Rolle (§ 24 Abs. 1) als Patentinhaber Eingetragenen vor Benutzung der Erfindung mitzuteilen. Erlangt die oberste Bundesbehörde, von der eine Anordnung oder ein Auftrag nach Absatz 1 Satz 2 ausgeht, Kenntnis von der Entstehung eines Vergütungsanspruchs nach Satz 1, so hat sie dem als Patentinhaber Eingetragenen davon Mitteilung zu machen.

§ 49: Strafvorschriften

(1) Wer entgegen den §§ 6, 7 und 8 eine Erfindung benutzt, wird mit Freiheitsstrafe bis zu einem Jahr oder mit Geldstrafe bestraft.

(2) Die Tat wird nur auf Antrag verfolgt.

(3) Wird auf Strafe erkannt, so ist, wenn der Verletzte es beantragt und ein berechtigtes Interesse daran dartut, anzuordnen, daß die Verurteilung auf Verlangen öffentlich bekanntgemacht wird. Die Art der Bekanntmachung ist im Urteil zu bestimmen.

6. Gesetz über Urheberrecht und verwandte Schutzrechte (UrhRG) v. 9.9.1965 (BGBl I S. 1273) – Auszug –

2. Strafrechtliche Vorschriften

§ 106: Unerlaubte Verwertung urheberrechtlich geschützter Werke

Wer in anderen als den gesetzlich zugelassenen Fällen ohne Einwilligung des Berechtigten ein Werk oder eine Bearbeitung oder Umgestaltung eines Werkes vervielfältigt, verbreitet oder öffentlich wiedergibt, wird mit Freiheitsstrafe bis zu einem Jahr oder mit Geldstrafe bestraft.

§ 107: Unzulässiges Anbringen der Urheberbezeichnung

1. Wer auf dem Original eines Werkes der bildenden Künste die Urheberbezeichnung (§ 10 Abs. 1) ohne Einwilligung des Urhebers anbringt oder ein derart bezeichnetes Original verbreitet,
2. auf einem Vervielfältigungsstück, einer Bearbeitung oder Umgestaltung eines Werkes der bildenden Künste die Urheberbezeichnung (§ 10 Abs. 1) auf eine Art anbringt, die dem Vervielfältigungsstück, der Bearbeitung oder Umgestaltung den Anschein eines Originals gibt, oder ein derart bezeichnetes Vervielfältigungsstück, eine solche Bearbeitung oder Umgestaltung verbreitet,

wird mit Freiheitsstrafe bis zu einem Jahr oder mit Geldstrafe bedroht, wenn die Tat nicht in anderen Vorschriften mit schwerer Strafe bedroht ist.

§ 108: Unerlaubte Eingriffe in verwandte Schutzrechte

Wer in anderen als den gesetzlich zugelassenen Fällen ohne Einwilligung des Berechtigten

1. eine wissenschaftliche Ausgabe (§ 70) oder eine Bearbeitung oder Umgestaltung einer solchen Ausgabe vervielfältigt, verbreitet oder öffentlich wiedergibt,
2. ein nachgelassenes Werk oder eine Bearbeitung oder Umgestaltung eines solchen Werkes entgegen § 71 verwertet,
3. ein Lichtbild (§ 72) oder eine Bearbeitung oder Umgestaltung eines Lichtbildes vervielfältigt, verbreitet oder öffentlich wiedergibt,
4. die Darbietung eines ausübenden Künstlers entgegen den §§ 74, 75 oder 76 Abs.1 verwertet,
5. einem Tonträger entgegen § 85 verwertet,
6. eine Funksendung entgegen § 87 verwertet,
7. einen Bildträger oder Bild- und Tonträger entgegen §§ 94 oder 95 in Verbindung mit § 94 verwertet,

wird mit Freiheitsstrafe bis zu einem Jahr oder mit Geldstrafe bestraft.

§ 109: Strafantrag

Die Tat wird nur auf Antrag verfolgt.

§ 110: Anspruch auf Vernichtung und ähnliche Maßnahmen

Der Verletzte kann bei Straftaten nach den §§ 106, 107 Nr. 2 und § 108 die in den §§ 98 und 99 bezeichneten Ansprüche nach den Vorschriften der Strafprozeßordnung über die Entschädigung des Verletzten (§§ 403 bis 406 c) geltend machen, im Verfahren vor dem Amtsgericht ohne Rücksicht auf den Wert des Streitgegenstandes. Die Vorschriften des Strafgesetzbuches über die Einziehung (§§ 74 bis 76 a) sind auf die in den §§ 98 und 99 genannten Gegenstände nicht anzuwenden.

§ 111: Bekanntgabe der Verurteilung

Wird in den Fällen der §§ 106 bis 108 auf Strafe erkannt, so ist, wenn der Verletzte es beantragt und ein berechtigtes Interesse daran dartut, anzuordnen, daß die Verurteilung auf Verlangen öffentlich bekanntgemacht wird. Die Art der Bekanntmachung ist im Urteil zu bestimmen.

7. Betriebsverfassungsgesetz (BetrVG) v. 15. 1. 1972 (BGBl I S. 13) – Auszug –

§ 120: Verletzung von Geheimnissen

(1) Wer unbefugt ein fremdes Betriebs- oder Geschäftsgeheimnis offenbart, das ihm in seiner Eigenschaft als

1. Mitglied oder Ersatzmitglied des Betriebsrats oder einer der in § 79 Abs. 2 bezeichneten Stellen,

2. Vertreter einer Gewerkschaft oder Arbeitgebervereinigung,
3. Sachverständiger, der vom Betriebsrat nach § 80 Abs. 3 hinzugezogen oder von der Einigungsstelle nach § 109 Satz 3 angehört worden ist, oder
4. Arbeitnehmer, der vom Betriebsrat nach § 107 Abs. 3 Satz 3 oder vom Wirtschaftsausschuß nach § 108 Abs. 2 Satz 2 hinzugezogen worden ist,

bekanntgeworden und das vom Arbeitgeber ausdrücklich als geheimhaltungsbedürftig bezeichnet worden ist, wird mit Freiheitsstrafe bis zu einem Jahr oder mit Geldstrafe bestraft.

(2) Ebenso wird bestraft, wer unbefugt ein fremdes Geheimnis eines Arbeitnehmers, namentlich ein zu dessen persönlichen Lebensbereich gehörendes Geheimnis, offenbart, das ihm in seiner Eigenschaft als Mitglied oder Ersatzmitglied des Betriebsrats oder einer der in § 79 Abs. 2 bezeichneten Stellen bekanntgeworden ist und über das nach den Vorschriften dieses Gesetzes Stillschweigen zu bewahren ist.

(3) Handelt der Täter gegen Entgelt oder in der Absicht, sich oder einen anderen zu bereichern oder einen anderen zu schädigen, so ist die Strafe Freiheitsstrafe bis zu zwei Jahren oder Geldstrafe.

(4) Die Tat wird nur auf Antrag des Verletzten verfolgt. Der Antrag kann zurückgenommen werden.

8. **Schwerbehindertengesetz (SchwbG)** idF v. 29. 4. 1974 (BGBl I S. 1005) – **Auszug –**

§ 23: Persönliche Rechte und Pflichten des Vertrauensmannes der Schwerbehinderten

(1) Der Vertrauensmann verwaltet sein Amt unentgeltlich als Ehrenamt.

(2) Er darf in der Ausübung seines Amtes nicht behindert oder wegen seines Amtes nicht benachteiligt oder begünstigt werden: dies gilt auch für seine berufliche Entwicklung.

(3) Er besitzt gegenüber dem Arbeitgeber die gleiche persönliche Rechtsstellung, insbesondere den gleichen Kündigungs-, Versetzungs- und Abordnungsschutz wie ein Mitglied des Betriebs-, Personal- oder Richterrates.

(4) Er ist von seiner beruflichen Tätigkeit ohne Minderung des Arbeitsentgelts oder der Dienstbezüge zu befreien, wenn und soweit es zur Durchführung seiner Aufgaben erforderlich ist. Satz 1 gilt entsprechend für die Teilnahme an Schulungs- und Bildungsveranstaltungen, soweit diese Kenntnisse vermitteln, die für die Arbeit des Vertrauensmannes erforderlich sind.

(5) Der freigestellte Vertrauensmann darf von inner- oder außerbetrieblichen Maßnahmen der Berufsförderung nicht ausgeschlossen werden. Innerhalb eines Jahres nach Beendigung seiner Freistellung ist ihm im Rahmen der Möglichkeiten des Betriebes oder der Dienststelle Gelegenheit zu geben, eine wegen der Freistellung unterbliebene berufliche Entwicklung in dem Betrieb oder der Dienststelle nachzuholen. Für den Vertrauensmann, der 3 volle aufeinanderfolgende Amtszeiten freigestellt war, erhöht sich der genannte Zeitraum auf 2 Jahre.

(6) Zum Ausgleich für seine Tätigkeit, die aus betriebsbedingten oder dienstlichen Gründen außerhalb der Arbeitszeit durchzuführen ist, hat der Vertrauensmann Anspruch auf entsprechende Arbeits- oder Dienstbefreiung unter Fortzahlung des Arbeitsentgelts oder der Dienstbezüge.

(7) Er ist verpflichtet,
1. über ihm wegen seines Amtes als Vertrauensmann bekanntgewordene persönliche Verhältnisse und Angelegenheiten von Beschäftigten im Sinne des § 6, die ihrer Bedeutung oder ihrem Inhalt nach einer vertraulichen Behandlung bedürfen, Stillschweigen zu bewahren, und
2. ihm wegen seines Amtes als Vertrauensmann bekanntgewordene und vom Arbeitgeber ausdrücklich als geheimhaltungsbedürftig bezeichnete Betriebs- oder Geschäftsgeheimnisse nicht zu offenbaren und nicht zu verwerten.

Diese Pflichten gelten auch nach dem Ausscheiden aus dem Amt. Sie gelten nicht gegenüber der Bundesanstalt für Arbeit und den Hauptfürsorgestellen, soweit deren Aufgaben den Schwerbehinderten gegenüber es erfordern, gegenüber den Vertrauensmännern in den Stufenvertretungen (§ 24) sowie gegenüber den in § 79 Abs. 1 des Betriebsverfassungsgesetzes und den in den entsprechenden Vorschriften des Personalvertretungsrechtes genannten Vertretungen, Personen und Stellen.
(8) Die durch die Tätigkeit des Vertrauensmannes entstehenden Kosten trägt der Arbeitgeber.
(9) Die Räume und der Geschäftsbedarf, die der Arbeitgeber dem Betriebs-, Personal-, Richter- oder Präsidialrat für dessen Sitzungen, Sprechstunden und laufende Geschäftsführung zur Verfügung stellt, stehen für die gleichen Zwecke auch dem Vertrauensmann zur Verfügung, soweit ihm hierfür nicht eigene Räume und sächliche Mittel zur Verfügung gestellt werden.

§ 50: Geheimhaltungspflicht

Die Vertreter der Hauptfürsorgestellen und der Bundesanstalt für Arbeit, die Mitglieder der Ausschüsse (§§ 29, 31, 38 und 39) und des Beirates für die Rehabilitation der Behinderten (§ 32) und ihre Stellvertreter sowie zur Durchführung ihrer Aufgaben hinzugezogene Sachverständige sind verpflichtet,

1. über ihnen wegen ihres Amtes oder Auftrages bekanntgewordene persönliche Verhältnisse und Angelegenheiten von Beschäftigten im Sinne des § 6, die ihrer Bedeutung oder ihrem Inhalt nach einer vertraulichen Behandlung bedürfen, Stillschweigen zu bewahren, und
2. ihnen wegen ihres Amtes oder Auftrages bekanntgewordene und vom Arbeitgeber ausdrücklich als geheimhaltungsbedürftig bezeichnete Betriebs- oder Geschäftsgeheimnisse nicht zu offenbaren und nicht zu verwerten.

Diese Pflichten gelten auch nach dem Ausscheiden aus dem Amt oder nach Beendigung des Auftrages. Sie gelten nicht gegenüber der Bundesanstalt für Arbeit und den Hauptfürsorgestellen, soweit deren Aufgaben gegenüber den Schwerbehinderten es erfordern, gegenüber dem Vertrauensmann sowie gegenüber den in § 79 Abs. 1 des Betriebsverfassungsgesetzes und der in den entsprechenden Vorschriften des Personalvertretungsrechts genannten Vertretungen, Personen und Stellen.

§ 58: Strafvorschrift

(1) Wer unbefugt ein fremdes Geheimnis, namentlich ein zum persönlichen Lebensbereich gehörendes Geheimnis oder ein Betriebs- oder Geschäftsgeheimnis offenbart, das ihm

1. als Vertrauensmann der Schwerbehinderten oder
2. sonst als Person, die Aufgaben oder Befugnisse nach diesem Gesetz wahrnimmt,

anvertraut worden oder sonst bekanntgeworden ist, wird mit Freiheitsstrafe bis zu einem Jahr oder mit Geldstrafe bestraft.
(2) Handelt der Täter gegen Entgelt oder in der Absicht, sich oder einen anderen zu bereichern oder einen anderen zu schädigen, so ist die Strafe Freiheitsstrafe bis zu 2 Jahren oder Geldstrafe. Ebenso wird bestraft, wer unbefugt ein fremdes Geheimnis, namentlich ein Betriebs- oder ein Geschäftsgeheimnis, zu dessen Geheimhaltung er nach Absatz 1 verpflichtet ist, verwertet.
(3) Die Tat wird nur auf Antrag des Verletzten verfolgt. Die Zurücknahme des Antrages ist zulässig.

9. Gesetz gegen den unlauteren Wettbewerb (UWG) v. 7.6. 1909 (RGBl S. 499) – Auszug –

§ 17: Verrat von Geschäftsgeheimnissen

(1) Mit Freiheitsstrafe bis zu drei Jahren und mit Geldstrafe oder mit einer dieser Strafen

wird bestraft, wer als Angestellter, Arbeiter oder Lehrling eines Geschäftsbetriebs ein Geschäfts- oder Betriebsgeheimnis, das ihm vermöge des Dienstverhältnisses anvertraut worden oder zugänglich geworden ist, während der Geltungsdauer des Dienstverhältnisses unbefugt an jemand zu Zwecken des Wettbewerbes oder aus Eigennutz oder in der Absicht, dem Inhaber des Geschäftsbetriebes Schaden zuzufügen, mitteilt.

(2) Ebenso wird bestraft, wer ein Geschäfts- oder Betriebsgeheimnis, dessen Kenntnis er durch eine der in Absatz 1 bezeichneten Mitteilungen oder durch eine gegen das Gesetz oder die guten Sitten verstoßende eigene Handlung erlangt hat, zu Zwecken des Wettbewerbes oder aus Eigennutz unbefugt verwertet oder an jemand mitteilt.

(3) Weiß der Täter bei der Mitteilung, daß das Geheimnis im Ausland verwertet werden soll, oder verwertet er es selbst im Ausland, so kann auf Freiheitsstrafe bis zu fünf Jahren erkannt werden.

(4) Die Vorschriften der Absätze 1 bis 3 gelten auch dann, wenn der Empfänger der Mitteilung, ohne daß der Täter dies weiß, das Geheimnis schon kennt oder berechtigt ist, es kennenzulernen.

§ 18: Verwertung von Vorlagen

Mit Freiheitsstrafe bis zu zwei Jahren und mit Geldstrafe oder mit einer dieser Strafen wird bestraft, wer die ihm im geschäftlichen Verkehr anvertrauten Vorlagen oder Vorschriften technischer Art, insbesondere Zeichnungen, Modelle, Schablonen, Schnitte, Rezepte, zu Zwecken des Wettbewerbes oder aus Eigennutz unbefugt verwertet oder an jemand mitteilt. § 17 Abs. 4 gilt entsprechend.

§ 19: Schadensersatzpflicht

Zuwiderhandlungen gegen die Vorschriften der §§ 17, 18 verpflichten außerdem zum Ersatze des entstandenen Schadens. Mehrere Verpflichtete haften als Gesamtschuldner.

10. Arbeitsförderungsgesetz (AFG) v. 25. 6. 1969 (BGBl I S. 582) – Auszug –

§ 226: Verstoß gegen Geheimhaltungspflichten

(1) Wer ein fremdes Geheimnis, namentlich ein Betriebs- oder Geschäftsgeheimnis, das ihm in seiner Eigenschaft als Mitglied eines Organes oder Bediensteter der Bundesanstalt bei seiner Tätigkeit auf Grund dieses Gesetzes bekanntgeworden ist, unbefugt offenbart, wird mit Freiheitsstrafe bis zu einem Jahr und mit Geldstrafe oder mit einer dieser Strafen bestraft.

(2) Handelt der Täter gegen Entgelt oder in der Absicht, sich oder einen anderen zu bereichern oder einen anderen zu schädigen, so ist die Strafe Freiheitsstrafe bis zu zwei Jahren; daneben kann auf Geldstrafe erkannt werden. Ebenso wird bestraft, wer ein fremdes Geheimnis, namentlich ein Betriebs- oder Geschäftsgeheimnis, das ihm unter den Voraussetzungen des Absatzes 1 bekanntgeworden ist, unbefugt verwertet.

(3) Die Tat wird nur auf Antrag des Verletzten verfolgt.

11. Gesetz über das Kreditwesen (KredwG) v. 10. 7. 1961 (BGBl I S. 881) – Auszug –

§ 8: Zusammenarbeit mit anderen Stellen

(1) Das Bundesaufsichtsamt kann sich bei der Durchführung seiner Aufgaben anderer Personen und Einrichtungen bedienen.

(2) Werden gegen Inhaber oder Geschäftsleiter von Kreditinstituten Steuerstrafverfahren eingeleitet, so steht § 22 der Reichsabgabenordnung Mitteilungen an das Bundesaufsichts-

amt über das Verfahren und über den zugrunde liegenden Sachverhalt nicht entgegen; das gleiche gilt, wenn sich das Verfahren gegen Personen richtet, die das Vergehen als Bedienstete von Kreditinstituten begangen haben.

§ 9: Schweigepflicht

(1) Die beim Bundesaufsichtsamt beschäftigten und die nach § 8 Abs. 1 oder § 30 Abs. 2 Satz 2 beauftragten Personen die nach § 40 Abs. 1 Satz 2 bestellten Aufsichtspersonen sowie die im Dienst der Deutschen Bundesbank stehenden Personen, soweit sie zur Durchführung dieses Gesetzes tätig werden, dürfen die ihnen bei ihrer Tätigkeit bekanntgewordenen Tatsachen, deren Geheimhaltung im Interesse des Kreditinstituts oder eines Dritten liegt, insbesondere Geschäfts- und Betriebsgeheimnisse, nicht unbefugt offenbaren oder verwerten, auch wenn sie nicht mehr im Dienst sind oder ihre Tätigkeit beendet ist. Dies gilt auch für andere Personen, die durch dienstliche Berichterstattung Kenntnis von den in Satz 1 bezeichneten Tatsachen erhalten.

(2) Die Vorschriften der §§ 175, 179, 188 Abs. 1 und des § 181 der Reichsabgabenordnung über Beistands- und Anzeigepflichten gegenüber den Finanzämtern gelten nicht für die in Abs. 1 bezeichneten Personen, soweit sie zur Durchführung dieses Gesetzes tätig werden.

§ 30: Depotprüfung

(1) Bei Kreditinstituten, die das Effektengeschäft oder das Depotgeschäft betreiben, sind diese Geschäfte in der Regel einmal jährlich zu prüfen (Depotprüfung).

(2) Das Bundesaufsichtsamt erläßt nähere Bestimmungen über Art, Umfang und Zeitpunkt der Depotprüfung. Die Depotprüfer werden vom Bundesaufsichtsamt bestellt. Dieses kann das Recht zur Bestellung der Depotprüfer in Einzelfällen auf die Deutsche Bundesbank übertragen.

§ 46: Maßnahmen bei Gefahr

(1) Besteht Gefahr für die Erfüllung der Verpflichtungen eines Kreditinstituts gegenüber seinen Gläubigern, insbesondere für die Sicherheit der ihm anvertrauten Vermögenswerte, so kann das Bundesaufsichtsamt zur Abwendung dieser Gefahr einstweilige Maßnahmen treffen. Es kann insbesondere Anweisungen für die Geschäftsführung des Kreditinstituts erlassen, die Annahme von Einlagen und die Gewährung von Krediten (§ 19 Abs. 1) verbieten oder begrenzen, Inhabern und Geschäftsleitern die Ausübung ihrer Tätigkeit untersagen oder beschränken und Aufsichtspersonen bestellen.

§ 55: Verletzung der Schweigepflicht

(1) Wer vorsätzlich die durch § 9 begründete Verpflichtung verletzt, wird mit Gefängnis bis zu einem Jahr und mit Geldstrafe oder mit einer dieser Strafen bestraft. Die Verfolgung tritt nur auf Antrag des Verletzten ein.

(2) Handelt der Täter gegen Entgelt oder in der Absicht, sich oder einem Dritten einen Vermögensvorteil zu verschaffen oder jemanden zu schädigen, so ist die Strafe Gefängnis bis zu zwei Jahren. Daneben kann auf Geldstrafe erkannt werden.

12. **Gesetz über die Statistik für Bundeszwecke** v. 3. 9. 1953 (BGBl III Nr. 29–1) – **Auszug** –

§ 12:

(1) Einzelangaben über persönliche oder sachliche Verhältnisse, die für eine Bundesstatistik gemacht werden, sind, soweit durch Rechtsvorschrift...... nichts anderes bestimmt ist, von den Auskunftsberechtigten geheimzuhalten......

(3) Eine Zusammenfassung von Angaben mehrerer Auskunftspflichtiger ist keine Einzelangabe im Sinne dieses Gesetzes.

(4) Veröffentlichungen dürfen keine Einzelangaben im Sinne dieses Gesetzes enthalten.

§ 13:
(1) Wer ein Geschäfts- oder Betriebsgeheimnis, das ihm bei seiner Tätigkeit aufgrund dieses Gesetzes anvertraut worden oder sonst bekannt geworden ist, unbefugt offenbart oder verwertet, oder wer eine nach den Vorschriften dieses Gesetzes geheimzuhaltende Tatsache unbefugt offenbart, wird mit Gefängnis bis zu 6 Monaten und mit Geldstrafe oder mit einer dieser Strafen bestraft.
(2) Handelt der Täter gegen Entgelt oder in der Absicht, sich oder einem Dritten einen rechtswidrigen Vermögensvorteil zu verschaffen oder jemandem einen Nachteil zuzufügen, so ist die Strafe Gefängnis bis zu 2 Jahren. Daneben kann auf Geldstrafe erkannt werden.
(3) Die Absätze (1) und (2) gelten nur, soweit nicht in anderen Vorschriften eine schwerere Strafe angedroht ist.

13. Abgabenordnung (AO) v. 22. 3. 1976 (BGBl I, S. 613) – Auszug –

§ 22: Steuergeheimnis
(1) Das Steuergeheimnis ist unverletztlich.
(2) Einer Verletzung des Steuergeheimnisses macht sich schuldig:
1. wer Verhältnisse eines Steuerpflichtigen, die ihm als Amtsträger oder amtlich zugezogenem Sachverständigen im Besteuerungsverfahren, im Strafverfahren wegen eines Steuervergehens oder Bußgeldverfahrens wegen einer Steuerordnungswidrigkeit oder aufgrund einer Mitteilung einer Steuerbehörde in einem anderen Verfahren bekanntgeworden sind, unbefugt offenbart;
2. wer den Inhalt von Verhandlungen in Steuersachen, an denen er als Amtsträger oder als amtlich zugezogener Sachverständiger beteiligt war, unbefugt offenbart;
3. wer ein Geschäfts- oder Betriebsgeheimnis, das ihm als Amtsträger oder amtlich zugezogenem Sachverständigen im Besteuerungsverfahren wegen eines Steuervergehens oder Bußgeldverfahrens wegen einer Steuerordnungswidrigkeit anvertraut worden oder zugänglich geworden ist, unbefugt verwertet.

(3) Amtsträger ist ein Beamter oder wer, ohne Beamter zu sein, dazu bestellt ist, obrigkeitliche Aufgaben wahrzunehmen. Für Träger von Ämtern der Religionsgesellschaften des öffentlichen Rechts gelten die Vorschriften, die für Amtsträger getroffen sind, entsprechend.

§ 400: Bruch des Steuergeheimnisses
(1) Wer das Steuergeheimnis verletzt (§§ 22 Abs. 2, 3) wird mit Geldstrafe oder mit Gefängnis bis zu sechs Monaten bestraft.
(2) Ist die Handlung aus Eigennutz oder in der Absicht begangen worden, den Steuerpflichtigen zu schädigen, so kann statt der Geldstrafe oder neben ihr auf Gefängnis erkannt werden.

§ 401: Nebenfolgen
(1) Neben einer Gefängnisstrafe von mindestens einem Jahr wegen Steuerhinterziehung, Bannbruchs, Steuerhehlerei oder Bruchs des Steuergeheimnisses kann das Gericht die Fähigkeit, öffentliche Ämter zu bekleiden, und die Fähigkeit, Rechte aus öffentlichen Wahlen zu erlangen, auf die Dauer von zwei bis zu fünf Jahren aberkennen. Mit dem Verlust dieser Fähigkeiten verliert der Verurteilte zugleich die entsprechenden Rechtsstellungen und Rechte, die er innehat.

14. Gesetz über Fernmeldeanlagen vom 14. Januar 1928 (BGBl. III 9020–1) – Auszug –

§ 11: Geheimhaltungspflicht bei privaten Funkanlagen
Werden durch eine Funkanlage, die von anderen als Behörden betrieben wird, Nachrichten

empfangen, die von einer öffentlichen Zwecken dienenden Fernmeldeanlage übermittelt werden und für die Funkanlage nicht bestimmt sind, so dürfen der Inhalt der Nachrichten sowie der Tatsache ihres Empfanges auch von Personen, für die eine Pflicht zur Geheimhaltung nicht schon nach § 10 besteht, anderen nicht mitgeteilt werden. Die Vorschrift des § 10 Abs. 3 gilt entsprechend.

§ 18:
Wer entgegen der in § 11 bezeichneten Pflicht zur Geheimhaltung den Inhalt von Nachrichten oder die Tatsache ihres Empfangs einem anderen mitteilt, wird mit Freiheitsstrafe bis zu zwei Jahren oder mit Geldstrafe bestraft.

15. **Aktiengesetz** vom 6. September 1965 (BGBl I S. 1089) (BGBl III 4121–1) – **Auszug** –

§ 404: Verletzung der Geheimhaltungspflicht
(1) Mit Freiheitsstrafe bis zu einem Jahr oder mit Geldstrafe wird bestraft, wer ein Geheimnis der Gesellschaft, namentlich ein Betriebs- oder Geschäftsgeheimnis, das ihm in seiner Eigenschaft als
1. Mitglied des Vorstands oder des Aufsichtsrats oder Abwickler,
2. Prüfer oder Gehilfe eines Prüfers
bekanntgeworden ist, unbefugt offenbart.
(2) Handelt der Täter gegen Entgelt oder in der Absicht, sich oder einen anderen zu bereichern oder einen anderen zu schädigen, so ist die Strafe Freiheitsstrafe bis zu zwei Jahren oder Geldstrafe. Ebenso wird bestraft, wer ein Geheimnis der in Absatz 1 bezeichneten Art, namentlich ein Betriebs- oder Geschäftsgeheimnis, das ihm unter den Voraussetzungen des Absatzes 1 bekanntgeworden ist, unbefugt verwertet.
(3) Die Tat wird nur auf Antrag der Gesellschaft verfolgt. Hat ein Mitglied des Vorstands oder ein Abwickler die Tat begangen, so ist der Aufsichtsrat, hat ein Mitglied des Aufsichtsrats die Tat begangen, so sind der Vorstand oder die Abwickler antragsberechtigt.

16. **Gesetz betreffend die Erwerbs- und Wirtschaftsgenossenschaften** vom 1. Mai 1889 (RGBl S. 55) in der Fassung der Bekanntmachung vom 20. Mai 1898 (RGBl S. 369, 810) BGBl III 4125–1) – **Auszug** –

§ 151: Verletzung der Geheimhaltungspflicht
(1) Mit Freiheitsstrafe bis zu einem Jahr oder mit Geldstrafe wird bestraft, wer ein Geheimnis der Genossenschaft, namentlich ein Betriebs- oder Geschäftsgeheimnis, das ihm in seiner Eigenschaft als
1. Mitglied des Vorstands oder des Aufsichtsrats oder Liquidator oder
2. Prüfer oder Gehilfe eines Prüfers
bekanntgeworden ist, unbefugt offenbart.
(2) Handelt der Täter gegen Entgelt oder in der Absicht, sich oder einen anderen zu bereichern oder einen anderen zu schädigen, so ist die Strafe Freiheitsstrafe bis zu zwei Jahren oder Geldstrafe. Ebenso wird bestraft, wer ein Geheimnis der in Absatz 1 bezeichneten Art, namentlich ein Betriebs- oder Geschäftsgeheimnis, das ihm unter den Voraussetzungen des Absatzes 1 bekanntgeworden ist, unbefugt verwertet.
(3) Die Tat wird nur auf Antrag der Genossenschaft verfolgt. Hat ein Mitglied des Vorstands oder ein Liquidator die Tat begangen, so ist der Aufsichtsrat, hat ein Mitglied des Aufsichtsrats die Tat begangen, so sind der Vorstand oder die Liquidatoren antragsberechtigt.

II. Erläuterungen

1. Vorbemerkungen

Die unbefugte und mißbräuchliche Verwendung automatischer Datenverarbeitungsanlagen oder gespeicherter Daten faßt man in der Literatur unter dem Schlagwort „Computerkriminalität" zusammen. Man ist sich dabei bewußt, daß dieser sprachlich wie inhaltlich mangelhafte Begriff keinen strafrechtlichen Tatbestand umschreibt, sondern allenfalls unter kriminologischen Aspekten verschiedene, miteinander verwandte Erscheinungsformen strafwürdigen Verhaltens zusammenfaßt[1].

Von zur Mühlen[2] definiert „Computerkriminalität" als jenes deliktische Handeln, bei dem der Computer Werkzeug oder Ziel ist bzw. die Tat erleichtert oder strafrechtlich relevant macht. Eine der Aufgaben, die sich dem Anwender im Rahmen der „Computerkriminalität" stellen, ist die Berücksichtigung präventiver Maßnahmen. Bevor zur Abschreckung auf die Mittel des Strafrechts zurückgegriffen werden kann, ist zunächst den innerbetrieblichen, technischen und organisatorischen Sicherungsmöglichkeiten Vorrang einzuräumen, wobei es, sofern es um den Schutz des Vermögens des Computerbenutzers geht, nicht Aufgabe des Gesetzgebers sein kann, Schutz vor eigenem Leichtsinn gesetzlich zu regeln. Anders liegen dagegen die Fälle, in denen der Schutz Dritter, wie beispielsweise im Rahmen der Strafbestimmungen des BDSG, bezweckt wird.

Bei der Diskussion um Fragen der „Computerkriminalität" ist sowohl der Umfang derartiger Handlungen umstritten[3], als auch die Frage, ob der Mißbrauch beim Einsatz der neuen Technologie „Automatisierte Datenverarbeitung" neue strafwürdige Tatbestände schafft, die vom geltenden Strafrecht nicht erfaßt werden. Nach einer nach 1974 geäußerten Ansicht der Bundesregierung[4] haben die Erfahrungen mit der sogenannten Computerkriminalität und der Anwendung des Strafrechts auf diese Fälle keine strafrechtlichen Lücken in Bezug auf die spezifischen Möglichkeiten der EDV-Technik erkennen lassen[5]. Nunmehr wird jedoch erwogen, hinsichtlich krimineller Verwendung von ADV-Anlagen die Vorschriften des Strafgesetzbuches zu erweitern[6].

U. a. ist in Ergänzung des § 263 StGB die Schaffung eines Tatbestandes im Gespräch, der sich mit Manipulationen zur Vermögensschädigung mit Hilfe von

1 Vgl. z. B. Protokoll des öffentlichen Hearings zum Thema „Computer-Kriminalität" der Interparlamentarischen Arbeitsgemeinschaft am 13. 4. 74, KEDV-Drucksache 65.

2 Computer-Kriminalität, Gefahren und Abwehrmaßnahmen, S. 17.

3 Diesen bagatellisieren u. a. *Betzl*, DSWR 1972, S. 317 ff., und *Die Antwort der Bundesregierung auf eine kleine Anfrage betr. Computer-Kriminalität* am 9. 5. 74, BT-Drucksache 7/26067.

4 Siehe Fn. 3.

5 So auch *Steinke*, ÖVD 1974, S. 569; a. A.: *Lampe* und *von zur Mühlen*, Protokoll IPA-Hearings „Computer-Kriminalität".

6 Näheres hierzu siehe in Datenschutzrecht I, S. 68 f.

ADV-Anlagen befaßt[7]. Übereinstimmende Meinung war vor Erlaß des BDSG jedoch, daß zum Schutz *personenbezogener* Daten vor mißbräuchlicher Verarbeitung mit Hilfe von ADV-Anlagen die geltenden strafrechtlichen Bestimmungen nicht ausreichten, da das bisherige Recht in viele aufeinander nicht abgestimmte, einschlägige Einzelvorschriften zersplittert war. Durch die Strafvorschrift des § 41 BDSG werden nun personenbezogene Daten vor unbefugter Weitergabe, Veränderung und Kenntnisnahme generell geschützt, wobei jedoch auch insoweit die Subsidiaritätsregel des § 45 BDSG zu beachten ist[8].

Überlegungen, eine solche generelle Schutzvorschrift in die zum 1. 1. 1975 in Kraft getretenen Änderungen zum Strafgesetzbuch aufzunehmen, konnten nicht realisiert werden[9]. Jedoch haben auch die durch das Einführungsgesetz zum Strafgesetzbuch vom 2. 3. 1974 neu geregelten Vorschriften zum Schutz des privaten Lebens- und Geheimnisbereichs (§§ 201–205 StGB) starke Verbesserungen des Schutzes personenbezogener Daten gebracht, wobei gleichzeitig verschiedene verstreute strafrechtliche Geheimhaltungsvorschriften durch Art. 262 EGStGB (BGBl S. 469) nun im StGB zusammengefaßt wurden.

Unter dem Begriff der „Computerkriminalität" werden nur solche Vorgänge betrachtet, bei denen ein Dritter zum Nachteil des Computerbenutzers unbefugt handelt, nicht aber solche Fälle, in denen der Computerbenutzer an sich befugt die ADV einsetzt, um strafbare Tatbestände zu begehen, d. h. es wird der strafrechtliche Aspekt der Datensicherung angesprochen, während die Vorschriften der §§ 41, 42 BDSG gleichermaßen den Schutz des Betroffenen und damit den Datenschutz zum Ziele haben.

2. Erscheinungsformen der „Computerkriminalität" nach dem geltenden Strafrecht

Mit der unbefugten Weitergabe, Veränderung oder Kenntnisnahme von Daten oder Programmen oder der unbefugten Benutzung oder Beschädigung von DV-Anlagen oder Programmen verfolgt der Täter in der Regel das Ziel, den Benutzer der DV-Anlage zu schädigen und sich selbst zu bereichern oder sich sonstige Vorteile zu verschaffen. Unter Beachtung dieses Unrechtsgehalts können folgende vier Deliktkomplexe unterschieden werden:

- die Manipulation (Verfälschung von Programmen, um aus den Fälschungen bestimmte Vorteile zu ziehen)
- Zeitdiebstahl (unbefugte Benutzung der DV-Anlage oder der Software)
- Informationsdiebstahl/Spionage (Auskundschaften von Programmen und Daten)

---

7 Siehe Meldung Computer-Zeitung vom 9. 2. 77.; Entwurf wiedergegeben bei *Sieber*, Computerkriminalität und Strafrecht 1977, S. 335 ff.

8 Vgl. Einleitung und Abschnitt 8 dieses Kapitels.

9 Begründung zum Regierungsentwurf des BDSG vom 2. 5. 73 BR-Drucksache 391/73, S. 31.

– Sabotage (vorsätzliches Zerstören von Hard- oder Software sowie Daten)
Die mißbräuchliche Verwendung der ADV wird im geltenden Strafrecht unter Beachtung der vorstehend erläuterten Unrechtsgruppen wie folgt erfaßt:

2.1 Manipulation[9a]

Fälle der Manipulation betreffen das Verfälschen von Daten, Datenbeständen oder Programmen. Hier kann – je nach Sachlage – eine Reihe von Straftatbeständen erfüllt sein. So kann der Tatbestand der Sachbeschädigung (§ 303 StGB) gegeben sein, denn ein Magnetband oder eine Platte ohne Daten ist im Verhältnis zu dem früheren Zustand eine Sache, die in ihrer Bestimmung nicht mehr in gleicher Weise brauchbar ist. Hier ist der Sachverhalt ähnlich zu beurteilen wie bei der unbefugten Löschung eines Tonbandes[10].
Neben dem Löschen von Daten fällt auch das Verändern von Daten oder Datenbeständen durch Hinzufügen bestimmter Daten auf dem Band oder der Platte unter den Tatbestand des § 303 StGB. Der Gesamtbestand einer Datei ist ebenso eine Sache wie ein einzelner, auf einem Datenträger befindlicher Datensatz. Die Beschädigung tritt ein, wenn der Datenträger nach der Manipulation falsche oder keine Angaben ausweist. Die Strafvorschrift des § 303 StGB ist jedoch nicht anwendbar, wenn die Verfälschung des Programms oder seines Ablaufs ohne Veränderung der vorhandenen Datenträger durch Einbau eines zusätzlichen Datenträgers oder ohne sonstige Beschädigung der DV-Anlage oder der gespeicherten Daten erfolgt.
Manipulationen können ferner die Verfälschung technischer Aufzeichnungen im Sinne des § 268 StGB zum Inhalt haben.[10a] Gemäß § 268 StGB wird bestraft, wer zur Täuschung im Rechtsverkehr unechte technische Aufzeichnungen herstellt, technische Aufzeichnungen verfälscht oder unechte oder verfälschte Aufzeichnungen gebraucht. Auch der Täter, der durch Einwirkung auf den Aufzeichnungsvorgang das Ergebnis der Aufzeichnungen beeinflußt, wird durch § 268 Abs. 3 StGB erfaßt. Dieser Tatbestand schließt jedoch nicht die Eingabe falscher Daten ein.
Vernichtet oder beschädigt jemand eine technische Aufzeichnung, die ihm entweder überhaupt nicht oder nicht ausschließlich gehört, in der Absicht, einem anderen einen Nachteil zuzufügen, so macht er sich strafbar gemäß § 274 StGB.
Eine Manipulation des Informationsverkehrs in weitestem Sinne stellt die unwahre Weitergabe von Daten dar, die sich strafrechtlich als Beleidigung oder Verleumdung (§ 185 ff. StGB) oder falsche Aussage (§§ 155 ff. StGB), falsche Namensangabe (§ 111 OWiG), Fälschung von Gesundheitszeugnissen (§ 277 StGB) u. ä. darstellen kann, wobei das geschützte Rechtsgut jedoch nur in wenigen Fällen die Persönlichkeitssphäre des einzelnen ist.

9a Siehe allgemein zum Fall einer Manipulation, OLG München v. 26. 7. 76, JZ 77, S. 408 mit einer Anmerkung von Sieber.

10 So *Merkel*, NJW 1956, S. 778; *Schönke/Schröder*, aaO., § 303 Anm. 8; *Steinke*, ÖVD 1974, S. 568.

10a A.A.: *Kunz*, JuS 1977, S. 605.

2.2 Zeitdiebstahl

Der Zeitdiebstahl umfaßt Fälle, in denen der Täter Hard- oder Software ohne Erlaubnis für eigene Zwecke benutzt. Unter Umständen wird dabei der Tatbestand des Betruges (§ 263 StGB) erfüllt sein. Die Täuschungshandlung kann in positivem Handeln, aber auch im Unterlassen bestehen, sofern eine Aufklärungspflicht des „Zeitdiebs" besteht[11], wie dies beispielsweise bei Angestellten des Rechenzentrums zu bejahen ist.
Besteht ein besonderes Treueverhältnis zwischen Anwender und Täter, so kann auch der Fall der Untreue (§ 266 StGB) gegeben sein. Es wird ferner § 265a StGB erfüllt sein, wenn die Anlage allgemein gegen Entgelt genutzt wird und die Nutzung auf nicht ordnungsgemäße Weise geschieht. Vorwiegend Service-Rechenzentren dürften von dieser Vorschrift betroffen sein. Nimmt der Täter Ausdrucke mit, so kommt eine Bestrafung gemäß § 242 StGB (Diebstahl) in Betracht. Insgesamt bleibt anzumerken, daß der Zeitdiebstahl kein neues computertypisches Delikt darstellt, sondern sich auf die unbefugte Benutzung von technischen Einrichtungen, wie sie in vielfacher Erscheinungsform im Unternehmen anzutreffen sind, beziehen kann. Aus diesem Grunde dürfte derjenigen Auffassung Recht zu geben sein, die einen besonderen Straftatbestand zum Schutze des „Besitzers" einer DV-Anlage für nicht erforderlich hält[11].

2.3 Informationsdiebstahl

Unter dem Eindruck des Reizwortes „Informationsdiebstahl" wird man zunächst an die Tatbestände der §§ 17, 18 UWG denken. Gemäß § 17 Abs. 1 UWG macht sich strafbar, wer als Angehöriger eines Geschäftsbetriebes Geschäfts- oder Betriebsgeheimnisse[12] einem Dritten verrät, wenn dies zu Zwecken des Wettbewerbs oder aus Eigennutz oder in der Absicht geschieht, dem Inhaber des Geschäftsbetriebes Schaden zuzufügen. Verwerten oder verraten Betriebsfremde zu Wettbewerbszwecken oder aus Eigennutz Geschäfts- oder Betriebsgeheimnisse, deren Kenntnis sie durch eine der vorstehend beschriebenen Handlungen oder durch eine gegen das Gesetz oder die guten Sitten verstoßende eigene Handlung erlangt haben, so sind auch sie strafbar (§ 17 Abs. 2 UWG).
Gemäß § 18 UWG steht ferner unter Strafe, wer die ihm im geschäftlichen Verkehr anvertrauten Vorlagen oder Vorschriften technischer Art, insbesondere Zeichnungen, Modelle, Schablonen, Schnitte oder Rezepte zu Zwecken des Wettbewerbs oder aus Eigennutz unbefugt verwertet oder jemandem mitteilt. Daten, Datenbestände oder Programme können Vorlagen oder Vorschriften technischer Art im Sinne des § 18 UWG sein.
Während das Gesetz gegen unlauteren Wettbewerb sowie die erwähnten Vorschriften des Strafgesetzbuches den von ihnen erfaßten Täterkreis ausdrücklich

11 Siehe hierzu *Steinke*, ÖVD 1974, S. 509.
12 Damit können auch Daten, Datenbestände oder Programme gemeint sein.

beschreiben, besteht eine derartige Begrenzung nach den Vorschriften des Urheberrechtsgesetzes (§§ 106ff. UrhRG) nicht. Sie sind anwendbar, sobald die erlangten Unterlagen durch Vervielfältigung, Verarbeitung oder öffentliche Wiedergabe genutzt werden, vorausgesetzt, daß es sich bei den ausgespähten Daten, Datenbeständen oder Programmen um urheberrechtlich geschützte Werke handelt. Die Programme erfüllen die genannten Voraussetzungen, soweit sie persönliche geistige Schöpfungen beinhalten[13].
Die den §§ 6, 7 und 8 Patentgesetz (PatG) zuwiderlaufende Benutzung von Erfindungen wird nach § 45 PatG mit Geldstrafe oder Freiheitsstrafe bis zu einem Jahr bestraft. Die Anwendbarkeit dieser Bestimmungen auf EDV-Programme hängt von der Patentfähigkeit der Programme ab, die allerdings bis zum heutigen Tage noch streitig ist[14].

2.4 Sabotage

Die Fälle der Sabotage, d. h. der Beschädigung, Vernichtung oder Verfälschung von Daten, Programmen oder EDV-Anlagen sind im wesentlichen wie die der Manipulation zu behandeln, wobei jedoch Täuschungsabsichten in der Regel ausscheiden. In den meisten Fällen ist davon auszugehen, daß bei vorsätzlicher Beschädigung oder Vernichtung eine Sachbeschädigung im Sinne des § 303 StBG gegeben ist.

3. Spezialnormen des Datenschutzes im StGB (§§ 201–205)

Die §§ 201–205 StGB schützen vor der Verletzung des persönlichen Lebens- und Geheimbereichs. Diese Vorschriften haben den Zweck, die verfassungsmäßig garantierte freie und unantastbare Sphäre privater Lebensgestaltung (Art. 1 Abs. 1, 2 Abs. 1 GG) vor Beeinträchtigungen zu bewahren[15].

3.1 Unbefugte Ermittlung von Daten

Die ersten beiden Tatbestände der §§ 201, 202 StGB regeln zwei Fälle des unbefugten Ermittelns von Daten. § 201 StGB (Verletzung der Vertraulichkeit des Wortes) bestraft die Aufnahme oder das Abhören von Gesprächen. In § 202 StGB ist der Schutz des Briefgeheimnisses verstärkt worden. Dieser Tatbestand schützt neben Schriftstücken gleichermaßen den Inhalt anderer, zur Gedankenübertragung bestimmter Träger, also auch Lochkarten, Magnetbänder u. ä. wie sich aus § 202 Abs. 3 StGB ergibt.

---

[13] So auch die Schriftliche Antwort des Parlamentarischen Staatssekretärs, Dr. Bayerl v. 24. 2. 1972 auf die mündliche Frage des Abgeordneten Lenzer (BT-Drucksache VI/3165 Frage A50.

[14] Vgl. *Kolle*, GRUR 1973, S. 611–630, 1974, S. 7–20, GRUR 1974, S. 129–132.

[15] Vgl. hierzu auch *Hümmerich/Gola*, Personaldatenrecht im Arbeitsverhältnis, aaO, S. 161ff., *Gola*, Der neue strafrechtliche Schutz privater Daten, DSWR 75, S. 66ff.

Der Tatbestand des § 202 Abs. 1 StGB ist erfüllt, wenn das verschlossene Schriftstück oder der Datenträger geöffnet oder wenn durch technische Mittel deren Inhalt erkennbar gemacht wird. Es macht sich ferner derjenige strafbar, der das Schriftstück oder den zur Gedankenübermittlung bestimmten Träger aus einem verschlossenen Behältnis nimmt, das zur Sicherung vor unbefugter Kenntnisnahme dienen sollte. Geschützt sind in weitem Umfange daher auch die mit technischen Mitteln der Datenverarbeitung gespeicherten Gedanken und Angaben vor unbefugter Kenntnisnahme.

3.2 Unbefugte Weitergabe von Daten durch Private

Die unbefugte Weitergabe von privaten Geheimnissen und Daten ist in § 203 StGB geregelt, der die Verletzung der Privatsphäre durch bestimmte private Berufe und Mitarbeiter der öffentlichen Verwaltung unter Strafe stellt. Als Geheimnis geschützt sind Tatsachen, die nach dem Willen und unter Beachtung eines schutzwürdigen Interesses des Betroffenen nur einem begrenzten Personenkreis bekannt sind. Solche Geheimnisse sind namentlich zum persönlichen Lebensbereich gehörende Angaben und Betriebs- oder Geschäftsgeheimnisse. Es können aber auch Tatsachen sonstiger Art sein. In der Mehrzahl wird es sich jedoch im Hinblick auf den Katalog der Berufe, denen eine Geheimnispflicht auferlegt ist, um Angaben aus dem persönlichen Lebensbereich eines Menschen, d. h. personenbezogene Daten handeln, wie sie auch das BDSG schützt.
Zu beachten ist, daß § 203 StGB den Verpflichteten nicht schlechthin zur Geheimhaltung zwingt. Nur die vorsätzliche, unbefugte Offenbarung ist strafbar, wobei „unbefugt" nicht „ohne Einwilligung" gleichzusetzen ist. Vielmehr muß in jedem Einzelfall geprüft werden, ob die nichtgenehmigte Offenbarung eines Privatgeheimnisses nicht in Wahrnehmung berechtigter Interessen gestattet oder gesetzlich geboten ist.
Die geheimhaltungspflichtigen privaten Berufe (§ 203 Abs. 1 Ziffer 1–6) beschränken sich auf bestimmte medizinische, soziale und rechtsberatende Tätigkeiten, so zählen Ärzte (auch Tierärzte!), Apotheker und Angehörige sonstiger Heilberufe mit staatlich geregelter Ausbildung (Ziffer 1) zu den Geheimhaltungsverpflichteten. Daneben gehören aus dem medizinisch-sozialen Berufsbereich die wissenschaftlich ausgebildeten Berufspsychologen, Berater in Ehe-, Erziehungs-, Jugend-, und Sozialarbeiter und Sozialpädagogen (Ziffer 5) und die Angehörigen einer privaten Kranken-, Unfall- oder Lebensversicherung oder einer privatärztlichen Verrechnungsstelle (Ziffer 6) zu den Geheimhaltungsverpflichteten. In Ziffer 3 sind ferner, wie bisher, Rechtspflegeberufe genannt, wobei neben den Steuerberatern die Steuerbevollmächtigten erwähnt werden. Nicht aufgenommen wurden die Rechtsbeistände und Prozeßagenten.

3.3 Unbefugte Weitergabe von Daten durch die öffentliche Verwaltung

Die Verletzung eines privaten Geheimnisses durch Angehörige der öffentlichen Verwaltung (§ 203 Abs. 2 S. 1 Ziffer 1–5) wird nun bestraft, unabhängig davon, ob es sich um ein sogenanntes Amtsgeheimnis handelt, dessen Weitergabe öffentliche Interessen gefährdet. Es wird unterschieden zwischen dem Schutz der Privatsphäre des Bürgers, der nunmehr durch § 203 Abs. 2 StGB gewährleistet ist und dem Interesse der Behörde an der Wahrung des Amtsgeheimnisses (§ 353b StGB). Die Pflicht zur vertraulichen Handhabung von personenbezogenen Daten bezieht sich nicht nur auf Geheimnisse, sondern auch auf sonstige Einzelangaben über persönliche oder sachliche Verhältnisse eines anderen, die für Aufgaben der öffentlichen Verwaltung erfaßt worden sind (Abs. 2 Satz 2). Diese Bestimmung soll einen Datenschutz in der öffentlichen Verwaltung realisieren helfen, wobei sie zu Recht nicht auf die Speicherung der Daten mit Hilfe von DV-Anlagen abstellt.

Zur Vertraulichkeit verpflichtet sind Amtsträger (Abs. 2 Satz 1 Ziffer 2) und für den öffentlichen Dienst besonders Verpflichtete (Ziffer 3). Amtsträger (vgl. § 11 Nr. 2 und 4 StGB) sind alle in einem Amtsverhältnis stehenden Angehörige des öffentlichen Dienstes, sei es als Beamter, Richter oder in einem sonstigen öffentlich-rechtlichen Amtsverhältnis (z. B. Minister). Sie sind Amtsträger allein aufgrund des Amtsverhältnisses und unabhängig von ihrer Funktion. Ferner zählen zu den Amtsträgern die Angehörigen des öffentlichen Dienstes, die ohne in einem Amtsverhältnis zu stehen (z. B. als Angestellter), Aufgaben der öffentlichen Verwaltung wahrnehmen. Aufgaben der öffentlichen Verwaltung sind nicht nur solche der staatlichen Anordnungs- und Zwangsgewalt, sondern alle aus der Staatsgewalt abgeleiteten und staatlichen Zwecken dienende Aufgaben, unabhängig in welcher Form (hoheitlich oder privatrechtlich) sie erledigt werden.

Ferner sind private Mitglieder eines für ein Gesetzgebungsorgan des Bundes oder eines Landes tätigen Ausschusses (Ziffer 4) und öffentlich bestellte Sachverständige (Ziffer 5) als Geheimnisverpflichtete genannt.

Letztlich sind in Ziffer 3 die Personen in den Kreis der Verpflichteten einbezogen, die Aufgaben nach dem Personalvertretungsrecht wahrnehmen. Diese Bestimmung erreicht eine diesbezügliche Rechtseinheitlichkeit in Bund und Ländern und stellt die Parallelbestimmung zu § 120 BetrVG dar[16].

3.4 Weitere datenschutzrechtlich relevante Normen des StGB

Auch außerhalb des 15. Abschnitts des StGB, der dem Schutz des privaten Lebens- und Geheimnisbereichs dient, enthält das Strafgesetzbuch eine Vielzahl datenschutzrechtlich relevanter Tatbestände, die teilweise als lex specialis zum BDSG den unbefugten Umgang mit Daten unter Strafe stellen.

Hier sind einmal die bereits erwähnten Bestimmungen zum Schutz bestimmter Amtsgeheimnisse zu nennen, wie

§ 353b StGB (Verletzung des Dienstgeheimnisses)

§ 353c StGB (Unbefugte Weitergabe geheimer Gegenstände oder Nachrichten)

§ 353d StGB (Verbotene Mitteilung über Gerichtsverhandlungen)

§ 354 StGB (Verletzung des Post- und Fernmeldegeheimnis)

16 *Hümmerich/Gola*, Personaldatenrecht, S. 164f.

§ 355 StGB (Verletzung des Steuergeheimnisses)
§ 356 StGB (Parteiverrat)
Daneben sind die Vorschriften des Landesverrats (§ 93ff. StGB) von Bedeutung. Ferner muß auch insoweit auf die Bestimmungen der §§ 185ff. StGB (Beleidigung) hingewiesen werden, die vor unwahrer wie auch wahrer Weitergabe von Daten schützen.

4. Schutz des privaten Geheimnisbereichs in Spezialnormen

Nicht übersehen werden darf, daß Inhaber einer Reihe von Berufen oder Berufsgruppen, denen private Daten und Geschäftsgeheimnisse anvertraut sind, an deren Weitergabe der Betroffene kein Interesse hat, auch außerhalb des Strafgesetzbuches durch Spezialnormen unter Strafandrohung zur Geheimhaltung verpflichtet werden. Bedeutende Bestimmungen sind hier die §§ 17–20a des Gesetzes gegen den unlauteren Wettbewerb (UWG), die den Verrat von Betriebs- und Geschäftsgeheimnissen und die unbefugte Verwertung von Vorlagen, Zeichnungen usw. unter Strafe stellen. Eine ähnliche Funktion erfüllen die Strafnormen der § 151 Genossenschaftsgesetzes und § 404 Aktiengesetz.
Ferner ist § 120 BetrVG oder § 58 SchwbG zu nennen, die die Mitglieder des Betriebsrats bzw. die Vertrauensleute der Schwerbehinderten unter Strafandrohung zur Geheimhaltung der anvertrauten Daten zwingen. Als Beispiel für öffentliche Aufgaben wahrnehmende Berufe sind die strafrechtlich abgesicherten Geheimhaltungspflichten der Steuerbeamten (§ 30 AO) oder der Kreditaufsicht (§ 55 KreditG) zu nennen.
Alle diese Normen sichern vor der unbefugten Weitergabe von Daten und zumeist von personenbezogenen Daten. Sie stellen dann spezielle Datenschutznormen dar, von denen die wichtigsten vorstehend wiedergegeben sind.

5. Straftaten nach dem BDSG (§§ 41, 42)

Das BDSG enthält in seinen §§ 41, 42 Straf- und Bußgeldvorschriften, die einen Verstoß gegen Datenschutzbestimmungen des BDSG teilweise unter Strafe stellen, teilweise als Ordnungswidrigkeiten ahnden[17]. Unter Strafe gestellt wird die unbefugte Verarbeitung der Daten, während der Verstoß, beispielsweise gegen Melde-, Auskunfts- und Benachrichtigungspflichten, als Ordnungswidrigkeit behandelt wird. Ordnungswidrig handelt jeder, der den Gesetzesverstoß begeht, d. h. nicht nur der Inhaber der Datenverarbeitungsanlage (meist der Unternehmer), sondern auch die sonstigen gesetzlichen Vertreter, sowie Personen die beauftragt sind, in eigener Verantwortung die Aufklärungs- und Auskunftspflichten zu erfüllen, d. h. u. a. auch der Datenschutzbeauftragte[18]. Diese Schlußfolgerung

---

17 Vgl. hierzu auch *Gola/Hümmerich/Kerstan,* Datenschutzrecht I, S. 41ff.
18 *Gola*, Gesetzlich verordnet, Der Datenschutzbeauftragte, Online 12/76.

ist im Ergebnis aus § 10 OWiG zu entnehmen. Hat jemand als gesetzlicher Vertreter einer juristischen Person oder als Gesellschafter einer Person und Handelsgesellschaft die Ordnungswidrigkeit begangen, so kann auch gegen die juristische Person oder die Personengesamtheit als Nebenfolge der Ordnungswidrigkeit eine Geldbuße festgesetzt werden (§ 26 OWiG).
Strafbar nach § 41 BDSG macht sich im einzelnen, wer geschützte personenbezogene Daten unbefugt

- übermittelt
- verändert
- abruft
- sich aus in Behältnissen verschlossenen Dateien verschafft.

Täter können somit unbefugt, d. h. ohne Rechtfertigungsgrund gemäß dem BDSG für die datenverarbeitende Stelle tätig werdende Personen sein wie unbefugte Außenstehende. Strafbarkeit liegt jedoch nur vor, wenn die übermittelten, abgerufenen, veränderten Daten nicht offenkundig sind. Offenkundig sind Daten, die keinem beschränkten Personenkreis bekannt sind[19], also auch Daten aus allgemein zugänglichen Quellen. Das Strafmaß beträgt Freiheitsstrafe bis zu einem Jahr oder Geldstrafe. Strafverschärfung tritt ein, wenn der Täter gegen Entgelt oder in Bereicherungs- oder Schädigungsabsicht handelt.
Bemerkenswert im Hinblick auf die speziellen strafrechtlichen Geheimhaltungsvorschriften ist, daß der Verstoß gegen Verarbeitungsverbote nicht generell unter Strafe gestellt ist und z. B. unbefugte Speicherung oder Löschung nach dem BDSG straflos bleibt.
Während die Verfolgung einer Straftat einen Antrag des Verletzten voraussetzt, gilt für die Ordnungswidrigkeiten das sog. Opportunitätsprinzip (§ 47 OWiG), d. h. die Verfolgung liegt im pflichtgemäßen Ermessen der zuständigen Behörde.

6. Sonstige strafrechtliche Normen mit DV-Bezug

In gewissem Zusammenhang mit Fragen des Datenschutzes stehen strafrechtliche Normen, die gesetzliche Melde- und Auskunftspflichten gegenüber Behörden sichern. Die Zahl dieser Meldepflichten, die gleichzeitig zur Weitergabe personenbezogener Daten im Sinne des § 3 BDSG berechtigen, ist beträchtlich. Diese Bestimmungen sind jedoch nicht unmittelbar datenschutzrechtlich relevant, da sie nicht die Privatsphäre der Betroffenen schützen, sondern – im Gegenteil – unter Strafandrohung verlangen, daß die Privatsphäre der Betroffenen durchbrochen wird.
Es wurde davon abgesehen, diese gesetzlichen Vorschriften hier vollständig auf-

19 Wenn man „offenkundig“ als strafrechtliches Gegenstück zu „geheim“ ansieht; siehe *Schönke/Schröder*, § 93 Anm. 6ff.

20 Siehe Nr. 6 Abs. 1.2 der Richtlinie für das Strafverfahren und das Bußgeldverfahren vom 1. Januar 1977/BAnz 1976, Nr. 245.

zuzählen. Eine Übersicht enthält die Einführung zu diesem Buch, in der einzelne Vorschriften über die Verpflichtung, die Beschränkung oder das Verbot der Speicherung, Übermittlung, Veröffentlichung von Einzelangaben über Personen (§ 45 Ziff. 3 BDSG) genannt wurden. Erwähnt werden sollen schließlich noch die Verpflichtung aus § 1 des Gesetzes über Personalausweise, bzw. § 1 und § 2 des Gesetzes über das Paßwesen, nach denen sich jeder Bürger im Bundesgebiet gegenüber den zuständigen Behörden über seine Person ausweisen muß. Abgesehen von anderen Straftatbeständen ist eine falsche Namensangabe gemäß § 111 Ordnungswidrigkeitsgesetz als Ordnungswidrigkeit zu ahnden. Ferner sei auf die Auskunftspflichten nach § 10 über die Statistik für Bundeszwecke (StatG) hingewiesen, dessen Nichtbefolgung nach § 14 StatG ebenfalls als Ordnungswidrigkeit geahndet wird.
Zurückgeblickt sei zum Schluß auf die strafprozessualen Vorschriften, die gemäß § 45 BDSG ausdrücklich dem Bundesdatenschutzgesetz vorgehen. Hierbei handelt es sich einmal um die Zeugnisverweigerungsrechte gemäß den §§ 52 bis 55 StPO, zum anderen sei auf § 161 StPO hingewiesen, bei dem es sich um eine Vorschrift über die Verpflichtung, die Beschränkung oder das Verbot der Speicherung, Übermittlung oder Veröffentlichung von Einzelangaben über Personen im Sinne des § 45 Satz 2 Ziff. 3 BDSG handelt. Der Verlauf des Strafprozesses dürfte damit aus dem Schutzbereich des BDSG herausgenommen sein.

7. Strafantrag des Betroffenen

Da die Strafverfolgung gemäß § 41 BDSG – wie auch nach anderen Vorschriften des StGB zum Schutz der Privatsphäre – einen Strafantrag voraussetzt, bedingt dies, daß der Betroffene von der Rechtsverletzung Kenntnis erhält. Insofern stellt sich die Frage, ob die Kontrollorgane des Datenschutzes, d. h. der Datenschutzbeauftragte und die Aufsichtsbehörden berechtigt oder sogar verpflichtet sind, den Betroffenen zu benachrichtigen, wenn sie Verstöße gegen das BDSG ohne dessen Wissen feststellen. Sie selbst sind ja zur Initiierung einer Strafverfolgung nicht berechtigt. Es wäre auch daran zu denken, daß der Datenschutzbeauftragte oder die Aufsichtsbehörde, die für die Strafverfolgung bei aufgedeckten Verstößen gegen das BDSG ausschließlich zuständigen Strafverfolgungsbehörden, d. h. die Staatsanwaltschaft benachrichtigt, die dann zumindest, wenn sie eine Strafverfolgung im öffentlichen Interesse für geboten hält, den Antragsberechtigten von der Tat unterrichtet.
Zur Unterrichtung des Antragsberechtigten gesetzlich verpflichtet ist der Staatsanwalt jedoch nur für den Fall, daß bereits ein Haftbefehl erlassen worden ist und ein Strafantrag noch nicht vorliegt (§ 130 StPO), eine Maßnahme, zu der es in diesem Bereich der Strafverfolgung kaum kommen wird.
Die Bundesregierung vertritt hierzu[21] die Auffassung, daß, wenngleich für den

---

21 Antwort der Bundesregierung auf eine kleine Anfrage des Abgeordneten Dr. Laufs (Drucksache 8/206 Frage B 25, Bundestagsdrucksache 21.3.77 S.1393, 1394).

Bundesdatenschutzbeauftragten und die Datenschutzaufsichtsbehörden im Bundesdatenschutzgesetz eine Verpflichtung zur entsprechenden Unterrichtung des antragsberechtigten Betroffenen weder generell noch in bestimmten Einzelfällen vorgesehen ist, man im Einzelfall die Befugnis zur Unterrichtung des antragsberechtigten Betroffenen in solchen Fällen annehmen kann, in denen in besonders schwerwiegender Weise gegen Datenschutzvorschriften verstoßen wurde oder die Durchführung des Strafverfahrens das letzte Mittel ist, um einen Verstoß gegen Datenschutzvorschriften zu beenden oder einen rechtswidrigen Zustand und dessen Folgen zu beseitigen. Diese Auffassung gilt nach Ansicht der Bundesregierung in gleicher Weise für den betrieblichen Datenschutzbeauftragten. Auch diesem wird trotz gewisser zwischen ihm und der datenverarbeitenden Stelle bestehender Treuepflichten in begrenzten Ausnahmefällen das Recht zugestanden, den antragsberechtigten Betroffenen von dem Verstoß zu unterrichten. Inwieweit zumindest der betriebliche Datenschutzbeauftragte von diesem „Recht" Gebrauch machen wird, d. h. einen Dritten zu einer Anzeige gegen seinen eigenen Betrieb auffordern wird, muß in Frage gestellt werden. Festzuhalten ist in jedem Falle, daß ein Anspruch des Betroffenen auf Unterrichtung gegenüber den Aufsichtsbehörden sich im Einzelfall höchstens daraus ergeben kann, daß sie nur durch Einleitung der Strafverfolgung ihrer Aufgabe nachkommen können, die Einhaltung der Datenschutzvorschriften sicherzustellen.

8. Konkurrenzfragen

Strafrechtlich relevant ist die einzelne Handlung, wobei die durch eine Handlung verwirklichten verschiedenen Tatbestände in Idealkonkurrenz (Tateinheit, § 52 StGB) stehen. Die Idealkonkurrenz ist also dadurch gekennzeichnet, daß bei der strafrechtlichen Bewertung einer Tat mehrere Strafbestimmungen Anwendung finden, die erst in ihrer Gesamtheit den Unrechtsgehalt der Tat erschöpfen. Sogenannte gleichartige Idealkonkurrenz liegt vor, wenn durch eine Handlung derselbe Tatbestand mehrere Male verwirklicht wurde, d. h. mehrere gleichartige Erfolge eingetreten sind. Bei der Bemessung der Strafe gilt bei Vorliegen von Idealkonkurrenz das Absorptionsprinzip, d. h. die Verurteilung erfolgt aus allen Tatbeständen, die Strafe wird jedoch der Norm entnommen, die im konkreten Fall die schwerste Strafe androht.

Neben der Idealkonkurrenz bestehen auch im Strafrecht Fälle, in denen scheinbar mehrere Tatbestände zusammentreffen, ein Tatbestand jedoch den anderen verdrängt. Im Strafrecht wird dieser Fall als Gesetzeskonkurrenz bezeichnet. Gesetzeskonkurrenz besteht bei Spezialität, Alternativität, Konsumtion und Subsidiarität. Subsidiarität liegt vor, wenn bestimmte Tatbestände nicht gelten, weil ein anderes, regelmäßig schwerere Strafsanktionen androhendes Gesetz zur Anwendung kommt. Daß in § 45 BDSG strafrechtlich ein Fall der Gesetzeskonkurrenz geregelt ist, steht außer Frage. Die Strafnorm des § 41 BDSG ist nicht aus dem Vorrang besonderer Vorschriften des Bundes ausgenommen, d. h. besondere auf in Dateien gespeicherte personenbezogene Daten anwendbare Straftatbestände gehen denen des § 41 BDSG vor.

Hier fragt es sich jedoch, ob § 45 BDSG eine allumfassende Subsidiaritätsregelung enthält, so daß § 41 BDSG immer dann keine Anwendung findet, wenn die mißbräuchliche Datenverarbeitung auch von einer anderen Strafnorm erfaßt wird, oder ob § 45 BDSG die gesetzliche Festschreibung von Fällen der Spezialität enthält.

Die konkrete Frage, die sich hier stellt, lautet also: Konsumiert das allgemeine Strafrecht des StGB die Straf- und Bußgeldvorschriften des BDSG? Geht man von der Subsidiarität oder besser dem Auffangcharakter des BDSG aus, so ist diese Frage zu bejahen.

Es wurde schon erwähnt, daß bei den Strafrechtskonkurrenzen zwischen Tateinheit (§ 52 StGB) und Tatmehrheit (§ 53 StGB) zu unterscheiden ist. So liegt Tateinheit vor, wenn dieselbe Handlung mehrere Strafgesetze (z. B. § 41 BDSG) und § 303 StGB (Sachbeschädigung)) oder dasselbe Strafgesetz mehrmals verletzt. Hingegen liegt Tatmehrheit vor, wenn mehrere Straftaten, die gleichzeitig abgeurteilt werden, begangen wurden (z. B. räuberischer Diebstahl, einfacher Diebstahl, Freiheitsberaubung, Nötigung). Bedeutet dies nun konkret auf das Verhältnis zwischen BDSG, StGB oder andere relevante Strafvorschriften angewendet, daß das BDSG – bei Vorliegen von Tateinheit – zurücktritt, wenn andere Strafvorschriften diese Handlungen mit Strafe bedrohen? Eine solche Feststellung kann sicherlich nicht in dieser Ausschließlichkeit getroffen werden. Wie bereits früher[22] ausgeführt, gehen besondere Rechtsvorschriften des Bundes, die auf die Verarbeitung personenbezogener Daten in Dateien Anwendung finden, den Vorschriften des BDSG vor. Betroffen sein muß eine Vorschrift, die zumindest den Problemkreis „Datenverarbeitung" regelt. *Simitis*[24] fordert sogar, daß die als vorrangig lokalisierte Vorschrift genau die vom BDSG geregelte Konfliktlage regeln muß, d. h. erst eine deckungsgleiche Regelung verdrängt nach seiner Ansicht das BDSG. Man kann die Auffassung von Simitis teilen, sofern er auch solche Vorschriften als deckungsgleich ansieht, die die Datenverarbeitung regeln, ohne den Schutz des Rechtsguts „Persönlichkeitsrecht" zu beinhalten. Daß auch solche Vorschriften vorrangig sind, geht eindeutig aus den in § 45 Ziff. 1–8 BDSG aufgeführten Beispielsfällen hervor.

Ein Beispiel mag dies erläutern:

Entwendet jemand eine Magnettrommel, auf der personenbezogene Daten gespeichert sind und beschafft er sich diese personenbezogenen Daten aus in Behältnissen verschlossenen Dateien, so erfüllt er § 41 Abs. 1 Ziff. 2 BDSG und §§ 242, 243 StGB. Da § 242 StGB den Eigentümer der Magnettrommel, nicht aber das „Datengeheimnis" oder den Betroffenen schützt, sind beide Vorschriften nebeneinander anwendbar. Da der Strafrahmen der §§ 242, 243 StGB (Freiheits-

---

22 Einleitung, Abschnitt 4, S. 10ff.

24 Arbeit u. Recht 77, S. 106.

strafe bis zu 5 Jahren) weiter gefaßt ist, als der des § 41 BDSG, greift jedoch in der Strafzumessung u. U. das StGB ein.
Bei Tatmehrheit spielt eine solche Abgrenzung keine Rolle. Das BDSG wird hier neben die anderen Strafgesetze gestellt, soweit der Tatbestand des § 41 BDSG erfüllt ist, da bei der Tatmehrheit eine Gesamtstrafe gebildet wird, wenn mehrere gleichzeitig abzuurteilende Straftaten begangen wurden.
Ein Beispiel: Ein Operateur sperrt seinen Kollegen in einen Raum ein, um ungehindert Personaldaten der leitenden Angestellten an ein Konkurrenzunternehmen zu übermitteln. Hier wird die im BDSG angedrohte Strafe mit der des StGB zu einer Gesamtstrafe verbunden (§§ 41 BDSG, 239, 53 StGB).

III. Literaturhinweise

Becker, Der Schutz des Privatgeheimnisses im neuen Strafrecht, MDR 1974, Heft 11
Betzl, Computerkriminalität – Dichtung und Wahrheit, DSWR 1972, S. 317ff.
Ehlers, Das Steuergeheimnis nach der AO 1977, BB 77, S. 1361ff.
Dreher, Strafgesetzbuch, Kommentar, 37. Aufl., 1977
Gola, Der neue strafrechtliche Schutz privater Daten, DSWR 1975, S. 66ff.
Kleinknecht, Strafprozeßordnung, Kommentar, 33. Aufl., 1977
Kolle, GRUR 1973, S. 611ff.; 1974, S. 7ff., S. 129ff.
Kunz, Die prestigefördernde Computer-Manipulation, JuS 1977, S. 604ff.
von zur Mühlen, Computer-Kriminalität, Gefahren und Abwehrmaßnahmen, 1973
von zur Mühlen, Gefahren im EDV-Bereich, in: Krauch (Hrsg.), Erfassungsschutz, 1975, S. 48ff.
Lampe, Computerkriminalität nur fauler Zauber? DSWR 1974, S. 242ff.
Puppe, Vom Wesen der technischen Aufzeichnungen, MDR 1973, S. 469ff.
Schönke/Schröder, Strafgesetzbuch, Kommentar, 18. Aufl., 1976
Sieber, Computerkriminalität und Strafrecht, 1977
Sieber/von zur Mühlen, Computerkriminalität – Nicht Dichtung, sondern Wahrheit, DSWR 197, S. 397ff.
Steinke, Welche Mißbrauchshandlungen an oder unter Zuhilfenahme von Computern sind strafwürdig? Reichen insoweit die Strafvorschriften aus? ÖVD 1974, S. 567ff.
Wiesel, Computer-Kriminalität, data report 3, 1973, Heft 3/4
Zielinski, Das legislatorische Problem Datenschutz aus strafrechtlicher Sicht, in: Kilian/Lenk/Steinmüller (Hrsg.), Datenschutz, 1973, S. 189ff.

Sachregister

FSC
www.fsc.org
MIX
Papier | Fördert
gute Waldnutzung
FSC® C083411

Kolibri 360 GmbH
Ferdinand-Jühlke-Straße 7
99095 Erfurt, Deutschland
produktsicherheit@kolibri360.de